AF560907

DOUGLAS MURRAY

KRIEG DEM WESTEN

KRIEG DEM WESTEN

DOUGLAS MURRAY

THE SUNDAY TIMES-#1-BESTSELLERAUTOR VON
DER SELBSTMORD EUROPAS UND *WAHNSINN DER MASSEN*

ÜBERSETZUNG AUS DEM ENGLISCHEN VON SILVIA KINKEL

FBV

Bibliografische Information der Deutschen Nationalbibliothek
Die Deutsche Nationalbibliothek verzeichnet diese Publikation in der Deutschen Nationalbibliografie. Detaillierte bibliografische Daten sind im Internet über http://dnb.d-nb.de abrufbar.

Für Fragen und Anregungen
info@finanzbuchverlag.de

1. Auflage 2022

Türkenstraße 89
80799 München
Tel.: 089 651285-0
Fax: 089 652096

This translation of THE WAR ON THE WEST is published by arrangement with Broadside Books, an imprint of HarperCollins Publishers LLC.

Übersetzung: Silvia Kinkel
Redaktion: Anne Büntig
Korrektorat: Anja Hilgarth
Umschlaggestaltung: Covergestaltung in Anlehnung an das Original, Marc-Torben Fischer, München
Satz: Daniel Förster
Druck: GGP Media GmbH, Pößneck
Printed in Germany

ISBN Print 978-3-95972-592-7
ISBN E-Book (PDF) 978-3-98609-117-0
ISBN E-Book (EPUB, Mobi) 978-3-98609-118-7

Inhalt

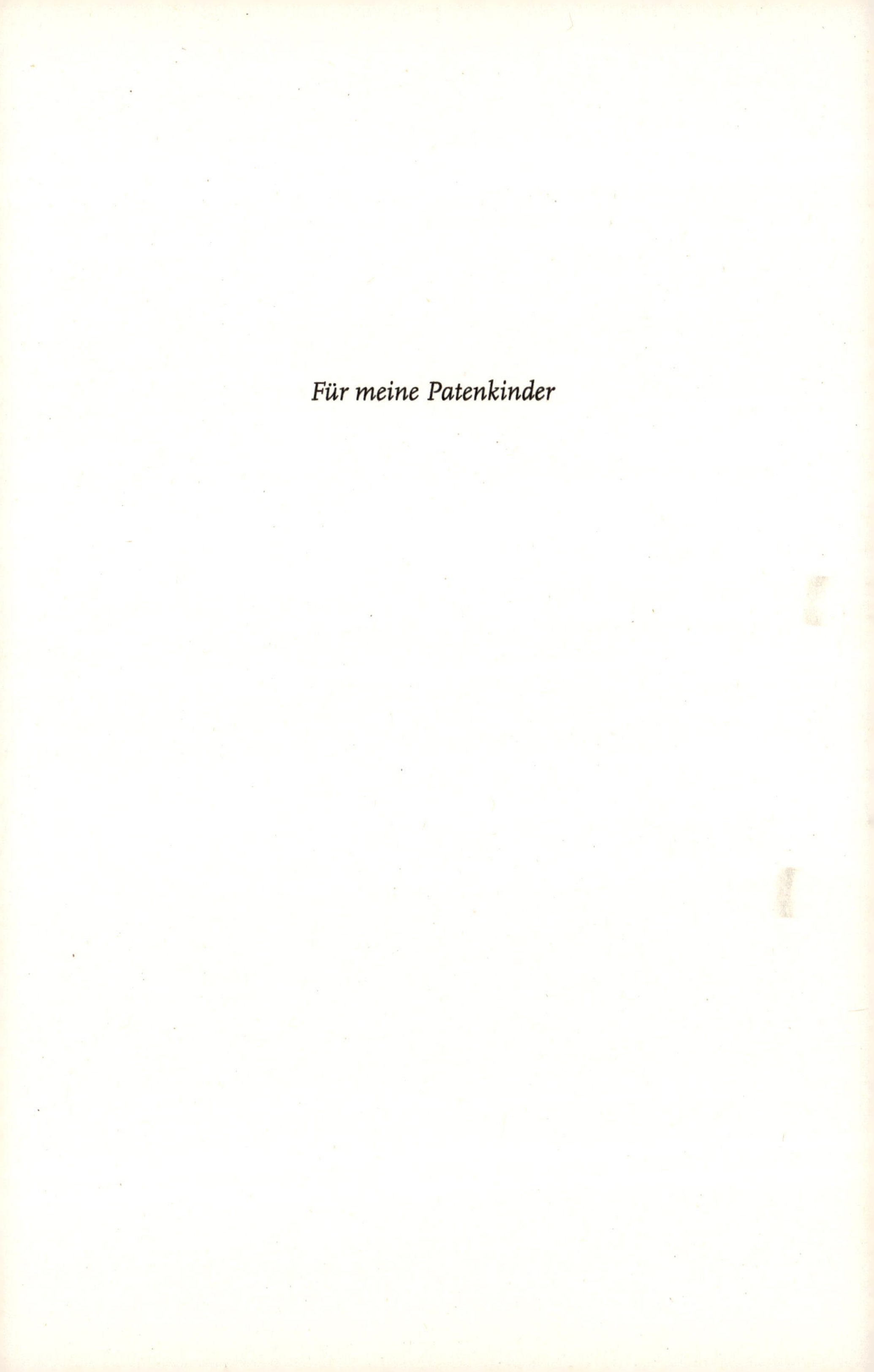

Für meine Patenkinder

Einleitung

In den letzten Jahren wurde deutlich, dass ein Krieg tobt: ein Krieg gegen den Westen. Dieser Krieg ist nicht wie frühere Kriege, als Armeen aufeinandertrafen und Sieger erklärt wurden. Es ist ein Kulturkrieg, unbarmherzig geführt gegen alle Wurzeln der westlichen Tradition und gegen alles Gute, das die westliche Tradition hervorgebracht hat.

Anfangs war das schwer zu erkennen. Viele von uns spürten, dass etwas nicht stimmte. Wir fragten uns, warum immerzu einseitige Argumente vorgebracht und unfaire Behauptungen aufgestellt wurden. Wir erkannten jedoch nicht das volle Ausmaß dieses Bestrebens. Nicht zuletzt, weil sogar die Sprache der Ideen korrumpiert wurde. Wörter bedeuteten nicht mehr dasselbe wie noch kurz zuvor.

Menschen begannen, von »Gleichheit« zu sprechen, schienen sich jedoch nicht um gleiche Rechte zu scheren. Sie redeten von »Antirassismus«, klangen jedoch zutiefst rassistisch. Sie sprachen von »Gerechtigkeit«, schienen jedoch »Rache« zu meinen.

Erst in den letzten Jahren wurde das Ausmaß dieser Bewegung klar erkennbar und wohin sie führt. Es findet ein Angriff auf alles statt, was mit der westlichen Welt zu tun hat – ihre Vergangenheit, ihre Gegenwart, ihre Zukunft. Dazu gehört auch, dass wir in einem Kreislauf endloser Bestrafung gefangen sind – ohne dass die Schuld abnimmt oder dies auch nur in Betracht gezogen wird.

Seit einem Jahrzehnt versuche ich, darauf für mich eine Antwort zu finden. 2017 sprach ich mit *Der Selbstmord Europas* einen Aspekt davon an: zu welchen Veränderungen die Massenimmigration in Europa führte. In den Jahren, in denen ich mich mit der Einwanderungsthematik beschäftigte, wuchs in mir die Vermutung, dass etwas Tiefergehendes am Werk sei. Während ich an den Ufern griechischer und italienischer Inseln stand, die hereinkommenden Boote beobachtete und mich unter die Leute in den Auffanglagern mischte, die in den größeren Städten aus dem Boden schossen, konnte ich aus nächster Nähe die Tragweite sehen, wenn sich die noch in der Entwicklung befindliche Welt und die entwickelte Welt mischen. Niemals habe ich einem Immigranten Vorwürfe für diese Reise gemacht. Ich bin in vielen der Länder gewesen, aus denen diese Menschen flohen. Ob sie nun vor einem Krieg oder (wie im Großteil der Fälle) wirtschaftlicher Not flohen, sie taten etwas absolut Nachvollziehbares. Mein Problem bestand darin, warum die Europäer zuließen, dass es dazu kam, und von ihnen erwartet wurde, sich selbst abzuschaffen. Die Menschen redeten davon, Europa habe eine historische Schuld, die diese Bewegung legitimiere. Aber selbst jene, die so argumentierten, versäumten es, anzusprechen, wo diese Bewegung ihre Grenze erreicht.

Käme jemals der Zeitpunkt, an dem die Schuld des Westens beglichen wäre? Es wirkt nämlich so, als würde die Schuld nicht mit jedem Jahr ein Stück weit mehr abgetragen, sondern vielmehr wachsen.

Mir fällt auch zunehmend auf, dass sich dieselbe Geschichte in jedem Land abspielt, das als westlich gilt. In jedem ist die Rechtfertigung für diese Bewegung der Menschen dieselbe, trotz der sehr unterschiedlichen geografischen Lage. Die Vereinigten Staaten hatten jahrelang ihre eigene Migrationsherausforderung, vor allem an ihren südlichen Grenzen. Während ich durch Amerika reiste, hörte ich dieselben Argumente wie daheim in Großbritannien und Europa. Eine ähnliche Art von Politikern oder Personen des öffentlichen Lebens erzählte den amerikanischen Bürgern immerfort, warum ihre Grenzen locker oder gänzlich durchlässig sein sollten. Genauso wie in Europa gab es mächtige Individuen und Organisationen, die behaupteten, dass die einzigen zivilisierten Länder jene seien, die die Welt hereinließen. In Kanada war es dasselbe, und auch auf der anderen Seite der Welt in Australien. Überall erlebten Gesellschaften, die als westlich galten (will heißen, europäische Länder oder Länder, die von der europäischen Zivilisation abstammten), dasselbe Muster von Argumenten. Kein Land, das nicht westlich war, wurde so behandelt.

Nur den westlichen Ländern, verteilt über drei Kontinente, wurde konstant gesagt, dass sie, um überhaupt eine Legitimität zu haben – um überhaupt als anständig angesehen zu werden –, ihre demografische Zusammensetzung schnell und grundlegend ändern sollten. Die Vorstellung des 21. Jahrhunderts sah offenbar so aus, dass es China erlaubt war, China zu bleiben, den Ländern des Fernen und Nahen Ostens sowie Afrika war es gestattet – es wurde geradezu erwartet –, dass sie unverändert blieben oder sich in etwas zurückverwandelten, das sie einst gewesen waren. Von den als »Der Westen« bezeichneten Ländern wurde erwartet, dass sie zu etwas anderem werden, oder sie verloren ihre Berechtigung. Natürlich haben Länder und Staaten das Recht, sich zu verändern. Im Laufe der Zeit ist eine gewisse Menge an Veränderung unvermeidbar. Aber das, was vor sich ging, wirkte seltsam aufgeladen: unausgewogen und aus dem Lot. Die Argumente entstanden nicht aus Liebe zu besagten Ländern, sondern aus einer kaum verhüllten Abscheu ihnen gegenüber. In den Augen vieler Menschen, nicht zuletzt ihrer eigenen Bevölkerung, schienen diese Länder etwas Falsches getan zu haben. Etwas, für das sie büßen mussten. Der Westen war das Problem. Die Auflösung des Westens war die Lösung.

Es gab noch andere Anzeichen, dass etwas nicht stimmte. 2019 habe ich einiges davon in *Der Wahnsinn der Massen* unter die Lupe genommen. Ich habe in diesem Buch die Herausforderung angesprochen, die von Identitätspolitikern aufgeworfen wurde – vor allem den Versuch, die westlichen Gesellschaften im Hinblick auf Gender, Sexualität und ethnischer Zugehörigkeit aufzuschlüsseln. Nach dem 20. Jahrhundert war nationale Identität zu einer schamhaften Form der Zugehörigkeit geworden und alle anderen Formen von Zugehörigkeit traten plötzlich an deren Stelle. Den Menschen wurde nun gesagt, sie sollten sich als Mitglieder anderer spezifischer Gruppen ansehen. Sie waren schwul oder hetero, Männer oder Frauen, Schwarz oder Weiß. Diese Zugehörigkeitsformen waren mit scharfer Munition geladen, um in eine antiwestliche Richtung zu führen. Gays wurden gefeiert, solange sie »queer« waren und vorhandene Institutionen niederreißen wollten. Schwule, die einfach nur mit ihrem Leben fortfahren wollten oder die westliche Welt mochten, wurden ausgegrenzt. Genauso waren Feministinnen so lange nützlich, wie sie »männliche Strukturen«, den westlichen Kapitalismus und noch viel mehr angriffen. Feministinnen, die dieser Linie nicht folgten, die dachten, sie seien im Westen gut dran, wurden bestenfalls wie Verräter behandelt, schlimmstenfalls wie Feinde.

Der Diskurs über ethnische Zugehörigkeit war noch heftiger. Ethnische Minderheiten, die sich im Westen gut integriert hatten und einbrachten und ihn geradezu bewunderten, wurden zunehmend wie Rassenverräter behandelt. Als würde von ihnen eine andere Gefolgschaft erwartet. Radikale, die alles niederreißen wollten, wurden verehrt. Über schwarze Amerikaner und andere, die den Westen feierten und zu ihm beitragen wollten, wurde geredet, als seien sie Abtrünnige. Zunehmend waren sie diejenigen, die mit den übelsten Schimpfwörtern bedacht wurden. Ihre Liebe zu der Gesellschaft, der sie angehörten, wurde gegen sie verwendet.

Gleichzeitig wurde es inakzeptabel, über jede andere Gesellschaft auf nur entfernt ähnliche Weise zu sprechen. Trotz der unvorstellbaren Menschenrechtsverletzungen durch die Kommunistische Partei Chinas zu unserer Zeit spricht nahezu niemand mit nur einem Hauch der Wut und Abscheu, die tagtäglich aus dem Westen über den Westen ausgeschüttet wird, über China. Westliche Konsumenten kaufen weiterhin billige Kleidung aus China. Es existiert kein großflächiger Versuch eines Boykotts. »Made in China« ist kein Abzeichen der Schande. Schreckliche Dinge gehen momentan in diesem Land vor, dennoch wird es als völlig normal behandelt. Autoren, die sich weigern, dass ihre Bücher ins Hebräische übersetzt werden, reagieren begeistert auf die Veröffentlichung in China. Währenddessen bekommt Chic-fil-A mehr Kritik bei der Produktion im eigenen Land als Nike dafür, seine Sneaker in chinesischen Ausbeutungsbetrieben herstellen zu lassen.

Der Grund dafür: Im entwickelten Westen greifen andere Standards. Im Hinblick auf die Rechte der Frauen und sexuellen Minderheiten und natürlich insbesondere, wenn es um das Thema Rassismus geht, wird alles so dargestellt, als wäre es nie schlimmer gewesen, und das an dem Punkt, an dem es nie besser war. Niemand kann die Geißel des Rassismus leugnen – eine Geißel, die sich in gewisser Form überall in der aufgezeichneten Geschichte findet. Eigengruppe und Fremdgruppe sind ein außergewöhnlich starker Trend in unserer Spezies. Wir sind nicht so weit entwickelt, wie wir gerne denken. Dennoch war in den vergangenen Jahrzehnten die Situation in westlichen Ländern im Hinblick auf Rassengleichheit besser denn je. Unsere Gesellschaften haben sich bemüht, »Rassen« zu überwinden, angeführt vom Beispiel einiger bemerkenswerter Männer und Frauen jeder ethnischen Abstammung, aber bemerkenswerterweise vor allem durch einige herausragende schwarze Amerikaner. Dass westliche Gesellschaften die Tradition von Rassentoleranz entwickeln oder auch nur anstreben, geschah nicht zwangsläufig.

Es lag nicht in der Natur der Sache, dass wir am Ende in Gesellschaften leben, die Rassismus zu Recht als eine der schlimmsten Sünden ansehen. Dazu kam es, weil viele mutige Männer und Frauen sich dafür einsetzten, kämpften und ihre Rechte geltend machten.

In den vergangenen Jahren klang es plötzlich so, als hätte dieser Kampf nie stattgefunden. Als sei es wie durch ein Wunder geschehen. In den vergangenen Jahren begann ich zu glauben, dass Rassenprobleme im Westen wie ein Pendel sind, das über den Punkt der Korrektur hinausgeschwungen ist zu einem Punkt der Überkorrektur. Als könne Gleichheit fester etabliert werden, wenn das Pendel nur lange genug in Überkorrektur verbliebe. Mittlerweile ist klar: So gut gemeint eine solche Überzeugung auch gewesen sein mochte, sie war dennoch fehlgeleitet. Ethnische Zugehörigkeit ist nun in allen westlichen Ländern auf eine Weise ein Problem wie seit Jahren nicht. Anstelle von Color-Blindness herrscht nun Ultrawahrnehmung. Dabei entsteht ein verzerrtes Bild.

Wie alle Gesellschaften seit Menschengedenken tragen auch die westlichen Nationen Rassismus in ihrer Geschichte. Aber das ist nicht die einzige Geschichte unserer Länder. Rassismus ist nicht die einzige Linse, durch die unsere Gesellschaften betrachtet werden können, und doch ist es zunehmend die einzige Linse. Alles in der Vergangenheit wird als rassistisch angesehen, und deshalb ist alles in der Vergangenheit beschmutzt.

Jedoch trifft das, wieder einmal, nur auf die Vergangenheit des Westens zu, dank der radikalen rassistischen Filter, die über alles gelegt wurden.

Gegenwärtig existiert schrecklicher Rassismus in ganz Afrika: schwarze Afrikaner gegen andere schwarze Afrikaner. Im Nahen Osten und auf den indischen Subkontinenten grassiert Rassismus. Reisen Sie in den Nahen Osten – sogar in die »fortschrittlichen« Golf-Staaten – und Sie finden ein modernes Kastensystem vor. Dort sind es die ethnischen Gruppen »höherer Klassen«, die diese Gesellschaften leiten und von ihnen profitieren. Und dann gibt es die schutzlosen Gastarbeiter, die importierte Arbeiterklasse. Auf diese Menschen wird herabgeschaut, sie werden schlecht behandelt und sogar verkauft – als sei ihr Leben wertlos. Auch in Indien, dem Land mit der weltweit zweithöchsten Bevölkerungszahl, hält sich munter und erschreckend ein Kastensystem. Dieses geht immer noch so weit, dass bestimmte Menschengruppen aus keinem anderen Grund als dem Zufall ihrer Geburt als unantastbar gelten. Dieses abscheuliche System der Vor-Verurteilung ist äußerst lebendig.

Dennoch hören wir sehr wenig darüber. Stattdessen erhält die Welt täglich Berichte darüber, wie in jenen Ländern dieser Welt, in denen in jeder Hinsicht am wenigsten Rassismus herrscht und Rassismus am stärksten verabscheut wird, der Rassismus grassiert. Diese verzerrte Behauptung hat sogar einen verlängerten Arm: Wenn andere Länder Rassismus aufweisen, muss das zweifellos daran liegen, dass der Westen dieses Laster exportiert – als würde die nicht-westliche Welt nur aus paradiesisch Unschuldigen bestehen.

Es ist offensichtlich, dass hier unfaire Regeln greifen. Nach diesen Regeln wird der Westen mit anderen Standards bemessen als die übrige Welt. Diese Regeln lassen es so aussehen, als könne es die westliche

Welt gar nicht richtig machen und die übrige Welt es nicht falsch machen. Oder nur, wenn wir im Westen sie dazu bringen.

Das sind nur einige der erkennbaren Symptome unserer Zeit, die ich mir in den vergangenen Jahren eines nach dem anderen vorgenommen habe. Je mehr ich darüber nachdachte und je weiter ich durch diese Welt reiste, desto klarer wurde, dass diese Zeit vor allem durch eine Sache definiert ist: eine zivilisatorische Verschiebung, die zu unseren Lebenszeiten eingesetzt hat. Diese Verschiebung bringt die Grundfesten unserer Gesellschaften ins Wanken, weil Krieg gegen alles in diesen Gesellschaften herrscht.

Es ist ein Krieg gegen alles, was unsere Gesellschaften als ungewöhnlich oder gar bemerkenswert auszeichnet. Ein Krieg gegen alles, was die Menschen, die im Westen leben, noch bis vor Kurzem als selbstverständlich angesehen haben. Damit dieser Krieg erfolglos bleibt, muss er aufgedeckt und zurückgedrängt werden.

Krieg dem Westen ist ein Buch darüber, was passiert, wenn eine Seite eines Kalten Krieges – die der Demokratie, der Vernunft und der universellen Prinzipien – vorzeitig kapituliert. Allzu häufig stufen wir diesen Krieg falsch ein. Wir lassen zu, dass er als »vorübergehend« bezeichnet wird, sich angeblich nur in Randbereichen abspielt, oder wir tun ihn als Kulturkrieg ab. Wir deuten die Ziele der Akteure falsch oder spielen die Rolle herunter, die dieser Krieg im Leben zukünftiger Generationen spielen wird. Und dennoch steht genauso viel auf dem Spiel wie bei jedem anderen Kampf im 20. Jahrhundert, es sind viele derselben Prinzipien am Werk – und sogar viele derselben üblen Akteure.

Wir würdigen und schützen nicht länger, was an der westlichen Kultur gut ist, sondern behaupten, dass alles demontiert werden muss.

Es ist mittlerweile über 30 Jahre her, dass Reverend Jesse Jackson eine Gruppe von Protestierenden an der Stanford University mit dem Sprechchor anführte: »Hey hey ho ho, Western City has got to go.« Damals protestierten Reverend Jackson und seine Anhänger gegen das Einführungsprogramm »Western Culture« an der Stanford University. Sie brachten vor, dass etwas falsch daran sei, die westlichen Prinzipien und die westliche Kultur zu lehren. Was 1978 in Stanford passierte, war ein Vorbote für das, was noch kommen sollte.

In den darauffolgenden Jahrzehnten folgte nahezu die gesamte akademische Welt im Westen Stanfords Vorbild. Die Geschichte des westlichen Gedankenguts, der Kunst, Philosophie und Kultur wurde zu einem zunehmend weniger kommunizierbaren Thema. Tatsächlich wurde sie zu etwas Peinlichem: dem Produkt eines Haufens »alter weißer Männer«, um nur eine der charmanten Bezeichnungen aufzugreifen, die Eingang in die Sprache fanden.

Seither wurde jeder Anstrengung, das Lehren der westlichen Kultur am Leben zu erhalten oder gar zu neu zu beleben, mit anhaltender Feindseligkeit, Hohn und gar Gewalt begegnet. Wissenschaftler, die versucht haben, westliche Nationen in neutralem Licht zu untersuchen, wurden bei ihrer Arbeit behindert und Opfer von Einschüchterung und Diffamierung, sogar durch Kollegen. In Australien versuchte das Ramsay Centre for Western Civilisation, dessen Board-Vorsitz der ehemalige Premierminister John Howard innehat, Partneruniversitäten zu finden, an denen Studenten die westliche Kultur studieren können. Sie hatten größte Schwierigkeiten, überhaupt Universitäten zu finden, die bereit waren, mit ihnen zu arbeiten. Und das verrät uns etwas über die Geschwindigkeit dieser umwälzenden Bewegung. Nur ein paar Jahrzehnte zuvor war Unterricht in Geschichte der westlichen Zivilisation gang und gäbe. Heutzutage ist das so anrüchig, dass Universitäten dies nicht einmal für Geld anbieten.

1969 zeigte die BBC die außergewöhnliche 13-teilige Dokumentationsreihe *Civilisation* von Sir Kenneth Clark. Sie zielte darauf ab, eine einzigartige Geschichte der westlichen Zivilisation zu präsentieren, und tat es auch, sie vertiefte das Verständnis von Millionen Menschen weltweit. Fast 50 Jahre später, 2018, versuchte die BBC, daran anzuschließen. *Civilisations* (mit Betonung auf dem Plural-s) war das Gemeinschaftswerk von drei verschiedenen Historikern, die sich verzweifelt abmühten, nicht so zu klingen, als sei der Westen besser als jeder andere Ort, und eine Art Weltgeschichte präsentierten, die nichts klar darstellte.

In nur wenigen Jahrzehnten war die ehemals gefeierte westliche Tradition peinlich und anachronistisch geworden und schließlich etwas, dessen man sich schämen musste. Sie verwandelte sich von einer Geschichte, die Menschen inspirierte und in ihrem Leben voranbrachte, in eine Geschichte, die Menschen beschämte. Und es war nicht nur der Terminus »westlich«, an dem die Kritiker Anstoß nahmen, sondern alles, was damit in Verbindung stand. Sogar »Zivilisation« selbst. Wie es einer der Gurus des modernen rassistischen »Antirassismus«, Ibram X. Kendi, ausdrückte, ist »Zivilisation selbst oft ein höflicher Euphemismus für kulturellen Rassismus«.[1]

Natürlich ist ein gewisses Schwingen des Pendels unvermeidlich und vielleicht sogar wünschenswert. Es gab sicher Zeiten in der Vergangenheit, in denen die Geschichte des Westens gelehrt wurde, als handle es sich um eine Geschichte des hemmungslos Guten. Mit der Geschichte kritisch umzugehen, ist nie verkehrt. Jedoch sollte die Jagd auf sichtbare, konkrete Probleme nie zu einer Jagd auf unsichtbare, nicht greifbare Probleme werden. Vor allem nicht, wenn sie von unehrlichen Leuten durchgeführt wird, die mit extremen Antworten aufwarten. Wenn wir es arglistigen Kritikern erlauben, unsere Vergangenheit zu vereinnahmen und zu verdrehen, dann wird die von ihnen geplante Zukunft nicht harmonisch sein, sondern die Hölle.

Im Laufe dieses Buches werde ich zwei zentralen Ideen auf den Grund gehen. Die erste ist, dass Kritiker der westlichen Kultur Alternativen bieten. Sie verehren jede Kultur, solange sie nicht westlich ist. Zum Beispiel werden Gedankengut und kulturelle Ausdrucksformen von Ureinwohnern gefeiert, solange diese Eingeborenenkultur nicht westlich ist. Das ist der Vergleich, den wir ziehen sollen, also ziehen wir ihn auch.

Aus dem Bejubeln aller nicht-westlichen Kulturen entstehen zwei Hauptprobleme. Erstens kommen nicht-westliche Länder dadurch mit aktuellen Verbrechen davon, die so monströs sind wie alles, was in der westlichen Vergangenheit passierte. Einige ausländische Mächte fördern diese Gewohnheit. Denn wenn der Westen derartig damit beschäftigt ist, sich selbst zu verunglimpfen, wie sollte er dann Zeit finden, auf den Rest der Welt zu schauen? Zweitens führt das zu einer Form von engstirnigem Internationalismus, bei dem Abendländer irrtümlich annehmen, dass Aspekte des westlichen Erbes auch auf dem restlichen Globus angestrebte Ziele seien.

Von Australien bis Kanada und Amerika und überall in Europa hat sich eine neue Generation die Idee einverleibt, dass Aspekte der westlichen Tradition (wie »Menschenrechte«) eine historische und globale Norm seien, die sich überall eingeschrieben hat. Mit der Zeit hat es den Anschein bekommen, dass die westliche Tradition, die diese Normen hervorbrachte, auf einzigartige Weise dabei versagt hat, nach ihnen zu leben, und dass nicht-westliche »einheimische« Kulturen (neben vielem anderen) reiner und aufgeklärter sind, als es die westliche Kultur je sein kann. Dies sind weder Ansichten von Randgruppen, noch sind sie neu. Sie reichen mindestens bis ins 18. Jahrhundert zurück. Heutzutage durchdringen sie die Werke von Bestsellerautoren wie Naomi Klein und Noam Chomsky. Diese Ansichten werden an Universitäten und Schulen in der gesamten westlichen Welt gelehrt. Was dabei herauskommt, kann man an nahezu jeder wichtigen kulturellen und politischen Institution sehen. Es taucht an den überraschendsten Orten auf.

Zum Beispiel ist der »National Trust« in Großbritannien dazu gedacht, viele der schönsten und teuersten Landhäuser für Besucher zugänglich zu halten. Die 5,6 Millionen Mitglieder des Trusts sind durch die stattlichen Herrenhäuser spaziert und haben anschließend dort einen Nachmittagstee genossen. Aber in den letzten Jahren entschied der Trust, dass er noch eine weitere Aufgabe habe: seine Besucher über die Gräuel der Vergangenheit aufzuklären. Das betrifft nicht nur Verbindungen zum Empire und den Sklavenhandel, Homophobie und die Verbrechen des Erstgeburtsrechts. Kürzlich entschied man sich dazu, die Vorstellung voranzutreiben, dass das englische Landleben selbst rassistisch sei und (wie der Programmdirektor des Trusts es bezeichnet) England ein »grünes unangenehmes Land« sei.

Ich habe dieses Beispiel ausgewählt, aber Sie finden in nahezu jedem Lebensbereich Beispiele für ähnliche Abwertungen. Von Kunst,

Mathematik und Musik über Gartenanlagen und Sport bis zu Speisen wurde alles dem gleichen Schleudergang unterzogen. Vieles daran ist kurios. Nicht zuletzt, dass der Westen für alles beschuldigt wird, was er verbrochen hat, ihm aber gleichzeitig keinerlei Verdienste angerechnet werden. Tatsächlich werden ihm seine Verdienste – einschließlich der Entwicklung der Individualrechte, der Religionsfreiheit und des Pluralismus – vorgehalten.

Das führt uns zu einem zweiten, tiefergehenden Rätsel. Warum wird alles im Westen angreifbar?

Die Kultur, die der Welt lebensrettende Entwicklungen in den Naturwissenschaften sowie der Medizin und einen freien Markt gebracht hat, die weltweit Milliarden Menschen aus der Armut geholt und ihnen die größte Blütezeit des Denkens in der Welt bescherte, wird durch eine Brille tiefster Feindseligkeit und Naivität betrachtet. Jene Kultur, die Michelangelo, Leonardo, Bernini und Bach hervorbrachte, wird dargestellt, als habe sie nichts Relevantes zu sagen. Nachfolgenden Generationen wird diese ignorante Sicht auf die Geschichte beigebracht. Ihnen wird eine Geschichte der Versäumnisse des Westens angeboten, ohne dass entsprechend Zeit auf seine rühmlichen Errungenschaften verwendet wird.

Heutzutage weiß jedes Schulkind von der Sklaverei. Aber wie viele können ohne Ironie, Unterwürfigkeit oder Vorbehalt über die großartigen Geschenke sprechen, die die westliche Tradition der Welt gemacht hat?

Alle Aspekte der westlichen Tradition leiden unter demselben Angriff. Die jüdisch-christliche Tradition, die einen Grundpfeiler der westlichen Tradition darstellt, wird besonders stark angegriffen und verunglimpft. Aber genauso ergeht es der Tradition des Säkularismus und der Aufklärung, die ein Gedeihen der Politik, Wissenschaften und Künste hervorbrachte. Und das hat Konsequenzen. Eine neue Generation scheint nicht einmal die grundlegendsten Prinzipien des freien Denkens und der freien Meinungsäußerung zu verstehen. Tatsächlich werden diese selbst als Produkte der Aufklärung in Europa dargestellt und von Menschen angegriffen, die nicht verstehen, wie oder warum der Westen zu den Regelungen kam, die er hinsichtlich der Religion traf. Oder auch, inwiefern das Priorisieren der wissenschaftlichen Methode den Menschen weltweit zu unzähligen Verbesserungen ihres Lebens verhalf. Stattdessen wird ihr Erbe kritisiert als Beispiel westlicher Arroganz, Elitedenken und unverdienter Überlegenheit. Als Folge davon wird alles, was mit der westlichen Tradition in Verbindung steht, über Bord geworfen. An pädagogischen Hochschulen in den USA wird angehenden Lehrern beigebracht, dass sogar der Terminus »Meinungsvielfalt« lediglich »Bullshit weißer Vorherrschaft« sei.[2]

Dies ist keine Geschichte des Westens und will auch keine sein. Eine solche Arbeit wäre um ein Vielfaches umfangreicher. Und ich möchte auch nicht die heftige Debatte abstellen, die momentan stattfindet. Ich bin froh über diese Debatte und halte sie für hilfreich. Aber bisher verlief sie übersteigert einseitig. Wie wir sehen werden, beteiligen sich daran Politiker, Akademiker, Historiker und Aktivisten, die damit durchkommen, nicht nur Dinge zu sagen, die unüberlegt oder nicht ganz korrekt, sondern die grundheraus falsch sind. Schon viel zu lange kommen sie damit durch.

Dieser Krieg gegen den Westen hat viele Facetten. Er wird in den Medien und im Radio ausgetragen, in den Bildungssystemen, schon in der Vorschule. Er ist weit verbreitet innerhalb der Gesamtkultur, wo alle wichtigen kulturellen Institutionen entweder unter Druck geraten oder sich freiwillig von ihrer eigenen Vergangenheit distanzieren. Und mittlerweile wütet er in den obersten Reihen der US-amerikanischen Regierung, wo eine der ersten Amtshandlungen der neuen Regierung der Erlass einer Präsidentenverfügung war, die nach »Gleichheit« verlangte und der Demontage dessen, was als »systematischer Rassismus« bezeichnet wird.[3] Anscheinend sind wir gerade dabei, die Gans zu töten, die ein paar sehr goldene Eier gelegt hat.

Kapitel 1
Rassismus

Schaut man sich die Menschen im Westen an, so gibt es eine Wahrheit, die sich unstrittig beobachten lässt. Historisch gesehen sind die Bürger Europas und die Gesellschaften ihrer Nachkommen in Australasien und Amerika Weiße. Nicht jeder. Aber die Mehrheit. Die Definition »weiße Europäer« ist fast eine Tautologie – »weiß« bedeutet meistens, Vorfahren in Europa zu haben. Genauso wie der Großteil der Bevölkerung Afrikas schwarz ist und die Mehrheit der Menschen auf dem indischen Subkontinent eine dunklere Hautfarbe hat. Falls Sie aus irgendeinem Grund alles angreifen wollten, das mit Afrika zu tun hat, könnten Sie also beschließen, Menschen dafür anzugreifen, dass sie schwarz sind. Wenn es Ihnen darum ginge, alles zu delegitimieren, was mit Indern zu tun hat, könnten Sie beschließen, die dortige Bevölkerung wegen ihrer Hautfarbe anzugreifen. Beides wäre unmenschlich und würde heutzutage auch schnell als unmenschlich erkannt werden. Aber beim Krieg gegen den Westen sind weiße Menschen eines der ersten Angriffsziele. Das ist eine Tatsache, die immer mehr zur Normalität wurde, und die in den Gesellschaften, in denen dieser Krieg geführt wird, mittlerweile die einzig akzeptable Form von Rassismus darstellt.

Um den Westen zu delegitimieren, scheint es notwendig, zuerst die Menschen zu dämonisieren, die die ethnische Mehrheit im Westen bilden. Es ist notwendig, Weiße zu dämonisieren.

Manchmal spielen sich die Auswirkungen dieses Vorgehens direkt vor den Augen aller ab. Im August 2021 wurden die Ergebnisse der

US-Volkszählung des Vorjahres veröffentlicht. Eine der Titelzeilen besagte, dass die Anzahl der weißen Menschen in Amerika zurückgegangen sei. In seiner *Tonight Show* verkündete Jimmy Fallon das in seinem Einleitungsmonolog: »Soeben wurden die Ergebnisse der Volkszählung von 2020 veröffentlicht«, sagte er seinen Studiogästen und den Zuschauern zu Hause. »Und zum ersten Mal in der Geschichte Amerikas ist die Zahl der Weißen gesunken.«[4] Daraufhin jubelte das Publikum im Studio. Das waren nicht nur erheiternde Neuigkeiten, sondern gute. Nicht etwa, dass der Prozentsatz an Weißen zurückging, sondern dass sich die Anzahl lebender Weißer verringerte. Diese Begeisterung mag für einige Menschen eine Überraschung gewesen sein, aber viele von uns beobachten bereits seit Jahren ein Anwachsen dieser üblen Bewegung.

Im Februar 2016 sprach ich in einem großen Saal in London als »Zweitredner« neben John Allen, dem US-amerikanischen Vier-Sterne-General und ehemaligen Kommandeur der NATO-Streitkräfte in Afghanistan. Wir nahmen an einer Debatte darüber teil, wie mit der islamistischen Terrorgruppe IS zu verfahren sei. Neben Amokläufen im Nahen Osten hatte die Gruppe auch bereits Anschläge in Europa durchgeführt. An jenem Abend waren allen die Selbstmordanschläge und Kalaschnikow-Angriffe überaus präsent, die sich nicht lange zuvor in Paris ereignet und 130 Menschen das Leben gekostet hatten. Obwohl es bis dahin noch keine derartigen Anschläge im Vereinigten Königreich gegeben hatte, warnte ich in meiner Rede das Publikum, dass der IS gestoppt werden müsse, sonst würde er schon bald eines Abends, vielleicht in einem Saal wie diesem, möglicherweise mit einem jüngeren Publikum, zum Beispiel bei einem Pop-Konzert, zuschlagen. Und wenn das passiert, würden wir uns fragen, wie wir den IS nur ignorieren konnten, als er seine Streitkräfte in Syrien und im Irak aufbaute.

General Allen nutzte seine Rede, um eine wohlüberlegte Zusammenfassung dessen zu geben, wie man den IS vernichtet. Seine Rede war fachsprachlich, beeindruckend, ein bisschen langweilig, aber sorgfältig darauf bedacht, seinen Respekt gegenüber arabischen Verbündeten vor Ort und in der gesamten Region zu betonen. Unsere

Opponenten an jenem Abend schienen zugehört zu haben, aber besonders eine ihrer Äußerungen blieb in Erinnerung. Nachdem wir geredet hatten, eröffnete eine unserer Opponentinnen – eine palästinensische Aktivistin und Schriftstellerin namens Rula Jebreal – ihren Vortrag mit der Erklärung, warum das Publikum sich sparen könnte, dem zuzuhören, was General Allen oder ich zu sagen hatten. »Wieder werden wir belehrt, mit allem gebotenen Respekt« (was in diesem Kontext stets bedeutet »ohne«), »von zwei weißen Männern.« Ich hatte so etwas zuvor schon gehört, mir entging jedoch nicht, dass der General zusammenzuckte.

Diese Bemerkung spukte ihm offenbar später beim Dinner noch im Kopf herum, denn er griff sie noch einmal auf. »Ist Ihnen das schon mal passiert?«, fragte er mich. Ich sagte, dass das bedauerlicherweise der Fall sei und es mich eher erstaunen würde, dass es bei ihm anders sei. »Noch nie«, sagte er. Er hatte sein Leben damit verbracht, beim US-Militär zu dienen, sein Leben riskiert, inmitten der Menschen in Afghanistan gelebt, war jahrelang im Einsatz. Und er schien wirklich überrascht, dass das alles, sein gesamtes Leben und seine Erfahrung, abgelehnt wurde, weil er ein Weißer war – und obendrein mit mir in einen Topf geworfen wurde. »Besser, Sie gewöhnen sich dran«, riet ich ihm aufmunternd, ohne zu ahnen, wie schnell wir das alle würden.

Das ereignete sich erst vor wenigen Jahren, aber damals galt es außerhalb akademischer Kreise und rassistischer Organisationen noch als unhöflich, Menschen nur wegen ihrer Hautfarbe in einen Topf zu werfen und abzulehnen. Eine frühere Generation war zu dem vernünftigen Schluss gekommen, dass das Ablehnen und Herabwürdigen oder Pauschalisieren von Menschen allein aufgrund ihrer Hautfarbe die Definition von Rassismus sei. Und Rassismus galt fortan als eines der schlimmsten menschlichen Übel. Er betrachtet Menschen nicht als Individuen, und wir wissen, wohin das führen kann: zu den Gräueltaten Mitte des 20. Jahrhunderts, zu den Alpträumen von Ruanda und Bosnien am Ende jenes Jahrhunderts. Und in meiner Heimat führte es zu Rassentrennung und rassistischer Gewalt, die eine Narbe in der

Vergangenheit der Vereinigten Staaten hinterließ, ebenso wie in der Vergangenheit vieler anderer Länder.

Die daraus zu ziehende Lehre schien eindeutig: Behandle Menschen als Individuen und lehne jene ab, die versuchen, sie auf die Angehörigkeit bestimmter Gruppen zu reduzieren, denen sie lediglich durch den Zufall der Geburt angehören. Die Botschaft von Dr. Martin Luther King Jr. schien triumphiert zu haben. Die Zukunft sollte eine sein, in der ethnische Kategorien immer bedeutungsloser werden. Die Gesellschaft und die ihr angehörenden Menschen würden anstreben, Color-blind zu sein, so wie sie Gender-blind und blind gegenüber den Unterschieden bei der sexuellen Orientierung des Einzelnen werden würden. Das Ziel der Gesellschaft schien eindeutig, und es herrschte, mit ein paar verbleibenden Gefechten an den Rändern, im gesamten politischen Spektrum darüber Einigkeit. Die Menschen sollten in der Lage sein, ihr Potenzial umzusetzen, ungehindert durch die Attribute von Gruppen, denen sie per Geburt angehören. Jeder, der mit Rassenrhetorik spielen oder Leute finden wollte, die bereit waren, Rassismus zu entschuldigen, musste sich unter die Überbleibsel der Anhänger von White Supremacy mischen, in deren zunehmend kleine Enklaven, oder eine Heimat bei anderen Randgruppen finden, wie Louis Farrakhans »Nation of Islam« mit deren schwarzer Vorherrschaft. Solche Gruppen waren weit vom politischen oder sozialen Zentrum oder Mainstream entfernt, und das Zentrum schien es auch so beibehalten zu wollen.

Dann, in den frühen Jahren dieses Jahrhunderts, setzte ein Wandel ein. Auf die Zugehörigkeit zu einer ethnischen Gruppe zu verweisen, erfreute sich einer Beliebtheit, wie es sie seit Jahren nicht mehr gegeben hatte. Das führte insbesondere zu einer Inflation von Beschreibungen weißer Menschen mit Begriffen, die man bei keiner anderen Bevölkerungsgruppe verwenden würde. Am eifrigsten erwiesen sich dabei die Menschen, die selbst weiß waren. Es trat an den verschiedensten Orten auf, und wie so oft bei schlechten Ideen hatte auch diese ihren Ursprung in den Universitäten.

CRITICAL RACE THEORY

Trotz der schwindenden Zahl offenkundig rassistischer Gesetze und der Macht unverhohlener Rassisten in den Vereinigten Staaten ging es mit den Auswirkungen für Weiße und Schwarze erstaunlich langsam voran. Wissenschaftler begannen, nach verborgenen Mechanismen von Rassismus zu suchen, die dafür verantwortlich waren.

Die Critical Race Theory (CRT) entstand über Jahrzehnte in akademischen Seminaren, Studien und Veröffentlichungen. Beginnend in den 1970er-Jahren arbeiteten bell hooks (die prätentiöse Kleinschreibung ist beabsichtigt), Derrick Bell (in Harvard und Stanford) und Kimberlé Crenshaw (UCLA und Columbia) an der Entstehung einer Bewegung von Aktivisten innerhalb der akademischen Welt, die nahezu alles auf der Welt durch die Brille des Rassismus interpretieren würde. Auf gewisse Weise war ihre Besessenheit verständlich. Bell war während der letzten Jahre der Rassentrennung aufgewachsen. Zu seiner Zeit in Harvard gab es nur eine Hand voll Schwarze Fakultätsmitglieder. Statt den von anderen favorisierten inkrementellen Ansatz zu verfolgen, verfocht die Basis der CRT die Behauptung, dass Rasse der maßgeblichste Faktor bei Einstellungsentscheidungen an Ivy-League-Universitäten sei und dass es die wichtigste Linse sei, durch die man die Gesellschaft als Ganzes betrachten und verstehen könne. Das bedeutete, dass in dem Moment, in dem sich die Dinge besserten und es mehr schwarze Fakultätsmitglieder gäbe, alles in der Wissenschaft und deren Sichtweise der gesamten Gesellschaft rassifiziert oder eher neu rassifiziert werden würde.

Natürlich gab es offensichtliche und klare Gegenargumente. Der Civil Rights Act war verabschiedet worden und seit Jahren in Kraft. Antidiskriminierungsgesetze waren bereits in den Gesetzbüchern und wuchsen an der Zahl. Dennoch sahen die Anhänger der CRT nahezu jeglichen Fortschritt bei den Beziehungen zwischen amerikanischen Rassen als Illusion an. So bezeichnet es Bell selbst im Jahr 1987, als er schrieb, dass »Fortschritt in Amerikas Beziehungen zwischen den Rassen größtenteils eine Fata Morgana sei, die die Tatsache verschleiere, dass Weiße weiterhin, bewusst oder unbewusst, alles in ihrer Macht Stehende tun, um ihre Vorherrschaft zu gewährleisten, und ihre Kontrolle aufrechtzuerhalten«.[5] Als Harvard 1986 zwei Anhängern der CRT keine Anstellung gab, veranstalteten Bell und andere einen Sitzstreik in der Universität. Wie jede revolutionäre Sekte wussten die Anhänger der CRT, wie sie sich Gehör verschafften und wie sie das intellektuelle Klima in einer Ecke der Gesellschaft verändern konnten, die nicht gerade für Heroismus bekannt war.

An je mehr Orten die Wissenschaftler unsichtbaren Rassismus sahen, desto bekannter wurden sie.

Natürlich wussten nur sehr wenige Menschen, auf die diese Ideologie abzielte, was das für sie bedeuten würde. Selbst wenn sie es gewusst hätten, so wäre es ihnen schwergefallen, dem entgegenzutreten. Denn eine der kennzeichnenden Eigenschaften der CRT war, dass ihre Annahmen nicht auf Beweisen beruhten, wie man zuvor möglicherweise gedacht hatte, sondern im Wesentlichen auf Interpretationen und Geisteshaltungen. Das markierte eine bedeutsame Veränderung bezüglich der Erwartung, dass Behauptungen bewiesen werden müssen.

Auf diesen Umstand wurde zwar selten hingewiesen, aber die Regeln der CRT verlangten nicht nach normalen Beweisstandards. Wenn die »gelebte Erfahrung« einer Person attestiert werden konnte, dann mussten die Fragen nach »Beweis« oder »Daten« einen hinteren Platz in der Schlange einnehmen, falls überhaupt. Die in jener Zeit aufgewachsenen Intersektionalisten überlagerten sich komfortabel mit der CRT. Die Leute, die eine Theorie auf der Behauptung aufbauten, dass sich alle Unterdrückungen »überschneiden« und gleichzeitig »gelöst« werden müssen, machten diesen sprunghaften Anstieg möglich. Plötzlich konnten wissenschaftliche Arbeiten abgefasst werden (am bekanntesten sind die von Peggy McIntosh am Wellesley College), die lediglich aus Listen von Behauptungen bestanden. Alle waren von einem Standpunkt aus aufgestellt, der weder beweisbar noch widerlegbar war. Es wurde schlichtweg behauptet.

Sei es das Erheben von Forderungen gegenüber Kollegen oder der Gesellschaft als Ganzes, es genügte nun als Beweis, auf die eigene Wahrnehmung zurückzugreifen. Wenn jemand darauf verwies, dass die Vereinigten Staaten weniger rassistisch geworden seien, so konnte jemand anderer erwidern, dass er wisse, dass dies nicht der Fall sei. Warum? Wegen seiner eigenen »gelebten Erfahrung« (als gäbe es eine andere). Das war in vielerlei Hinsicht ein cleverer Schachzug, denn die persönliche Erfahrung eines Menschen ist tatsächlich niemals vollständig nachvollziehbar. Aber genauso wenig kann sie immer und vollständig geglaubt werden. Sollten Behauptungen über ganze Gesellschaften und Gruppen denn nicht stets von Beweisen untermauert werden? Jetzt nicht mehr. Die Verlagerung vom Beweis zum »Ich« hat bestenfalls eine Pattsituation ermöglicht: »Sie haben Ihre Sichtweise und Realität. Ich habe meine.« Schlimmstenfalls bleibt jeglicher Gedankenaustausch dadurch anfällig dafür, von unredlichen Akteuren übernommen zu werden, die einfach darauf beharren, dass die Dinge so seien, wie sie es sagen. Und genau das ist passiert.

Eines der charakteristischen Merkmale der CRT besteht darin, dass sich von außen betrachtet ihre Verfechter und Anhänger bemerkenswert klar darüber sind, was sie wollen und wie sie das zu erreichen gedenken. Die Stammväter der CRT, ihre Anhänger und Bewunderer legten ihre Absichten früh und häufig dar. Zum Beispiel räumen die eigenen Apostel ein, dass die CRT keine gedankliche Schule sei und auch kein Paket von Behauptungen, sondern eine »Bewegung«. In der 2001 erschienenen Arbeit *Critical Race Theory: An Introduction* beschreiben die Autoren Richard Delgado und Jean Stefancic voller Bewunderung die CRT als eine »Bewegung«, die aus einer »Sammlung von Aktivisten und Gelehrten besteht, die daran interessiert sind, die Beziehung zwischen Rasse, Rassismus und Macht zu untersuchen und umzuwandeln. Die Bewegung berücksichtigt viele derselben Probleme, die konventionelle Untersuchungen der Grundrechte und ethnologische Diskurse aufgreifen, betrachten sie jedoch aus einer breiteren Perspektive, die Ökonomie, Geschichte, Kontext, Gruppen- und Eigeninteresse und sogar Gefühle und das Unbewusste einbezieht. Im Unterschied zum traditionellen Grundrecht, das schrittweises Herantasten und schrittweisen Fortschritt begrüßt, stellt die CRT die Grundlagen der liberalen Ordnung infrage, einschließlich der Gleichheitstheorie, der rechtlichen Grundlagen, der Ideen der Aufklärung und der neutralen Grundsätze des Verfassungsrechts.«

Das ist eine umfangreiche Liste, die da infrage gestellt wird – Aufklärung, das Gesetz, Neutralität, Vernunft und die Grundsätze der freiheitlichen Ordnung. Wäre das von einem Gegner der CRT geschrieben worden, so wäre das eine Sache. Aber das wurde von den eigenen Anhängern formuliert.

Darüber hinaus habe sich die CRT, obwohl sie ihren Ursprung im juristischen Bereich hat, »schnell über diese Disziplin hinaus verbreitet«, in alle Felder der Lehre, prahlen Delgado und Stefancic.

»Heutzutage betrachten sich viele im Bereich der Lehre als Critical-Race-Theoretiker, die die CRT-Ideen nutzen, um die Probleme der Schulfächer und Hierarchie, Spurensuche, Kontroversen über Curriculum und Geschichte und IQ-Leistungstest [...] zu verstehen. Im Gegensatz zu einigen akademischen Disziplinen beinhaltet die CRT eine aktivistische Dimension. Sie versucht nicht nur, unsere gesellschaftliche Situation zu verstehen, sondern will sie verändern; sie macht sich nicht nur auf, zu ermitteln, wie sich die Gesellschaft entlang ethnischer Grenzen und Hierarchien organisiert, sondern will sie zum Besseren hin verwandeln.«[6]

Das ist eine ungewöhnliche Ausdrucksweise für Akademiker: damit anzugeben, dass eine bestimmte Gruppe von Akademikern und Lehrern Akademiker »mit aktivistischer Dimension« sind. Und was ist mit dem Zugeständnis, dass die CRT die Gesellschaft nicht nur verstehen, sondern »transformieren« will? Das ist die Sprache revolutionärer Politik und nicht die traditionell in der akademischen Welt verwendete Sprache. Aber revolutionäre Aktivisten sind genau jene, die, wie sich zeigte, an der CRT beteiligt sind.

Die Kennzeichen waren von Anfang an da. Eine Besessenheit von Rasse als dem vorrangigen Medium, um die Welt und alle Ungerechtigkeit zu verstehen. Die Behauptung besteht darin, dass Weiße in ihrer Gesamtheit von Geburt an schuld sind an Vorurteilen, insbesondere Rassismus. Dieser Rassismus ist so tief verstrickt mit den weißen Mehrheitsgesellschaften, dass die Weißen in diesen Gesellschaften nicht einmal bemerken, dass sie in rassistischen Gesellschaften leben. Beweise zu verlangen, ist ein Beweis für Rassismus. Und schließlich gibt es noch das Beharren darauf, dass keine der Antworten, mit denen westliche Gesellschaften zum Thema Rassismus aufwarten, auch nur entfernt angemessen oder fähig seien, mit der anstehenden Aufgabe umzugehen. Die Arbeit von Eduardo Bonilla-Silva besteht darauf, dass sogar das Konzept des Strebens, »Color-blind« zu sein, wenn es um Rassenprobleme geht, selbst tief rassistisch sei.[7]

Aber was war Rassismus nach dieser neuen und aggressiven Definition denn nun? Es war, wie wiederholt beteuert wurde, »Vorurteil plus Macht«. Zum Teil dank des Einflusses von Michel Foucault wurden diese Akademiker besessen von dem Problem der Macht.[8] Sie sahen es sowohl als zentrales Problem einer freien Gesellschaft als auch dahingehend, dass man von allen staatlichen Institutionen negativ behandelt wird. Infolgedessen hatte es Vorrang, die Macht diesen Händen zu entringen und sie anderswo auszuüben. Macht auf Basis der Hautfarbe zuzuschreiben oder zu nehmen, war enorm vorteilhaft für diese Akademiker, auch wenn ihr Denkansatz zu diesem Thema völlig verworren blieb. Zum Beispiel behaupteten sie, dass jemand nicht des Rassismus schuldig sein könne, wenn er keine Macht innehatte – selbst, wenn er voreingenommen war. Und in der Machtstruktur, die die Anhänger der CRT erbarmungslos entwarfen, war es axiomatisch, dass nur Weiße Macht haben. Von daher konnten nur Weiße Rassisten sein. Schwarze konnten entweder keine Rassisten sein oder wenn doch, dann war das nur möglich, weil sie »Weißes Gedankengut« internalisiert hatten.

Während das alles in Universitäten in ganz Amerika vonstattenging, gelang es den meisten Amerikanern, selig ignorant gegen über all dem zu bleiben. Und während es natürlich möglich ist, zu unterschätzen, wozu eine Gruppe oder aktivistische Gelehrte in der Lage sind, so kann man deren Einfluss genauso gut überschätzen. Für die meisten Amerikaner zeigten die Arbeiten von Crenshaw, Bell und anderen überhaupt keine Berührungspunkte mit ihrem Leben. Aber draußen in der weiten Welt, im Bereich der populären Unterhaltung, begannen sich einige dieser Ideen durchzusetzen. Einstellungen, die bisher als marginal einzustufen waren, wurden zum Mainstream. Behauptungen, die noch kurz zuvor als esoterisch abgetan wurden, entwickelten ein Eigenleben.

Zum Beispiel produzierte der Dokumentationsfilmer und Meinungsmacher Michael Moore 2001 die Nummer 1 auf der Bestsellerliste *Stupid White Men*. Eines der Kapitel trug die Überschrift »Kill Whitey«. In diesem Kapitel spulte Moore eine Liste von Verbrechen ab, die er Weißen zuschrieb. Dazu gehörten unter anderem: Pest, Krieg, Chemikalien, Verbrennungsmotor, Holocaust, Sklaverei, Völkermord an den amerikanischen Ureinwohnern sowie Entlassungen von Arbeitnehmern in ganz Amerika. Moore kam zu dem Schluss: »Nennen Sie irgendein Problem, eine Krankheit, ein menschliches Leid oder ein erbärmliches Elend, von dem Millionen heimgesucht sind, und ich wette zehn Dollar, dass ich ein weißes Gesicht damit verbinden kann.«[9] Möglicherweise hat Moore nie von den Problemen in Ruanda, Sierra Leone oder Myanmar gehört, um nur einige Orte zu nennen. Durch seine Touren, Vorträge und Dokumentationen wurde Moore reich und berühmt, indem er behauptete, dass Weiße oder »Whiteys« – wie er sie abfällig nannte – für alles Schlechte verantwortlich seien. Alle anderen waren nur Opfer.

Natürlich missfiel vielen Menschen diese Art des Redens. Sie erkannten die Wahrheit von Thomas Sowells Beobachtung von 2012, wenn Rassismus in Amerika nicht tot sei, dann wird er ganz sicher »künstlich am Leben erhalten«. Sie wussten, dass die Anschuldigungen, die gegen ihre Gesellschaft erhoben wurden, falsch, unfair und noch viel mehr waren. Aber sie vergaßen, Sowells darauf aufbauende Beobachtung zu berücksichtigen, dass Rassismus nun am Leben erhalten wurde von »Politikern, Rassen-Strichern und Menschen, die sich überlegen fühlen, wenn sie andere als ›Rassisten‹ denunzieren.«[10]

Exakt diese Personen waren es, die dem Rassismus einen neuen Aufschwung gaben. Das taten sie insbesondere durch zwei Maßnahmen. Die erste bestand darin, eine Änderung der Regeln zu verkünden. Die zweite war, dass sie sich selbst zu Schiedsrichtern ernannten. Sie identifizierten alle Wege, die ein normaler Mensch hat, um nicht als Rassist beschuldigt zu werden, und schnitten sie ab. Wenn Sie nicht in der Lage sind, überall den Rassismus zu sehen, dann liegt das nur daran, dass Ihr Rassismus Sie davon abhält, wirklich hinzuschauen.

Im Jahr 2018 veröffentlichte eine obskure Akademikerin namens Robin DiAngelo – die zufällig weiß war – ein Buch, das ein paar ihrer früheren Arbeiten unter dem Titel *White Fragility* zusammenfasste. Es wurde zu DiAngelos Streitpunkt, dass nicht nur alle Weißen Rassisten sind, sondern dass Weiße, denen es missfällt, wenn man ihnen sagt, sie seien Rassisten, oder die dies abstreiten, nur einen weiteren Beweis ihres Rassismus liefern. Mit derselben Logik tauchte man im Mittelalter vermeintliche Hexen unter Wasser: Wenn die Frau ertrinkt, ist sie unschuldig, wenn sie überlebt, ist sie eine Hexe und muss verbrannt werden. Bei DiAngelos Logik ist die Person, die leugnet, ein Rassist zu sein, ein Rassist – genau wie die Person, die zugibt, einer zu sein. Das Beste, was die betreffende Person in einer solchen Situation tun kann, ist Zeit zu sparen und zuzugeben, dass er oder sie Rassist ist.

Das behagte dem Mann, der das Vorwort zu ihrem Buch schrieb. In diesem erklärte Michael Eric Dyson tatsächlich, dass »Robin DiAngelo der neue Rassensheriff in der Stadt sei«. Er fuhr fort: »Sie vertritt ein anderes Recht und Gesetz, um den rassistischen Vorgängen zu Leibe zu rücken.«[11] Zu diesem neuen Recht und Gesetz gehörte das Benennen schuldiger Parteien. Indem Dyson Rassismus als »Amerikas Erbsünde« bezeichnete, beharrte er darauf: »Wir können unmöglich die Nemesis der Demokratie oder Wahrheit oder Gerechtigkeit oder Gleichheit benennen, wenn wir nicht die Personen benennen können, denen diese zugeteilt wurden. Für den größten Teil unserer Geschichte kamen heterosexuelle weiße Männer in ein Zeugenschutzprogramm, das ihre Identitäten schützt, sie von ihren Verbrechen freispricht und ihnen gleichzeitig eine Zukunft bietet, die frei ist von vergangenen Schulden und Sünden.«[12]

Er beschrieb DiAngelos verworrene Arbeit als »wunderschön« und fügte hinzu, sie sei »ein erfrischender Aufruf an das weiße Volk allerorts, ihr Weißsein als das anzusehen, was es ist, und die Gelegenheit zu ergreifen, die Dinge nun besser zu machen. Robin DiAngelo tritt alle Krücken weg und verlangt, dass das weiße Volk endlich erwachsen wird und der Welt ins Auge sieht, die es geschaffen hat, während es danach streben sollte, mitzuhelfen, sie für jene neu zu gestalten, die weder ihre Privilegien noch ihren Schutz genießen.«[13]

Es ist eine Liste von Anschuldigungen, die es zu überdenken lohnt. Zum Beispiel kann man die Vorstellung, dass Weiße alle »unreif« seien, leicht übersehen, da sie mit der Behauptung einhergeht, dass sie alle rassistische Kriminelle seien. Aber keine dieser Annahmen scheint weit hergeholt in Anbetracht der Behauptungen, die DiAngelo in diesem Buch macht. Schon in der ersten Zeile schreibt sie: »Die Vereinigten Staaten wurden auf dem Prinzip gegründet, dass alle Menschen gleich seien. Dennoch begann die Nation mit einem versuchten Völkermord an den Ureinwohnern und stahl ihnen ihr Land. Amerikas Reichtum wurde mit der Arbeit der entführten und versklavten Afrikaner und ihrer Nachkommen aufgebaut.«[14] Und dann fährt sie fort, so wie Dyson, die Dinge aufzulisten, die alle Weißen denken, glauben und tun – wie zum Beispiel zu behaupten, dass »Anti-Schwarzsein grundlegend ist für unsere Identität als Weiße«.[15] Falls sich DiAngelo darüber im Klaren war, dass das, was sie tat, Schaden anrichtete, so schien es ihr jedenfalls nichts auszumachen. Im Gegenteil, sie gab es gerne zu und schrieb: »Ich breche eine Grundregel des Individualismus – *ich generalisiere*« [die Kursivschrift stammt von ihr].[16] Bis zu diesem Punkt wurde »Generalisieren« bezüglich Menschen als »billige« Vorgehensweise angesehen.

Zu sagen »alle Chinesen denken dies« oder »alle Schwarzen verhalten sich so« galt als unanständig und ignorant. Aber Robin DiAngelo schwelgte fröhlich in der Ungehörigkeit, genau das zu tun und damit durchzukommen, weil es sich gegen Weiße richtete.

Auf die gleiche Weise hatte man bis vor Kurzem gedacht, es sei unanständig, Menschen für Eigenschaften zu verurteilen, bei denen sie kein Mitspracherecht haben, und zu behaupten, dass diese Eigenschaften nichts wert seien. Aber DiAngelo hatte ihren Spaß dabei, auch mit dieser Regel zu brechen. »Es gibt viele positive Herangehensweisen an die antirassistische Arbeit«, schrieb sie. »Eine ist der Versuch, eine positive weiße Identität zu entwickeln [...] Eine positive weiße Identität ist jedoch ein unmögliches Ziel. Weiße Identität ist von Natur aus rassistisch; Weiße existieren nicht außerhalb des Systems der weißen Vorherrschaft.« Und dennoch sagt DiAngelo, dass Weiße nicht aufhören sollten, sich als Weiße zu identifizieren, denn dann würden sie den Rassismus verleugnen und den »Color-blind Rassismus« errichten. Was ist ihr positiver Vorschlag für die Leser? Sie sollen »danach streben, ›weniger weiß‹ zu sein«, lautet ihre Antwort, und sie fügt um der Klarheit willen hinzu, dass »weniger weiß zu sein bedeutet, weniger rassistisch unterdrückend.«[17]

Falls es zutrifft, dass Amerikaner unabänderbar rassistisch sind, aber auch anfällig in diesem Punkt, so hielt es sie nicht davon ab, DiAngelos umfangreiches Buch der Generalisierungen zu kaufen. Tatsächlich kauften sie es haufenweise. Eine dreiviertel Million Exemplare ging über den Ladentisch. Und möglicherweise machten gerade diese Zustimmung und der kommerzielle Erfolg DiAngelo Mut, in ihren späteren Interviews noch extremere Ansichten zu vertreten. In einem Interview in der Sendung *Amanpour and Company* im Jahr 2018 behauptete sie, dass weiße Menschen Rassismus »aufregend« fänden und es genießen würden, sich darin »zu ergehen«. DiAngelos Interviewer Michael Martin (der übrigens schwarz ist) versuchte seinen Gast auf solche Behauptungen festzunageln.

»Aber wieso sagen Sie das?«, fragte Martin. »Sie sind Wissenschaftlerin. Wo sind die Fakten? Was bringt Sie dazu, so etwas zu sagen?«

DiAngelo mag Wissenschaftlerin sein oder auch nicht, in jedem Fall fehlten ihr die Beweise, um ihre Behauptungen zu stützen. Stattdessen stellte sie eine weitere (in keinem Zusammenhang stehende) Behauptung auf: »Im Weißenkollektiv herrscht eine Art Schadenfreude, wenn ein Schwarzer bestraft wird.«[18]

Zwei Jahre nach der Erstausstrahlung wurde das Interview erneut gesendet, weil sich nun alles geändert hatte. George Floyd war von dem Polizisten Derek Chavin getötet worden, und Bildmaterial dieses Vorfalls ging um die ganze Welt. Weltweit brachen Proteste aus, und DiAngelos Buch gehörte zu jenen, die von dem zunehmenden Interesse an Rassismus profitierten. Innerhalb nur eines Monats nach Floyds Tod wurden von *White Fragility* eine halbe Million Exemplare verkauft.

An diesem Ereignis gibt es etwas, das auf der Stelle eine Auseinandersetzung wert ist. Denn es gab jene, für die die Tötung von George Floyd nicht nur etwas war, das in Amerika passiert war, sondern das sinnbildlich für Amerika war. Und diese Sichtweise, dass das Geschehene nicht nur das Verhalten eines skrupellosen Cops war, der daraufhin für dieses Verbrechen verhaftet, vor Gericht gestellt, verurteilt und eingesperrt wurde, sondern vielmehr das Lüften eines Vorhangs und Enthüllen von etwas im Herzen aller weißen Amerikaner, war eine Interpretation, auf die Amerikaner von DiAngelo, Critical-Race-Theoretikern und anderen vorbereitet worden waren – insbesondere Amerikaner im College-Alter. Umfragen zeigten, dass positive Sichtweisen von Rassenbeziehungen in Amerika ihren höchsten Stand bei Präsident Obamas Amtsantritt im Jahr 2009 erreichten. Zu jener Zeit fand eine Umfrage von CBS/*New York Times* heraus, dass 66 Prozent aller US-Amerikaner die Beziehungen zwischen den Rassen für grundsätzlich gut befanden.[19] Als sie die Umfragen jedoch über die folgenden Jahre hinweg verfolgten, stellte die Associated Press fest, dass sich die Sichtweise zu Rassen im Jahr 2014 »verschlechterte«.[20] Eine Interpretation davon ist, dass Amerika im Laufe der beiden Amtsperioden des ersten schwarzen Präsidenten rassistischer geworden war. Einer anderen zufolge bewirkte die Medienaufmerksamkeit für bestimmte Ereignisse – gerechtfertigt oder nicht –, dass Amerika seine Sichtweise von sich selbst veränderte.

Verschlimmert wurde das dadurch, dass eine Generation von Studenten, die mit Ansichten der CRT aufgewachsen war, davon überzeugt worden war, dass die Rassenverhältnisse in ihrem Land sehr viel schlimmer waren als früher. US-amerikanische Akademiker hatten eine Reihe von Konzepten und Begriffen erfunden und bekannt gemacht, um dies zu fördern. Genauso wie ihre Kollegen in der intersektionalen Arena auf der Vorstellung bestanden, dass jeder in einem »cis-heteronormativen Patriarchat« lebt, so führten die Professoren der CRT rassifizierte Termini in die akademische Sprache ein, die von dort Eingang in die allgemeine Sprache fanden. Sie argumentierten zum Beispiel, dass Amerika nicht nur eine von Weißen dominierte Gesellschaft sei oder dass es eine weiße Mehrheit in der Bevölkerung Amerikas gäbe, sondern dass es eine »White Supremacy«-Gesellschaft sei. Sie behaupteten, dass alle Weißen davon profitierten, eine weiße Vorherrschaft zuzulassen. Sie behaupteten, wenn Weiße mit ihrem Rassismus konfrontiert würden, würden sie absichtlich das Thema wechseln oder sich zu Opfern machen. Sie behaupteten, dass es ein Phänomen gäbe, das als »Weiße Tränen« bezeichnet würde (mit einer Unterkategorie, den »Weiße-Frauen-Tränen«).

Sie behaupteten auch, dass Weißsein ansteckend sei. Wie sollte man sonst mit der Tatsache umgehen, dass viele Schwarze nicht zu 100 Prozent einverstanden waren mit diesen neuen rassistischen Theoretikern und den neuen Ideen, die allen aufgezwungen wurden? Eine Antwort darauf war die Behauptung, dass Schwarze, die nicht der Ansicht waren, dass Amerika eine im Wesentlichen rassistische Gesellschaft sei, »Weißsein« nachahmten oder sich damit ansteckten, als wäre es eine schreckliche Krankheit.[21] Nach der US-Präsidentschaftswahl im Jahr 2020 stellte die *Washington Post* ihren Lesern sogar das Konzept des »multirassistischen Weißseins« vor, als Möglichkeit, zu erklären, wie ethnische Minderheiten möglicherweise für den republikanischen Kandidaten gestimmt hatten.[22] In diesen Settings, in denen Sie Schwarz-Weiße finden, aber keine Weiß-Schwarzen, wird deutlich, dass »schwarz« und »weiß« nur noch Synonyme für »gut« und »böse« sind.

Verfechter dieser Theorie behaupteten, dass Ethnie nicht nur irgendeine Linse sei, durch die man die Gesellschaft betrachte. Sie beharrten vielmehr darauf, dass es die wichtigste, tatsächlich die einzige Linse sei, durch die man die Gesellschaft betrachten könne. Und ein Großteil der Boshaftigkeit und Wut, die heutzutage in den USA und insgesamt im Westen existiert, läuft nun auf dieses eine konkrete Problem hinaus: dass den Menschen eine Version ihrer Gesellschaft gezeigt wurde, die bestenfalls zugespitzt und schlimmstenfalls völlig daneben ist. Nehmen wir nur einen, den vielleicht bekanntesten »rassistischen« Vorfall der letzten Jahre – den Sturm, der die CRT und deren Ansichten über die gesamte westliche Welt blies: die Ermordung von George Floyd in Minneapolis im Mai 2020.

In den Tagen, Wochen, Monaten nach dem schrecklichen Ereignis gab es kaum ein Organ oder Individuum in Amerika oder der gesamten Welt, das nicht das schreckliche Video dieses Todes durch eine einzige Linse betrachtete: Ein weißer Polizist wurde dabei gefilmt, wie er einen schwarzen Mann tötete – das war ein rassistisch motiviertes Tötungsdelikt. Statt es bei dieser Erklärung bewenden zu lassen, wurde alles an diesem Ereignis hochgerechnet. Das war nicht nur der Einzelfall eines rassistisch motivierten Tötungsdelikts. Es war ein rassistischer motivierter Mord, der uns von den rassistischen Polizeieinsätzen in Amerika berichtete. Es ging noch weiter. Wir erfuhren, dass dieser rassistische Polizeieinsatz nur ein Aspekt einer gesamten rassistischen Gesellschaft war und dass nicht nur Amerika, sondern alle weiß-dominierten Gesellschaften (und Gesellschaften, in denen Weiße einfach nur präsent sind) in diesem Moment entlarvt wurden. Die über den gesamten Globus bekannt gemachte Interpretation besagte, dass das, was mit George Floyd passierte, eine fortwährend passierende Ungerechtigkeit sei. Sie behauptete, dass im modernen Amerika schwarze Leben ungestraft gestohlen werden könnten. Das läge darin begründet, dass Amerika und der Westen insgesamt institutionell rassistisch, von weißer Vorherrschaft geprägt und andernfalls schuldig einer nicht länger anfechtbaren Bigotterie war.

Es zeigte sich, dass die Einschätzung seitens der Öffentlichkeit – belegbar – stark von der Realität abwich. Als US-Bürger zum Beispiel befragt wurden, wie viele unbewaffnete schwarze Amerikaner ihrer Meinung nach 2019 von der Polizei erschossen wurden, wichen die Zahlen um etliche Größenordnungen von den tatsächlichen Zahlen ab. 22 Prozent der Menschen, die sich als »sehr liberal« einstuften, sagten, dass die Polizei jedes Jahr bestimmt mindestens 10.000 unbewaffnete schwarze Männer töten würde. Von den Befragten, die sich selbst als liberal bezeichneten, nahmen ganze 40 Prozent an, dass die Zahl zwischen 1.000 und 10.000 läge. Die tatsächliche Zahl lag bei etwa 10.[23]

Proportional zur Bevölkerung lag die Zahl der unbewaffneten Schwarzen, die von der Polizei erschossen wurden, nur leicht über der von unbewaffneten weißen Amerikanern. Aber die von der *Washington Post* zusammengetragenen Daten der Polizeidatenbank zu Schießereien bestätigen, dass in den Jahren vor George Floyds Tod mehr Polizisten von schwarzen Amerikanern getötet wurden als unbewaffnete Schwarze durch die Polizei.[24]

Nahezu nichts davon drang durch. Dafür schienen die Umfragen nahezulegen, dass die verstärkte Berichterstattung zu diesem Vorfall in den 2020er-Jahren genau das Gegenteil bewirkte und die Amerikaner denken ließ, dass die Zahl tödlicher Zusammenstöße zwischen unbewaffneten Schwarzen und der Polizei exponentiell höher sei als früher. Wie auch immer die Realität rassistisch begründeter Probleme zu der Zeit in Amerika aussehen mochte, eine Gruppe polarisierender Aktivisten war für diesen Moment gerüstet. Sie waren äußerst umtriebig mit ihren vorgefassten Theorien, Phrasen, Behauptungen und Forderungen bezüglich des heimlichen Rassismus.

Aus diesem Grund begannen Sportteams auf der ganzen Welt, sich vor jedem Spiel hinzuknien. Sie wurden dazu verleitet, zu denken, sie müssten das tun, um zu demonstrieren, dass sie gegen rassistisch motiviertes Töten seien und Schwarze nicht ungehindert von Polizisten getötet werden durften. Aus diesem Grund fielen Politiker im Westen auf ein Knie und hielten Reden gegen Rassismus. Deshalb trugen Nancy Pelosi, Chuck Schumer und die übrigen Anführer der Demokratischen Partei afrikanische Kente-Schals und knieten 8 Minuten und 46 Sekunden, bevor sie von ihren Begleitern hochgezogen wurden. Deshalb fand die Idee der »Selbsterziehung« von Weißen plötzlich Eingang in den populären Wortschatz. Aus diesem Grund begannen CEOs wie der Chefredakteur von *National Geographic*, unter ihren Namen und Titel zu setzen: »Rassen-Karte: weiß, privilegiert, großer Lernbedarf.«[25]

Es war der Moment, in dem Schweigen im Angesicht von »Rassismus« als Gewalt angesehen wurde. Ein Moment, in dem tatsächliche Gewalt als legitime politische Ausdrucksform entschuldigt wurde. Ein Moment, in dem ein Akademiker unbekümmert erklären konnte, dass »der Zustand des schwarzen Amerikas insgesamt vermutlich schlechter ist als fünfzig Jahre zuvor.«[26] Es war in diesem Moment, an den Tagen nach George Floyds Tod, dass Konzepte wie »weißes Privileg« unter den radikalen Flügeln der akademischen Welt, wo sie ausgebrütet worden waren, hervorquollen und jeden Teil der Gesellschaft überfluteten.

Es lohnt also, eine möglicherweise unpopuläre, aber dennoch entscheidende Tatsache über die Ursprungsgeschichte hervorzuheben. Es gibt immer noch keinen Beweis dafür, dass die Tötung von Georg Floyd rassistisch motiviert war. Im Laufe des Gerichtsverfahrens konnte kein Beweis gegen Derek Chauvin erbracht werden, dass seine Tat rassistisch begründet war. Falls es Beweise gab, dass Chauvin tiefe Feindseligkeit gegen Schwarze hegte und sich an diesem Maimorgen aufgemacht hatte in der Hoffnung, einen Schwarzen töten zu können – dann entschied sich die Staatsanwaltschaft dafür, diese Beweise bei der Verhandlung nicht vorzubringen. Tatsächlich weist sogar einiges darauf hin, dass es überhaupt kein rassistisches Element gab. Wie können wir das sagen? Ein Grund ist, dass vier Jahre vor Floyds Tod, am 10. August 2016, ein anderer Mann auf exakt dieselbe entsetzliche Weise wie Floyd starb.

Der 32-jährige Tony Timpa kam in Dallas ums Leben, als er von fünf Polizeibeamten festgenommen wurde. Er selbst hatte von einem Parkplatz den Notruf gewählt, gesagt, er habe Angst und brauche Unterstützung. Er sagte dem Mitarbeiter am Telefon, er leide unter Depressionen und Schizophrenie und habe vergessen, seine Medikamente zu nehmen. Er hatte Berichten zufolge seine Psychopharmaka abgesetzt, allerdings hatte er, ebenso wie Floyd, Drogen konsumiert. Die Festnahme und der

Tod von Tony Timpa wurden, wie bei George Floyd, auf Video festgehalten – dieses Mal durch die Bodycam eines der Polizisten. Wie Floyd war auch Timpa unbewaffnet und wie bei Floyd war sein Tod schrecklich, brutal in die Länge gezogen. Wie bei Floyd hätte der Polizist, der Timpa festhielt, kaum noch gefühl- und respektloser mit dem Leben eines Menschen umgehen können. In der Aufnahme hört man Timpa jammern und den Polizisten anflehen, während ihm Handschellen angelegt und er an den Schultern, Knien und im Nacken auf den Boden gedrückt wird. Genauso wie George Floyd schrie er, dass er nicht atmen könne. Man konnte Tony Timpa wiederholt schreien hören: »Ihr bringt mich um! Ihr bringt mich um.« Er flehte mehr als 30 Mal um Hilfe. Er wurde in exakt derselben Position mit dem Knie niedergedrückt wie Floyd. Aber Timpa wurde volle 13 Minuten in dieser Position festgehalten, bevor er das Bewusstsein verlor. Als er dort lag, lachten die Polizisten und machten Witze über ihn. Als die ersten Notfallhelfer eintrafen, warteten sie volle vier Minuten, bevor sie mit Wiederbelebungsmaßnahmen begannen. Während der Sterbende die letzten Atemzüge tat, scherzten die Polizisten, sie könnten ihn schnarchen hören.

So viel zu den Übereinstimmungen. Bemerkenswerter sind jedoch die Unterschiede zwischen beiden Fällen. Bei George Floyd ging die Videoaufnahme sofort an die Öffentlichkeit. Beim Tod von Timpa brauchte die *Dallas Morning News* jedoch die ganzen drei Jahre, die die Rechtsstreitigkeiten währten, um das Videomaterial des Vorfalls zu erhalten. Und während die Fakten zum Tod von Floyd sofort ans Licht kamen, dauerte das im Fall von Timpa Jahre. Die Polizeiberichte zum Tode Timpas erwiesen sich als absolut widersprüchlich, umso mehr, als die Videoaufnahme vom Tathergang schließlich freigegeben wurde. In einem der Berichte des Dallas Police Departments hieß es, Timpa habe die Officer angegriffen. Das endlich freigegebene Bildmaterial widerlegte das. Als die Polizei von Dallas eintraf, war Timpa bereits in Handschellen und wurde von privaten Sicherheitsleuten festgehalten. Wenigstens war einer der Polizisten, die Timpa verhafteten, schwarz. Aber es gibt noch einen gravierenden Unterschied zwischen den beiden

Fällen. Innerhalb eines Jahres nach Floyds Tod stand Derek Chauvin vor Gericht und wurde in allen Punkten schuldig gesprochen. Dagegen wies ein Bundesrichter vier Jahre nach dem Tod von Tony Timpa, im Juli 2020, die Klage gegen die fünf beteiligten Officer ab. Das vermeintliche Vergehen bestand darin, dass sie exzessive Gewalt angewendet haben sollten. Keiner der Polizisten wurde je verurteilt. Einer der Beteiligten ist mittlerweile im Ruhestand, die anderen vier sind weiterhin im aktiven Dienst tätig.

Ich erwähne das nicht, um das abzuschwächen, was Floyd passierte, genauso wenig, um Timpas Tod kleinzureden. Der Grund ist vielmehr, dass beide Fälle sehr ähnlich sind und in keinem der beiden Fälle ein rassistisches Motiv bewiesen wurde. Es geht auch nicht darum, zu behaupten, dass es in Amerika nie Rassismus gegeben habe oder es nirgendwo in der heutigen westlichen Welt Rassismus gibt. Aber es geht darum, hervorzuheben, dass die Tötung von George Floyd als alltäglich in der amerikanischen Gesellschaft interpretiert wurde, obwohl es sich dabei in jeder Hinsicht um eine Ausnahme handelt. Dennoch wird darauf bestanden, dass sich in dieser Ausnahme die wahre Natur Amerikas zeige. Es ist eine Fortsetzung der alten Vorstellung des linken Flügels, dass man die Polizei nur ein bisschen provozieren muss, damit sie das wahre Gesicht des demokratischen Staates zeigt, und dass dieses Gesicht faschistisch ist. Heutzutage ist die Überzeugung weit verbreitet: Wenn man dem US-amerikanischen Staat die Maske herunterreißt, sieht man einen Staat, der nicht nur rassistisch ist, sondern von weißer Vorherrschaft geprägt, und dass all seine Repräsentanten und Vertreter ebenso wie die gesamte Bevölkerung sich die straffreie Ermordung Schwarzer als Ziel gesetzt haben.

Deshalb machen Sportler auch mehr als ein Jahr nach der Ermordung von George Floyd vor einem Spiel immer noch einen Kniefall. Deshalb denken Football-Teams rund um die Welt, es sei es wert, die wachsende Verärgerung ihrer Fans zu riskieren, indem sie sich vor einem Spiel hinknien. Grund dafür ist die Überzeugung, dass Floyds Tod etwas entlarvt hat. Aber wenn seine Tötung auf diese Weise interpretiert wird, dann müssen wir absolut sicher sein, dass diese Interpretation der Wahrheit entspricht. Wir müssen absolut sicher sein, dass die ursprüngliche Geschichte – Quelle und Herkunft –, die wir uns über die US-amerikanische Gesellschaft und den gesamten West erzählen, auch korrekt ist.

Sie ist es nicht. Bewiesen ist, dass die USA bis 2020 bereit und erpicht darauf waren, eine bestimmte Interpretation von sich selbst auszurufen. Diese Interpretation wurde von der akademischen Welt vorbereitet. Sie wurde in den Medien bekanntgemacht. Und in Rekordzeit wurde sie von Unternehmen, bürgerlichen Organisationen und nirgendwo mehr als auf den Universitätscampus der Vereinigten Staaten übernommen. Das wissen wir, denn lange vor 2020 durchliefen die amerikanischen Universitätscampus mehrfach das als »Moralische Panik« bekannte Phänomen, das zukünftige Historiker mit tiefer Verwirrung betrachten werden. Amerikanische Studenten wurden präpariert für eine durch weiße Vorherrschaft geprägte, rassistische Interpretation ihrer eigenen Gesellschaft – und sie wurden von ihr erfasst. Woher wir das wissen? Weil sie seit mindestens einem Jahrzehnt Monster sehen, die gar nicht da sind.

MORALISCHE PANIK

Im April 2016 brach an der Universität von Indiana eine außergewöhnliche Panik aus. Etwa gegen 21 Uhr berichtete jemand, dass ein Mitglied des Ku-Klux-Klan (KKK) auf dem Campus von Bloomington gesehen worden sei. Die sozialen Medien begannen zu glühen. »Studierende, seid vorsichtig«, schrieb ein Studierender. »Jemand in KKK-Kutte und Peitsche läuft herum.« Andere kritisierten sofort die Collegeleitung. Ein Studierender schrieb: »Auf dem Campus läuft ein Mann mit KKK-Kapuze und Peitsche herum, und ihr könnt NICHTS tun, damit sich die Studierenden sicher fühlen?« Studierende und ihre Mentoren warnten sich gegenseitig. »Bitte BITTE BITTE seid heute Nacht vorsichtig da draußen«, schrieb einer. »Geht nicht allein raus und bleibt, wenn möglich, drinnen.« Die Panik verebbte erst, als sich herausstellte, dass der vermeintliche KKK-Anhänger ein dominikanischer Mönch war, der die traditionelle weiße Robe seines Ordens trug. Die »Peitsche«, die er angeblich in der Hand hielt, entpuppte sich als Rosenkranz. Aber obwohl all diese Fakten bekannt wurden, gaben sich nicht alle Studenten damit zufrieden. »Jetzt mal im Ernst«, schrieb einer. »Warum sollte nachts ein Priester auf dem Campus herumlaufen?«[27]

Man könnte diese Panik mit Humor betrachten, wenn der Vorfall an der Universität von Indiana der einzige gewesen wäre. War er aber nicht. Im vergangenen Jahrzehnt ereigneten sich an vielen Universitäten überall in den USA ähnliche Vorfälle. Zum Beispiel wurde eines Morgens im Jahr 2013 eine Person in KKK-Kutte am Oberlin College in Ohio gesichtet. Die Panik an diesem College für Liberal Arts führte zur Absage jeglicher Kurse an diesem Tag. Die Polizei wurden gerufen, um den KKK-Anhänger vom Gelände zu jagen. Aber als die Polizei eintraf, um der Sache nachzugehen, fanden sie kein Mitglied des KKK. Schließlich sickerte durch, dass es sich vermutlich um einen in eine Decke gehüllten Obdachlosen gehandelt hatte oder um eine Frau, die an jenem Morgen mit einer Decke auf dem Campus gesehen wurde.[28]

Im November 2015 verursachte ein homosexueller Schwarzer, ehemaliger Studentenpräsident an der Universität von Missouri, im Netz eine Massenpanik, als er behauptete, der KKK sei auf dem Campus gesichtet worden. »Studierende, ergreift Schutzmaßnahmen«, warnte er über die sozialen Medien. »Bleibt in den Wohnheimen von den Fenstern fern. Der KKK wurde nachweislich auf dem Campus gesichtet. Ich arbeite mit dem MUPD [Campus-Sicherheitsdienst] zusammen, der Polizei und der Nationalgarde.« In Wahrheit war die einzige Kraft, mit der er zusammenarbeitete, seine Fantasie. Niemand musste sich von den Fenstern fernhalten. Am Ende entschuldigte sich der Student für das Weitergeben von »Fehlinformationen«.[29]

Andere Panik-Ereignisse nahmen einen ähnlichen Verlauf. Im Juni 2017 wurde die Polizei zur Universität von Maryland gerufen, nachdem unter einem Baum auf dem Campus ein vermeintlicher »Galgen« entdeckt worden war. Die Polizei untersuchte besagte Stelle und entdeckte, dass der »Galgen« nichts weiter war als eine zusammengeknotete weiße Plastiktüte, die auf dem Boden lag. Obwohl sie jede mögliche »Hasskriminalität« in Erwägung zog, kam die Polizei zu dem Schluss, dass es sich lediglich um ein Objekt handelte, das »lose Gegenstände beinhalten und beim Transport schützen kann«. Aber viele Studierende der Universität gaben sich mit diesem Ergebnis nicht zufrieden, posteten Bilder der weißen Plastiktüte auf Social Media und luden ihre Kommilitonen ein, eigene Rückschlüsse zu ziehen. Einer beschwerte sich, dass »sie [die Polizei] nicht einmal versuchte, meinen Freund und mich anzuhören, dass es sich hierbei möglicherweise um ein Hasssymbol handelt. Sie ließen nicht mit sich reden.«[30] Was unter diesen Umständen vermutlich auch verständlich war, da man sie gerufen hatte, um den Fall einer liegengelassenen Plastiktüte zu untersuchen.

Ein paar Monate später, im Oktober, war die Michigan State University an der Reihe, einen Galgen zu entdecken. Eine Studentin behauptete, als sie aus ihrem Zimmer im Wohnheim trat, habe ein Galgenstrick vor ihrer Nase gebaumelt. Schnell wurde diese »Hassaktion« von jedem auf dem Campus verurteilt, von Kommilitonen bis hinauf zum Rektor der Universität. Diese Verurteilungen und die Anteilnahme setzten sich fort, bis bekannt wurde, dass der »Galgen« ein Schnürsenkel war, den jemand verloren und der von einer anderen Person aufgehängt worden war, damit der Betreffende ihn wiederfinden konnte.[31]

Im März 2018 war die Vincennes University dran, wo ein Student behauptete, ihm habe sich ein Mann mit weißer Kopfbedeckung genähert, der mit einer Waffe herumfuchtelte und ihm rassistische Beleidigungen an den Kopf warf. Sofort gab die Campusleitung an alle Studierenden eine Warnung heraus. Der Studentendekan veröffentlichte eine Stellungnahme, in der es hieß: »[Die] Vincennes University steht ganz im Zeichen von Respekt, Diversität und Inklusion. Wir nehmen solche Berichte sehr ernst und die laufende Ermittlung hat oberste Priorität.« Die anschließende polizeiliche Untersuchung konnte mithilfe der Videoaufzeichnungen der Überwachungskamera feststellen, dass sich dieser Vorfall nie ereignet hatte.[32]

Wenn sich diese Art von Panik-Vorfällen auf Campus in den Vereinigten Staaten beschränkt hätte, könnte man sie vielleicht als Problem überprivilegierter, überqualifizierter Jugendlicher abtun. Aber in den vergangenen Jahren gab es derartige Vorfälle auch bei Erwachsenen, einschließlich Erwachsenen mit der höchsten Sichtbarkeit im Staat.

Im Februar 2017 wollte die Komikerin Sarah Silverman morgens Kaffee trinken gehen. Entsetzt sah sie auf dem Bürgersteig vor ihrem Haus ein Zeichen, das aussah wie ein S mit einem Strich durch die Mitte. Silverman fotografierte das sofort und schickte das Bild an ihre vielen Millionen Follower auf Twitter. »Sollte das ein Hakenkreuz werden?«, fragte sie. »Haben Neo-Nazis kein Google?«[33] Aber wie sich herausstellte, waren es nicht etwa des Schreibens unkundige Neonazis, die über Nacht die Bürgersteige der Stadt mit Hakenkreuzen beschmiert hatten. Die Zeichen auf dem Boden waren vielmehr Kalkmarkierungen von Bauarbeitern, die Bereiche kennzeichneten, wo sie arbeiten mussten.

Im September 2019 wurde das Restaurant des ehemaligen NFL-Spielers Edawn Louis Coughman mit rassistischen Graffitis und Hakenkreuzen beschmiert. Coughman rief bei seiner Versicherung an, um den Schaden zu melden, aber die Polizei war zu schnell, und als sie eintraf, erwischten sie ihn mit der schwarzen Farbe. Es stellte sich heraus, dass er den »rassistisch motivierten Vandalismus« selbst begangen hatte.[34] Und dann waren da natürlich noch die eisigen Stunden in der Januarnacht 2019, als der Schauspieler Jussie Smollert behauptete, er sei vor einem Subway-Restaurant von zwei weißen Männern überfallen worden, die rassistische und homophobe Beleidigungen geschrien hätten. Sie hätten ihn körperlich attackiert, ihm eine Schlinge um den Hals gelegt und ihn mit Flüssigkeit übergossen. Während dieses Vorfalls hielt er angeblich die ganze Zeit sein Subway-Sandwich in der Hand. Die Reaktion aus den höchsten Kreisen erfolgte zügig und leichtgläubig. Senatorin Kamala Harris, die, wie sich herausstellte, Smollett kennt, gehörte zu jenen, die den Vorfall als »modernes Lynchen« brandmarkte.[35] An den darauffolgenden Tagen hielt Smollett an seiner Geschichte fest, fügte gelegentlich Details hinzu. Bei einer Gesangsdarbietung eine Woche später erzählte er dem mitfühlenden und unterstützenden Publikum, dass er sich gegen die Angreifer gewehrt habe und nicht zulassen wollte, dass sie den Sieg davontrugen, denn er, Jussie Smollett, stehe für die Liebe. Aber als die Geschichte bröckelte, löste sich auch die Unterstützung seitens des Publikums auf. Nichts an der Geschichte überzeugte. Und als das Bildmaterial der Überwachungskamera gesichtet wurde, konnte die Polizei die Täter fassen, die den Überfall durchgeführt hatten. Es handelte sich um Abimbola Osundairo und Olabinjo Osundairo, zwei große Gewichtheber-Brüder aus Nigeria, die Smollett kannte, wie sich herausstellte. Heraus kam, dass Smollett dachte, als Opfer eines Hassverbrechens könne er mehr Gage bei der Show *Empire* aushandeln, bei der er sich unterbezahlt fühlte. Also wurden die Osundairo-Brüder angeheuert, um ihn ein bisschen herumzuschubsen.

Die Frage, was Smollett damals durch den Kopf ging oder auch nicht, ist sicher interessant. Noch interessanter ist jedoch die Bereitwilligkeit, mit der die Geschichte geglaubt wurde. Es war nicht nur Harris, es waren viele Dutzend prominente Amerikaner, von Nancy Pelosi bis Stephen Colbert, die Smolletts Geschichte für bare Münze nahmen. Tatsächlich lud Colbert bei seiner nächsten Abendsendung eine Schauspielerin mit Sandpapierstimme namens Ellen Page ein, um über den Smollett-Vorfall und dessen Bedeutung Moralpredigten zu halten. Zu diesem Zeitpunkt waren bereits erste Zweifel an der Geschichte aufgetaucht, was in Pages Augen unverzeihlich war. »Wir haben Medien, die infrage stellen, ob das, was Jussie Smollett zugestoßen ist, ein Hassverbrechen ist oder nicht«, sagte sie. »Das ist absurd«, fügte sie hinzu und schlug zur Betonung mit der Faust in ihre andere Hand. »Da [Piep] gibt es nichts zu diskutieren.« Daraufhin jubelte und schrie das Studiopublikum »Ja!« »Sorry, ich bin heute Abend wirklich geladen«, sagte sie, als würde sie das bedauern. »Da gibt es nichts zu entschuldigen«, versicherte Colbert: »Sie müssen geladen sein. Sie müssen geladen sein.« »Es ist unmöglich, jetzt nicht so zu fühlen«, fügte Page unter noch mehr Jubel und Applaus hinzu.[36]

Das alles soll nicht heißen, dass es keinen Rassismus gibt und rassistische Gewalt in Amerika und überall sonst auf der Welt gänzlich unbekannt ist. Aber diese Fälle, und viele weitere, die aufgezählt werden können, suggerieren einer Bevölkerung keine gesunde Perspektive hinsichtlich des Risikos und der Wahrscheinlichkeit rassistischer Vorfälle. Tatsächlich scheint eine Art von Rassismus gesehen zu werden – ehrlich oder nicht –, der, falls er denn noch existiert, an den äußersten Rändern der Gesellschaft vorkommt. Während des vergangenen Jahrzehnts lebten die US-Amerikaner nicht in einem Land, in dem Klanmitglieder herumzogen – interessanterweise immer einzeln. Und sie leben ganz sicher nicht in einem Land, in dem sich Mitglieder des KKK regelmäßig auf den Campus der Universitäten herumtrieben. Sie leben nicht in einem Land, in dem das Lynchen Bestandteil des täglichen Lebens ist. Sie leben vielmehr in einem Land, in dem ein solcher Mangel an Vertretern der weißen Vorherrschaft herrscht, dass gewichthebende Nigerianer eingeflogen werden müssen, um in diese Rolle zu schlüpfen. Anscheinend ist in den Köpfen bestimmter Amerikaner ein bestimmtes Bild entstanden. Ein Bild, das irgendwann zu Beginn des letzten Jahrhunderts geprägt wurde und so geblieben ist. Ein Amerika, in der der KKK das Land durchstreifte und Hollywoodstars Applaus dafür verdienten, wenn sie »versuchten Lynchmorden« die Stirn boten.

WIE KONNTE ES DAZU KOMMEN?

Wie konnte es dazu kommen? Zum einen fällt auf, dass der Zustand der Rassenbeziehungen in den Vereinigten Staaten einem Bild gleicht, das von einem Projektor erzeugt wird. Die Details des projizierten Bildes spielen eine enorme Rolle – eine größere als alles andere. Eine Erklärung, warum Amerika zum Beispiel jede Tötung eines Schwarzen Amerikaners durch die Polizei schonungslos, aber erbittert seziert, ist das Bedürfnis, über die exakte Natur dieser Details zu streiten. Breonna Taylor, Michael Brown und andere Fälle lassen es in den Köpfen der

Öffentlichkeit klingeln, weil auch noch mit den winzigsten Details gerungen wird. Einerseits gibt es Leute, die behaupten, dass diese und andere durch die Polizei verursachten Todesfälle von Schwarzen eine Demonstration des wahren Gesichts einer von weißer Vorherrschaft geprägten, institutionell rassistischen Nation seien. Auf verschiedenen anderen Seiten plädieren Menschen dafür, dass es sich um die Art von Vorfällen handelt, die unvermeidbar sind, wenn eine schwer bewaffnete Bevölkerung und schwer bewaffnete Polizeikräfte Jahr für Jahr versuchen, Millionen Interaktionen zu überstehen. Es ist sinnvoll, über die Details zu streiten – auch heftig, wenn es sein muss. Denn wenn Michael Brown erschossen wurde, während er die Hände erhoben hatte und keine Bedrohung für die ihn verhaftenden Polizisten darstellte, dann könnte das sehr wohl auf ein sehr ernstes Problem in einem Land hinweisen. Aber wenn er nicht mit erhobenen Händen erschossen wurde und die daraufhin ausbrechenden Krawalle grundlos aufgepeitscht wurden, dann tragen unehrliche Akteure eine Menge Verantwortung für ihr Handeln.

Über die Details wird gestritten, weil die USA die mächtigste Nation der Welt sind, die einflussreichste Nation und die Nation, deren Sünden und Fehler wahrscheinlich genauso exportiert werden wie ihre Tugenden und Errungenschaften. Und genauso, wie Amerika anschaut, was an die Wand projiziert wird, so tut das auch die Welt, mit weniger Aufmerksamkeit für die Details, aber mit genauso großem Interesse. Das Ausmaß der Proteste in Berlin, London, Brüssel, Stockholm und vielen anderen Hauptstädten an den Tagen nach George Floyds Tod legt vor allem eine Sache nahe: Dass die Menschen das Gefühl hatten, sie müssten auf die Straße gehen, um ihrem Zorn Ausdruck darüber zu verleihen, dass die mächtigste und einflussreichste Nation der Welt das Leben seiner schwarzen Bürger für so wertlos erachtet, dass sie seinen Polizisten erlaubt, ihnen bei helllichtem Tag straffrei die Luft abzuschnüren. Demonstranten rund um die Welt reagierten auf ein Bild, das sie von Amerika projiziert sahen. Ein Bild, in dem ein ganzer Katalog subtiler Fehler, Manipulationen und Erpressungen grenzenlos vergrößert wurde. Aber die Verzerrung stammt aus den USA und wird von und durch die USA projiziert.

RASSISTISCHE KLEINKINDER

Sogar in einer relativ manierlichen Welt wie die der Bücher konnten im vergangenen Jahrzehnt diese deutlichen Radikalisierungen beobachtet werden. In den 2010er-Jahren, während Obamas Präsidentschaft, begannen Mainstream-Verlage Bücher auf den Markt zu werfen, die darauf abzuzielen schienen, die Menschen von der Wiege an zu radikalisieren. Zu jener Zeit schien manches davon derartig absurd, dass es schon lustig wirkte. Innosanto Nagaras *A is for Activist* (2012) war ein Alphabet-Bilderbuch für Kinder, das die nächste Generation von Aktivisten heranziehen sollte. Der Antikapitalismus war darin genauso selbstverständlich an Bord wie die jüngste Identitätspolitik. *L* steht für »LGBT«, und natürlich steht *T* für »Trans« statt für »Trains« (Züge). Aber das Hauptanliegen des Buches besteht darin, den Kindern zu sagen, dass sie heranwachsen sollen, um zu protestieren und für »Gleichheit«, »Diversität« und mehr zu bekämpfen. Deshalb steht *X* für »Malcolm X«, *I* für »indigen« und »Immigrant«, *Y* für »Your Truth« (deine Wahrheit) und das Alphabet endet mit *Z* für »Zapatista«.

Von dem Alter an, in dem Kinder lesen können, wird ihnen durch populäre Literatur beigebracht, dass der beste Weg, sein Leben zu leben, darin besteht, es als »Revolutionär« zu tun, auf die Barrikaden zu gehen, um den Kapitalismus, »Cis-Heteronormativität« und natürlich Rassismus zu bekämpfen. Ganze Branchen scheinen auf das Umprogrammieren der Menschen ausgerichtet zu sein, damit sie die Welt durch eine völlig klare Linse sehen, in der es erkennbar gute Menschen und erkennbar böse Menschen gibt. Intelligente Erwachsene begannen in derselben Sprache zu sprechen. 2019 beendete Adam Rutherford (Autor von *How to Argue with a Racist*) einen Vortrag in einem Raum voller Erwachsener mit der Äußerung: »Wenn du Rassist bist, bist du mein

Feind«[37] – als ob Hörsäle voller Klanmitglieder wären. Dann zitierte er die US-amerikanische Bürgerrechtlerin Angela Davis: »In einer rassistischen Gesellschaft genügt es nicht, kein Rassist zu sein. Wir müssen Antirassisten sein.« Selbst vor dem Tod von George Floyd schien bereits Einigkeit darüber zu herrschen, dass Menschen in westlichen Gesellschaften in rassistischen Gesellschaften leben und dass die Antwort auf dieses speziell westliche Problem eine speziell westliche Antwort sein muss: aufrichtige, aktive Antirassisten zu werden. Auch das musste von klein auf gelehrt werden, und man konnte gar nicht früh genug damit anfangen.

Aus diesem Grund verfasste der US-amerikanische Autor Ibram X. Kendi ein Buch mit dem Titel *Antiracist Baby*, das mit viel Trara und Berichten in den großen Fernsehsendern der Vereinigten Staaten bei seiner Veröffentlichung begrüßt wurde. Dieses Buch erklärt, dass ein »antirassistisches Baby« nicht so geboren, sondern dazu erzogen wird und danach streben muss, »Gleichheit zur Realität zu machen«. Falls es schwierig scheint, einem dreijährigen Kind das Konzept der Gleichheit erklären zu wollen, so bemüht Kendi sich sehr, dabei Hilfestellung zu leisten. Das Neun-Schritte-Programm für Kleinkinder beinhaltet die Vorschläge, dass antirassistische Kleinkind solle »deine Wörter verwenden, um über Rasse zu sprechen«, »zeige auf die Politik als Problem, nicht auf Menschen«, »reiß die kulturellen Blockaden ein«, »gestehe es, wenn du ein Rassist bist«.[38] Wenn Ihr zweijähriges Kind seine Bauklötze umwirft, können Sie also fragen, ob das eine metaphorische Betrachtung der Wirklichkeit von rassistisch motivierter Gewalt ist.

Dieses Buch ist für Kinder konzipiert und verwendet daher Bilder statt Wörter, um Dinge zu erklären. Und es enthält eine Menge lustiger Illustrationen, um den Kleinen auf die Sprünge zu helfen. Es zeigt glückliche antirassistische Babys, Raupen, die sich in Schmetterlinge verwandeln, und Ähnliches. Aber warum ist es notwendig, Kinder auf diese Weise zu indoktrinieren? Eine Erklärung ist erneut, dass Amerikaner in prominenten Positionen empfohlen haben, dass schon amerikanische Kleinkinder umprogrammiert werden müssen, weg von der rassistischen Gesellschaft, in die sie hineingeboren wurden. Und keine geringere Autorität als das Arizona Department of Education erklärte kürzlich, dass Kleinkinder in der Lage seien, bereits im Alter von drei Monaten zu Rassisten zu werden. Und laut dem von dieser Behörde herausgegebenen »Gleichheits-Toolkit« sind weiße Babys das Problem. Das Toolkit behauptet, dass »Ausdrücke rassistischer Vorurteile häufig ihren Höhepunkt im Alter von vier und fünf Jahren haben«, aber während »schwarze und lateinamerikanische Kinder« im Alter von fünf Jahren keine Bevorzugung ihrer eigenen Gruppen aufweisen, »bleiben weiße Kinder in diesem Alter stark voreingenommen und bevorzugen die weiße Gruppe«.[39] Die weißen Kinder sind also, noch bevor sie laufen oder sprechen können, das Problem. Und es sind die weißen Kinder, an denen gearbeitet werden muss, um die Veränderung herbeizuführen, auf deren Notwendigkeit sich alle geeinigt zu haben scheinen.

ANTIRASSISMUS

Tatsächlich ist *Antiracist Baby* die Kinder-Version eines nur geringfügig erwachseneren Buches von Ibram X. Kendi. Die Geschichte des Autors ist eine von wahrhaft erstaunlichem Erfolg – ein Erfolg, der den eines anderen schwarzen US-amerikanischen Autors derselben Generation widerspiegelt, Ta-Nehisi Coates. Wie Coates scheint auch Kendi zu glauben, dass seine persönliche Geschichte, oder eine Mischung aus seiner persönlichen Geschichte und der Extrapolation seiner politischen Meinung, eine hinreichende Basis ist, um die Beziehungen der Rassen in den USA neu auszurichten. Wie Coates ist auch er voller Zorn. Und wie bei Coates ist seine Karriere nicht einfach nur golden, sondern prächtig gut geölt. Wie Coates veröffentlichte er ein Jugendbuch voller Erinnerungen aus dem eigenen Leben, das unter einhelligem Beifall zu einem Bestseller wurde. Wie Coates wurde er mit dem National Book Award ausgezeichnet. Wie Coates wurde ihm der MacArthur-»Genie-Preis«

verliehen. Im Gegensatz zu Coates wurde Kendi (im Alter von nur 38 Jahren) mit dem angesehensten unbefristeten Lehrstuhl an der Boston University belohnt. Den Andrew W. Mellon Professorship in the Humanities hatte vor ihm nur der Holocaust-Überlebende und Nobelpreisträger für Literatur Elie Wiesel inne.

Aber noch mehr als Coates hatte Kendi in seinem heroischen Bericht darüber, wie er sich seinen Weg durch ein rassistisches, unterdrückendes Land erkämpft hat, ein Problem. Es besteht darin, dass seine stärksten Geschichten frappierend bedeutungslos sind. An einer Stelle in seinem Buch *How to Be an Antiracist* (2019, die deutsche Übersetzung erschien 2020 unter demselben Titel) schreibt Kendi über einen Vorfall in seinem dritten Schuljahr, bei dem eine weiße Lehrerin einen eifrigen weißen Schüler vorn in der Klasse aufruft statt ein schüchternes schwarzes Mädchen, das ganz hinten sitzt. So viele Jahre später macht Kendi aus dieser Szene fast ein ganzes Kapitel. Er zeigt dem Leser, dass er sich an jedes Detail der Situation erinnern kann. Aber er betont, dass ihm der Name der Lehrerin entfallen sei. »Die Lehrerin zu vergessen war vielleicht eine Art Bewältigungsmechanismus«, sagt er nun, er habe »den Namen der Lehrerin aus seinem Gedächtnis gelöscht, wie die Namen so vieler rassistischer weißer Menschen, die im Laufe der Jahre mit ihren Sirenen meinen Frieden störten«.[40]

Manch einer würde diesen Vorfall als unbedeutend bezeichnen; andere dagegen halten ihn schlimmstenfalls für eine rassistische Mikroaggression. Nicht aber Kendi. Er sagt zu diesem Vorfall: »Was andere ›Mikroaggressionen‹ nennen, nenne ich ›rassistische Angriffe‹.«[41] In *How to Be an Antiracist* beginnt jedes Kapitel mit einer Definition oder einer ganzen Reihe von Definitionen. Diese verleihen dem Text ein pseudo-scholastisches Glühen, obwohl die Definitionen nicht immer so hilfreich sind, wie der Autor meint. Zum Beispiel sind dem ersten Kapitel zwei Definitionen vorangestellt: die eines Rassisten (»Eine Person, die mit ihren Handlungen oder ihrer Untätigkeit eine rassistische Politik unterstützt oder eine rassistische Idee äußert«)[42] und die eines Antirassisten (»Eine Person, die mit ihren Handlungen eine antirassistische Politik unterstützt oder eine antirassistische Idee äußert«).[43] Etliche Aspekte schmälern die Brillanz dieser Definitionen. Der erste ist die Erkenntnis, dass diese so wie alle anderen Definitionen in diesem Buch von Kendi selbst verfasst wurden. Der zweite ist die Tatsache, dass es keine sonderlich guten Definitionen sind.

Die meisten Menschen würden einen Rassisten als jemanden ansehen, der Mitglieder einer ethnischen Gruppe gegenüber einer anderen für unterlegen hält, ausschließlich wegen dieser einen Eigenschaft, auf die die Betroffenen keinen Einfluss haben. Aber Kendi definiert Rassismus anders. Seiner Definition zufolge ist ein Rassist jemand, der rassistisch motiviert handelt – im besten Fall ist diese Definition zirkulär, denn sie nutzt den Begriff, der definiert werden soll, um genau diesen Begriff zu definieren. Die Definition lässt zudem die Frage unbeantwortet, was eine rassistisch motivierte Handlung ist und wer diese als solche bestimmt. Allerdings bleibt ein Verdacht. Kendis Definition eines Antirassisten ist hingegen simpler gestrickt. Im Wesentlichen handelt es sich um die Empfehlung, so zu sein wie Kendi.

Wenn Kendi heutzutage gebeten wird, vor einem Publikum den Begriff »Rassismus« zu definieren, so ist seine Definition zu einer Art Partytrick geworden. »Rassismus ist die Hochzeit von rassistischen Polizisten und rassistischen Ideen, was rassistische Ungerechtigkeiten hervorbringt und Normalität werden lässt«, lautet eine seiner Standardantworten. Damit kommt er beim Publikum gut an, erntet oft viel Lachen und Applaus. Aber in Anbetracht des großen Einflusses, den Kendis Arbeit nun hat, und der Vielzahl der Bereiche, in die sie Eingang gefunden hat, sollte man auf eine besondere Schwäche hinweisen. Kendi ist nämlich nicht gegen Rassismus, sondern nur gegen bestimmte Formen von Rassismus, insbesondere den von Weißen gegenüber Schwarzen. Andere Arten von Rassismus können, laut seiner eigenen Definition, durchaus positive Kräfte sein. Bei seinem Schreiben über Diskriminierung und Ungerechtigkeit schlussfolgert er zum Beispiel: »Das einzige Mittel gegen rassistische Diskriminierung ist antirassistische Diskriminierung. Das einzige Mittel gegen frühere Diskriminierung ist aktuelle

Diskriminierung. Das einzige Mittel gegen aktuelle Diskriminierung ist zukünftige Diskriminierung.«[44]

Sehr viel hängt hier davon ab, was er mit »rassistisch« meint und was er unter »antirassistisch« versteht. Aber das Lesen seiner Arbeit macht deutlich, dass Kendi mit »rassistisch« Dinge meint, die er nicht mag. Wohingegen unter »antirassistisch« all das fällt, was ihm zusagt. In Kendis Farbpalette gibt es keine neutralen Bereiche. Es gibt nur weiße Vorherrschaft und weiße Nationalisten und auf der anderen Seite die Weißen, die seine Meinung teilen. Auf ähnliche Weise gibt es Schwarze, die seine Meinung teilen, und Schwarze, die das nicht tun. Jene Schwarzen, die seinen Aussagen nicht zustimmen, sind ebenfalls Rassisten. Zum Beispiel mag Kendi den konservativen Richter am Obersten Gerichtshof Clarence Thomas nicht, verurteilt mit einer typischen Untertreibung »seine mörderische Bilanz von Urteilen gegen schwarze Menschen«[45] als empörend. Genauso wenig mag er den ehemaligen Innenminister von Ohio, Ken Blackwell, der für George W. Bush in Ohio den Wahlkampf leitete. Mit solchen Leuten will Kendi nichts zu tun haben. »Wir sind entweder Rassistinnen und Rassisten oder Antirassistinnen und Antirassisten, das sollte man nicht vergessen«, sagt er und fährt fort: »[Deshalb] kommen Kriminelle wie Blackwell, die ihre eigenen Leute verraten, mit ihrem Rassismus durch. Schwarze Menschen nennen sie ›Onkel Tom‹, ›Verräter‹, ›Oreos‹ und Marionetten – oder geben ihnen alle möglichen anderen Schimpfnamen – nur nicht den richtigen: Rassistin oder Rassist. Schwarze müssen mehr tun, als solchen Leuten die ›Schwarze Mitgliedskarte‹ zu entziehen, wie wir sagen. Wir müssen ihnen einen Zettel mit ›Rassistin‹ oder ›Rassist‹ an die Stirn kleben, damit es alle Welt sehen kann.«[46]

In Kendis Welt der Definitionen ist nicht nur Clarence Thomas rassistisch, rassistisch sind auch viele andere Dinge. Und praktischerweise helfen sie alle mit, die Grenzen von Kendis nicht nur politischen Vorurteilen zu umreißen. Zum Beispiel stellt er klar, dass es rassistisch sei, sich Reparationszahlungen für Sklaverei zu widersetzen. Genauso rassistisch sei es, in dieser Angelegenheit keine Meinung zu haben. Sie müssen also entweder Kendis spezifische Meinung zu diesem Thema teilen oder Sie sind – na was wohl? – ein Rassist. Wohin Sie sich auch wenden, die anderen Ausgänge sind versperrt. Von einer »postrassistischen Gesellschaft« zu sprechen, ist ebenfalls rassistisch. Entweder akzeptieren Sie Kendis Sicht der Gesellschaft, in der Sie leben, oder Sie sind ein Rassist. Dieser nette Trick funktioniert mit fast allem. Kendi ist gegen Gesetze, die verlangen, dass Wähler sich ausweisen müssen. Können Sie sich denken, was Personen sind, die diese Gesetze unterstützen? Richtig: Auch sie sind Rassisten. Seltsamerweise ist es auch rassistisch, nicht mit dem übereinzustimmen, was Kendi gegen den Klimawandel unternehmen möchte.

Immer wieder teilt er die Welt klar und stringent in diese zwei Lager. Wir sind entweder Rassisten oder Antirassisten. Wir streben entweder danach, rassistisch zu sein, oder antirassistisch. Ein angesehener schwarzer Richter, der sich in Kendis Augen falsch verhält, wird zu einem Rassisten. Wenn jemand dagegen in Kendis Augen alles absolut richtig macht, seinen oft widersprüchlichen Ansichten immer zustimmt, so kann ihm mit der Zeit das Abzeichen »Antirassist« verliehen werden. Das Ziehen dieser Grenzen ist für Kendi zweifellos äußert zweckdienlich. Aber diese Regeln zu befolgen, ist für jede Gesellschaft mehr als unpraktisch. Letztlich muss es ein paar Probleme geben – wie beispielsweise die Wählerregistrierung oder die Umwelt –, die diskutiert werden können, ohne dass sie als rassistisches oder antirassistisches Problem eingestuft werden. Wenn das nicht der Fall ist, wird die Wahrscheinlichkeit, dass eines oder all diese Probleme angegangen werden, beträchtlich sinken.

Statt den Aspekt der Ethnie aus einer Diskussion herauszunehmen (was laut Kendi bereits wieder rassistisch ist), scheut diese Weltsicht keine Mühen, jeder Diskussion Rassismus überzustülpen – und zwar mit den unversöhnlichsten Begriffen. Falls ein Teil Ihrer Gesellschaft rassistisch ist und der andere antirassistisch, dann werden normale politische Einigungen unmöglich. Manche Menschen werden einer Politik oder Position, von der sie wissen, dass sie nicht korrekt ist, nur deshalb zustimmen, um nicht durch das Etikett »Rassist« besudelt zu werden. Andere werden ehrlich davon überzeugt werden, dass diese Welt manichäisch ist und nicht aus einer großen Palette von Menschen mit unterschiedlichen Vorstellungen besteht, sondern aus Rassisten und Antirassisten, Anhängern der weißen Vorherrschaft und Ibram X. Kendi.

Vielleicht ist es unvermeidlich, dass eine ganze Branche den kommerziellen Erfolg von Kendis Arbeit widerspiegeln möchte. Unter den Ablegern gibt es ein Werk namens *How to Be an Antiracist Family*, das aus »25 inspirierenden Geschichten über Rassismus zum gemeinsamen Lesen mit Kindern« besteht.[47] Anscheinend kann alles publiziert werden, solange die immergleiche Erzählung pusht, dass Weiße Unterdrücker sind und an jeder Ecke beschimpft werden können. Gleichzeitig sind die Schwarzen die Unterdrückten und können alles sagen, wie beleidigend es auch sein mag, solange sie es über Weiße sagen. Es gibt zum Beispiel Ijeoma Oluos Buch *Mediocre: The Dangerous Legacy of White Male America* (2020) und das Buch der in London geborenen Autorin Otegha Uwagba: *Whites: On Race and Other Falsehoods.*

In Großbritannien ist der amerikanisierte Ton dieser Ära sichtbar: das große Narrativ von Rassismus und Antirassismus, alle aus winzigen Ereignissen hochgerechnet, zusammengeklebt mit ordentlich negativem Denken und Befürchtungen. So beschreibt Otegha Uwagba zum Beispiel an einer Stelle, dass sie zur Weihnachtsfeier einer Freundin gehen will, dann jedoch im letzten Moment absagt, »weil ich bestimmt die einzige schwarze Person in einem Raum voller Weißer sein werde«. Sie befürchtet, dass »nach einem bisschen erforderlichen Händeringen« über Rassismus-Themen irgendjemand vorschlagen wird, über etwas weniger Deprimierendes zu sprechen, »weil ja schließlich Weihnachten ist«. Stattdessen, so sagt sie, »bleibe ich zu Hause und weine«.[48]

Uwagba scheint als Freundin schwierig zu sein. Sie beklagt sich bitterlich, wenn weiße Freunde sie nicht fragen, wie es ihr geht. Und dann beschwert sie sich bitterlich darüber, dass ihre weißen Freunde sie fragen, wie es ihr geht. Nach dem Tod von George Floyd, so sagt sie, sei ihr E-Mail-Briefkasten zu einem »Abladeplatz für weiße Schuldgefühle«

geworden. Wieder regt sie sich über die Freunde auf, die sie fragen, wie es ihr geht, und schimpft über jene, die es nicht tun. »Überall ragt die weiße Schande hoch auf«, schreibt sie, »saugt den Sauerstoff aus dem Raum, droht, das anstehende Problem zu verschleiern. Selbst wenn sie extrem reumütig auftreten, haben Weiße eine Art an sich, die einem das Atmen schwer macht.«[49]

GEH AUF DIE STRASSE

Zu genau dem Zeitpunkt, als Rassismus stärker denn je diskreditiert wird, sozial und politisch als inakzeptabel gilt, wird er auch als omnipräsent und einen großen Widerstand erfordernd dargestellt.

Als ich in den Monaten nach George Floyds Tod durch die USA tourte, versetzte mich diese Tatsache immer wieder in Erstaunen. In den Städten, in denen Fahnen und Schilder von Black Lives Matter (BLM) gehisst waren, war BLM zu einer Art nationaler Religion geworden. Die Buchhandlungen dort waren vollgepackt mit Literatur, die den weißen Amerikanern sagte, wie sie ihr Denken umschulen mussten. Überall gab es die hochauflösende Projektion einer Gesellschaft, in der es signifikant falschlief, worüber sich anscheinend Individuen und Organisationen gleichermaßen einig waren.

Städte, die einst stolz und schön waren, so wie Seattle, waren in den Zentren nahezu komplett verbarrikadiert. Kleine und große Geschäfte waren durch monatelange Unruhen und COVID-19 nahezu am Ende. Und jene Geschäfte, die noch existierten, baten nicht, sondern flehten förmlich darum, in Ruhe gelassen zu werden – flehten, jeder potenzielle Mob würde an ihnen vorbeiziehen. Geschäfte, die nahe der vorübergehend als Capitol Hill Autonome Zone (»CHAZ«) bezeichneten Gegend lagen, stellten »Tu mir nichts«-Schilder ins Fenster. Ein Friseursalon hatte nicht nur das obligatorische Black-Lives-Matter-Schild, sondern zusätzlich eines, das betonte, dass besagter Salon »im Besitz einer Minderheit, Frauen-geführt und mit LGBTQIA+ Personal« war. Zur Sicherheit, falls jemand den Laden der Szene der weißen Vorherrschaft zuordnen sollte.

Das größte verbliebene Geschäft war der Supermarkt. Seine Fenster waren, wie bei den meisten Gebäuden in der Innenstadt, zugenagelt und vor der übrigen Ladenfassade hing ein großes Transparent. In großen Buchstaben, so groß wie der Name des Geschäfts, wurde darauf verkündet: »Rassismus hat hier keinen Platz« – als wäre der Gang mit Nüssen und Obst in diesem Supermarkt in Seattle ein Versammlungsort für den Ku-Klux-Klan. Im nahegelegenen Portland hatte Uber über die ganze Seite eines gigantischen Bürogebäudes ein riesiges Transparent gehängt: »Wenn du Rassismus tolerierst, streich Uber. Schwarze haben das Recht, sich ohne Angst fortzubewegen.« Wie viele Betrachter waren wohl so vehement anderer Meinung, dass diese Aussage in Hausgröße mitgeteilt werden musste? Wie groß musste das Rassismusproblem in einem Land wie Amerika sein, wenn kommerzielle Unternehmen die Öffentlichkeit derart einschüchtern mussten? In was für einem Zustand befand sich ihrer Meinung nach dieses Land?

Um das herauszufinden, reiste ich vor der Präsidentschaftswahl 2020 nach Portland. Diese Stadt im pazifischen Nordwesten ist in den vergangenen Jahren zu Ruhm gelangt wegen seines virulenten Anarchosyndikalismus, der sich am Ende von einer Form studentischem Marxismus in eine breitere Antifa-BLM-Agenda wandelte. Jahrelang organisierten die selbst ernannten »Antifa«-Aktivisten Demonstrationen und Aufstände in der Stadt. In der Folge von George Floyds Tod verwandelte sich diese Bewegung in eine allnächtliche Protestbewegung. Im Laufe der Zeit wurde jedes Bundesgebäude angegriffen oder in eine Festung verwandelt. Kommerzielle Geschäfte wurden angegriffen, und bis zum Herbst 2020 war nahezu jedes Verwaltungsgebäude und Geschäft in der Innenstadt von Portland entweder geschlossen, verrammelt oder wirkungsvoll verbarrikadiert als Schutz vor den nächtlichen Unruhen. Für einen Teil des US-Kulturkrieges war Portland zu einem Explosionsort geworden. Einer der Gründe dafür war eine unausgewogene Berichterstattung. Wann immer Reporter loszogen, um über die Unruhen zu berichten, wurde ihnen vorgeworfen, sie würden die extreme Rechte unterstützen. Wann immer sie das ignorierten (was sie meistens taten), beschuldigten die Rechten sie, die extremen Linken zu schützen. Aber für einen Außenseiter war es aufschlussreich, die seltsame Situation in Portland mit eigenen Augen zu sehen. Wie mir ein langjähriger Einwohner sagte, war »das hier früher eine zivilisierte Stadt«. Jetzt nicht mehr.

Der Grund für die allnächtlichen Antifa-BLM-Unruhen bestand offenbar darin, dass die Teilnehmer anscheinend das Bild glaubten, das über ihr Land projiziert wurde. Jede Nacht gingen sie auf die Straße, um systematischen Rassismus und weiße Vorherrschaft zu bekämpfen. Ein paar Tage und Nächte schloss ich mich dieser Gruppe an, kleidete mich wie sie, nahm an ihren Versammlungen teil, um selbst zu erleben, wie ein Teil dieser Generation tatsächlich glaubt, was ihnen über Amerika gesagt worden war.

Sicherlich wurde, wie überall sonst auch, die in der Stadt existierende Verrücktheit durch das Coronavirus und die anschließende Entscheidung, Geschäfte zu schließen und einen Lockdown zu verhängen, verschärft. Aber die Innenstadt von Portland war zu einem verlassenen, gefährlichen Ort geworden, bevölkert von der steigenden Zahl Obdachloser, die im Laufe der vergangenen Jahrzehnte in diese Gegend geströmt waren. Die Stadtverwaltung hatte sie dazu ermutigt, denn sie erlaubte ihnen, ihre Zelte aufzuschlagen, wo immer es ihnen beliebte. An den Hauptplätzen wurden unbewachte Tische mit Essen und Getränken aufgestellt, wo sie sich bedienen konnten, wie an einem 24-Stunden-Buffet.

Aber es war nicht nur das Virus oder die Reaktion der Behörden, die diese Einöde entstehen ließen. Monatelang hatten Demonstranten vorbeifahrende Autofahrer aus ihren Wagen gezerrt, Geschäfte überfallen und Journalisten krankenhausreif geprügelt, weil ihnen deren Berichte nicht gefielen – alles, ohne dass die Gesetzeshüter sonderliches Interesse dafür gezeigt hätten. Die Geschäfte, die noch Handel betrieben, taten das in einer Stadt im Belagerungszustand. Ich besuchte ein Restaurant, dass erst kurz zuvor geöffnet hatte. Der Inhaber war ein stolzer schwarzer amerikanischer Patriot. An die Wände seines Restaurants hatte er Poster amerikanischer Helden gehängt: ein Soldat, ein Feuerwehrmann und andere Ersthelfer. Aus diesem Grund war sein Restaurant zum Ziel geworden. Zwei Nächte zuvor hatte jemand mit scharfer Munition durchs Fenster ins Restaurant geschossen. Die Stelle, an der die Scheibe zersprungen war, wurde immer noch durch ein Brett abgedeckt. Was für eine Interpretation von diesem Land musste jemand haben, wenn er mit scharfer Munition durch die Fenster eines Restaurants schoss, das einem Schwarzen gehört, nur um sein Heroisieren von etwas zu bekämpfen, das mit dem amerikanischen Staat zu tun hat?

Anscheinend war Portland zum Epizentrum einer Verwirrtheit geworden, die auch Aktivisten in Großbritannien und anderen westlichen Ländern befallen hatte. Es war die anerzogene Wahrnehmung, dass sie in einer patriarchalischen, ungleichen, cis-heteronormativen, hoffnungslos rassistischen Gesellschaft lebten. Davon werden sie überzeugt, und sie handeln entsprechend: Wenn das der Zustand der Gesellschaft ist, dann muss etwas gegen die Gesellschaft unternommen werden. Und die Behörden hatten nichts getan, um diese Sicht der Gesellschaft anzufechten. Tatsächlich hatte der zum linken Flügel gehörende Bürgermeister der Polizei sogar explizit verboten, mit den Bundesbehörden zusammenzuarbeiten, um ernsthaft etwas gegen die Randalierer auszurichten. Bei seinem Wahlkampf zur Wiederwahl Ende 2020 war sein einziger Gegenkandidat ein offener Unterstützer der Antifa.

Zu den erfolgreichen, in jüngerer Zeit von der bevorzugten Miliz dieses Bürgermeisterkandidaten durchgeführten Operationen gehört das Zerstören nahezu jeder Statue und jedes öffentlichen Denkmals in der Stadt. Sämtliche historische Figuren wurden von Randalierern zerstört. An dem Wochenende, bevor ich dort war, war es Abraham Lincoln gewesen, der ihnen zum Opfer gefallen war. Sein leeres Podest ist nun mit Graffitis und dem einzelnen Wort »LANDBACK«[50] besprüht. Bei anderen Gelegenheiten – in einer quasi heidnischen Zeremonie – setzten die Randalierer mehrmals die Skulptur eines Elchs in Brand, bis die Behörden diesen entfernten. Die Tour entlang der Sehenswürdigkeiten in Portland führt nun an leeren Sockeln vorbei.

Während des Sommers hatte der Präsident entgegen den Wünschen der Stadtverwaltung Bundespolizisten geschickt. Die noch verbliebenen Beamten gehörten nun zu den wenigen Zielen, die die Antifa noch übriggelassen hatte. An dem ersten Abend, an dem ich mich ihnen anschloss, fand ein »Fuck Gentrification«-Marsch statt (mein erster). Ohne Polizisten in Sichtweite nutzten die Aktivisten ihre eigenen Polizeikräfte, einschließlich einer Vorhut auf Motorrädern, um Straßen abzusperren und dann auf der Fahrbahn zu marschieren, durch Megafone die Gäste in den noch verbliebenen Bars und die Bewohner eines Wohnviertels, von dem die Protestierenden behaupteten, dass es einst von schwarzen und indigenen Familien bewohnt gewesen sei, anzuschreien. Viele der Menschen, die in diesen Häusern lebten, kamen heraus, stießen ihre Faust in die Luft oder winkten solidarisch. Viele hatten BLM-Poster in ihren Fenstern. Sie alle wurden von den größtenteils weißen Demonstranten beschuldigt, auf »gestohlenem« Land zu wohnen. Andere Sprechchöre riefen »Wake up, motherfucker, wake up«.

In der folgenden Nacht waren wir draußen vor dem Gebäude der Immigration and Customs Enforcement (Einwanderungs- und Zollermittlungsdienst) im Hafen. Die Fenster des Bundesgebäudes waren mit Brettern zugenagelt, aber die Antifa versuchte gern, solche Gebäude samt Insassen niederzubrennen. Die Bundespolizisten wollten das natürlich unbedingt verhindern. Also begann ein Katz-und-Maus-Spiel, in dem beide Seiten mittlerweile schon ziemlich geübt waren. Die Antifa-Aktivisten schleuderten Wurfgeschosse auf das verbarrikadierte Gebäude und schlugen auf Trommeln, um sich in einen Rausch zu versetzen. Sie entzündeten Feuer auf der Straße und versuchten, zu den Eingängen des Gebäudes vorzudringen. Erst nachdem ausreichend mit Alarmsirenen gewarnt worden war und die Randalierer bis zu den Türen vorgedrungen waren, stürmten die Polizeibeamten los. Sie setzten Tränengas und Pfefferkugeln ein.

Die Demonstranten wichen für eine Weile zurück, bis dann die Polizisten unter einem Schwall an »Oink«-Rufen von den Protestierenden zurückgedrängt wurden. Eine junge weiße Frau in einem pinkfarbenen

Jumpsuit schrie den Polizisten immerfort durch ein Megafon »Nazis« entgegen. Gelegentlich wechselte sie ihre Taktik, um ihnen zu sagen, wie sehr ihre Kinder sie später hassen werden. Was kann mit einer Gesellschaft passiert sein, dass ein solches Verhalten zur Normalität wird? Eine Antwort lautet, dass eine Reihe von Behauptungen über die Vereinigten Staaten und die amerikanische Gesellschaft sich ungehindert ausbreiten durften. Menschen äußerten Behauptungen zum Zustand der Rassen in Amerika, die manchmal auf subtile Weise und manchmal offenkundig falsch waren.

Gegen diese Bemerkungen anzurennen, bedurfte der Aufmerksamkeit fürs Detail und einer Faktenversessenheit – also einer fixen Idee, die genauso intensiv war wie die der Menschen, die diese Vision erschufen. Und so ließ man es einfach vorbeiziehen. Erst jetzt, wo man die daraus resultierende Vision groß aufgepumpt, auf die Wand der Welt projiziert sehen kann, sind alle Ergebnisse der hineingesteckten Arbeit erkennbar. Winzige Bemerkungen zu »systematischem Rassismus«, »institutionellem Weißsein« und sehr viel mehr wurden ignoriert. Aber aufgeblasen mit der Projektionsapparatur von Amerikas Kultur zeigen sie nun ein Bild von monströsen Ausmaßen. Und deshalb kann man einen Jugendlichen der Mittelklasse aus einer der glücklichsten Generationen in der menschlichen Geschichte, der in einer der freiesten Gesellschaften der Menschheitsgeschichte lebt, nachts vor einem Polizeigebäude antreffen, in einem pinkfarbenen Jumpsuit, jedem Repräsentanten des Staates Schimpfwörter an den Kopf werfend.

POPULÄRE UNTERHALTUNG

Portland mag ein Extrem sein. Aber es ist nur eine extreme Ausprägung einer falschen Wahrnehmung, die in ganz Amerika und der westlichen Welt existiert. Eine Konsequenz davon ist, dass es keinen Lebensbereich mehr gibt, der nicht durch dieses Prisma wahrgenommen oder falsch wahrgenommen werden kann.

Anfang des Jahres 2021 begann die 25. Staffel der beliebten Fernsehshow *The Bachelor,* und zum ersten Mal war der begehrte Junggeselle ein Schwarzer. Das Casting des 28-jährigen schwarzen Immobilienmaklers, Matt James, aus North Carolina hätte für die Show ein vereinender Moment sein können. Stattdessen passierte das Vorhersehbare. Rassismus betrat die Arena und ließ die ganze Sendung platzen. Eine der vier Kandidatinnen für die Finalrunde war die 24-jährige Rachael Kirkconnell. Sobald sie im Fernsehen war, wurden ihre Social-Media-Kanäle nach Beweisen für falsches Verhalten durchforstet. Man fand heraus, dass sie drei Jahre zuvor, im Jahr 2018, auf einer Kostümparty mit dem Motto »Amerikanischer Bürgerkrieg« fotografiert worden war. Es gab einen Skandal. Der Moderator der Show, Chris Harrison, bat die Leute »ein bisschen gnädig zu sein, ein bisschen verständnisvoll, ein bisschen mitfühlend«. Aber dafür, dass er Kirkconnell verteidigte, geriet Harrison selbst ins antirassistische Schussfeuer. Dutzende ehemaliger Kandidaten verurteilten Harrison, und die Frauen der 25. Staffel veröffentlichten eine gemeinsame Erklärung, dass »wir jede Form der Verteidigung von Rassismus anprangern« und »jede Verteidigung von rassistischem Verhalten«,[51] als wäre Harrison dieser Vergehen schuldig.

Währenddessen wurden in der realen Welt des Reality-TV Kirkconnell und James tatsächlich am Ende ein Paar, und James sagte zu Kirkconnell, er wolle, dass sie die Mutter seiner zukünftigen Kinder wird. Das war jedoch, bevor die Social-Media-Posts ans Licht kamen. Als das passierte, trennten sich die beiden, weil James entschied, dass er »damit nicht klarkomme« und fürchtete, dass Kirkconnell möglicherweise nicht verstehen könnte, »was es bedeutet, in Amerika schwarz zu sein«.[52] Und das »Saubermachen« war damit noch nicht vorbei. Nach 19 Jahren war Harrison schließlich gezwungen, seine Moderatorenrolle bei der Sendung aufzugeben, aufgrund einer »rassistischen Kontroverse«,[53] wie das Ganze in der Folgezeit genannt wurde.

In jener Saison war es *The Bachelor,* aber es hätte genauso leicht jede andere Show sein können. Im Juli 2021 gab die TV-Moderatorin

Anita Rani, die es sechs Jahre zuvor nicht ins Finale von *Strictly Come Dancing* geschafft hatte, ein Interview. In diesem Interview äußerte sie gegenüber den Medien, dass sie sich immer noch nach dem Grund frage. Die TV-Moderatorin sagte: »Ich frage mich immer noch, ob ich ins Finale gekommen wäre, wenn ich keine dunkle Haut hätte.«[54] Diese Äußerung zierte daraufhin die Schlagzeilen und ignorierte die Tatsache, dass Alesha Dixon, Mark Ramprakash, Louis Smith und Ore Oduba in der Show gewonnen hatten, ohne von einem schwer rassistischen Samstagabend-Publikum daran gehindert worden zu sein.

Aber dieser unerbittlichen Sicht kann alles unterworfen werden. Im Frühling 2021 war die Spielshow *Jeopardy* an der Reihe, was rassistische Auswüchse betrifft. Ein Teilnehmer mittleren Alters namens Kelly Donohue hätte möglicherweise schon verdächtig wirken müssen, weil er einen schwarzen Anzug mit roter Krawatte trug. An einer Stelle verschärfte er die Situation, indem er drei Finger in die Kamera hielt. Zahlreiche Zuschauer behaupteten sofort online, dass dies eine bekannte Geste der White-Supremacy-Bewegung sei. Die US-amerikanischen Medien griffen die Story auf und Donohues Facebook-Seite wurde nach Beweisen durchforstet. Fangruppen der Sendung äußerten sich, dass diese Geste tatsächlich eine »White Power« -Geste sein könne, und räumten ein, dass sie »zwar nicht wissen können, was seine Absicht war«, die *Jeopardy*-Fan-Seiten »aber kein sicherer Hafen für Anhänger der weißen Vorherrschaft sein dürfen«. Schnell unterschrieben 595 ehemalige Teilnehmer von *Jeopardy* einen gemeinsamen Brief, in dem sie zu wissen verlangten, warum *Jeopardy* diese Nanosekunde, in der die drei erhobenen Finger zu sehen waren, nicht herausgeschnitten habe. »Wir können nicht für Hass eintreten«, sagten die ehemaligen Teilnehmer. »Wir können nicht an der Seite von Hass stehen. Wir können nicht mit etwas auf der Bühne stehen, das aussieht wie Hass.«

Nachdem das und noch sehr viel mehr geschehen war, versuchte Donohue (der als Bankrevisor für die Regierung des Bundesstaates in Massachusetts arbeitet) zu erklären, was tatsächlich passiert war. Als die

Aufnahmen der vorherigen Folgen gezeigt wurden, konnte man sehen, dass er nach seinem ersten Sieg einen Finger gegen sein Jackett hielt. Nach dem zweiten Sieg waren es zwei Finger. An besagtem Abend hatte er gerade den dritten Sieg errungen und hielt deshalb drei Finger hoch, ohne Daumen und Zeigefinger. »Das ist eine Drei. Nicht mehr und nicht weniger«, schrieb er. »Ohne Hintergedanken oder böse Absicht.«

Nicht alle waren überzeugt. Andere Kandidaten der Show verurteilten seine versuchte Selbstverteidigung. »Am problematischsten für uns als Kandidaten-Community ist die Tatsache, dass sich Kelly nicht öffentlich entschuldigt hat für die Folgen seiner Geste«, schreiben sie in einer gemeinsamen Erklärung. Das zog einen weiteren Kommentar von Donohue nach sich, der sich zu der Aussage gedrängt fühlte: »Ich lehne White Supremacy ab und verurteile sie.« Er hatte nicht zum Kampf für die weiße Vorherrschaft aufgerufen, sondern lediglich mit den Fingern bis drei gezählt.[55]

Man könnte über einige der Situationen lachen, in denen die Menschen White Supremacy sehen wollen. Letztlich hat diese Projektion jedoch Auswirkungen, die eher monströs als amüsant sind. Denn in einem Bereich nach dem anderen hat eine Bewegung, die anfangs akademisch war und auf der Basis einer Projektion agierte, die sie für existent hielt, bereits verstörend reale Konsequenzen.

REALE KONSEQUENZEN

Wenn Sie eine Bewegung erschaffen würden, die »Schwarzsein« dämonisiert, dann wird diese Bewegung am Ende schwarze Menschen dämonisieren. Wie es mit dem alten Rassismus der Fall war, so ist es auch mit dem neuen. Wenn Sie Weißsein und weiß zu sein dämonisieren und weiß sind, dann bedeutet das ab einer gewissen Stufe, dass Sie weiße Menschen dämonisieren. In beinahe jedem anderen Bereich von Beziehungen zwischen Rassen würde das verstanden werden. Und deshalb kann die logische Konsequenz der antiweißen Rhetorik der letzten Jahre nicht sonderlich überraschen. Die Ideologie wird seit einigen Jahren in das westliche System gepumpt und hat zu einer Welle antiweißer Aktivitäten geführt.

Unterricht

Es beginnt im frühestmöglichen Alter und durchzieht alle Ausbildungsstufen. Als Delgado und Stefancic vor 20 Jahren von den vielen Menschen (im Ausbildungsbereich) sprachen, die glauben, dass die CRT »eine aktivistische Dimension« habe, dann meinten sie das auch so. Zwei Jahrzehnte später lassen sich die Ergebnisse dieses Aktivismus in den Curriculae und an Schulen in ganz Amerika und dem Westen finden. Sie können sich nahezu jeden Schulbezirk im Land herausgreifen und finden überall das gleiche Spiel der Vergeltung.

In Buffalo zwingen öffentliche Schulen Kinder im Kindergartenalter, sich Videos toter schwarzer Kinder anzusehen, um ihnen etwas über »Polizeibrutalität« zu vermitteln.[56] In Kalifornien wird Kindern in der dritten Klasse beigebracht, dass sie sich selbst im Hinblick auf »Macht« und »Privileg« einstufen sollen, während ein neues Curriculum für ethnische Wissenschaft in den Staaten nach »Gegen-Völkermord« an weißen Christen verlangt.[57] In Seattle behaupten die öffentlichen Schulen, dass weiße Lehrer im Schulsystem schwarze Kinder »geistig zerstören«.[58] Und dann ist da natürlich immer New York. Es gibt genügend Fallstudien, um allein über diese Stadt ein Symposion abzuhalten.

An der East Side Community School in New York wurde weißen Eltern eine Handlungsanleitung geschickt, die ihnen sagt, dass sie zu »weißen Verrätern« werden müssen, um sich dann für die »Abschaffung der Weißen« einzusetzen. Ein hilfreicher Abschnitt dieser Handlungsanleitung für Eltern bestimmt die acht »weißen Identitäten«, unter denen sie möglicherweise leiden. Diese reichen von »White Supremacist« bis zu »weißer Sklavereigegner«. Man gelangt dorthin durch »weißen Voyeurismus«, »weißes Privileg« (natürlich), »weiße Vorteile«,

»weißes Eingeständnis«, »weißkritisch« und »weiße Verräter«. Letztere bis zu »weiße Sklavereigegner« sind natürlich die positivsten und beinhalten die Notwendigkeit, »Institutionen niederzureißen«, »Weißsein zu zerstören« plus »dem Nichtzulassen, dass sich Weißsein wieder Autorität verschafft«.[59] In der Bronx führt eine »Stören und Zerstören«-Kampagne zu einer Pädagogin, die wegen ihrer ethnischen (jüdischen) Abstammung durch die Mangel gedreht und verwarnt wurde, weil sie sich weigerte, einen »Black Power«-Gruß auszuführen.[60]

Natürlich ist nicht jeder bereit, sich diesen rassistischen Indoktrinationssitzungen anzuschließen. Aber dort, wo Menschen sich dagegen ausgesprochen haben, war das nicht immer hilfreich für ihre Karriere. 2021 zwang die Crace Church School alle Schüler und Lehrer, an einem »Antirassismus-Training« teilzunehmen. Besagtes Training wurde im Namen »wachsender Gleichstellung« durchgeführt. Aber wie ein Mathelehrer an der öffentlichen Schule anmerkte, führte es in der Realität dazu, dass sich die weißen Schüler wie »Unterdrücker« fühlten, während »Abhängigkeit, Feindseligkeit und moralische Überlegenheit« bei jenen Schülern erzeugt wurde, die als »unterdrückt« galten.

Eines Tages wurde der Mathelehrer – Paul Rossi – eingeladen, an einem obligatorischen »Nur für Weiße«-Zoommeeting für Schüler und den Lehrkörper teilzunehmen. Während dieser Veranstaltung fragte er, ob es wirklich richtig sei, »Objektivität«, »Individualismus« und »Angst vor offenen Konflikten« neben anderen Eigenschaften als Charakterzüge der »weißen Vorherrschaft« zu bezeichnen. Einige Schüler berichteten, dass die daraus entstehende Diskussion wesentlich produktiver gewesen sei, als sie erwartet hatten. Aber irgendjemand verstieß gegen die Vertraulichkeit dieses Forums und meldete Rossi wegen seiner Kommentare. Die Schulleitung informierte Rossi, dass sein Hinterfragen bei der Veranstaltung den Schülern geschadet habe, denn hierbei ginge es um »Angelegenheiten auf Leben und Tod, um Menschen aus Fleisch und Blut«. Zudem habe er »Dissonanz bei verletzlichen und unausgereiften Denkern« erzeugt und »neurologische Störungen im Leben und System der Schüler« hervorgerufen.

An den darauffolgenden Tagen wies der Schulleiter alle Schulberater an, sämtlichen Schülern eine öffentliche Verwarnung von Rossi vorzulesen. Rossi selbst beschrieb die daraus resultierende Szene: »Es war eine surreale Erfahrung, allein durch die Gänge zu laufen und aus allen Klassenräumen die Worte zu hören.« Ein Teil des Statements lautete: »An Privatschulen, mit ihrer Geschichte überwiegend weißer Schülerschaft, spielt Rassismus mit anderen Formen der Voreingenommenheit (Sexismus, Klassismus, Behindertendiskriminierung und sehr viel mehr) zusammen, um unsere erklärten Ideale zu untergraben, und wir müssen hart arbeiten, um diese Geschichte ungeschehen zu machen.« Rossis laufender Beschäftigungsvertrag an der Schule wurde davon abhängig gemacht, dass »ich meine Beziehung zu Schülern of Color in Ordnung bringe«.[61]

Rossi redete daraufhin mit dem Rektor, George Davidson, der unter vier Augen einräumte, dass er »schwere Zweifel« hege an »einigem von diesem doktrinären Zeug, das uns im Namen des Antirassismus entgegengespien wird.« Das Folgeargument, das er schwer nachzuvollziehen oder zu verstehen fände, war, dass diese Theorie praktische Konsequenzen haben müsse. Rossi fragte den Rektor, ob er ihm zustimme, dass die verwendeten Unterrichtsmaterialien im Wesentlichen »Menschen dämonisieren« würden. Davidson stimmte zu. Folglich »dämonisierte die Schule weiße Kids«. Auch in diesem Punkt waren sich beide einig. Die weißen Schüler würden sich dadurch »unterlegen fühlen«, räumte er ein, und das wegen nichts, »für das sie persönlich verantwortlich waren«. Dennoch schien Davidson nicht zu wissen, was er in dieser schwierigen Frage unternehmen sollte. Später leugnete er, irgendetwas davon gesagt zu haben. Rossi war jedoch clever genug gewesen, das Gespräch aufzunehmen, und veröffentlichte diesen Mitschnitt nun. Rossi wurde daraufhin beurlaubt und musste die Schule schließlich verlassen, an der er jahrelang unterrichtet hatte. Auf dem Weg nach draußen nannte er dem Rektor jedoch noch den Grund, warum dieser seine Bedenken bezüglich des Rassismus-Trainings nicht unterstützt habe: »Sie wissen genau, was mit Leuten passiert, die das tun. Nämlich das, was gerade mit mir geschieht.«[62]

An anderen Elite-Privatschulen, wie der Harvard Westlake School in Los Angeles, die im Jahr 40.000 Dollar Schulgebühren kostet, haben Eltern gekämpft, um einen Weg zu finden, eine ähnliche »antirassistische« Agenda abzulehnen. Zu den Zielen der Schule gehört das Erforschen von »impliziten Vorurteilen« für Siebtklässler, geliefert durch das unnachahmlich betitelte »Pollyanna Racial Literacy Curriculum«. Es hatte auch eine Umgestaltung des Geschichtsunterrichts für die Elftklässler gegeben, der nun »aus einer Perspektive der Critical-Race-Theorie gehalten wurde«.[63] Und die Schüler der zehnten Klasse durchliefen ein Implicit Bias Testing (Testen auf implizite Vorurteile). Währenddessen erhielten die Schüler an der nahegelegenen Brentwood School (45.650 Dollar Jahresgebühr) nach Rassen getrennte »Dialog«-Sitzungen, bei denen die Leseliste der Schule ebenfalls die übliche »Säuberung« durchlaufen hatte. Herausgeflogen sind *Der scharlachrote Buchstabe, Herr der Fliegen* und *Wer die Nachtigall stört*. Aufgenommen wurde stattdessen Bücher wie Ibram X. Kendis *Stamped from the Beginning: The Definite History of Racist Ideas in America*, während der Lehrkörper für die unteren Klassen an einem Wochentag einen späteren Schulbeginn verkündete, damit sie sich mit Robin DiAngelos *White Fragility* auseinandersetzen konnten.[64]

Als wolle man beweisen, dass bei allem, wozu das Bildungssystem fähig ist, das College-System noch eins draufsetzen kann, hat mindestens ein Professor an einer US-amerikanischen Universität ein Ranking-System für »Weißsein« auf amerikanischen Campus befürwortet. Die emeritierte Professorin der Universität von Dayton, Vernellia Randall, hat Universitäten auf einem Schaubild eingestuft, das »totales Weißsein« und »exzessives Weißsein« bewertet. Unter anderem verlangte sie, dass juristische Fakultäten in den USA »exzessives Weißsein« von ihren Campus beseitigen sollten.[65]

Arbeitswelt

Man könnte meinen, dass ein Irrsinn wie dieser auf den Schulbereich begrenzt ist und außerhalb von Amerikas Schulen und Colleges gesunder Menschenverstand vorherrscht. Weit gefehlt. In den vergangenen Jahren, unter der Trump-Regierung genauso wie unter der aktuellen Regierung, kann dasselbe Gedankenmuster im gesamten öffentlichen Sektor gefunden werden.

Behörden vom Justizministerium und dem Büro des Generalstaatsanwalts bis hin zum Nationalen Gesundheitsinstitut haben die vergangenen Jahre damit verbracht, unter anderem durch Mitarbeiter-Umschulungsprogramme »Antirassismus« zu betreiben. Das explizite Ziel des Diversitäts-Apparatschiks besteht darin, wie Christopher F. Rufo anmerkt, dass sie »jeden in der Regierung zur Arbeit am Antirassismus konvertieren wollen«.[66] Bei diesen »Kampfsitzungen« werden Regierungsmitarbeiter zu einer bestimmten Ausdrucksweise gezwungen, und wer nicht folgt, den erwarten berufliche Konsequenzen. Diese Sitzungen führten zu einem Großreinemachen in der gesamten Regierung.

So wurde zum Beispiel deutlich, dass das FBI für seine Mitarbeiter »Intersektionalitäts-Workshops« durchführt.[67] Das Ministerium für Innere Sicherheit setzte Schulungsunterlagen ein, die den weißen Mitarbeitern sagen, dass sie »in Unterdrückerrollen sozialisiert wurden«[68], während Wissenschaftler in den Sandia National Laboratories an Umschulungsmaßnahmen nur für weiße Männer teilnehmen mussten, um ihr weißes Privileg in Angriff zu nehmen. Bei einer dieser Gelegenheiten wurde den Mitarbeitern gesagt, dass die »weiße männliche Kultur« dieselbe sei wie der KKK und »weiße Vorherrschaft«. Die Teilnehmer wurden gezwungen, ihrem »weißen männlichen Privileg« abzuschwören, und als Teil der Übung mussten sie Entschuldigungsbriefe an fiktive Frauen of Color schreiben.[69] Inwiefern das der Produktivität oder Sicherheit nützt, ganz zu schweigen von der Qualität in Amerikas Nuklearlaboren, bleibt unklar.

Auch der Privatsektor steckt Geld in die Schulung der Mitarbeiter, damit sie in jeder Interaktion weiße Vorherrschaft erkennen. Zum Beispiel hat das Beratungsnetzwerk Ernst & Young E-Mails an seine Mitarbeiter verschickt und gemahnt, dass »es nicht ausreicht, kein Rassist zu sein. Wir müssen den Mund aufmachen und etwas gegen Rassismus und Diskriminierung unternehmen. Wir müssen antirassistisch sein, und unsere Entschlossenheit dazu ist bei Ernest & Young stärker denn je.« Auslöser für diesen Aufruf waren, wie es eine der Partnerinnen in einer E-Mail an alle Mitarbeiter erklärte, die »sinnlosen Gewaltvergehen in unseren schwarzen Gemeinden« – dieses Mal gegen Jacob Blake in Kenosha, Wisconsin. Blake gestand schließlich ein, mit einem Messer herumgefuchtelt zu haben, bevor die Beamten auf ihn schossen. Aber Kelly Grier, die die interne E-Mail verschickte, beschrieb das Handeln der Polizei als Hinweis auf »den systematischen Rassismus, der unser Land durchzieht«.[70] Warum sollte Ernst & Young auf der Seite eines angeklagten, Messer schwingenden Kriminellen stehen? Weil ihnen die »Antirassismus«-Lehre beigebracht hat, zuerst den Moralapostel herauszukehren und anschließend alle Details zu ignorieren. Es war wichtiger, die richtigen Signale auszusenden, als die richtigen Fakten zu sehen.

Mitarbeiter bei Cigna, einem der größten Anbieter von Krankenversicherungen in den USA, müssen ebenfalls routinemäßig an CRT-Sitzungen teilnehmen. Diese beinhalten, dass sie über »weißes Privileg«, »Gender-Privileg« und »Regions-Privileg« unterrichtet werden, und man rät ihnen, Weiße bei Einstellungsentscheidungen nicht zu berücksichtigen.[71] Und bei einem von Amerikas erfolgreichsten Unternehmen mussten die Mitarbeiter ein »Antirassismus«-Training durchlaufen, das darauf abzielte, den Arbeitern beizubringen, wie man »weniger weiß ist«.

Der Pflichtkurs »Rassismus bekämpfen« für Mitarbeiter beinhaltete eine Präsentationsfolie, die die Mitarbeiter anwies, »weniger weiß, weniger arrogant, weniger von sich überzeugt, weniger abwehrend, weniger ignorant und dafür unterwürfiger zu sein«. Sie wurden darüber informiert, dass »in den US und anderen westlichen Nationen weiße Menschen so sozialisiert werden, dass sie das Gefühl haben, wegen ihrer weißen Hautfarbe von Natur aus überlegen zu sein«. Es wurde eine »Forschungsarbeit« (beauftragt von Coca-Cola) zitiert, die behauptete, dass Kinder bereits im Alter von drei Jahren »verstehen, dass es besser ist, weiß zu sein«.[72] Schließlich hat sich Coca-Cola ja schon immer so sehr dafür interessiert, dass kleine Kinder gesund leben.

Wenn man sich fragt, warum nicht mehr Menschen darüber sprechen, dass sie mit diesem geistigen Junk-Food zwangsernährt werden, dann liegt das an dem Preis, der mitunter bezahlt werden muss, wenn man nicht spurt. Diese Tatsache wird immer deutlicher. Im Februar 2021 wurde der in Australien geborene Vorsitzende von KPMG UK von seinen Kollegen dafür verurteilt, dass er während einer Mitarbeiterdiskussion das Konzept der unbewussten Voreingenommenheit als »völligen Mist« abtat und sagte, dass nichts dergleichen dadurch erreicht werde, dass man die Leute einer Schulung gegen unbewusste Voreingenommenheit unterzieht. Die Nachwuchskräfte erwiderten, dass der Vorsitzende seine »Privilegien überprüfen« solle, und meldeten ihn dem Management wegen seiner »unsensiblen Kommentare«. Nachdem er bis zum »Abschluss der Ermittlungen« suspendiert wurde, zwang man ihn schließlich, seinen Abschied zu nehmen.[73]

Und warum ziehen die meisten Menschen bei diesem ganzen Programm mit? Die Antwort lautet, dass ihnen klargemacht wird, ob sie nun Mathelehrer sind oder Partner in einem multinationalen Unternehmen, dass der Preis dafür, sich weit aus dem Fenster zu lehnen, möglicherweise das Ende der Karriere ist. Und das kann passieren, indem man nur eine einfache Frage stellt, eine beweisbare Wahrheit verficht oder lediglich einer Überzeugung zustimmt, die bis vorgestern noch jeder teilte.

Ganz selten laufen die Dinge auch in die andere Richtung, aber nur, wenn eine gewaltige Menge negativer Aufmerksamkeit den Menschen zuteilwird, die versuchen, eine Politik zu verfolgen, die sie entweder nichts kostet oder ihrem Image nützen soll. Zum Beispiel sagte Disney im Februar 2021 zu seinen Mitarbeitern, sie sollten sich statt auf »Gleichstellung« auf »Fairness« konzentrieren. Entsprechend dem »Was kann ich gegen Rassismus tun?«-Programm, dem Disney-Mitarbeiter unterzogen wurden, mussten sie sich auf »systematischen Rassismus«, »weißes Privileg«, »weiße Fragilität« und mehr konzentrieren.

Ihre Schulung enthielt auch Abschnitte zu »impliziter Voreingenommenheit«, »Mikroaggressionen« und, natürlich, »Ein Antirassist werden«. In dem Trainingsmodul »Allyship für Rassenbewusstsein« wurde Mitarbeitern gesagt, dass sie »Verantwortung übernehmen« und sich selbst beibringen sollten, »was struktureller Anti-Schwarz-Rassismus« ist. Ihnen wurde gesagt, dass die USA eine »lange Geschichte des systematischen Rassismus und der Transphobie« haben und dass weiße Mitarbeiter bei Disney »ihre Gefühle von Schuld, Scham und Abwehrhaltung« aufarbeiten und sühnen müssen durch »Color-blind-Ideologien und -Rhetorik« und niemals »die gelebte Erfahrung schwarzer Kollegen infrage stellen oder bestreiten«. Zu diesen Vorschlägen für weiße Disney-Mitarbeiter gehörte auch, dass sie mit ihren rassistischen Kleinkindern arbeiten (rassistisch vom »dritten Lebensmonat« an) und »mit Spenden zum Beispiel für ihre ›Black Lives Matter‹-Ortsgruppe die Arbeit gegen die weiße Vorherrschaft unterstützen«.[74]

Hin und wieder, wenn derartige Inhouse-Schulungseinheiten öffentlich gemacht wurden, setzte das Unternehmen selbige schnell ab, schwindelte, dass die Mitarbeiter nicht daran teilgenommen hatten, oder tat so, als sei die Teilnahme freiwillig. Disney entfernte die Schulungsunterlagen aus dem Netz und erzählte der *New York Post*, sie seien »bewusst verfälscht worden, als sei es das Spiegelbild der Unternehmenspolitik«.[75] Fast immer retteten derartige Lügen das betreffende Unternehmen aus der vorübergehend peinlichen Situation. Aber in keinem einzigen Fall gab es Anzeichen, dass das Unternehmen eingesehen hätte, dass es falsch war, seinen Mitarbeiter antiweißen Rassismus zu predigen, und es deshalb eingestellt hätte.

Gesundheitswesen

Derartige Vorfälle von Rassismus im Unternehmensbereich mögen schon schlimm genug sein, aber viel schlimmer – weil noch viel konkreter – sind die Übergriffe derselben Ideologie im Bereich des Gesundheitswesens. Und diese sind womöglich nur ins Blickfeld geraten, weil

Amerika seit 2020 nicht nur mit einer Flut von Klagen wegen eines im eigenen Land generierten Rassismus kämpft, sondern es zudem mit einer von China ausgehenden Epidemie zu tun bekam.

Die beiden Probleme überschnitten sich in der Frage der Schutzlosigkeit gegenüber COVID-19 und dem Zugang zu Impfstoffen. In allen westlichen Ländern, angefangen in den USA, entbrannte eine Debatte, in der Aktivisten behaupteten, dass schwarze und weiße ethnische Minderheiten überproportional oft unter COVID leiden würden. Noch vor einer Bestätigung dieser Fakten wurde bereits auf der Ursache beharrt. Bevor überhaupt jemand Zeit hatte, über Lebensumstände, zugrundeliegende Gesundheitsbedingungen oder irgendetwas anderes zu sprechen, hatten Kendi, Afua Hirsch und andere es auf die Titelseiten des *Guardian* und des *Atlantic* und ins Radio geschafft. Dort gelang es ihnen, zu verbreiten, dass die Vereinigten Staaten, Großbritannien und andere westliche Länder derartig rassistisch seien, dass sie nicht einmal ein Virus aus China importieren konnten, ohne ihm ihre eigene rassistische Wendung zu verpassen und die Gelegenheit zu nutzen, um so viele schwarze Menschen wie möglich zu töten.[76] Es überrascht wohl kaum, dass die Gesundheitsbehörden allerorts von diesem Vorwurf in höchste Alarmbereitschaft versetzt wurden.

Nur kurze Zeit zuvor hatte es noch genügt, beim Behandeln von Kranken »color-blind« zu sein. Nun lautete das Schlagwort »Gleichheit« und war der Code für das Angleichen von Ergebnissen, selbst wenn das bedeutete, die Dinge für die Weißen schlimmer zu machen, statt sie für die Schwarzen zu verbessern.

Zum Beispiel veröffentlichten im Dezember 2020, am Ende des Jahres von COVID und BLM, die Centers for Disease Control and Prevention (CDC, deutsch: Zentren für Gesundheitskontrolle und -prävention) ihre ersten Empfehlungen für Impf-Priorisierungen. Sie identifizierten drei konkurrierende Prioritätsgruppen (systemrelevante Arbeitskräfte, die über 65-Jährigen und Erwachsene mit Vorerkrankungen). Dann wurden drei ethische Prinzipien identifiziert, wer innerhalb dieser Gruppen Priorität habe. Zu den drei ethischen Prinzipien gehörten »Gerechtigkeit fördern« sowie »Gesundheitliche Ungerechtigkeiten verringern«. Und an diesem Punkt stieß die CDC auf ein ernstes ethisches Problem. Denn ethnische Minderheiten waren bei den Erwachsenen über 65 Jahre unterrepräsentiert.[77]

Wie in der *New York Times* erklärt wurde, zielte die daraus folgende Politik auf das Priorisieren der systemrelevanten Arbeitskräfte gegenüber den Älteren, obwohl das erwartungsgemäß monatlich 50.000 mehr Menschenleben fordern würde. Um diese Verschiebung zu rechtfertigen, verkündete Harald Schmidt, ein Experte für Ethik und Gesundheitspolitik an der University of Pennsylvania, dass der neuen Richtlinie ein vollkommen vernünftiges Prioritätenkonzept zugrunde läge. »Ältere Populationen sind weißer«, sagte der Experte für Ethik. »Die Gesellschaft ist auf eine Weise strukturiert, die es ihr ermöglicht, länger zu leben. Statt jenen zusätzliche Gesundheitsvorteile zu geben, die sowieso schon mehr davon haben, können wir anfangen, faire Verhältnisse zu schaffen.« Das kann in diesem Fall nichts anderes bedeuten, als »mehr weiße Menschen sterben zu lassen«.[78] Formale Unterstützung für diese Politik erschien auch im *Journal of the American Medical Association*.[79]

Derartige Äußerungen können immer noch eine Menge negativer Kommentare hervorrufen, die dann auch prompt der genauen Berichterstattung über die Vorschläge des CDCs folgten. Einige Monate später ruderten die CDCs zurück, allerdings nicht ohne lautstarkes Selbstmitleid der Ausschussmitglieder, die sich beklagten, mit »einer Flut oftmals boshafter Beschuldigungen« konfrontiert worden zu sein, sie hätten »andere ethnische Gruppen den Weißen vorgezogen«.[80]

Wären die Handlungsempfehlung der CDCs der einzige Fall gewesen, hätte man ihn vielleicht ignorieren können. Aber dem war nicht so. Seit jenem Fall wurde »gerechte Medizin« im ganzen Land angestrebt. Der Staat von Vermont versuchte aktiv, Impfgerechtigkeit bestimmten Gruppen zukommen zu lassen, während er andere ausschloss, die als weiß identifiziert wurden.[81] Und im Brigham and Women's Hospital in Boston wurde ein explizit Rassismus diskriminierendes Gesundheitsprogramm in Gang gebracht. Wie zwei der daran Beteiligten in der

Boston Review beschrieben, hatten »Color-blind-Lösungen versagt, um ethnische Gerechtigkeit im Gesundheitswesen zu erreichen«. Es gab unter anderem ein Problem, weil zu viele Weiße in die Kardiologie aufgenommen wurden.

Daraufhin lief eine neue Pilotinitiative an, die ein »Wiedergutmachungssystem« mit einer bevorzugten Aufnahme von herzkranken »Schwarzen und Hispanoamerikanern« vorsah.

Man rechnete damit, dass »das Anbieten bevorzugter Behandlung basierend auf ethnischer Abstammung Rechtsbehelfe durch unser System der Color-blind-Gesetzgebung nach sich ziehen kann«, ermutigte aber dennoch dazu, »zuversichtlich im Namen von Gleichheit und Gerechtigkeit für alle Rassen fortzufahren, mit Rückendeckung der kürzlich vom Weißen Haus erlassenen Executive Orders«. Bei besagten Executive Orders handelt es sich um die von der neuen Biden-Regierung eingeleiteten Schritte zur Förderung der Rassengerechtigkeit.[82]

Noch einmal, wenn das lediglich Einzelfälle wären – ein CDC hier, ein großes Krankenhaus dort –, könnte man es vielleicht als kuriose Ausnahme abtun, die mit Fingerspitzengefühl korrigiert werden könnte. Aber das ist es nicht. Immer wieder sind es nicht nur einzelne Behörden oder Institutionen, sondern die tonangebenden Institutionen, die denselben Plan verfolgen, oft mit demselben Tempo. Die American Medical Association (AMA) gab einen 80-seitigen »Gleichstellungsplan« heraus, der die Idee einer »Gleichstellung als Prozess« ablehnt. Die genannten Ziele sind »den strukturellen Rassismus abzubauen«, »weiße Vorherrschaft abzubauen« und »Rassismus als Bedrohung des Gesundheitswesens anzuerkennen«. Darüber hinaus kritisiert die AMA die Vorstellung, dass Menschen aus unterschiedlichen Gruppen gleich behandelt werden sollten, und erhebt rassistischen »Antirassismus« zur beruflichen Best Practice. Natürlich zitiert das Dokument neben anderen die Arbeiten von bell hooks.[83]

All das beinhaltet noch eine andere Gefahr, denn die Medizin ist einer der Bereiche, in denen Kenntnisse über den ethnischen Hintergrund nicht nur hilfreich, sondern lebensrettend sein können. Unterschiedliche genetische Gruppen tragen unterschiedliche Anfälligkeiten für bestimmte Erkrankungen und Leiden in sich, von Krebs bis Osteoporose, ebenso wie unterschiedliche Wirkungen von Arzneimitteln. Das stellt ein heikles Problem dar, denn es legt nahe, dass Rasse nicht nur ein »soziales Konstrukt« ist, sondern etwas, das reale Bereiche unseres Lebens beeinflusst, einschließlich der Gesundheit. Weil das eine derart schwer zu schluckende Kröte für die Annahmen dieser Ära ist, verursacht dieses Problem jedes Mal ein heftiges Auflodern nichtmedizinischer Bedenken. Es gibt zum Beispiel eine andauernde Kontroverse rund um die exakte Bestimmung der Nierenfunktion. Doch »Antirassisten« haben versucht, die klinischen Algorithmen und Behandlungsrichtlinien zu entfernen, die beim Diagnostizieren helfen würden. Sie taten das im Namen des Kampfes gegen Rassismus.[84]

Viele Ärzte, einschließlich vieler schwarzer Ärzte, erkennen, wie gefährlich das ist, und viele von ihnen äußerten sich im *New England Journal of Medicine*, um dieses Vorgehen zu stoppen. Nach mehreren Abschnitten notwendiger Ausschlussklauseln betonten sie, dass »genetische Unterschiede zwischen Menschen existieren, die zu verschiedenen sozial konstruierten Rassenkategorien gehören. Wir begrüßen diese Diversität und erkennen ihre klinisch wichtigen Konsequenzen an.«[85] Aber es ist alles andere als klar, dass diese gewissenhaften Ärzte bei ihrem Versuch, die Dogmen dieser Ära zu umschiffen, Erfolg haben werden. Ihre Argumente erfordern das Verstehen von etwas anderem als der CRT. Es erfordert Kenntnisse bestimmter genealogischer und medizinischer Fakten. Doch momentan ist das Beharren auf Rassismus und Antirassismus als einziger Weg, jedes Problem zu betrachten, sehr viel größer, deutlicher und allumfassend.

Aus diesem Grund können zum Beispiel Mediziner von Harvard anfangen, sämtliche ethnisch bedingten medizinischen Unterschiede dem Weißsein zuzuschieben (»antirassistische Epidemiologie«),[86] erklären, dass systematischer Rassismus schuld sei am Tod schwangerer schwarzer Frauen,[87] und behaupten, wenn weiße Amerikaner freiwillig ihre DNA für wissenschaftliche Experimente zur Verfügung stellen, dass diese weißen Amerikaner das unterschwellig tun, um nicht-weiße Gruppen zu Opfern zu machen.[88] Im Großen und Ganzen besteht die Botschaft darin, dass Weißsein selbst eine Pandemie ist. Wie es ein freier Mitarbeiter der *New York Times* kürzlich formulierte, ist Weißsein »ein Virus, das wie alle anderen Viren erst stirbt, wenn es keine Körper mehr gibt, die es infizieren kann«.[89] Derartige proto-genozidalen Äußerungen sind nicht selten. Sie wurden zur Norm. Das zu leugnen wurde unüblich. Behaupten Sie etwas Gegenteiliges oder äußern auch nur Zweifel an den Behauptungen, dass struktureller Rassismus endemisch sei, dann verlieren nicht nur Sie Ihren Job, sondern auch die in Ihrem Umfeld.

Genau das passierte 2021 beim *Journal of the American Medical Association.* Der stellvertretende Chefredakteur sagte in einer Diskussion, dass er fände, »struktureller Rassismus« sei ein unglücklicher Terminus, und dass »viele Menschen wie ich sich gekränkt fühlen durch die Andeutung, dass wir irgendwie rassistisch seien«. Dafür wurde nicht nur der stellvertretende Chefredakteur zum Ziel einer Kampagne, dass er gefeuert werden solle, auch der Chefredakteur musste seinen Hut nehmen, weil er der Mittäterschaft schuldig sei bei etwas, das schon bald als nur eine weitere »rassistische Kontroverse« bezeichnet wurde.[90]

FAZIT

In dieser Situation, in der weiße Menschen pathologisiert werden und jeden Monat ein neuer Irrsinn erfunden wird (»weiße Wut« ist eine weitere neue pseudomedizinische Ergänzung dieses Lexikons), bleibt eine Frage: Was genau sollen weiße Menschen tun? Die Verfechter des neuen Rassismus sind keineswegs ideenlos, bieten sogar verschiedene Möglichkeiten an. Die UCLA-Juraprofessorin und führende Critical-Race-Theoretikerin Cheryl Harris gehört zu jenen, die argumentieren, dass das Recht auf Privateigentum aufgehoben werden solle, Geld und Land sollten beschlagnahmt und dann getrennt nach Rassen umverteilt werden.[91]

Im Gegensatz dazu sagte Otegha Uwagba: Weil »schwarze Menschen nicht das Weißsein abschaffen können – müssen die Weißen das selbst tun.« Dazu, so sagt sie, müssen Weiße ihre »rassifizierten Privilegien« aufgeben. Als da wären? Einer von Uwagbas Vorschlägen lautet, den Friseur zu boykottieren, »der dir zwar eine tolle Föhnfrisur verpasst, aber nicht weiß, wie man afroamerikanisches Haar schneidet«. Eine andere Idee, so schlägt sie vor, besteht darin, dass Weiße erkennen müssen, dass »es nicht genügt, Geschäfte im Besitz von Schwarzen zu unterstützen, schwarze Autoren zu lesen und unsere Stimmen zu verstärken«. Sie sagt, dass Weiße all ihre Privilegien verlieren müssen und dass diese »Allyship sie ihr Leben in der Form kosten wird, wie sie es bisher kennen«.[92] Das klingt nicht verlockend, selbst wenn die bezeichnete Situation wahr wäre und die Vorschläge umsetzbar wären.

Aber verglichen mit anderen Vorschlägen erscheint der von Uwagba noch großzügig. Im April 2021 hielt Aruna Khilanani eine Rede im Yale's Child Study Center mit dem Titel »The Psychopathic Problem of the White Mind« (deutsch: Das psychopathische Problem des weißen Verstandes). Die Tochter zweier Ärzte, die aus Pakistan immigriert waren, hatte an der Universität von Chicago Critical Theory studiert und zweifellos sämtliche Psychopathien verinnerlicht. Wie Kendi, Coates und andere hatte sie ihre eigene Geschichte. Und während Kendi die Geschichte von dem Mädchen präsentiert, das sich im Unterricht meldet, und Coates eine Geschichte von einer Frau, die in einen Lift steigt, ist Khilananis Geschichte die schreckliche Erzählung, es sich wegen der Urlaubsplanung mit dem Vorgesetzten zu verscherzen. Auf dieser traumatischen Erfahrung aufbauend, nutzte sie ihre Rede, um tiefsitzenden, heftigen Rassismus gegen Weiße zu artikulieren. Zum Beispiel fantasierte sie an einer Stelle ihres Vortrags darüber, »einen Revolver in den Kopf einer jeden weißen Person zu entladen, die sich mir in den Weg stellt, ihre Leichen zu begraben und meine blutigen Hände abzuwischen, während ich mit wiegendem Schritt relativ schuldlos davongehe. Als hätte ich der Welt einen Riesengefallen getan.« In einem Vortrag, in dem es scheinbar um Psychopathen geht, ist das eine seltsam psychopathische Art des Redens.

Anderenorts nutzte Khilanani ihren Vortag, um davor zu warnen, was es einen kostet, überhaupt mit Weißen zu sprechen. Sie sagte, es sei »zum Preis eures Lebens, denn sie saugen euch aus. Da draußen gibt es keine Äpfel, die nicht faul sind.« Sie beschrieb Weiße als »wahnsinnige, brutale Raubtiere«, mit »Löchern in ihrem Gehirn«, und sagte, dass alle Weißen »den Verstand verloren haben und das schon vor langer Zeit«. Zudem verkündete sie, dass es »sinnlos« sei, mit Weißen über Rasse zu sprechen.[93] Vermutlich sieht sie in ihren Vorträgen deshalb so oft den Ausweg in der Brutalität.

Aber Khilanani ist nicht allein. Nur eine Woche vor ihrem Vortrag in Yale veröffentlichte ein anderer Psychoanalytiker namens Donald Moss einen wissenschaftlichen Artikel mit der Überschrift »On Having Whiteness« (deutsch etwa: »An Weißsein erkrankt zu sein«), basierend auf einer Reihe seiner Seminare. Er beschreibt Weißsein als »parasitären Zustand« und spielt mit einer Art endgültiger Lösung dieses Problems herum. »Noch gibt es kein dauerhaftes Heilmittel«, warnte er.[94] Aber zweifellos wird es in den kommenden Jahren jede Menge Leute geben, die sich der Herausforderung stellen, eines zu finden.

Zwischenspiel
China

Die meisten Menschen auf der Welt wollen gut von sich selbst und über das Land denken, in dem sie geboren wurden. Die meisten halten es für keine gute Idee, einen unerbittlichen, demoralisierenden Krieg gegen alles zu führen, was mit der Bevölkerungsmehrheit in ihrer Gesellschaft zu tun hat. Sie greifen keine fragwürdigen Begriffe auf, die von gestern sind, und versuchen nicht, sie auf das ganze Land auszuweiten, um damit jedes Problem in der Gesellschaft zu erklären. Dies und vieles mehr sind Symptome einer typisch westlichen Krankheit. Einer Krankheit des Selbsthasses und des Selbstmisstrauens. Und einer Krankheit, die im doppelten Sinne des Wortes eine Art von Selbstmissbrauch ist. Eine, die andere Mächte – außerhalb des Westens – gerne beobachten und für ihre Zwecke nutzen.

Ein bezeichnendes Beispiel stammt aus dem Jahr 2008, als der Popstar Damon Albarn dem Journalisten Bryan Appleyard ein Interview gab. Der ehemalige Frontmann der britischen Rockband Blur hatte viel mit China zu tun und war ungehalten über die Kritik an dem Land. »Wir müssen aufhören zu glauben, dass wir moralisch überlegen sind«, sagte er Appleyard, »denn ich glaube nicht, dass wir das sind.« Albarn behauptete, er habe von den Opiumkriegen gelesen, und schien zu glauben, dass jede Kritik am modernen China auf die Einmischung des Westens in das Land zurückzuführen sei. Sein Interviewer stellte ihm eine berechtigte Frage: Wenn alle Probleme Chinas auf die Opiumkriege zurückgeführt werden könnten, was sei dann von der Ermordung von möglicherweise 70 Millionen Menschen auf Anweisung des Vorsitzenden Mao zu halten?

Das stellt die Opiumkriege in den Schatten, nicht wahr? Albarn – der zugegebenermaßen nicht zu unseren klügsten Köpfen gehört – schien ratlos zu sein. Er sagte, »es gibt auch das Argument, dass etwa 400 Millionen Menschen aus einer extremen Armut herausgeholt wurden«.[95]

Die Wahrheit ist, dass Albarn (wie so viele andere Personen des öffentlichen Lebens im Westen) nicht in der Lage war, eine Erklärung für die Missstände in der Welt zu finden, solange er nicht dem Westen die Schuld geben konnte. Solange es ein Narrativ über westliches Fehlverhalten gab, reicht diese Story aus, um das grundlegende Problem des betreffenden Landes darzustellen.

Es gibt mehrere Probleme mit dieser reflexartigen antiwestlichen Einstellung. Eines davon ist, dass dadurch ignoriert wird, was in der Welt von heute tatsächlich vor sich geht. Zum Beispiel weiß fast jeder Antiwestler, dass einige Menschen aus dem Westen im 19. Jahrhundert daran beteiligt waren, Opium an die Chinesen zu verkaufen. Aber wie viele von ihnen wissen, dass es synthetische Opioide aus China sind, die heute zu Kahlschlag in der Bevölkerung der Vereinigten Staaten führen? Nach Angaben des US National Center for Health Statistics sind in den letzten zwei Jahrzehnten mehr als eine halbe Million Menschen in Amerika an der Opiumepidemie gestorben. Die chinesischen Behörden wissen von dieser Drogenherstellung und unternehmen wenig oder nichts, um sie zu stoppen.

Zu diesen Drogen gehört auch Fentanyl, dessen süchtig machende Eigenschaften und verheerende Auswirkungen im ganzen Land bekannt sind. George Floyd hatte Fentanyl in seinem Körper, als er starb. Das entschuldigt nicht im Entferntesten die Handlungen der verhaftenden Beamten. Aber Floyd war nur einer von Hunderttausenden Amerikanern, der von dieser chinesischen Droge abhängig war. Im selben Jahr, in dem er sein Leben verlor, starben 93.000 Amerikaner an Fentanyl.[96] Sind sich viele Menschen in Amerika dessen bewusst? Sind es viele Menschen im gesamten Westen oder in der ganzen Welt?

Wenn sie sich dessen nicht bewusst sind, dann liegt das zum Teil daran, dass man ihnen eingeredet hat, dass die Aufarbeitung ausgewählter historischer Missstände zur Lösung von Problemen in ihren heutigen Gesellschaften beitragen wird. Die Wahrheit ist jedoch, dass ein besseres Verständnis der Probleme, mit denen unsere Gesellschaften heute konfrontiert ist, eher zur Lösung dieser Probleme beitragen kann. Wenn mehr Menschen von Chinas heutigem Opiumkrieg gegen die USA wüssten, könnten vielleicht Leben gerettet werden – und das nicht nur in Amerika. Allein in Schottland ist die Todesrate durch Opioide derzeit fast dreizehnmal so hoch wie im europäischen Durchschnitt.[97] Das ist eine echte Tragödie. Aber in der Vergangenheit zu wühlen und sie so hart wie möglich zu verurteilen, scheint so viel einfacher zu sein, als etwas Praktisches gegen die Probleme zu unternehmen, mit denen wir heute konfrontiert sind.

All dies ist ein sehr ungewöhnliches Spiel, das wir hier spielen. Keine Gesellschaft außerhalb des Westens ist mit derartigen Selbstreinigungsprogrammen beschäftigt.

Was macht der Rest der Welt, während sich der Westen – mit den Vereinigten Staaten an der Spitze – in dieser Orgie der Selbstbefleckung übt? Das Land, das heute der einzige große Herausforderer Amerikas als führende Wirtschaftsmacht der Welt ist, ist die Volksrepublik China. Ein Land, das, wie es bei Ländern mit solchen Titeln üblich ist, keine Republik ist und nicht dem Volk gehört. Die Volksrepublik China wird seit über sieben Jahrzehnten von der Kommunistischen Partei Chinas (KPCh) regiert.

Im Gegensatz zu allen anderen Großmächten, die den Kommunismus erprobt haben, verfolgt China immer noch eine Variante dieser Ideologie. Im Unterschied zu den anderen hat es einen Weg gefunden, sein Finanzsystem so weit zu liberalisieren, dass China in den letzten Jahrzehnten zur zweitwichtigsten Volkswirtschaft der Welt wurde. Während das chinesische Bruttoinlandsprodukt (BIP) in die Höhe schoss, haben die Parteieliten, die das Land führen, es verstanden, nicht denselben Fehler zu begehen wie in anderen sozialistischen Ländern. Die KPCh war sehr darauf bedacht, jeglichen politischen Liberalismus im Zaum zu halten, auch wenn sie einen gewissen, streng staatlich kontrollierten wirtschaftlichen Liberalismus zulässt. Der derzeitige Präsident Xi Jinping hat dies seit seinem Amtsantritt im Jahr 2013 beschleunigt. In diesem Jahr startete er eine Kampagne, um zu verhindern, dass liberale Ideologien in den öffentlichen Diskurs in China eindringen. Im Namen der Sicherheit führte er auch ein System der »Umerziehung« ethnischer und religiöser Minderheiten ein, die die Partei als ideologische oder sicherheitspolitische Bedrohung ansieht. Bis heute wurden mehr als eine Million Männer, Frauen und Kinder der uigurischen muslimischen Minderheit neben anderen in ein weit verzweigtes Netz von Internierungslagern – oft als »Konzentrationslager« bezeichnet – in der gesamten Region Xinjiang eingesperrt.

In diesen Lagern werden Häftlinge systematisch vergewaltigt und gefoltert, und uigurische Frauen werden zwangssterilisiert. Es gibt auch Vorwürfe, dass in diesen und anderen Lagern des chinesischen Systems die inneren Organe von Häftlingen zwangsweise entnommen werden. Das Regime neigt dazu, alle derartigen Berichte abzutun, aber das ist nicht überraschend. Die KPCh hat stets alle Anschuldigungen über Menschenrechtsverletzungen im Lande zurückgewiesen.

Vor einigen Jahren hatte ich Gelegenheit, Chen Guangcheng zu interviewen, den blinden chinesischen Aktivisten, der für internationales Aufsehen gesorgt hatte, als er in der US-amerikanischen Botschaft in Peking politisches Asyl beantragte. Guangcheng war den Behörden aufgrund seiner Menschenrechtsaktivitäten in China aufgefallen. Er und seine Familie hatten jahrelang unter behördlicher Einschüchterung, Überwachung und körperlicher Misshandlung gelitten. Wie er 2013 sagte, ist die Situation in China »weitaus schlimmer, als es dem gewöhnlichen Briten oder der internationalen Gemeinschaft von der chinesischen Propaganda erzählt wurde«.

Dies erkannte er, als er sich der düsteren Realitäten der berüchtigten Ein-Kind-Politik der KPCh bewusst wurde. Nachdem er versucht hatte, eine Petition bei der Zentralregierung und eine bei der lokalen Regierung einzureichen, wurde ihm klar, dass eine der großen Ausflüchte der kommunistischen Überzeugung falsch war. Es ging nicht darum, dass die lokalen Behörden die Bösen und die Zentralregierung die Guten waren. Das System war durch und durch verrottet. Er konnte keine Änderung dieses Systems erreichen, obwohl er eine Fülle von Beweisen dagegen sammelte: Frauen, bei denen eine zweite Schwangerschaft festgestellt wurde, wurden verschleppt und ihr Baby »zwangsweise abgetrieben«.

Wenn die Behörden herausfanden, dass eine Frau ein zweites Kind zur Welt bringen würde, konnten sie auf verschiedene Weise vorgehen. Wenn die Mutter versuchte, unterzutauchen, nahmen die Behörden alle Familienmitglieder gefangen und sperrten sie wochen- oder monatelang ein, bis die Mutter zwangsläufig aus ihrem Versteck kam. Dann konnte die zurückkehrende schwangere Mutter gezwungen werden, eine Abtreibung vorzunehmen.

Was bedeutet das, eine Zwangsabtreibung im neunten Monat durchzuführen? Guangcheng erklärt: »Zunächst wird die Frau ins Krankenhaus geschleppt und gezwungen, eine ›Einwilligung‹ für eine Abtreibung zu unterschreiben. Für die Abtreibung gibt es mehrere Möglichkeiten. Eine Möglichkeit ist, dass sie die Geburt des Babys einleiten. Normalerweise wird das Baby lebend geboren, und dann wird es ins Wasser geworfen und ertränkt. Die zweite Möglichkeit ist, dass sie ein flüssiges Gift mit einer Nadel direkt in den Kopf des Babys injizieren, es töten und herauskommen lassen.« Das ist eine Praxis, die, wie er sagte, überall in China vorkommt. Es ist ein System der »Familienplanung durch Gewalt«. Die langfristigen Auswirkungen davon waren seiner Meinung nach »der Bankrott der Kultur des Respekts vor dem menschlichen Leben. Die Menschen respektieren das Leben nicht mehr.«

Nachdem sie unsägliches Leid verursacht hatte, wurde die Ein-Kind-Politik während Xis Regierungszeit schrittweise abgeschafft. Doch das Lagersystem in Xinjiang zeigt neben vielem anderen, dass die Menschenrechte in China in diesem Jahrzehnt nicht mehr zählen als in den Jahrzehnten zuvor. Die Macht der KPCh, gegen die Menschenrechte vorzugehen, ob in Hongkong oder anderswo, ist eher noch in dem Maße gewachsen, wie ihr inoffizielles Imperium gewachsen ist.

Denn während die KPCh ihre hybride Form des kommunistischen Kapitalismus verfolgte, ist es ihr gelungen, sich in der ganzen Welt mehr Einfluss und Ansehen zu verschaffen. Die Eliten Amerikas und Europas dachten, dass die Aufnahme Chinas in internationale Organisationen in dem Land demokratische Normen voranbringen würde. Stattdessen hat China die demokratischen Normen aus den internationalen Organisationen gedrängt. Es hat die Zeit seit seinem Beitritt zur Welthandelsorganisation im Jahr 2001 mit besonders großer Wirkung genutzt. Im Jahr 2000 trieben die meisten Länder Südamerikas, Afrikas, des Fernen Ostens und Australasiens sowie Europas mehr Handel mit den USA als mit China. Bis 2020 hat sich diese Situation umgekehrt. In nur 20 Jahren machten alle diese Teile der Welt mehr Geschäfte mit China als mit Amerika. In diesem Zeitraum war der Anteil der USA am gesamten Welthandel von mehr als 75 Prozent auf etwas mehr als 25 Prozent gesunken.[98] Und diese gesamte Differenz wurde von China übernommen.

Die Neue Seidenstraße des Landes zielt darauf ab, ein weltumspannendes Netz chinesischer Infrastruktur und Investitionen zu schaffen – ein Imperium, das nur nicht so genannt wird. Das Land hat sich bereits in den Fernen Osten, den Nahen Osten und Afrika eingekauft. Es hat sich auch entschieden, Schlüssel-Infrastruktur im Westen aufzukaufen. Manchmal handelt es sich dabei um einen wichtigen Hafen, wie den von Haifa in Israel oder den von Piräus in Griechenland. Im Jahr 2019 unterzeichnete Italien ein Abkommen mit China, um als erstes G-7-Land an der Neuen Seidenstraße zu partizipieren. Dies ermöglicht der China Communications Construction Company den Zugang zum italienischen Hafen von Triest und den Ausbau des Hafens von Genua. Außerdem erhält China Zugang zu den italienischen Märkten Landwirtschaft, Finanzen, Energie und Maschinenbau.

Diese Länder sind nicht die einzigen. Die britische Regierung hat den Chinesen grünes Licht für den Bau und die Wartung eines neuen Kernreaktors in England gegeben. Und vor einer raschen Kehrtwende wurde das von Chinas Regierung unterstützte Kommunikationstechnologieunternehmen Huawei kurzzeitig mit der Unterstützung beim

Aufbau des neuen 5-G-Netzes des Vereinigten Königreichs beauftragt. Natürlich könnte kein Land eine so rasche globale Expansion ohne eine Schlüsselkomponente durchführen, und das ist die Vereinnahmung der Eliten. Die Fähigkeit der KPCh, Einfluss bei den Eliten in jedem der Länder zu nehmen, in denen die Partei tätig zu werden hofft, ist in ihrem Umfang und ihrer Großzügigkeit beispiellos. In allen westlichen Ländern haben alle, die nach ihrer Pensionierung eine finanzielle Unterstützung benötigten, vom ehemaligen Premierminister abwärts, dank chinesischer Firmen komfortable Ruheposten gefunden. Sogar in den unteren Rängen politischer Persönlichkeiten im Westen haben die KPCh und ihre Strohmänner fleißig Leute eingekauft.

Die Liberal Democrats waren zwischen 2010 und 2015 der Juniorpartner in der britischen Koalitionsregierung. Doch seit sie aus dem Amt geschieden sind, haben sich ihre führenden und weniger wichtigen Mitglieder von Peking vereinnahmen lassen. Der derzeitige Parteivorsitzende ließ sich seinen Wahlkampf für den Parteivorsitz von Huawei finanzieren. Der ehemalige Strategiechef des damaligen Parteivorsitzenden Nick Clegg landete bei einer PR-Firma, die versuchte, Chinas internationales Image zu verbessern, während es die Demokratie in Hongkong auslöschte. Und der ehemalige Finanzminister Danny Alexander, der dazu beitrug, dass das Vereinigte Königreich das erste westliche Land wurde, das Chinas Asian Infrastructure Investment Bank beitrat, wechselte nach seinem Ausscheiden aus der Regierung zu der Bank und half dabei, die Neue Seidenstraße der KPCh voranzutreiben.[99] Ähnliche Geschichten trugen sich in Australien, Neuseeland, Kanada und allen anderen Teilen einer einst soliden westlichen Allianz zu.

Wie Clive Hamilton und Mareike Ohlberg in ihrem Buch *Die lautlose Eroberung* beschreiben, konkurrierten unter anderem große westliche Finanzinstitute miteinander um die Gunst der KPCh – oft auf höchst korrupte und schamlose Weise. So nutzte zum Beispiel die Deutsche Bank in den 2000er-Jahren Bestechungsgelder und andere korrupte Praktiken, um sich Zugang zum chinesischen Markt zu verschaffen. Und im Jahr 2009 stach die Bank JP Morgan bei einem Geschäft aus, weil sie aktiv KPCh-»Prinzlinge«[100] eingestellt hatte. Zu denen, die die Bank eingestellt hatte, gehörte Wang Xisha, die Tochter des derzeitigen Vizepremiers und Mitglieds des Ständigen Ausschusses des Politbüros der Kommunistischen Partei Chinas, Wang Yang.[101] Im gesamten Westen hat sich die gleiche Geschichte abgespielt. Von Neuseeland bis Washington, D.C., hat die KPCh großen und kleinen Einfluss gekauft. Von gewaltigen Investitionen in die Infrastruktur bis hin zur Vermittlung, dass die staatliche Bank of China der größte Einzelaktionär von BHR Partners wird, die von Hunter Biden und John Kerrys Stiefsohn gegründet wurden, nachdem Hunter seinen Vater 2013 auf einer offiziellen Reise nach Peking begleitet hatte.[102] China hat sich auch in Eliteeinrichtungen im Westen eingekauft. Alteingesessene Universitäten wie die britische Universität Cambridge haben chinesische Investitionen willkommen geheißen und den chinesischen Behörden das Recht eingeräumt, zu entscheiden, was in den Einrichtungen studiert oder gesagt werden darf, und Kritik an dem großzügigen Regime, das die Schecks bezahlt, zu unterdrücken.

Das Land hat seine wachsende finanzielle Macht genutzt, um seine diplomatischen Muskeln spielen zu lassen. Zu Beginn seiner Amtszeit als Premierminister, im Jahr 2012, traf David Cameron den Dalai Lama, als das buddhistische Oberhaupt London besuchte. Da die KPCh mit dem Dalai Lama in der Tibet-Frage nicht einer Meinung ist, reagierte sie rasch auf die Nachricht von dem Treffen. Der britische Botschafter in China wurde sofort zu einem Treffen einberufen und zurechtgewiesen. Als Folge dieses Vorfalls verkündete die KPCh, dass die Beziehungen zum Vereinigten Königreich schwer beschädigt seien. Natürlich wurden die chinesischen Investitionen dort auf Eis gelegt. Eine Reise des Vorsitzenden Wu Bangguo in das Vereinigte Königreich wurde abgesagt, und die KPCh sprach davon, wie »verletzt« das chinesische Volk durch das Treffen gewesen sei.

Der britische Premierminister war verständlicherweise verschreckt und kündigte kurz darauf an, dass er den Dalai Lama nie wieder treffen wolle. Die britische Regierung entschuldigte sich danach in aller Form bei den chinesischen Behörden für die erlittene Kränkung. Schließlich wurden die normalen Handelsbeziehungen wiederhergestellt. Was mich jedoch am meisten beeindruckte, war ein Bericht, den ich im Anschluss an das erste Treffen zwischen britischen und chinesischen Beamten nach dieser Affäre erhielt. Eine Quelle, die an dem Treffen teilgenommen hatte, erzählte mir, dass die KPCh-Vertreter vor Beginn des Treffens eine Kopie der britischen Entschuldigung über den Tisch zu ihren britischen Kollegen schoben, die dann aufgefordert wurden, aufzustehen und diese vorzulesen, was sie auch pflichtbewusst taten. Als sie sich danach hinsetzten, soll der führende chinesische Vertreter gelächelt und gesagt haben: »Wir wollten nur wissen, ob Sie es ernst meinen.«

David Cameron hatte seine Lektion offensichtlich gelernt und schien erkannt zu haben, wo das Geld und die Macht jetzt angesiedelt waren. Ein Jahr nach seinem Ausscheiden aus dem Amt wurde bekannt gegeben, dass er eine führende Rolle bei einem neuen 1-Milliarden-Dollar-Investitionsfonds übernehmen würde, der zur Förderung und Unterstützung von Chinas Neuer Seidenstraße eingerichtet wurde. Ein ehemaliger britischer Premierminister half China beim Ausbau seines Imperiums. Ähnliche Geschichten finden sich überall in finanziellen und politischen Kreisen des Westens. Vor ein paar Jahren versuchte einer der führenden Finanzfachleute in Amerika einen Bekannten davon zu überzeugen, in chinesische Infrastrukturprojekte zu investieren. Der Geschäftsmann äußerte Zweifel an der moralischen Wirksamkeit von Investitionen in KPCh-Projekte und bekam von seinem amerikanischen Gegenüber zu hören: »Die haben bereits gewonnen. Ich versuche nur, Sie auf die Haben-Seite zu bringen.«

China hat jedenfalls die letzten zwei Jahrzehnte nicht vergeudet. Es ist mehr expandiert als je zuvor in seiner Geschichte, und wenn es ein Land geben könnte, das die Vereinigten Staaten in dem vor uns liegenden Jahrhundert als globale Supermacht ablösen wird, dann ist China der einzige Anwärter. Angesichts dieses Wettbewerbs hätte man meinen können, dass die Menschen dem grundlegendsten aller Vergleiche etwas mehr Aufmerksamkeit schenken. Wenn die von den USA angeleitete Weltordnung so schrecklich ist, wie würde dann eine von der KPCh geführte Weltordnung aussehen? Wenn die Vereinigten Staaten und andere westliche Länder so furchtbar sind, wäre dann das einzig wahrscheinliche alternative System überhaupt besser?

Die Frage könnte bald für uns beantwortet werden. China hat heute eine Bevölkerung, die vier- bis fünfmal so groß ist wie die der Vereinigten Staaten. Das Land hat eine Wirtschaft, die nach Prognosen prominenter Persönlichkeiten wie Elon Musk in sehr naher Zukunft die zwei- oder dreifache Größe der US-Wirtschaft erreichen könnte. Und das, obwohl das BIP pro Kopf in China immer noch deutlich unter dem der Vereinigten Staaten liegen wird. Das BIP pro Kopf in China müsste nur die Hälfte des BIP pro Kopf in den Vereinigten Staaten erreichen, damit die chinesische Wirtschaft doppelt so groß wäre wie die der Vereinigten Staaten.

Die Frage »Im Vergleich zu was?« hätte man sich also in den letzten Jahrzehnten im Westen durchaus stellen können. Doch nur sehr wenige Menschen haben sie gestellt. Eine der wenigen, die sie gestellt haben, war meine verstorbene Kollegin Clarissa Tan, die 2014 über das Problem des chinesischen Rassismus schrieb. Obwohl sie chinesisch-stämmig war, hatte Clarissa eine Zeit lang in Singapur gelebt. Wie sie selbst sagte, war sie dort eine »Banane«, was bedeutet, dass sie »äußerlich gelb, aber innerlich weiß« war – also jemand, der ethnisch chinesisch aussieht, dessen Denken aber als »westlich« angesehen wurde. Sie wies darauf hin, dass es in Asien viele solcher Bezeichnungen gibt, bei denen die Menschen nach ethnischen Gesichtspunkten auf eine Weise zusammengefasst werden, die selten schmeichelhaft ist. Besonders hässlich sind die Bezeichnungen, die für Ausländer, insbesondere für Weiße, reserviert sind. Dazu gehören »*farang* in Thailand, *gaijin* in Japan, *mat salleh* in Malaysia, *gweilo* in Hongkong«. Der letzte Begriff ist besonders interessant. *Gwei* bedeutet »Geist«, und das ist wörtlich gemeint – eine weiße Person ist kein vollständiger Mensch. »In der Tat enthält in vielen chinesischen Dialekten der idiomatische Begriff für jeden Ausländer, ob sie Inder, Ivorer oder Ire sind, das geisterhafte ›gwei‹; nur ethnische

Chinesen werden beständig als ›ren‹ bezeichnet, was ›Mensch‹ bedeutet. Mit anderen Worten, nur die Chinesen existieren wirklich als Vollblutmenschen.«[103] Auch verspürt die chinesische Gesellschaft nicht den westlichen Wunsch, eine rassistische Sprache zu vermeiden. Der Rassismus gegen Schwarze ist nach wie vor tief verwurzelt und alltäglich. Und wie überall hat der Rassismus der Gegenwart seinen Ursprung in einer rassistischen Vergangenheit. Einer der bedeutendsten Reformer im China des frühen 20. Jahrhunderts, Kang Youwei, plädierte einst dafür, Medaillen mit der Bezeichnung »Verbesserer der Rasse« zu verleihen. Diese sollten an Weiße oder »Gelbe« verliehen werden, die bereit waren, Schwarze zu heiraten. Youwei glaubte, dass dies mit der Zeit »die Menschheit reinigen« würde. In der Zwischenzeit sollten diejenigen geehrt werden, die bereit waren, die »Bürde« zu tragen. Wenn der Rassismus, der den Afrikanern in Afrika von ihren neuen chinesischen Herren entgegengebracht wird, Wurzeln hat, dann sind es Wurzeln, die sehr weit zurückreichen.

Doch aus irgendeinem Grund wird all dies auf der anderen Seite des Kontos verbucht, was der KPCh sehr gelegen kommt. Während sich die KPCh aktiv an den schrecklichsten Menschenrechtsverletzungen beteiligt, ist sie offensichtlich erfreut, dass der Westen sich selbst mit einer Vielzahl von Selbstzerfleischungen ablenkt. Solange der Westen auf Masochismus aus ist, wird er in Peking immer einen sehr willigen Sadisten finden. Auf der nationalen und internationalen Bühne ist China bereit, den Westen – und Amerika im Speziellen – darin zu treffen, was es als dessen Schwachstelle ansieht. Und eine dieser Schwachstellen ist der Rassismus.

Es ist beachtenswert, was nur wenige Wochen nach dem Regierungsantritt von Präsident Biden im Jahr 2021 geschah. Amerikas neu ernannte Botschafterin bei den Vereinten Nationen, Linda Thomas-Greenfield, sprach auf der Gedenkveranstaltung der UN-Generalversammlung zum Internationalen Tag zur Überwindung von rassistischer Diskriminierung. Bei diesem Anlass erzählte Thomas-Greenfield der Generalversammlung, dass sie in Amerika aufgewachsen sei und Rassismus gelebt, erlebt und überlebt habe. Sie sagte der UN-Generalversammlung, dass Amerika eine »Erbsünde« habe und dass diese Sünde die Sklaverei sei. Neben anderen Todesfällen sprach die US-Botschafterin von »der sinnlosen Ermordung von George Floyd«. Sie sprach von der Gerechtigkeit der Black-Lives-Matter-Bewegung und davon, wie wichtig es sei, die »weiße Vorherrschaft« abzubauen. Sie sprach auch über den »Anstieg von Hassverbrechen in den letzten drei Jahren«. Das »jüngste Beispiel für diesen Horror«, so berichtete sie der Versammlung, sei »der Amoklauf in Atlanta«.[104]

Es ist erwähnenswert, dass es zu dem Zeitpunkt, als Thomas-Greenfield dies vor den Vereinten Nationen sagte, keine Beweise dafür gab, dass die Schießerei in einem Spa in Atlanta (bei der acht Menschen, darunter sechs asiatische Frauen, getötet worden waren) eine rassistische Komponente beinhaltete. Der inhaftierte Verdächtige hatte zuvor einige Zeit in einer Klinik verbracht, in der er wegen Sexsucht behandelt wurde, und er behauptete später, er habe die Tat nicht aus rassistischen Motiven begangen. Die UN-Generalversammlung gewann jedoch den klaren Eindruck, dass es sich um einen weiteren rassistisch motivierten Amoklauf in den USA handele. Die US-Bürger waren nicht nur gegen die schwarze Bevölkerung rassistisch eingestellt, sondern wandten sich nun auch gegen asiatische Amerikaner.

Einen weiteren Monat später hielt Thomas-Greenfield eine Rede bei dem Al Sharptons National Action Network. Dort erinnerte sie sich gern an ihre Rede vor der UN-Generalversammlung und sagte, sie habe den Vereinten Nationen zeigen wollen, dass sie »eine der größten Unzulänglichkeiten Amerikas am eigenen Leib erfahren habe«. Sie fuhr fort: »Ich habe mit eigenen Augen gesehen, wie die Erbsünde der Sklaverei die weiße Vorherrschaft in unsere Gründungsdokumente und -prinzipien eingewoben hat.« Sie berichtete auch von ihrem Stolz über die Entscheidung der neuen Regierung, sich um die Wiederaufnahme in den UN-Menschenrechtsrat zu bemühen, da dies die Werte Amerikas fördern würde. Aber sie kannte auch die Grenzen dieses Ansatzes. »Wenn wir Fragen der Gleichheit und Gerechtigkeit auf globaler Ebene ansprechen, müssen wir sie natürlich mit Demut angehen. Wir müssen anerkennen, dass wir eine unvollkommene Union sind, und zwar von Anfang an.« Sie sagte den Konferenzteilnehmern, dass Amerika »seine Aufgaben erledigen« müsse, beispielsweise »nicht unsere Vergangenheit zu vergessen oder unsere Gegenwart zu ignorieren«.[105]

Es war jedoch nicht ersichtlich, dass Amerikas Rivalen bei der UNO die strategische oder moralische Sichtweise von Botschafterin Thomas-Greenfield teilten. Gegen Ende ihrer UN-Rede machte sie eine kurze Pause von ihrer Litanei über den US-amerikanischen Rassismus, um festzustellen, dass die Rohingya in Myanmar »in erschütternder Zahl unterdrückt, missbraucht und getötet worden sind«. Und sie wies darauf hin, dass in China »die Regierung Völkermord und Verbrechen gegen die Menschlichkeit an Uiguren und Angehörigen anderer ethnischer und religiöser Minderheiten in Xinjiang begangen hat«. Dies kam bei der chinesischen Delegation bei der UNO nicht gut an. Der Botschafter des Landes bei den Vereinten Nationen, Dai Bing, reagierte prompt mit einer Wortmeldung.

»In einem Ausnahmefall«, so Botschafter Bing, habe seine amerikanische Amtskollegin tatsächlich »die schändliche Menschenrechtsbilanz ihres Landes zugegeben«. Und er fuhr fort, »das gebe ihrem Land nicht das Recht, sich auf ein hohes Ross zu setzen und anderen Ländern vorzuschreiben, was sie zu tun hätten«. Ein ähnlicher Ton wurde etwa zur gleichen Zeit auf dem ersten großen bilateralen amerikanisch-chinesischen Gipfeltreffen unter Beteiligung der neuen US-Regierung im März 2021 in Alaska angeschlagen. Bei dieser Gelegenheit äußerte Thomas-Greenfields Chef, der neue US-Außenminister Anthony Blinken, vor laufenden Fernsehkameras der Weltöffentlichkeit gegenüber seinen chinesischen Gesprächspartnern seine »tiefe Besorgnis« über das Vorgehen Chinas in Xinjiang, Hongkong und Taiwan, die Cyberangriffe auf die Vereinigten Staaten und die wirtschaftliche Nötigung von Verbündeten. Sein chinesischer Amtskollege, Yang Jiechi, war sichtlich verärgert. Die Vereinigten Staaten hätten kein Recht, China zu belehren, erklärte er in einer 18-minütigen Strafpredigt. »Ich glaube, wir haben die Vereinigten Staaten zu hoch eingeschätzt«, sagte Jiechi. »Die USA haben nicht das Recht, zu sagen, dass sie mit China aus einer Position der Stärke heraus sprechen wollen.«

Er winkte seinem Amtskollegen wütend und abweisend zu und fuhr fort: »Es gibt viele Probleme in den Vereinigten Staaten in Bezug auf die Menschenrechte.« Und diese werden »auch von den USA selbst zugegeben«. Während China in Sachen Menschenrechte Fortschritte mache, gelänge dies den Vereinigten Staaten nicht. »Wir hoffen, dass die Vereinigten Staaten sich in Bezug auf Menschenrechte verbessern werden.« Aber dann wiederholte Jiechi die Behauptungen der US-Botschafterin und sagte, dass »die Herausforderungen, denen sich die Vereinigten Staaten im Bereich der Menschenrechte gegenübersehen, tief verwurzelt sind. Sie sind nicht erst in den letzten vier Jahren aufgetaucht, wie etwa Black Lives Matter. Sie sind auch nicht erst in jüngster Zeit aufgetreten.«

Jiechi warnte die USA davor, sich in Chinas »innere Angelegenheiten« einzumischen, und sagte zu Blinken, dass viele Amerikaner »sogar wenig Vertrauen in die Demokratie der Vereinigten Staaten haben« und dass Amerika sich um seine eigenen Probleme kümmern solle, »statt die Schuld auf andere abzuwälzen«.

Für die Sprecher der KPCh ist dies nun eine äußerst nützliche Angriffslinie. Im Sommer 2021 hielt der UN-Menschenrechtsrat eine Sitzung ab, in der Entwicklungsländer systemischen Rassismus und Rassendiskriminierung anprangerten. Die UN-Hochkommissarin für Menschenrechte, Michelle Bachelet, sagte, dass die Verleugnung der historischen Verantwortung durch Länder, die vom transatlantischen Sklavenhandel und Kolonialismus profitiert hatten, eine wichtige Ursache für den anhaltenden Rassismus und die rassistische Gewalt sei. Der Sprecher des chinesischen Außenministeriums, Zhao Lijian, erklärte gegenüber der internationalen Presse, dass die Industrieländer mehr tun müssten, um die Gewalt gegen Menschen afrikanischer und asiatischer Abstammung zu bekämpfen. Zhao Lijian forderte die westlichen Länder auf, sich dieses Problems anzunehmen, und sagte: »Wir fordern die relevanten westlichen Länder auf, ernsthaft auf die Bedenken der internationalen Gemeinschaft zu reagieren, intensiv über sich selbst nachzudenken und konkrete Maßnahmen zu ergreifen, um das Problem des systemischen Rassismus und der Rassendiskriminierung anzugehen, um nicht nur die Menschenrechte im eigenen Land zu fördern und zu schützen, sondern auch zu einer maßgeblichen Entwicklung der internationalen Menschenrechtsbewegung beizutragen.«[106]

Doch während die KPCh den Westen zu dieser Selbstwahrnehmung auffordert, tut sie selbst nichts dergleichen. Im selben Moment, in dem sie vom Westen ernsthafte Antworten auf »systemischen Rassismus und Rassendiskriminierung« fordert, zeigt sie sich kämpferisch. In genau dem Monat, in dem sie diese Forderung an den Westen stellte, beging die KPCh ihr hundertjähriges Bestehen. Bei einer aufwendig inszenierten Zeremonie auf dem Platz des Himmlischen Friedens erklärte Xi Jinping vor Zehntausenden von Menschen, dass sich Chinas Aufstieg als »historische Unvermeidlichkeit« erweisen würde. Er warnte, das Land werde sich nicht länger von ausländischen Mächten »tyrannisieren, unterdrücken oder unterjochen« lassen, und seine Sprache war charakteristisch martialisch. Er erklärte, dass »jeder, der den Versuch wagt, seinen Kopf an einer großen Stahlwand blutig schlagen wird, die von über 1,4 Milliarden Chinesen geschmiedet wurde«. Die offizielle englische Übersetzung milderte diese blutrünstige Sprache ab, um die internationalen Medien in die Irre zu führen. Aber genau das sagte Xi der riesigen Menschenmenge in Peking,[107] was bereits ein typisches Beispiel für die Doppelzüngigkeit der KPCh ist. Bei meinem letzten Besuch auf dem Platz des Himmlischen Friedens vor einem Jahrzehnt waren die englischen Slogans, die auf dem Platz übertragen wurden, alle versöhnlich. Diejenigen, die nicht übersetzt, sondern in der Landessprache auf den Platz ausgestrahlt wurden, enthielten die Parole »Es lebe der Sozialismus«. Es war nur so viel, wie die internationalen Besucher über sie erfahren sollten.

Aber nichts davon ist neu. Die KPCh macht sich lediglich die Schwächen des Westens auf eine Weise zunutze, wie es totalitäre Regime und Konkurrenten des Westens schon immer getan haben. In Sowjetrussland schufen Grigori Alexandrow und Isidor Simkow 1936 einen der populärsten Filme der damaligen Zeit. *Zirkus* war die Geschichte einer weißen Frau, die aus ihrer kleinbürgerlichen Stadt in Amerika fliehen muss, wo sie von den Einheimischen buchstäblich aus der Stadt gejagt wird, weil sie ein gemischtrassiges Kind mit einem schwarzen Vater zur Welt gebracht hat. Die Frau flieht mit dem Zirkus und landet im sowjetischen Russland. Während die Amerikaner in dem Film durchweg als bigott und rassistisch dargestellt werden, könnte der Kontrast zum großartigen sowjetischen Volk nicht deutlicher sein. Als das »schändliche« Geheimnis der Heldin vor dem Zirkuspublikum enthüllt wird, nimmt das gesamte russische Publikum das Baby in Schutz. Der Film endet damit, dass sie ihm ein großes Wiegenlied singen, in dem alle sowjetischen Völker dargestellt werden, um zu zeigen, dass sie dieses kleine schwarze Baby beschützen werden, das die amerikanischen Imperialisten verstoßen haben. Dann versammeln sich alle mit dem Baby im Arm zu einer großen Parade zu Ehren des Genossen Stalin.

In den 1930er-Jahren war in Russland nicht weniger Rassismus zu beobachten als in Amerika. Genauso wie es in den 2020er-Jahren in China nicht weniger rassistisch zugeht als in Amerika. Ganz im Gegenteil. Und doch ist es für China heute, wie auch für die Sowjets in der Vergangenheit, enorm hilfreich, den Eindruck zu erwecken, Amerika sei besonders rassistisch und China besonders tugendhaft. Es gibt endlos viele Gründe, warum Peking dies heute so macht, wie Moskau es in der Vergangenheit getan hat. Es ermöglicht Peking, mit eigenen grotesken Rechtsverletzungen davonzukommen. Es lenkt die Aufmerksamkeit des Westens ab. Es suggeriert, dass der Westen keine moralische Legitimität hat, auf irgendeine Weise zu handeln. Und es wiederholt die Behauptung, dass der Westen nicht nur Dinge getan hat, die jede andere Zivilisation in der Geschichte getan hat, sondern dass er stets schlimmer war als alle anderen Zivilisationen, was bedeutet, dass der Westen besonders unqualifiziert ist, um heute ein moralisches Urteil zu fällen. Dies beruht auf zwei grundlegenden Annahmen, die sich beide als wahr erweisen. Erstens beruht es auf der Annahme, dass das Wissen über die westliche Geschichte innerhalb des Westens in einzigartiger Weise unzureichend ist: Die Menschen im Westen sind sich zunehmend nicht mehr bewusst, was an ihrer eigenen Vergangenheit wahr ist und was nicht. Zweitens beruht es auf der – ebenfalls zutreffenden – Annahme, dass fast niemand im Westen weiß, was Länder wie China im Laufe der Geschichte getan haben oder heute tun.

Mit anderen Worten: Der Angriff auf die Geschichte des Westens ist erfolgreich, weil er ein Vakuum von enormer historischer und aktueller Unwissenheit adressiert. Er wendet sich an eine Bevölkerung innerhalb und außerhalb des Westens, die bereit ist, die gesamte Geschichte durch eine einzige Linse zu sehen. Wenn in der Welt etwas Schlimmes passiert, muss der Westen daran schuld sein, denn es gibt keine andere legitime Erklärung dafür, wie etwas schiefgehen kann, als eine Schuldzuweisung an den Westen.

Abgesehen von der historischen Unbildung der antiwestlichen Haltung unserer Zeit geht es hier um etwas anderes. Es ist eine gigantische moralische Anmaßung. Diese Anmaßung ist die Vorstellung, dass niemand auf der Welt etwas Falsches tun kann, es sei denn, der Westen hat ihn dazu gezwungen. Das ist eine Anmaßung, die auffallend falsch ist.

Als Robert Mugabe 1980 in Simbabwe (das frühere Rhodesien) an die Macht kam, lag die durchschnittliche Lebenserwartung im Lande bei knapp unter 60 Jahren. Nachdem er das Land etwas mehr als ein Vierteljahrhundert lang regiert beziehungsweise Misswirtschaft betrieben hatte, hatte sich die durchschnittliche Lebenserwartung in Simbabwe fast halbiert. Bis 2006 konnte der durchschnittliche simbabwische Mann damit rechnen, 37 Jahre alt zu werden. Für Frauen war die Lebenserwartung auf 34 Jahre gesunken. Die Situation ging so weit, dass die durchschnittliche Lebenserwartung der simbabwischen Frauen in zwei Jahren um zwei Jahre sank. Mugabe schickte sein Volk in eine Tretmühle, die mit jedem Schritt schneller wurde.

Ähnliche Geschichten spielten sich überall auf der Welt ab. Vor sechs Jahrzehnten war Uganda ein Nettoexporteur von Nahrungsmitteln, ja einer der Brotkörbe Afrikas. In den Jahrzehnten nach der Kolonialisierung wurde das Land zu einem hoffnungslosen Fall und hatte sogar Schwierigkeiten, seine eigene Bevölkerung zu ernähren. In anderen Ländern, wie zum Beispiel Ägypten, sind die Durchschnittslöhne niedriger als während der Kolonialzeit. Und das nicht inflationsbereinigt, sondern in einfachen, faktischen Gehaltsangaben.

Es gibt eine Reihe von Erklärungen für Situationen wie diese, die sich in ganz Afrika, im Nahen Osten und anderswo wiederholen. Zu diesen Erklärungen gehören gravierendes Missmanagement der postkolonialen Regierungen sowie übersteigerte Korruption und Selbstbereicherung der regierenden Klasse, die ihre Amtsjahre damit verbracht hat, den Reichtum des Landes auf private Bankkonten in der Schweiz und in Liechtenstein umzuleiten. Auf der anderen Seite gibt es Länder, die relative Erfolgsgeschichten geschrieben haben. Mehr als sieben Jahrzehnte nach der Unabhängigkeit ist Indien heute nicht nur die bevölkerungsreichste Demokratie der Welt, sondern auch eine der führenden Volkswirtschaften. Obwohl das imperialistische Zeitalter in diesen Ländern nachklingt, ist es in den wenigsten Fällen der ausschlaggebende Faktor dafür, ob ein Land erfolgreich war oder scheiterte. Einige Länder waren nach der Unabhängigkeit erfolgreich. Andere scheiterten.

Natürlich haben die Despoten, die ihre eigenen Länder in den Ruin getrieben haben, einen guten Grund, den Imperialismus für alle Übel verantwortlich zu machen, die derzeit ihre Länder heimsuchen. Aber die einzige andere Gruppe, die sich ihnen anschließt, ist ein Teil der Menschen im Westen selbst. Menschen, die glauben, dass die Geschichte der Welt eine Geschichte westlicher Missetaten und nicht-westlicher Unschuld ist. Das ist nicht nur eine unverschämt einseitige Geschichte, sondern auch eine, die absolut kein Gespür für eine globale oder historische Perspektive hat. Und dafür gibt es einen offensichtlichen Grund. Um den Westen beurteilen zu können, müsste man zumindest einen Teil der Geschichte der übrigen Länder kennen. Das Einzige, worüber die moderne westliche Bevölkerung noch weniger weiß als über ihre eigene Geschichte, ist die Geschichte anderer Völker außerhalb des Westens. Dabei ist ein solches Wissen sicherlich eine Voraussetzung, um moralische Urteile fällen zu können.

Eine Umfrage des Meinungsforschungsinstituts Survation bei jungen Briten aus dem Jahr 2016 ergab, dass 50 Prozent der Befragten noch nie von Lenin gehört hatten, während 70 Prozent keine Ahnung hatten, wer Mao war. Unter den 16- bis 24-Jährigen, die alle nach dem Fall der Berliner Mauer aufgewachsen waren, hatten 41 Prozent positive Gefühle gegenüber dem Sozialismus, während nur 28 Prozent die gleichen Gefühle gegenüber dem Kapitalismus hegten. Ein möglicher Grund dafür ist, dass 68 Prozent angaben, in der Schule nie etwas über die Russische Revolution gelernt zu haben.[108]

Eine ähnliche, wenn nicht noch größere Unwissenheit ist in den Vereinigten Staaten zu beobachten. Eine Umfrage aus dem Jahr 2020 ergab, dass fast zwei Drittel der Amerikaner im Alter zwischen 18 und 39 Jahren nicht wussten, dass 6 Millionen Juden während des Holocaust getötet wurden. Der Studie zufolge konnte fast die Hälfte der Amerikaner in ihren Zwanzigern und Dreißigern kein einziges Konzentrationslager oder Ghetto nennen, das von den Nazis während des Zweiten Weltkriegs errichtet wurde. Etwa einer von acht jungen Amerikanern (12 Prozent) gab an, noch nie vom Holocaust gehört zu haben, oder nahm an, nicht davon gehört zu haben.[109] Und das ist in etwa der historische Bezugspunkt, der in historischen und aktuellen politischen Auseinandersetzungen am häufigsten und vielleicht zu oft verwendet wird.

Es lohnt sich, Zahlen wie diese im Hinterkopf zu behalten, wenn wir das nächste Symptom des Krieges gegen den Westen erleben – den Angriff auf die westliche Geschichte.

Wenn behauptet wird, die Bevölkerung wisse nichts über die Geschichte des Westens, wird vergessen, dass die meisten Menschen über fast alles unwissend sind. Wenn Kritiker behaupten, es sei etwas Schlechtes daran, dass ihr spezielles Interessengebiet zu wenig bekannt ist, vergessen sie, dass die Mehrheit der jungen Menschen im Westen nicht einmal über eines der größten Verbrechen der Geschichte ernsthaft Bescheid weiß. Dies ist also ein heikler und zugleich unheilvoller

Moment. Denn wenn man in ein großes Vakuum der Unwissenheit hineinredet, können Menschen mit böswilligen Absichten furchtbar schnell sehr weit kommen. Sie können ihren Zuhörern Dinge erzählen, die sie einfach glauben werden, und ihnen sagen, was sie nicht hinterfragen sollten. Und wenn man in ein Wissensvakuum hineinspricht, kann man – wenn man ideologisch so veranlagt ist – die Geschichte des Westens völlig neu schreiben und sie aus jedem richtigen Verständnis und erst recht aus jedem größeren Zusammenhang herauslösen. All dies in der Hoffnung, die Völker des Westens davon zu überzeugen, dass sie nicht nur nicht besser als alle anderen oder genauso wie alle anderen waren, sondern dass sie sogar einzigartig böse und daher schlechter als alle anderen waren. Dass die Geschichte des Westens besonders schändlich ist.

Das ist der Hauptgrund dafür, dass die Geschichte des Westens innerhalb weniger Generationen völlig umgeschrieben wurde. Umgeschrieben, um den Menschen im Westen zu sagen, dass ihre Geschichte nicht besonders ruhmreich ist, sondern eine Quelle unvorstellbarer Schande. Die antiwestlichen Revisionisten waren in den letzten Jahren in einem Großaufgebot vertreten. Es ist höchste Zeit, dass wir sie ihrerseits revidieren.

Kapitel 2
Geschichte

In ihrem Vortrag zu Rassismus im Jahr 2021 an der Yale University stellte Dr. Aruna Khilanani viele außergewöhnliche Behauptungen auf. Und in einem Interview etwa um diese Zeit waren es noch sehr viel mehr. Es folgt ein Ausschnitt dessen, was sie Katie Herzog in dem Interview erzählte:

> AK: Die Probleme der People of Color, einschließlich mir selbst, ergeben sich aus ihrer Position in dieser Welt, die sie zum Objekt von Gewalt und so weiter macht. Die Weißen leiden dagegen unter Problemen, die aus ihnen selbst kommen. Sie leiden unter Problemen, die mit Vertrauen, Vertrautheit, Nähe, Scham, Schuld und Angst zu haben. Ihr Verstand ist die Quelle. Verstehen Sie mich nicht falsch, People of Color sind auch neurotisch und haben ihre Probleme und Höhen und Tiefen. Aber eine Sache ist meiner Meinung nach einzigartig beim Leiden der Weißen, und ich denke, das ist ihr eigener Verstand.
>
> KH: Was ist Ihrer Meinung nach die Ursache dafür?
>
> AK: Ich denke, es ist Kolonialismus. Diese Geschichte. Wenn Sie sich so oft selbst belügen, muss es sich auf Ihren Verstand auswirken. Das geht gar nicht anders.[110]

Das mag eine bezeichnend extreme Ausdrucksweise sein. Aber es kommt gar nicht so selten vor, dass jemand behauptet, in der gesamten Menschheitsgeschichte gäbe es bei den Weißen etwas besonders Teuflisches.

In den letzten Jahren wurde es geradezu gang und gäbe, zu behaupten, dass Weiße bei ihrer Geschichte irgendetwas durcheinanderbringen. Und für die Kritiker des Westens ist es ein interessanter Schachzug, so vorzugehen. Es demonstriert nämlich ihr Bedürfnis, zu kippen, was solche Kritiker als die Hauptinhalte des Geschichtsunterrichts im Westen ansehen. Diese Kritiker haben eine außergewöhnliche Sicht auf das, was in Schulen im Westen unterrichtet wird. Sie glauben, dass den jungen Menschen heutzutage einseitiger, extremer Patriotismus und nationalistische Propaganda gelehrt wird. Sie glauben, dass Menschen im Westen in einzigartiger Weise ignorant gegenüber ihrer eigenen Geschichte und der von anderen Menschen sind. Sie glauben, dass wir die vergangene Generationen damit verbracht haben, die dunklen Stellen unserer Vergangenheit zuzudecken. Aber nichts könnte der Wahrheit ferner sein.

Zum Beispiel beteuern Rassenaktivisten im Vereinigten Königreich unentwegt, dass britische Schulkinder nicht die geringste Ahnung vom Erbe des Empires. Diese Behauptung ist nachweislich falsch. Das National Curriculum in England und Wales bestimmt den Lehrstoff für Grund- und weiterführende Schule im Vereinigten Königreich. Die Beschäftigung mit dem British Empire ist Pflichtstoff in den Jahrgangsstufen 7 bis 9. Nicht zum Pflichtstoff gehören der transatlantische Sklavenhandel und die Unabhängigkeit Indiens. Und auch wenn Kritiker manchmal behaupten, dass die Tatsache, dass diese Bereiche kein Pflichtstoff sind, bedeutet, sie würden als unwichtig angesehen oder irgendwie »versteckt« werden, so ist diese Behauptung Unsinn. Andere Bereiche, die nicht zum Pflichtlehrstoff an englischen Schulen zählen, sind die Magna Carta, die Rosenkriege, die Aufklärung und beide Weltkriege. Tatsächlich haben Schulkinder in England genauso viel Unterricht zur Geschichte des Empire wie zum Jahr 1066.[111] Und wenn sie sich aussuchen, mit welchen berühmten historischen Persönlichkeiten sie sich in der ersten und zweiten Klasse beschäftigen möchten, gehören zu der Hand voll von Vorschlägen auch Mary Seacole und Rosa Parks.

In den Vereinigten Staaten sieht es genauso aus. Beständig wird behauptet, Amerikaner wüssten nichts über die Geschichte der Sklaverei. Nichts könnte der Wahrheit ferner sein. In den letzten Jahren bin ich alle Advanced-Placement-Examen[112] der Abschlussklassen in den Highschools in den Vereinigten Staaten durchgegangen. In diesen Prüfungen machen Fragen rund um Sklaverei, Kolonialismus, Rasse und damit verbundene rechtliche Aspekte etwa die Hälfte aller Prüfungsthemen aus. Im Jahr 2021 behandelten acht von 48 Fragen explizit Rassismus, weitere vier beschäftigten sich mit damit in Zusammenhang stehenden Themen und nochmals vier mit wirtschaftlichen Fragen aus einer Sicht, die jedem geläufig ist, der die marxistische Kritik des Kapitalismus versteht. Die Fragen deckten alle wichtigen Rassismus-Themen der amerikanischen Geschichte ab, von der Ankunft der Kolonisten bis zur Reconstruction,[113] der Bürgerrechtsbewegung und den Auswirkungen des Rassismus bis zum heutigen Tag.

Ungeachtet der Tatsache, dass Schulkinder im Westen mit einer Art Gehirnwäsche für die Sünden ihrer Vorfahren aufgezogen werden, ist ein weiteres Narrativ verbreitet worden. Es handelt sich um die Behauptung – eine Behauptung, die alle tatsächlichen Beweise ignoriert –, dass unsere gesamte Geschichte eine pro-westliche Beschönigung sei. Und dass es deshalb die Aufgabe eines jeden sei, der sich der Gerechtigkeit verpflichtet, dieses Narrativ zu kippen. Und genauso wie die Realität von Rasse im modernen Westen einer verzerrenden Projektion unterworfen wird, wird auch die Art und Weise, wie wir Geschichte heutzutage lehren und wie unsere Geschichte tatsächlich war, dem gleichen verzerrenden Effekt unterzogen. Die diesbezüglichen Anstrengungen laufen jetzt auf dem höchsten vorstellbaren Niveau.

UNSERE GESCHICHTE »UMDEUTEN«

In den vergangenen Jahren gab es viele Bemühungen, die Geschichte des Westens umzuschreiben. Aber nur wenige standen derartig im Fokus der Öffentlichkeit oder waren in ihrer Intention derartig ausgeprägt wie ein von der *New York Times* im August 2019 lanciertes Projekt. »The 1619 Project« hätte von unzähligen Institutionen aus der Taufe gehoben werden können (wie zum Beispiel einer Universität), aber dass eine Tageszeitung der Urheber war – und zwar eine, die immer noch mitunter als Leitmedium bezeichnet wird –, ist höchst ungewöhnlich. Das Projekt war nämlich nicht nur eine Reportage. Es war der Versuch, die Gründungsgeschichte Amerikas umzudeuten und umzuschreiben. Und das ist nicht etwa das, was die Kritiker darüber sagten. Es ist vielmehr das, was die Urheber selbst über ihr Projekt sagten.

Das Projekt erschien in einer 100-seitigen Sonderausgabe des Sonntagsmagazins. In ihrem Einleitungstext (für den sie im Anschluss einen Pulitzer-Preis erhielt) stellte Nikole Hannah-Jones die kühne Behauptung auf, dass der Tag der Ankunft der ersten Sklaven auf dem Kontinent als wahrer Gründungstag Amerikas gelten müsse. In ihrer Einleitung stand: »Das 1619 Project ist eine umfangreiche Initiative der *New York Times*, um den 400. Jahrestag des Beginns der Sklaverei in Amerika zu begehen. Das Ziel des Projekts besteht darin, einen neuen Rahmen für die Interpretation der Geschichte des Landes [USA] vorzugeben, in dem das Jahr 1619 als unser wahres Gründungsjahr verstanden wird und die Auswirkungen der Sklaverei sowie die Verdienste der schwarzen Amerikaner in den Mittelpunkt der Erzählungen darüber, wer wir sind, gestellt werden.«

Hannah-Jones, die keine Historikern, sondern Reporterin ist, stellte die Behauptung, dass 1619 »unsere wahre Gründung erfolgte«, mehrfach auf. Im Januar 2020 erzählte sie den Zuhörern in Ann Arbor, dass »unsere wahre Gründung 1619 und nicht 1776 stattfand.«[114] Und bei einem Gespräch mit Jake Silverstein (Chefredakteur des *New York Times Magazine*) sagte dieser zwei Monate nach der Veröffentlichung des Projekts: »Wir haben es als eine Art Gedankenexperiment betrachtet, dass es, wenn Sie 1619 statt 1776 als Gründungsjahr dieses Landes ansehen, Ihr Verständnis verändert, und wir bezeichnen das als Neuausrichtung der Geschichte – als würden Sie das ganze Bild so verschieben, dass es einen neuen Mittelpunkt hat.«[115] Wie zu erwarten stieß diese Behauptung auf ziemlichen Widerstand. Und infolgedessen passierten eine Reihe seltsamer Dinge.

Innerhalb eines Jahres nach der Veröffentlichung des Projekts behauptete Hannah-Jones, nie gesagt zu haben, was sie seit der Projektlancierung kundgetan hatte. »Das 1619 Project argumentiert nicht, dass 1619 unser wahres Gründungsjahr ist«, stellt sie nun klar. Allerdings könnte man darauf hinweisen, dass ihr Twitter-Banner immer noch ein Bild zeigt, auf dem die Zahl 1776 durchgestrichen und durch 1619 ersetzt wurde. Dennoch beharrte sie darauf, dass die einzigen Personen, die diese Behauptung über die Intention ihres Projekts aufgestellt hatten, »die Rechten« seien.[116]

Und dennoch existierte das Projekt – oder hatte existiert. Denn als die Kontroverse eskalierte, korrigierte die *New York Times* stillschweigend besagte Webseiten, sodass die besonders die Gemüter aufheizende Formulierung nicht länger dort zu finden war. Die Wörter »1619 als unser wahres Gründungsjahr verstehen« wurden klammheimlich entfernt. Und nachdem diese kleine Löschung stattgefunden hatte, taten die Herausgeber der Zeitung so, als hätten sie nie gesagt, was sie tatsächlich gesagt hatten, oder als hätten sie diese Wörter in einer anderen Bedeutung gebraucht als gemeinhin üblich. So schrieb Jake Silverstein zum Beispiel, dass das Projekt versuche, eine »ziemlich komplexe Idee« zu erklären, und als sie sagten, 1619 sei das wahre Gründungsjahr Amerikas, dann sei das »metaphorisch« gemeint gewesen. In einer großzügigen Geste des Sich-selbst-auf-die-Schulter-Klopfens wies er darauf hin, dass einige Kritiker gesagt hatten, diese Metapher biete »eine klarere Vision« von Amerikas Geschichte, als bisher verfügbar gewesen sei.[117]

Und dann nahm Silverstein eine kleine Überarbeitung bei sich selbst vor. In seinem einleitenden Essay hatte er 2019 geschrieben:

> 1619. Das ist kein Jahr, das die meisten Amerikaner als wichtiges Datum in der Geschichte unseres Landes kennen. Diejenigen, die das tun, sind höchstens ein winziger Bruchteil derer, die Ihnen sagen können, dass 1776 das Geburtsjahr unserer Nation ist.

> Aber wenn wir Ihnen sagen würden, dass diese Tatsache, die in unseren Schulen gelehrt und jeden 4. Juli einstimmig gefeiert wird, falsch ist und dass das wahre Geburtsdatum des Landes, der Moment, in dem seine entscheidenden Widersprüche zum ersten Mal in diese Welt kamen, Ende August 1619 war?

Schon bald wurde die Online-Version ebenfalls still und leise überarbeitet. Insbesondere die Wörter »diese Tatsache, die in unseren Schulen gelehrt und jeden 4. Juli einstimmig gefeiert wird, falsch ist und dass das wahre Geburtsdatum des Landes« wurden gelöscht. Möglicherweise hat Silverstein für einen Moment überlegt, ob er behaupten sollte, dass die Formulierung »falsch ist« eine weitere brillante Metapher sei, ebenfalls von vielen Kritikern gelobt. Stattdessen verfiel er auf etwas anderes, nämlich zu behaupten, die Textänderungen seien »so geringfügig, dass sie unwesentlich seien«.[118]

Tatsächlich kann man wohl kaum etwas Wesentlicheres finden als die Frage, wann ein Land – vor allem das mächtigste Land auf Erden – gegründet wurde. Die Herausgeber der *New York Times* hätten damit rechnen müssen, dass um jeden Zoll von Project 1619 gekämpft werden würde, denn dieses Projekt war mehr als eine Neuausrichtung oder Umformulierung. Das Projekt war das vorsätzliche Transponieren der amerikanischen Geschichte in eine Moll-Tonart. Beim Verschieben des Gründungsdatums ging es nicht nur darum, zu beweisen, dass alles, was die Vereinigten Staaten außergewöhnlich machte, einschließlich seiner wirtschaftlichen Macht, seiner industriellen Stärke und seiner Demokratie, aus der Sklaverei entstanden waren. Es zielte darauf ab, die Vorstellung zu prägen, dass die USA auf einer Ursünde gegründet wurden. Es versuchte, eine Geschichte von Heldentum und Ruhm in eine von Unterdrückung und Schande zu verwandeln. Vielleicht hatten die Autoren dieses Werkes nicht damit gerechnet, so viel Aufmerksamkeit zu bekommen, oder sie hatten versäumt, sich vorzustellen, dass sie in einem solchen Tempo den Diskurs der Nation dominieren würden. Aber genau das passierte.

Seit Menschengedenken war die Geschichte Amerikas ein großartiger Sprung in die glorreiche Freiheit, angeführt von den bemerkenswertesten Männern ihres oder irgendeines Zeitalters. Nun dagegen wurzelte die amerikanische Geschichte in einem Verbrechen, das offenbar niemals abgebaut werden konnte. Falls die Autoren dachten, sie würden damit ohne Gegenwind durchkommen, dann lagen sie falsch. Aber in Anbetracht der Kühnheit ihrer Bestrebungen hätten sie vielleicht versucht, mit ihren Behauptungen ein bisschen vorsichtiger zu sein. Denn besagtes Werk war derartiger Schund, dass es nicht einmal versuchte, seine ausschließlich politischen Zielsetzungen zu verbergen. Eine historische Studie der vielen schwierigen Aspekte der amerikanischen Geschichte ist hingegen leicht zu erkennen. Diese würde danach streben, komplexe Verbindungspunkte in den Gesamtzusammenhang einzubringen. Sie würde Individuen nicht durch das Prisma einer einzelnen Aussage oder Handlung begutachten, sondern durch ein Verständnis dessen, was sie während ihres ganzen Lebens getan haben. Eine solche Studie würde sich die Umstände zu jener Zeit ansehen, was andere Länder und Kulturen zu jener Zeit taten und vieles mehr.

Hannah-Jones und ihre Kollegen hatten eindeutig kein Verlangen, das zu tun, und wären dafür auch gar nicht qualifiziert gewesen. Zum Beispiel stellt Hannah-Jones in ihrem einleitenden Essay die Behauptung auf, dass einer der Hauptgründe, warum die Kolonisten die Unabhängigkeit von Großbritannien wollten, darin bestand, dass »sie die Institution der Sklaverei schützen wollten«. Sie zitiert zwei Quellen (von 1772 und 1775) als Beweise für ihre Behauptung. Bei der ersten handelt es sich um den britischen Rechtsfall *Somerset gegen Stewart*. Aber es ist ziemlich bizarr, zu behaupten, dass ein britischer Rechtsfall, der in Amerika keinerlei Tragweite hatte, einer der Hauptgründe für Amerikas Unabhängigkeit sei. Noch seltsamer war, das zu tun, während man mutmaßte, dass die in der Unabhängigkeitserklärung genannten Gründe für die Unabhängigkeit unwichtig waren. Bisher wurden die in der Unabhängigkeitserklärung genannten Gründe zumindest als aussagekräftig erachtet. Für das *1619 Project* waren sie das nicht, und so begab sich sein Spitzenteam daran, die historischen Aufzeichnungen zu ignorieren und das Land nach allem zu durchkämmen, das zu seiner eigenen vorherbestimmten Theorie passte.

Ein anderer einleitender Essay zu dem Projekt der Tageszeitung war noch schlimmer, der des Soziologen Matthew Desmond. Vielleicht war es unvermeidbar, wenn ein Soziologe versuchte, Geschichte aufzuarbeiten, dass ihm Fehler unterlaufen, wie es bei Desmond der Fall war. Aber noch unvermeidlicher war, dass er seinen Beitrag nutzen würde, um den Kapitalismus anzugreifen. Die Überschrift lautete: »Um die Brutalität des amerikanischen Kapitalismus zu verstehen, müssen Sie bei den Plantagen beginnen.«[119] Der folgende Essay versucht, unpassenderweise, Kapitalismus als Ganzes zu beschmutzen, in dem behauptet wird, seine Quellen lägen in der Sklaverei. An einer Stelle versucht Desmond zum Beispiel eine klare Verbindungslinie zwischen modernen Unternehmen und Sklavenplantagen zu ziehen. Das tut er wie folgt.

Alles in modernen Unternehmen, schrieb Desmond, wird »verfolgt, aufgezeichnet und analysiert, über vertikale Berichtssysteme, doppelte Buchführung und präzise Mengenbestimmung«. Laut Desmond »wurden viele dieser Techniken, die wir heute für selbstverständlich halten, durch und für Großplantagen entwickelt«. Höflich ausgedrückt ist das eine extrem naive Behauptung. Desmond liefert keinen Beweis, dass die Techniken ihren Ursprung auf Plantagen hatten – weil es nämlich keinen Beweis gibt. Falls der von der *New York Times* beauftragte Antikapitalist über umfangreicheres historisches Wissen verfügt hätte – und einen weniger antikapitalistischen Standpunkt –, wäre ihm vielleicht etwas anderes aufgefallen. Nämlich, dass viele der erfolgreichen Unternehmen in der Geschichte die von ihm beschriebenen Merkmale aufweisen.

Und schließlich, könnte es einen Grund geben, warum ein System, bei dem alles »verfolgt, aufgezeichnet und analysiert« wird, möglicherweise besser funktioniert als ein System, in dem Dinge (zum Beispiel) »verloren, ignoriert und vergessen« werden?

Aber Desmond hatte nun Fahrt aufgenommen. Seine antikapitalistische Kritik geht weiter: »Wenn ein Abteilungsleiter den Nachmittag damit verbringt, die Spalten und Reihen einer Excel-Tabelle auszufüllen, wiederholt er Geschäftsstrukturen, deren Wurzeln zurückreichen bis zur Ausbeutung der Sklaven als Arbeitskräfte.« Eine derartige Verbindungslinie müsste schon ziemlich lang und kurvenreich sein. Über den Abteilungsleiter könnte auch gesagt werden, dass er etwas tut, was sorgfältige Buchhalter im Laufe der gesamten Menschheitsgeschichte taten, bis hin zurück zum Ägypten der Pharaonen und den Sumerern in Mesopotamien (beide nicht weiß). Hier und da versucht der Autor von Projekt 1619 jemanden aufzubieten, der seine Behauptungen unterstützt. Aber die einzige Person, die er ausfindig machen kann, ist Caitlin Rosenthal, die Autorin eines Buches über Sklaverei aus dem Jahr 2018. Desmond zitiert sie zu seiner Verteidigung, versäumt es jedoch, anzumerken, dass seine eigene Quelle sagt: »Ich konnte keinen unmittelbaren Entwicklungsweg von den Papiertabellen der Sklavenhalter zu Microsoft Excel finden.«[120] Anders ausgedrückt zitiert Desmond eine Quelle, die das Gegenteil von dem aussagt, was seine These stützen soll. An anderer Stelle missversteht er seine Quellen, zitiert Statistiken falsch und versäumt es, eine zentrale Tatsache zu erwähnen: Das Plantagensystem war kein kapitalistisches, sondern ein Feudalsystem.[121] Aber Menschen, die den Westen hassen, hassen stets den westlichen Kapitalismus und sind bereit, andere ökonomische System zu loben – oder ihnen gegenüber ein Auge zuzudrücken –, solange sie den Kapitalismus mit seiner freien Marktwirtschaft als lediglich einen weiteren Zweig des westlichen Kolonialismus und der Unterdrückung darstellen können.

Desmonds Ansinnen scheint klar zu sein. Er wollte das kapitalistische System beschmutzen. Hannah-Jones und die *New York Times* wollten aufzeigen, dass alles im amerikanischen Leben aus der Ursünde der Sklaverei geboren wurde, und Matthew Desmond wurde lediglich engagiert, um den Angriff auf den Kapitalismus durchzuführen. Aber alles andere bei dem Projekt war genauso aggressiv und schlecht informiert. Laut Hannah-Jones war Amerika nicht einmal eine Demokratie, bis »schwarze Amerikaner es zu einer machten«.[122] Diese Art von Bemerkung kann man vielleicht bei einer Demo von sich geben, aber nicht im Zusammenhang mit einem Geschichtsprojekt – nicht einmal einem von einer Tageszeitung veröffentlichten geschichtsrevisionistischen Projekt.

Verständlicherweise wurde das irgendwann zu viel für einige echte Historiker auf den relevanten Gebieten. Eine Reihe führender Gelehrter der amerikanischen Geschichte (Sean Wientz, James McPherson, Gordon Wood, Victoria Bynum und James Oakes) schrieben der *New York Times*, um gegen dieses Projekt zu protestieren. Zwar lobten sie die Bemühungen, sich mit der Geschichte auseinanderzusetzen, beklagten jedoch, dass »hinsichtlich verifizierbarer Fakten«, die »nicht als Interpretation oder ›Neuausrichtung‹ beschrieben werden können«, das Projekt die Geschichte gravierend falsch verstehe. Die Historiker wiesen darauf hin, dass das *1619 Project* »eine Verlagerung von Geschichtsverständnis zu ideologiebasiertem Verständnis« sei.[123]

Aus allen politischen und auch unpolitischen Richtungen begannen Korrekturen zum *1619 Project* hereinzuströmen. In einem Interview mit einer sozialistischen Webseite machte James Oakes von der City University of New York einen interessanten Einwand aus Richtung der politischen Linken. Er brachte vor, dass das Schlimmste am Propagieren dieses Projekts sei, dass »es zu politischer Lähmung führt. Es war immer schon da. Wir kommen da nicht raus. Wenn es in der DNA steckt, kannst du nichts tun. Was denn auch? Deine DNA verändern?«[124]

Neben den moralischen Einwänden wurden munter Fehler und unlautere Darstellungen im *1619 Project* aufgedeckt. Dennoch hielt die *New York Times* daran fest. Zu viel hatte sie in dieses Projekt investiert. Diese meinungsbildende Zeitung hatte entschieden, den Sachverhalt zu verändern, ob die Historiker zustimmten oder nicht, ob die Fakten dies unterstützten oder nicht.

Das war weder Journalismus noch Geschichtswissenschaft – sondern eine politische Kampagne.

Da sie nicht in der Lage war, auf die Kritik zu den grundlegenden Fehlern in ihrem Projekt zu antworten, zog sich Hannah-Jones auf zwei Vorgehensweisen zurück. Eine bestand darin, um sich zu schlagen. Auf Twitter verhöhnte sie »weiße Historiker« und »LOL«-te über die Vorstellung, diese würden »wahre, objektive Geschichte« hervorbringen. Wenn jemand McPherson als einen »herausragenden« Historiker zum Thema Bürgerkrieg bezeichnete, erwiderte sie: »Wer bezeichnet ihn als herausragend? Ich nicht.«[125] Anschließend ging sie über zum »Verwundeten«-Manöver. Sie beklagte sich darüber, dass sie von keinem der Gelehrten persönlich kontaktiert worden sei, und bestand darauf, dass sie deren »Bedenken sehr ernst« genommen hätte, wenn das geschehen wäre. Stattdessen, so sagte sie, habe es eine Kampagne gegeben, bei der die Leute »einen Brief unterschreiben sollten, der darauf abzielte, das gesamte Projekt in Misskredit zu bringen, ohne darüber auch nur einmal gesprochen zu haben«.[126] Gemäß dieser Logik könnte man natürlich sagen, dass sich alle Amerikaner verletzt fühlen müssten, denn Nikole Hannah-Jones hatte das Geburtsdatum ihres Landes umdatiert und versuchte, die gesamte Geschichte der Nation umzuschreiben, ohne irgendjemanden vorher zu kontaktieren. Ganz davon zu schweigen jemanden, der wusste, wovon geredet wurde.

Das Interessanteste, was mit dem *1619 Project* passierte, war jedoch, dass es von der Zeitung auf die Straße wanderte. Im Juni 2020, als auf den Tod von George Floyd Proteste und Demonstrationen folgten, veröffentlichte die *New York Post* einen Meinungsartikel mit dem Titel »Amerika steht in Flammen«. Dieser beschrieb, wie die Demonstranten bereits ein Polizeirevier und mehrere Restaurants in Brand gesteckt und Geschäfte im ganzen Land geplündert hatten und sich nun die Statuen vornahmen, einschließlich der von George Washington, die in Oregon bereits zerstört worden war. »Nennt sie die 1619-Aufstände«, schrieb der Autor.[127] Hannah-Jones wandte sich daraufhin an die sozialen Medien, um das Kompliment anzunehmen. Nennt sie die 1619-Aufstände? »Es wäre mir eine Ehre«, sagte sie, während das Land in Flammen stand. »Vielen Dank.«[128]

DIE 1619-AUFSTÄNDE

So erstaunlich es ist, dass obskure Ideen aus der akademischen Welt herausschwappen, so erstaunt es nicht minder, wie schnell Vorstellungen, die von den Medien aufgepumpt werden, auf die Straße gelangen. Etwa um die Zeit, als das *1619 Project* daherkam, war Amerika eindeutig reif für eine Umdeutung durch jene, die sich vehement gegen jeden Aspekt seiner Gründung aussprachen. Eine Umfrage im Jahr 2020 zeigte, dass 70 Prozent selbsternannter »Liberaler« die US-amerikanische Verfassung umschreiben wollten in eine, »die unsere Diversität als Volk besser widerspiegelt«.[129] Grundsätze der amerikanischen Geschichte, über die Rechte wie Linke bislang einig gewesen waren und die über Generationen Amerikaner jeglichen Hintergrunds geeint hatten, waren plötzlich Gegenstand fundamentaler Uneinigkeit. Das wurde nirgendwo deutlicher oder emotionaler als in der Welle von Denkmalzerstörungen, die sich seit Sommer 2020 ausbreitete. Denn im Nu verlagerte diese Bewegung ihre Aufmerksamkeit von umstrittenen Persönlichkeiten der amerikanischen Geschichte zu jeder einzelnen Gestalt im Herzen der amerikanischen Geschichte, angefangen bei den Gründern.

Es begann mit den umstrittenen Grenzen bei den Konföderierten. An den Tagen nach George Floyds Tod entfernte die Stadt Birmingham, Alabama, ein Konföderierten-Denkmal, das 115 Jahre zuvor errichtet worden war. In Alexandria, Virginia, entfernten die Behörden die von der Vereinigung The United Daughters of the Confederacy 1889 errichtete Appomattox-Statue. Im ganzen Land kam es zu ähnlichen Aktionen. Die Universität von Alabama verkündete, dass sie etliche Gedenktafeln entfernen wolle, die konföderierten Soldaten gewidmet waren, die diese Hochschule besucht hatten. Und nachdem in Jacksonville, Florida, eine Konföderierten-Statue vandalisiert worden war, die ein Andenken an die Jacksonville Light Infantry darstellte, kamen in den frühen Morgenstunden des folgenden Tages ein paar Kräne, um die Statue zu entfernen. Zu all diesen Ereignissen gab es nicht viele Einwände. Nur wenige Menschen wünschten, den Erhalt der Konföderierten-Statuen zu verteidigen.

Und noch weniger wollten das in den Nachwehen eines schrecklichen, offenkundig rassistisch motivierten Todesfalls. Aber den Behörden und den Menschenmassen, die mit den Konföderierten-Statuen angefangen hatten, fiel es schon bald schwer, zu erkennen, wo ihr Bildersturm enden sollte.

Die Statuen von Christopher Kolumbus waren ein Hauptziel ihres Zorns. Dabei befand sich der Entdecker nicht zum ersten Mal in der Schusslinie antiwestlicher Aktivisten. Während der 1990er- und 2000er-Jahre hatte es in Amerika gewaltige Ausbrüche von Kolumbus-Feindlichkeit gegeben. Im Jahr 2020 nahm das jedoch so richtig Fahrt auf, die Statuen von Kolumbus wurden im ganzen Land beschädigt und abgerissen. Während des großen ikonoklastischen Furors jenes Jahres wurden Kolumbus-Statuen entweder von den Massen niedergerissen oder präventiv von den Behörden entfernt, so wie in Chicago, Pittsburgh, Boston, Minnesota, Virginia und Dutzenden anderer Orte in ganz Amerika.

Während die Tage vergingen und die Massen nach immer mehr steinernen Opfern suchten, näherten sie sich den heiligen Stellen amerikanischer Geschichte. Innerhalb eines Monats nach George Floyds Tod riss eine Ansammlung von Menschen eine Statue von George Washington vom Sockel und beschmierte sie mit den Worten »Du bist auf Ureinwohnerland« und »Genozidaler Kolonialist«. Sie versahen die Statue zudem mit den Buchstaben »BLM« und dem Datum »1619«. Bei dieser Gelegenheit setzten die Menschen auch den Kopf der Statue in Brand, umwickelten ihn mit der US-amerikanischen Flagge und zündeten diese ebenfalls an. Im gleichen Zeitraum riss eine Menschenmasse eine Statue von Thomas Jefferson vor einer nach ihm benannten Highschool nieder, sprühte die Wörter »Sklavenhalter« darauf und überschrieb seinen Namen mit dem von George Floyd. Schon bald war George Washington wieder an der Reihe. Eine Statue von ihm im Zentrum von Los Angeles wurde mit roter Farbe übergossen und dann abgerissen. In San Francisco war Ulysses S. Grant das Ziel einer Menschenmasse, die das Denkmal jenes Präsidenten angriff, der bei der Verteidigung der Konföderation die Unionsarmeen anführte. In diesem Stadium sah es aus, als wäre die gesamte amerikanische Geschichte ins Fadenkreuz geraten. Die Statue des spanischen Franziskanermönchs und Missionars Junipero Serra in Los Angeles wurde zerstört, ebenso wie die von Francis Scott Key, dem Dichter von »The Defense of Fort McHenry«, dem Text der heutigen US-amerikanischen Nationalhymne »The Star-Spangled Banner«.

Die Zerstörung war in manchen Städten derart umfangreich, dass die Behörden fieberhaft Statuen entfernten, um dem Mob zuvorzukommen. Nach Angriffen auf Denkmäler von Abraham Lincoln in anderen Landesteilen verkündeten die Behörden von Boston, dass sie ihre Statue von Abraham Lincoln und einem befreiten Sklaven am Park Square entfernen würden. Währenddessen entschied die Leitung der Hofstra Universität in New York, eine Statue von Thomas Jefferson zu entfernen, als Reaktion auf eine »Jefferson muss verschwinden«-Bewegung. 2018 hatten die Universitätsbehörden die Forderung von Studenten nach einer Entfernung der Statue noch abgelehnt. Aber etwas mehr als einen Monat nach George Floyds Tod entfernten die Behörden das Denkmal aus eigenem Antrieb.

Eine der Studentinnen, die hinter der Kampagne gegen Jefferson stand, sagte bei der Entfernung der Statue, dass es nicht genüge, sie zu entfernen und an einen anderen Ort zu bringen, aber zumindest hätten ihre Eltern nicht länger schlaflose Nächte, weil sie fürchteten, ihre älteste Tochter würde von Anhängern der weißen Vorherrschaft gelyncht, die sich bestätigt fühlten durch die Entscheidung der Hofstra, die Skulptur nicht zu entfernen.«[130]

Es schien in diesem Moment, als würde die amerikanische Geschichte komplett ausradiert. Denkmäler von Konföderierten wurden niedergerissen, aber auch die der Unionsführer. Menschen, die Sklaven gehalten hatten, wurden vom Sockel geholt, aber auch jene, die nie einen Sklaven gehabt hatten. Statuen jener, die die Sklaverei unterstützt hatten, wurden ebenso zerstört wie jene von Menschen wie George Washington, der diese abgelehnt und die Sklaven befreit hatte. Und nicht nur die Gründer, sondern nahezu jeder, der nach ihnen kam, wurde auf diese Weise behandelt. In Princeton verkündete die Woodrow Wilson School of Public and International Affairs, dass sie das Woodrow Wilson aus ihrem Namen entfernen würde. Bis dahin war Wilson vor allem bekannt für seinen Friedensplan für Europa am Ende des Ersten Weltkriegs und als Initiator des Völkerbundes. Aber nun wurde er wie jeder andere des »rassistischen Denkens« beschuldigt, und deshalb entschied die Universität, an der er studiert und deren Präsidentschaft er innegehabt hatte, bis er in die Politik ging, dass sie keine Verwendung mehr für seinen Namen hätten. Der Tod von George Floyd diente als Erklärung für das Beschleunigen diesbezüglicher Beratungen, die bereits seit einigen Jahren liefen.

Eine neue Art, Amerika zu sehen und zu bewerten, hatte das Land überschwemmt. So sehr, dass der Präsident entschied, eine Rede vom Mount Rushmore zu halten, damit das amerikanische Narrativ wieder Fuß fasste. Und zweifellos, um es so kurz vor einer Wahl auch eng mit sich zu verbinden. Aber was in einiger Hinsicht am überraschendsten an Präsident Trumps Rede am Mount Rushmore am Wochenende des Unabhängigkeitstags 2020 war, war nichts, was er selbst sagte, als er die Leistungen von Washington, Jefferson, Lincoln und Theodore Roosevelt auf der Felswand hinter sich herunterratterte.

Am überraschendsten war, was die CNN-Reporterin vor der Rede sagte, als zur Live-Übertragung nach Mount Rushmore geschaltet wurde. Leyla Santiago kündigte die anstehende Rede wie folgt an: »Zum Auftakt des Wochenendes vom Unabhängigkeitstag wird Präsident Trump am Mount Rushmore sein und vor dem Monument von zwei Sklavenhaltern und auf dem Land, das den amerikanischen Ureinwohner entrissen wurde, eine Rede halten.« Sie fuhr fort, dass man erwarte, der Präsident würde sich auf die Bestrebungen konzentrieren, »die Geschichte unseres Landes niederzureißen«. Santiago schien nicht zu merken, dass ihre eigenen Worte mindestens so suggestiv waren wie alles, was Präsident Trump zu sagen hatte.

Nur wenige Jahre zuvor wäre es für den Moderator einer Nachrichtensendung einer der großen Fernsehsender unvorstellbar gewesen, eine Sprache zu verwenden, die vollständig den radikalsten, revisionistischsten Gestalten Amerikas entstammte. Wenn der Mount Rushmore »gestohlen« ist, was ist dann der Rest des Landes? Vor der Neuzeit war die gesamte Geschichte unserer Spezies eine von Besetzung und Eroberung. Die eine Gruppe Ureinwohner wurde durch eine Gruppe anderer Völker ersetzt. Und irgendjemand außerhalb des amerikanischen Kontinents hätte immer Amerika »entdeckt«.

Was genau sollten Kolumbus und die nachfolgenden Europäer denn tun, nachdem sie Amerika entdeckt hatten? Hätten sie nach Hause zurückkehren und sagen sollen, sie hätten nichts gefunden? Hätten sie ihre Entdeckungen für sich behalten sollen, abwarten, bis jemand anderer es findet, oder Amerika zu einem Ort ohne Potenzial erklären sollen? Das unvermeidliche Fazit dieser Narrative ist, dass es besser gewesen wäre, wenn Kolumbus Amerika nie entdeckt hätte. Oder dass es besser gewesen wäre, wenn es von einer passenderen Zivilisation entdeckt worden wäre. Wie der chinesischen oder der japanischen. Aber diese Vorstellungen sind nicht nur ahistorisch, in diesem Stadium sind sie auch selbstzerstörerisch. Denn wenn das Land, auf dem du bist, schlichtweg gestohlen wurde, die Gründungsväter lediglich »Sklavenhalter« waren und die Verfassung umgeschrieben werden muss und keine Gestalt in deiner Geschichte Respekt verdient, was hält dann ein großartiges, ein Viertel Jahrtausend währendes Projekt wie Amerika zusammen?

NICHTS DAVON IST NEU

In einer Phase des Bildersturms könnte man leicht annehmen, der aktuelle antiwestliche Moment käme aus heiterem Himmel. Tatsächlich brodelte es jedoch seit Jahrzehnten. Vor allem seit der postkolonialistischen Periode, als sich die europäischen Mächte zurückzogen und Amerika mit dem Problem kämpfte, wie es eine Supermacht sein sollte, ohne ein Imperium aufzubauen.

Während dieser Phase war es vielleicht unvermeidlich, dass eine bestimmte antiwestliche Haltung um sich griff. Eine Korrektur war fällig. Aber im Nu wurde aus dieser Korrektur eine Überkorrektur. Menschen in den ehemaligen Kolonien, die Aspekte der Kolonialzeit lobten oder nachahmten, waren plötzlich Aussätzige. Und auch im Westen selbst schwang das Pendel. Wo einst viele Menschen gedacht hatten, der Westen könne nichts falsch machen, trat der Westen in eine Ära ein, in der es gefährlich war, zuzugeben, dass der Westen jemals etwas richtig gemacht hatte.

Es überraschte niemanden, dass dies von Intellektuellen gestützt und angetrieben wurde. Insbesondere jene, die nicht bereit waren, einen Tropfen ihres eigenen Blutes zu verlieren, schienen erpicht auf einen beträchtlichen Aderlass bei anderen.

Einer von ihnen war Jean-Paul Sartre, der Anfang 1963 das Vorwort zu der posthum veröffentlichten Arbeit des in Martinique geborenen Antikolonialisten Frantz Fanon schrieb. Von der ersten Seite an verspottete Sartre die Westmächte für ihr Bemühen, in den einst von ihnen regierten Ländern eine Eingeborenenelite aufzubauen. Sartre behauptete, der Westen »brannte ihnen die Prinzipien der westlichen Kultur auf die Stirn [...] große teigige Worte, die ihnen an den Zähnen klebten« und »schickte sie verfälscht nach Hause zurück«. Diese Menschen waren zu »lebenden Lügen« geworden, schrieb Sartre.[131]

Für Sartre bot Fanon im Gegensatz dazu einen anderen Weg an: »[...] wir verwirklichen überall und alle gemeinsam den revolutionären Sozialismus [...]«[132]

Sartre konstatiert dann richtigerweise, dass Fanon seine Leser eindringlich vor der westlichen Kultur warnt. Und das ist in Sartres Augen bewundernswert. Denn Sartre war ein Mann, der zu glauben behauptete: »Die wahre Kultur ist die Revolution.«[133]

Sartre spricht über Menschen, die »zu verwestlicht sind« und die »Hexerei« der westlichen Kultur absorbiert haben.[134] Und bei der Aussicht auf den kommenden Konflikt scheint er fast zu hecheln. »In der Vergangenheit haben wir Geschichte gestaltet«, schreibt er, »und nun wird sie für uns gestaltet. Das Machtverhältnis hat sich umgekehrt; die Dekolonisation hat begonnen; unsere angeheuerten Söldner können das nur hinauszögern.«[135]

Der Mann, für den Sartre den Vorhang hob, war genauso rachsüchtig. Fanon, zu seiner Zeit eine bedeutende Persönlichkeit und bis heute oft zitiert von antikolonialistischen Autoren, sagt, wenn »der Eingeborene« von westlicher Kultur hört, »zieht er sein Messer« und »lacht spöttisch, wenn westliche Werte erwähnt werden«. Er schrieb, dass »in der Phase der Dekolonisation die kolonisierten Massen über genau diese Werte spotteten, sie beleidigten und sie erbrachen.«[136] Liest man Fanon heute, so erstaunt es, wie sehr in den vergangenen Jahrzehnten auf seine in den 1960er-Jahren gemachten Behauptungen aufgebaut wurde. So schrieb Fanon zum Beispiel, dass »der Wohlstand der imperialistischen Länder auch unser Wohlstand ist [...] Europa ist buchstäblich eine Schöpfung der Dritten Welt.« Laut Fanon schulden die Hafenanlagen von Bordeaux und Liverpool ihren Ruhm ausschließlich dem Sklavenhandel und deshalb »zittern wir nicht gerade vor Dankbarkeit, wenn wir hören, dass das Oberhaupt eines europäischen Staates mit der Hand auf dem Herzen verkündet, dass er den armen unterentwickelten Völkern zu Hilfe eilen müsse. Ganz im Gegenteil sagen wir uns: ›Das ist lediglich eine Reparationszahlung an uns.‹ Den Menschen in den unterentwickelten Ländern stehen diese Zahlungen zu.« Die »kapitalistischen Mächte [...] müssen zahlen.«[137]

Auf ähnliche Weise verurteilte Fanon die gesamte westliche Bourgeoisie in Auseinandersetzungen, die schon bald zum Alltag gehören sollten, als »fundamental rassistisch«.[138] Aber er fürchtete auch die Kraft der Ideen, die der Westen exportierte. Wegen des Imports westlicher Filme, Literatur und mehr war er besorgt, dass »die jungen Afrikaner zahlreichen Angriffen ausgeliefert sind, die durch die Natur der westlichen Kultur auf sie verübt werden.«[139]

Fanon wusste nicht, wie er anders damit umgehen sollte, als den Leuten zu sagen, sie sollten Europa nicht nachahmen, sondern »den ganzen Menschen« erschaffen, wo Europa »unfähig war, zu einer triumphalen

Geburt zu verhelfen«. In seinen stürmischen Schlussfolgerungen behauptet er: »Vor zwei Jahrhunderten entschied eine frühere europäische Kolonie, zu Europa aufzuschließen. Das gelang derartig erfolgreich, dass die Vereinigten Staaten von Amerika zu einem Monster wurden, in dem die Makel, die Abartigkeit und die Unmenschlichkeit Europas zu abstoßenden Dimensionen angewachsen sind.«[140]

Daran ist einiges interessant. Nicht zuletzt, dass Fanon, wie viele andere postkoloniale Autoren, nicht wirklich an einem Wiederherstellen der Kulturen nicht-westlicher Länder interessiert ist, die ihm angeblich am Herzen liegen. Er ist nicht daran interessiert, die afrikanischen Nationen wieder in eine Ära der Stammesbräuche zurückzuführen oder jedwede andere präkolonialistische Eingeborenentradition. Ihn interessiert vielmehr das Analysieren dieser Kulturen durch eine marxistische Linse und sie dann zu »retten«, indem er die marxistische Ideologie auf sie anwendet. Das hat etwas Perverses an sich. Denn Marx war ein westlicher Denker mit nahezu null Kenntnissen – ganz zu schweigen von Erfahrungen – bezüglich nicht-westlicher Kulturen oder Gesellschaften. Nur eine der Ironien der postkolonialistischen Denker bestand darin, dass viele denselben Pfad einschlugen wie Fallon. Entschlossen, das Erbe des westlichen Kolonialismus abzuschütteln, finden sie für jede nicht-westliche Gesellschaft eine Antwort im westlichen Marxismus.

In den darauffolgenden Jahrzehnten wurden auch andere Argumente von Fanon im Westen bekannt. So gab es zum Beispiel das Argument, dass der Westen besonders habgierig sei – und dass er sich in dieser Hinsicht völlig von allen anderen Kulturen unterscheiden würde. Es gibt auch das Argument, dass der Westen jeglicher Tugend entbehre, selbst wenn er seltsam, sogar gefährlich, verlockend sei. Und dann gibt es da noch das Beharren, dass nach Vergeltung gerufen werde und der Westen für das bezahlen müsse, was er getan habe. Und schließlich gibt es die seltsame Tatsache, dass die Wut auf die imperialistischen Mächte des 19. Jahrhunderts nicht auf diese beschränkt bleibt, sondern sich ausdehnt auf ein Land, das nie ein Imperium gewesen war: die USA. Hier kann eine interessante Wahrheit herausgehört werden. Es mag viele

Gründe geben, um die europäischen Mächte für ihre Imperien zu kritisieren. Aber wenn das als eine Ursünde angesehen wird und die westlichen Länder, die nie ein Imperium gehabt haben, mit den anderen in einen Topf geworfen werden, dann scheint es so, dass in den Augen solcher Kritiker nicht die Tatsache eines Imperiums das Problem ist, sondern der Westen selbst.

Die Stärke und der Stil von Fanons Text sorgten dafür, dass er immer wieder Leser findet. Sein Ansinnen scheint jedoch hauptsächlich in seiner Lust an Gewalt zu liegen, vor allem in Form von Rache am Westen. Aber nach Fanon gab es noch einen anderen Denker, dessen zentrale Idee sogar noch weitere Bahnen zog und dessen Interesse am Nahen Osten ihn schließlich eine essenziell feindselige Umdeutung des Westens schreiben ließ. Es handelt sich um Edward Said, 1935 in eine christlich-palästinensische Familie geboren, der beispiellosen Einfluss auf die Art und Weise nahm, wie große Teile des Westens von sich denken.

Wie bei anderen postkolonialistischen Autoren, so ist auch Saids zentrale Aussage ausschließlich antiwestlich. Er interessiert sich nicht für Verbrechen, die von nicht-westlichen Mächten verübt wurden. Und dieses Desinteresse hilft ihm dabei, zu glauben, dass jeder Aspekt des Westens – sogar oder insbesondere seine intellektuelle und kulturelle Wissbegierde – nicht nur verurteilt, sondern verspottet werden muss. Sein 1978 erschienenes Hauptwerk *Orientalism* (auf Deutsch unter dem Titel *Orientalismus* erschienen) erklärt diesen Trend und wurde zu einem der meistzitierten Bücher in den verschiedensten Disziplinen der akademischen Welt. Saids zentraler Kritikpunkt ist der Versuch, zu beweisen, dass Menschen aus der westlichen Welt bei der Begegnung mit anderen Gesellschaften diese stets durch die Linse ihrer eigenen Gesellschaft betrachten. Trotz der Intelligenz und dem Stil, den Said in seine Werke und öffentlichen Debatten einbringen kann, ist dieser zentrale Punkt bedeutungslos. Denn schließlich, durch welche andere Linse sollten Reisende und Gelehrte aus dem Westen denn auf den Orient schauen? Könnte man von ihnen erwarten, den Nahen Osten durch chinesische Augen zu betrachten? Oder durch die Augen des Nahen Ostens? Und warum sollten sich westliche Forscher, Linguisten und andere an einen derartig seltsamen Standard halten? Es wäre tatsächlich seltsam, von Arabern zu erwarten, Europa durch westliche Augen zu betrachten. Oder dass die Chinesen durch die Augen von Aborigines auf den Nahen Osten schauen. Jeder stellt bei der Begegnung mit einer anderen Kultur Bezüge zu der Kultur her, aus der er stammt. Daran ist nichts Teuflisches. Es ist unvermeidbar.

Und doch ist es für Said sogar äußerst teuflisch, solange die Menschen, die schauen, Westler sind, und die Kulturen, auf die sie blicken, es nicht sind.

Alles am Westen, sogar das Wissen seiner Gelehrten, wird ihm angekreidet. Zum Beispiel möchte Said die Menschen aus der westlichen Welt für ihre vermeintlich enge Weltsicht tadeln. Er ignoriert die Tatsache, dass die Orientalisten, die er verschmäht, bemerkenswerte Männer und Frauen waren: Menschen, die die Sprachen und Dialekte weit entfernter Gesellschaften lernten und diese Kulturen nahezu immer deshalb studierten, weil sie von ihnen fasziniert waren und sie bewunderten.

Tatsächlich kamen bedeutende Gedanken in der Orientalistik oft von Menschen aus der westlichen Welt, die nicht-westliche Kulturen mehr als ihre eigene Kultur bewunderten – oftmals als Flucht aus ihrer eigenen Kultur. Im Deutschland des 19. Jahrhunderts existierte eine bemerkenswerte Denkrichtung, die den Orient als einen Ort ansah, der Balsam für die Seele war. Aber Said lehnt all das ab und bringt stattdessen finstere Anschuldigungen gegen den Westen wegen dessen Interaktionen mit dem Osten vor. Er beklagt unentwegt die westliche Tendenz, den Osten zu »essenzialisieren« – will heißen, zwischen der einen und der anderen Gruppe keine eindeutigen Abgrenzungen zu ziehen. Das ist eine Tendenz, um eine ungleiche Gruppe von Menschen unter einen Hut zu bringen.

Auch daran ist nichts Schlimmes. Beschreibungen müssen zwangsläufig Verallgemeinerungen enthalten. Nicht jeder Satz kann so lang sein wie eine Dissertation. Begriffe, die große Menschenmassen zusammenfassen – einschließlich dem »Westen« – sind nützlich, auch wenn sie nicht alles darin Enthaltene zusammenfassen können. Aber ein interessanter Aspekt von Saíd ist, dass er zwar das Essenzialisieren bei anderen verabscheut, diesem jedoch ziemlich oft frönt. Zum Beispiel sagt er an einer Stelle seines berühmtesten Werkes: »Es ist deshalb korrekt, dass jeder Europäer, bei dem, was er über den Orient sagen kann, mithin ein Rassist, ein Imperialist und nahezu vollständig ethnozentrisch sei.«[141] Jeder Europäer? Jeder Einzelne? Wo ist der Beweis dafür? Wenn sie das Wort »Europäer« in dem Satz durch »Afrikaner«, »Araber« oder gar »palästinensischer Christ« austauschen, wie würden Sie dann genannt? An anderer Stelle verweist Said im Vorbeigehen, absolut ungeniert, auf einen »durchschnittlichen Europäer des 19. Jahrhunderts«.[142] Was das ist, fragen Sie sich? Das Essenzialisieren einer unglaublich großen Bandbreite von Menschen.

Aber es gab bei Said immer eine Tendenz, westliche Männer und Frauen für eine einzigartige Form von Angriff auszuwählen. Dazu gehörten auch außergewöhnlich feindselige und kleinliche Angriffe auf zwei der großartigen Autorinnen des 19. Jahrhunderts: George Eliot und Jane Austen. Saids Angriff auf Jane Austen in einem seiner späteren Bücher ist ein Klassiker der Antiwestlichkeit. Denn dort versucht Said, Austen als Unterstützerin des Sklavenhandels zu verleumden. Er nutzt dafür den einzigen Verweis auf Sklaverei in *Mansfield Park* während eines Gesprächs zwischen Edmund und Fanny. In dem Dialog, der nur wenige Zeilen umfasst, sprechen Austens Heldin und ihr zukünftiger Mann darüber, dass es in der Nacht zuvor »totenstill« gewesen sei, als Fannys Onkel (der gerade erst von einer Plantage in Antigua zurückgekehrt war) nach dem kürzlich abgeschafften Sklavenhandel gefragt wurde.[143]

Said glaubt, dieser einzelne Verweis bedeute, dass Austen den Sklavenhandel anpreise. Er argumentiert dabei auf zwei Arten. Erstens greift er Austen an, indem er auf spätere Romane anderer Autoren verweist, einschließlich Joseph Conrads *Heart of Darkness* (auf Deutsch unter dem Titel *Herz der Finsternis* erschienen), und sagt, wenn er Austen aus deren Blickwinkel lese, dass der einzelne Verweis »ein etwas anderes Gewicht bekommt als bei dem diskreten, zurückhaltenden Auftritt auf den Seiten in *Mansfield Park*«. Zweifellos ist das so. Auf dieselbe Weise könnten wir auch versuchen, die Holocaust-Literatur auf die Seiten von *Pride and Prejudice* (deutscher Titel *Stolz und Vorurteil*) anzuwenden, und darüber staunen, dass auch dieses ein ähnliches »Gewicht« bekommt.[144] Dennoch bliebe diese Vorgehensweise seltsam. Noch seltsamer ist, dass Said sich eine Aussage einer Figur in einem Roman herausgreifen sollte – eine Aussage, die, nebenbei bemerkt, nahelegt, dass besagte Figur gegen die Sklaverei ist –, um nicht nur diese Figur, sondern auch ihre Schöpferin, Jane Austen, als in die schwere Sünde der Sklaverei verwickelt zu verleumden.

Aber durch intellektuelle Taschenspielereien wie diese liefert Said ein Manuskript für andere, die den Westen kritisieren möchten. Zu seinen wichtigsten Techniken zählt, alles im Westen zu interpretieren – einschließlich der erlesensten und gelungensten Kunstwerke – durch eine Linse, die nicht nur fragend und feindselig, sondern erstaunlich kleinlich ist. Dabei misst er den Westen an Standards, die von keiner anderen Gesellschaft erwartet werden, und geißelt den Westen dann dafür, dass er diese Standards nicht erfüllt. Er hilft auch dabei, eine Interpretation der Welt zu erschaffen, in der nicht-westliche Völker Menschen waren, denen Dinge angetan wurden, während die Völker des Westens Menschen waren, die Dinge antaten. Und zwar schreckliche Dinge.

Hervorgegangen aus der postkolonialen Ära, gab Said einem Gefühl zusätzliche Impulse, das sich bereits aufbaute. Einem Gefühl, dass der Westen selbst überfällig war für eine gewisse Strafe oder – besser – Rache.

EMPIRE

Im April 2015 kam es an der Universität Kapstadt in Südafrika zu einer Reihe von Protesten. Auf dem Campus der Universität stand eine Statue des berühmten Imperialisten des 19. Jahrhunderts, Cecil Rhodes. Grund war, dass Rhodes das Land gestiftet hatte, damit dort eine Universität errichtet wurde. Aber seit einigen Jahren argumentierten die Studierenden und andere an der Universität, dass die Statue ein Symbol für koloniale Aggression und die Vorherrschaft der Weißen sei und deshalb abgerissen werden müsse. Schließlich wurde von Studierenden und anderen eine »Rhodes Must Fall«-Bewegung gegründet. Der Universitätsrat stimmte schließlich für das Entfernen der Statue. Gesagt, getan.

Wie immer in der heutigen Zeit, schwappt etwas, das auf einem Kontinent passiert, rasch hinüber auf einen anderen. In diesem Fall übertrug es sich nach England und die Universität Oxford. Eines der Dinge, die Cecil Rhodes in seinem Testament verfügt hatte, war die Einrichtung einer Stiftung, die Stipendien vergibt, sodass Studierende aus den Vereinigten Staaten, Deutschland und dem damaligen British Empire die Möglichkeit hatten, in Oxford zu studieren. Er bestand auf einer Reihe von Bedingungen für das Stipendium. Eine davon war, dass »kein Student aufgrund seiner ethnischen Herkunft oder seines religiösen Glaubens geeignet oder ungeeignet sei«.[145] Fünf Jahre nach Rhodes Tod erhielt der erste schwarze Student ein Rhodes-Stipendium. Seither haben Studierende aus aller Welt, nicht zuletzt aus Südafrika, von dieser Einrichtung profitiert.

Trotzdem wuchs in den vergangenen Jahrzehnten das Unbehagen bezüglich des Vermächtnisses eines derart unverfrorenen Imperialisten. 2003 stimmte Nelson Mandela zu, das Stipendium auf ihn umzubenennen. In jenem Jahr wurde das Rhodes-Stipendium offiziell zum Nelson-Mandela-Stipendium. Danach gefragt, warum er zugestimmt habe, dass sein Name mit dem großen Imperialisten in Verbindung gebracht wurde, sagte Mandela, dass Südafrikas neue Verfassung die Aufforderung beinhalte »dass wir die Spaltungen der Vergangenheit heilen und eine gemeinsame Gesellschaft aufbauen, mit einer Zukunft, die von allen geteilt wird«.[146] Aber mehr als ein Jahrzehnt nach dieser Geste der Versöhnung konnte diese eine neue Generation Studierender nicht beschwichtigen. Zumindest nicht die südafrikanischen Studierenden in Oxford, die erpicht darauf schienen, die internationale Aufmerksamkeit zu nutzen, die dieses Problem mit sich brachte, um sich daheim einen Namen zu machen.

Das Oriel College in Oxford wurde 1326 gegründet, und Cecil Rhodes studierte hier in den 1870er-Jahren. Vor seinem Tod im Jahr 1902 kümmerte er sich darum, dass das College eine beträchtliche Summe aus seinem Nachlass erhielt. Zusätzlich zu dem Stipendiatenprogramm ermöglichte sein Testament dem College, ein neues Gebäude zu bauen. Dieses wurde 1911 fertiggestellt und mit mehreren Statuen geschmückt, einschließlich einer von Rhodes. Dort, hoch über der Straße, stand seine Statue unbehelligt mehr als ein Jahrhundert lang.

Aber nach der erfolgreichen Kampagne von »Rhodes Must Fall« in Kapstadt wurde dieselbe Kampagne erfolgreich nach Oxford verpflanzt. Der Hauptantrieb kam anfangs von einer Reihe südafrikanischer Studierender, von denen einer – Ntokozo Qwabe – zu jener Zeit tatsächlich ein Cecil-Rhodes-Stipendiat war. Viele wohlmeinende Studierende aus Großbritannien und der ganzen Welt schlossen sich dem südafrikanischen Studentenführer an, der behauptete, dass die Statue ein Beispiel für »strukturelle Gewalt« sei und dass diese Gewalt nicht auf eine Statue an einem Gebäude beschränkt sei. Laut Qwabe ist »strukturelle Gewalt wie das Curriculum, es fehlen schwarze Professoren. Das sind nicht einfach nur Ausnahmen. Sie führen direkt ins Zentrum dessen, wie Oxford gestaltet ist, und inwiefern Oxford als Ort, offen gesagt, rassistisch ist. Und genau das sagen wir – dass die unverhohlene Gewalt und der Angriff und der Rassismus inakzeptabel sind an einer Universität, die vorgibt, für jeden frei zugänglich zu sein.«[147]

Schon bald häuften sich die Behauptungen der Anti-Rhodes-Aktivisten. Die »Rhodes Must Fall«-Petition in Oxford behauptete, wenn die Rhodes-Statue nicht entfernt werden würde, dass sich dann das Oriel College und die gesamte Universität Oxford »weiterhin stillschweigend mit Rhodes‹ Werten identifiziere und eine toxische Kultur der Vorherrschaft und Unterdrückung aufrechterhalte«. Die Petition wurde von vielen an der gesamten Universität unterzeichnet. Nachfolgende Demonstrationen zogen eine große Zahl von Studierenden an. Sie wurden weitestgehend – trotz der knappen Zeit – durch Dinge mobilisiert, von denen die Anti-Rhodes-Kampagne behauptete, Rhodes hätte sie gesagt. Diese Zitate waren immens hilfreich für das Aufziehen der Kampagne gegen Rhodes. Denn sie waren kurz, prägnant und abstoßend.

Die Petition an die Behörden der Universität Oxford enthielt etliche Zitate von Rhodes. Ihn als »Apartheid-Kolonialisten« beschreibend, behaupteten sie, dass er unter anderem Folgendes gesagt habe: »Ich bevorzuge Land gegenüber N*** [...] die Eingeborenen sind wie Kinder. Sie tauchen gerade erst aus der Barbarei auf [...] man sollte so viele N*** wie möglich töten.« Diese Zitate wurden dann von den Medien aufgegriffen und verwendet, wenn sie über die Petition und die Proteste berichteten.[148] Und es waren wahrhaft schreckliche Zitate. Denn sie zeigten, dass Rhodes nicht nur ein Rassist war, sondern jemand, der den Genozid an schwarzen Afrikanern befürwortete. In solchen Momenten, wenn allen derart vernichtendes Material vorgehalten wird, ist es nicht einfach, selbiges auch nur anzuzweifeln. Aber eine kleine Zahl von Menschen in Oxford tat es, einschließlich einiger Studenten. Sie sahen sich die von der Anti-Rhodes-Kampagne benutzten Quellen der Zitate an und deren Behauptungen über Rhodes‹ Leben. Was sie fanden, entlarvte eine gravierende Unehrlichkeit.

Die Anti-Rhodes-Petition selbst nannte keine Quellen ihrer Zitate. Aber das Zitat tauchte auf, mit allen Auslassungszeichen, in einer Buchbesprechung in der *Times Literary Supplement* von 2006. Der Autor des Textes, Adekeye Adebajo, erwies sich als ehemaliger Rhodes-Stipendiat, und zitierte aus der Rezension eines Buches von Paul Maylam.[149] Dieses Buch stellt klar, dass die drei Phrasen zu verschiedenen Zeiten gesagt wurden. Und alle drei erwiesen sich als haltlos, was ihre Quelle betraf. Dazu gehörte eine Arbeit von 1957, die keine wissenschaftliche Arbeit ist und in der der Autor in der Einleitung zugibt, dass er keine Fußnoten mit Verweisen eingefügt hat, »um den Fluss der Geschichte nicht zu stören«.[150] Die erste Aussage wurde laut Maylam von Rhodes gegenüber Olive Schreiner bei einem Abendessen gemacht. Aber die einzige Quelle ist Schreiner selbst, die diesen Satz 1897 in einem Roman verwendet[151] und behauptet, er stamme aus Rhodes Mund während einer Rede vor dem Parlament in Kapstadt. Es wurde aufgezeigt, dass Schreiners Erinnerung bezüglich dieser Angelegenheit fehlerhaft ist und es sich vermutlich um eine Rede von Rhodes handelt, die er 1892 zum Thema Steuern und Regierung vor dem Cape House hielt und in der er sagte: »Ihr wollt euch lieber Land aneignen als Eingeborene. Bisher haben wir uns Eingeborene statt Land angeeignet.«

Der zweite Teil des angeblichen Zitats stammt aus einer Rede von Rhodes vor dem Parlament von Kapstadt im Jahr 1894. Vollständig lautet der Absatz:

> »Nun, ich sage, die Eingeborenen sind Kinder. Sie kommen gerade aus der Barbarei heraus. Sie haben einen menschlichen Verstand, und ich möchte, dass sie sich ganz den örtlichen Angelegenheiten widmen, die sie umgeben und die ihnen zusagen. Ich würde zulassen, dass sie sich selbst besteuern, und ihnen die Mittel geben, die sie dafür ausgeben – das Bauen von Straßen und Brücken, das Bewirtschaften von Plantagen und andere derartige Arbeiten. Ich schlage vor, dass das House diesen Menschen erlauben soll, sich selbst zu besteuern, und dass die Steuereinnahmen von ihnen ausgegeben werden sollen für ihre eigene Entwicklung und die ihrer Gemeinden.«

Aber der dritte Teil des Zitats (»Man sollte so viele N*** wie möglich töten«) ist sicher das verwerflichste Zitat von allen. Wieder unternahm die Rhodes-Must-Fall-Kampagne keine Anstalten, anzugeben, woher das Zitat stammte. Wieder kam ans Licht, dass Adebajos Rezension von Maylam die Quelle war. Und dennoch ist es nicht das, was in dem Text als Rhodes Zitat angegeben wird. Dort heißt es, dass Rhodes gesagt habe: »Ihr sollt so viele töten wie ihr könnt.« Das N-Wort wird nicht verwendet. Dieses Wort wurde von den Rhodes-Must-Fall-Aktivisten eingefügt. Was den Rest des Zitats anbelangt, so nennt Maylam eine Rhodes-Biografie von 1913 als seine Quelle. Und wenn wir uns diese Quelle ansehen, dann wird der Kontext des Zitats klar. Die Biografie von 1913 zitiert einen unidentifizierten Offizier, der Rhodes sagen hörte, nach einer besonders blutigen Schlacht mit einigen Rebellen: »Wir sollten sie nicht verschonen. Ihr solltet so viele wie möglich töten, das wird ihnen eine Lektion sein, wenn sie abends am Lagerfeuer alles besprechen.«[152]

Mit anderen Worten ist das ihm von Rhodes-Must-Fall-Aktivisten zugeschriebene Zitat (das von den meisten Menschen, die es lasen, für wahr gehalten wurde) eine massive Fehlinterpretation. Tatsächlich war es sogar mehr als das. Es war eine Lüge. Das Zitat war kein Einzelzitat von Rhodes, sondern ein Konglomerat aus drei angeblichen Zitaten: Das erste stammte aus einem Roman, das zweite stammte aus einer Rede, die sich für eine verstärkte Selbstbestimmung der Afrikaner einsetzte, und das dritte war komplett frei erfunden.[153]

Warum diese Details wichtig sind? Rhodes war sicher ein Kolonialist. Er hat ganz sicher an das British Empire geglaubt. Würde es nicht genügen, das zu kritisieren? Warum sollte jemand lügen und es derartig hochspielen? Bestimmt gibt es Leute, die meinen, dass eine Abrechnung oder Neugewichtung von historischen Figuren wie Rhodes längst überfällig sei. Aber warum erfolgt diese Abrechnung nicht auf Basis dessen, was am Empire richtig oder falsch war? Oder nicht auf dem Abwägen von Kosten und Nutzen für die Menschen, sondern auf einer unumwundenen Lüge? Oder eher noch auf einer Reihe von Lügen? Warum wäre eine Abrechnung mit dem Erbe des Empires nicht genug? Warum ist es nötig, rassistische Schimpfwörter einfließen zu lassen, um die Vergangenheit schlimmer zu machen, als sie war, und die wichtigen Gestalten dieser Geschichte aussehen zu lassen wie rassistische Monster?

Unter jenen, die anfingen, selbst zu recherchieren, war Nigel Biggar, Theologe und Ethikprofessor an der Universität Oxford, der auch Chorherr an der Christ Church Cathedral in Oxford ist. Er ist nicht nur zutiefst bescheiden und höflich, sondern auch ein bekanntermaßen gründlicher Wissenschaftler. Als die Rhodes-Must-Fall-Kampagne anlief, begann er, das zu tun, was jeder gewissenhafte Gelehrte tun könnte, und las den Essay über Rhodes im *Oxford Dictionary of National Biography*. Von da an entwickelte er ein wachsendes Interesse nicht nur an Rhodes, sondern an der ganzen Art und Weise, wie man an das Empire heranging. Ohne politische Äußerungen irgendeiner Art abzugeben, schlug er vor, dass die Universität am besten auf die aktuellen Unruhen reagieren könnte, indem sie das tat, worin Universitäten am besten sein sollten: Forschen.

Er schlug vor, dass die Universität ein Projekt ins Leben rufen sollte, bestehend aus Historikern und anderen Gelehrten, das sich mit »der Ethik des Empire« beschäftigte. Biggar wies darauf hin, dass dies ein ernster und zu wenig erforschter Bereich sei. Das ließ sich belegen. Einer der Gründe, warum die Rhodes-Must-Fall-Kampagne so schnell so weit kam, lag exakt darin, dass die Erforschung des Empires aus der Mode gekommen war und deshalb – welchen Standpunkt auch immer die Leute dazu vertraten – das institutionelle und individuelle Wissen darüber, was passiert war und wer was gesagt hatte, seit mehr als einer Generation entglitten war. Falls die Universität und das Land daran interessiert waren, ihre Haltung zur Vergangenheit aufzuarbeiten, dann sollten sie diese Vergangenheit studieren. Die Zunahme postkolonialer Studien war eine notwendige Korrektur innerhalb der akademischen Welt, aber diese Periode selbst musste jetzt befragt werden. Um das Vermächtnis des Empires zu bewerten, ist es notwendig, diese Periode insgesamt zu bewerten. Genauso wie die vorhergehende Periode unfähig gewesen war, jedwede Mängel am Empire einzuräumen, so war die postkoloniale Periode unfähig, irgendetwas Positives anzuerkennen, das passiert war. Das führte zu Behauptungen, die ahistorisch schlichtweg falsch waren. Ein zweites Problem, das Biggar erkannte, bestand darin, dass diese ausschließlich negative Sicht des Empires, die zu einem Schuldgefühl bei den ehemaligen Kolonialmächten führte, umgekehrt einen Widerwillen nach sich zog, sich mit den Problemen der heutigen Welt auseinanderzusetzen. Ehemalige Kolonialmächte, die ständig verglichen wurden mit den übelsten Regimen des 20. Jahrhunderts, können sich schnell von dem Willen oder Selbstvertrauen befreit fühlen, gegen die schwersten Rechtsverletzungen vorzugehen, die in der heutigen Welt passieren. Das Ergebnis, anders ausgedrückt, könnte westliche Trägheit sein. Und die nutzen andere Mächte gern zu ihrem Vorteil aus.

Eine ähnliche Aussage wurde kürzlich von einem anderen Akademiker getroffen – Bruce Gilley, der bemerkenswerterweise bei der Portland State University angestellt war. 2017 hatte Gilley im *Third World Quarterly* eine Arbeit mit dem Titel »The Case for Colonialism« veröffentlicht, in der er argumentierte, dass kürzliche Versuche, den Begriff »Kolonialismus« in ein völlig negatives Konzept zu verwandeln, ein Fehler waren. Wie er es ausdrückte: »Die Vorstellung, dass Kolonialismus immer und überall etwas Schlechtes ist, bedarf eines Überdenkens im Licht des gravierenden menschlichen Tributs eines Jahrhunderts der anti-kolonialen Regime und Politik.«

Er argumentierte, dass es notwendig sei, die Vergangenheit säuberlich neu zu bewerten, um die Zukunft zu verbessern. In beiden Fällen – Biggar und Gilley – kam dieser Ruf nach Klarheit und historischer Fairness nicht gut an.

Im Fall von Gilley erfolgte eine derartige Gegenreaktion auf seinen Artikel, dass 15 der 34 Mitglieder der Redaktionsleitung der Zeitschrift aus Protest ihr Amt niederlegten. Obwohl vor der Veröffentlichung alle notwendigen Peer-Review-Prozesse durchlaufen wurden, führten Petitionen und sogar Gewaltandrohungen gegen den Herausgeber dazu, dass der Artikel zurückgezogen wurde und man sich entschuldigte, ihn überhaupt veröffentlicht zu haben. Auch Gilley wurde angegriffen, von Akademiker-Kollegen als »White Supremacist« beschimpft und erhielt Morddrohungen.[154]

Biggar kam nicht sehr viel besser davon. Nachdem er seine Absicht verkündet hatte, ein Programm ins Leben zu rufen, das sich mit der Ethik des Empires beschäftigen solle, schrieben mehr als 50 seiner Akademikerkollegen in Oxford einen gemeinsamen Brief an die *Times*, in dem sie dieses Vorhaben verurteilten. Sie sagten, es sei unmöglich, ein Buch mit positiven Beispielen zu erstellen, um (zum Beispiel) das Amritsar-Massaker aufzuwiegen. Sie beschuldigten Biggar der Ignoranz, des falschen Darstellens des aktuellen Stands der Debatte und sogar des Verbreitens von »Unsinn«. Andere mit dem Projekt in Verbindung stehende Akademiker wurden genötigt, ihre Mitarbeit an dem Projekt aufzukündigen, und taten das auch. Laut den Anti-Biggar-Gelehrten »argumentiert kein Historiker (oder soweit wir wissen sonst ein Kulturkritiker oder postkolonialistischer Theoretiker) schlichtweg, dass Imperialismus ›böse‹ war.«[155] Das deutet lediglich darauf hin, dass die Unterzeichnenden nicht genug gelesen hatten.

Zu diesem Brief gesellte sich ein weiterer Brief von mehr als 170 Gelehrten aus der ganzen Welt, in dem sie Oxford verurteilten, auch nur zu erwägen, Biggars vorgeschlagenes Programm ins Leben zu rufen. Diese Kritiker beschuldigten Biggar, »ein langjähriger Fürsprecher des Kolonialismus« zu sein und »eine Rehabilitation des British Empire« liefern zu wollen«. Eine Studentengruppe, die »Rassismus und Kolonialismus« hinterfragen wollte, behauptete, dass Biggars Projekt ein weiterer Beweis für den Rassismus in Oxford sei.[156] Ein Akademiker in Cambridge bezeichnete ihn als »verknöcherten alten Rassisten« und verkündete mit großer wissenschaftlicher Strenge bei Bekanntgabe des Kurses in den sozialen Medien: »OMG, was für ein Mist. Wir müssen das ABSTELLEN.« Andernorts wurde Biggars Forschung als »White-Supremacy-Scheiß« bezeichnet; er wurde als »Rassist« und »blinder Fanatiker« beschimpft und alles, was aus seinem Mund komme, sei »Erbrochenes«.[157]

Der Umgang mit Biggar, ebenso wie der mit Gilley, wies auf mehr als die normale akademische Uneinigkeit hin. Diese Reaktion legte vielmehr nahe, dass diese Gelehrten irgendeine unausgesprochene Schwelle überschritten hatten. Und das hatten sie natürlich auch. Genauso wie es im frühen 20. Jahrhundert an einer Universität wie Oxford Standardkonsens gewesen war, dass das Empire eine Kraft des Guten war, so war es zum Beginn des 21. Jahrhunderts an solchen Orten zur standardmäßigen Position geworden, dass das Empire ausschließlich eine Kraft gewesen sei, die Böses bewirkte. Das Dogma hatte sich einfach verschoben. Und nun war es nicht einmal mehr möglich, die moralische Komplexität des Empire abzuwägen, ohne als Verfechter desselben oder Befürworter des Kolonialismus beschimpft zu werden. Ungewollt zeigten die Kritiker die Brüchigkeit ihrer Argumente.

Andere Menschen – nicht zuletzt in den kolonialisierten Ländern – waren in der Lage, sehr viel nuancierter zu denken. Zum Beispiel sagte 2012 der nigerianische Schriftsteller und Held des Antikolonialismus Chinua Achebe: »Das Erbe des Kolonialismus ist nicht einfach, sondern sehr komplex und mit Gegensätzen – guten ebenso wie schlechten.« Und in seinem letzten Buch *There was a Country* (2012) schrieb Achebe: »Dies ist ein Stück Irrglauben. Die Briten regierten ihre Kolonie von Nigeria mit beträchtlicher Sorgfalt. Es gab einen sehr kompetenten Kader von Regierungsbeamten, die ein hohes Maß an Wissen darüber besaßen, wie man ein Land führt [...] Britische Kolonien waren, mehr oder weniger, fachkundig geführt [...] Man wurde nicht aufgefressen von der Angst vor Verschleppung oder bewaffnetem Raubüberfall. Man hatte viel Zuversicht und Vertrauen in die britischen Institutionen. Nun hat sich das alles geändert.«[158] Achebe steht nicht allein mit seiner Einschätzung. Gelehrte und Schriftsteller wie Nirad C. Chaudhuri und Dr. Zareer Masani haben im Fall von Indien wortgewandt argumentiert, dass das, was das Empire hinterließ, nicht nur Eisenbahnschienen und das indische Beamtentum seien, sondern auch die Forschungen von Männern wie Sir William Jones und James Prinsep, die die klassische Sprache Indiens erschlossen und diese Zivilisation zu sich selbst zurückführten.

Viele andere haben ähnlich argumentiert. Bischof Michael Nazir-Ali, 1949 in Pakistan geboren, hat darauf hingewiesen, dass es in Indien und Pakistan eine gemeinsame Anerkennung dieses komplexen Erbes gäbe. Wie er selbst sagte, gäbe es zwar keinen Zweifel, dass sich »weiße Nabobs« auf Kosten der örtlichen Bevölkerung bereichert hatten, es gab aber auch jene wie Sir Charles Napier, der während seiner Zeit als Gouverneur in den 1840er-Jahren in der Provinz von Sindh die Sklaverei abschaffte und bekanntermaßen die Praxis der Witwenverbrennung verbot. Die Punjabis nannten Sir John Lawrence »den Erlöser des Punjab«, und General John Jacob legte das Bewässerungssystem rund um die Stadt Jacobabad an, durch das die gesamte Gegend fruchtbar wurde.[159]

Zwei Dinge sind sonderbar bei denen, die dagegen argumentieren, die Verdienste und Vergehen des Empires gegeneinander aufzuwiegen. Erstens sagen sie, dass man das nicht tun könne: Es gäbe keinen Weg, um die moralische Berechnung durchzuführen, die nötig ist, um derartige Dinge auszuarbeiten. Andererseits beharren sie darauf, dass in jedem Fall, in dem etwas besonders Schreckliches passiert ist, alles Positive nicht mehr zählt. Die Akademiker in Oxford, die sich gegen die Aufarbeitung des Empires aussprachen, erachteten wegen des Amritsar-Massakers von 1919 das Aufwiegen mit Verdiensten des Empires als unverschämt. Aber das von ihnen genannte Beispiel betont die Absurdität ihrer Position. Schließlich gibt es einen Grund, warum das Amritsar-Massaker so gut bekannt ist, dass man sich noch mehr als ein Jahrhundert später daran erinnert.

An das brutale Schießen in die Menge, das zum Tod von 379 Menschen führte, würde man sich nicht erinnern, wenn es im 20. Jahrhundert von japanischen oder chinesischen Truppen verübt worden wäre. Man würde sich nicht daran erinnern, wenn russische Truppen das getan hätten, und es wäre kaum beachtet worden, hätten es deutsche Truppen im 20. Jahrhundert getan. Es bleibt in Erinnerung, weil britische Truppen das Massaker veranstalteten. Es war nicht nur eine Ausnahme, sondern rief in Großbritannien schon damals, als es passierte, Wut und Scham hervor.

Der verantwortliche General, der seinen Soldaten befohlen hatte, auf unbewaffnete Demonstranten zu schießen – General Dyer –, wurde des Kommandos enthoben, musste in den Ruhestand gehen und ihm wurde seine Pension aberkannt. Unter den vielen Menschen in Großbritannien, die ihrem Entsetzen über diese Aktionen Ausdruck verliehen, war Winston Churchill, der dem britischen Unterhaus 1920 in einer Debatte erklärte, dass das Massaker von Amritsar »mir als beispiellos und ohne Parallelen in der modernen Geschichte des British Empire scheint. Es ist ein Ereignis völlig anderer Größenordnung als jene tragischen Vorfälle, die sich ereignen, wenn Truppen mit der Zivilbevölkerung zusammenstoßen. Es ist ein außergewöhnlicher Vorfall, ein monströser Vorfall, ein Vorfall, der in einzigartiger und unheilvoller Art und Weise für sich selbst steht.«[160]

Möglicherweise ist sie unmöglich zu beantworten, aber ist es nicht eine interessante Frage, warum dieses eine monströse Ereignis – oder beliebig viele andere – nicht gegen positive Errungenschaften des British Empire abgewogen werden kann? Wird es überwogen von der Entscheidung des British Empire, die Sklaverei in seinen Kolonien nicht nur abzuschaffen, sondern die Meere zu überwachen, um sie in der ganzen Welt zu unterbinden? Falls nicht, warum dann nicht? Und wenn die Sünden des Westens unauslöschlich sind, sind es die anderer Völker dann auch? Oder werden nur die Verbrechen des Westens in diesem Licht betrachtet? Niemand scheint die Antworten auf diese Fragen zu kennen. Noch unheimlicher ist jedoch die Tatsache, dass anscheinend niemand vorhat, sie zu stellen.

Tatsächlich gibt es verschiedene Ausklänge zu der Rhodes-Must-Fall-Kampagne. Das Oriel College versprach erst, die Rhodes-Statue zu verschrotten, und versprach dann, sie zu bewahren. Dann einigte sich das College darauf, sie herunterzuholen, und stimmte andererseits überein, nichts zu unternehmen. Das ist der aktuelle Stand. Seit er wegen seines Rhodes-Must-Fall-Aktivismus zu Ruhm gelangte, kehrte Ntokozo Qwabe nach Südafrika zurück, wo er im Mai 2016 kurz Schlagzeilen machte, als er in einem Facebook-Post damit prahlte, dass etwas »so Schwarzes« und »Wunderbares« passiert sei, dass er »gar nicht aufhören könne zu lächeln«. Diese wunderbare Sache war, dass er zusammen mit einem Freund in einem Restaurant eine weiße Kellnerin schikaniert hatte, ihr sagte, er würde ihr Trinkgeld geben, »wenn du mir mein Land zurückgibst«. Als die Kellnerin in Tränen ausbrach, lachte er und tat es als »typische weiße Tränen« ab.[161] Später, zurück an der Universität von Kapstadt, als Rhodes verschwunden war, beteiligte sich Qwabe an der neuen »Fees Must Fall«-Kampagne und es hieß, er habe einen weißen Studenten mit einem Stock geschlagen, während er ihm rassistische Schimpfwörter an den Kopf warf. Qwabe widersprach dem auf Facebook. Er gab zu, dem Studenten das Handy aus der Hand geschlagen zu haben mit einem »Proteststock«, den er zu »kulturellen Zwecken« immer bei sich führte, den Studenten habe er jedoch nicht geschlagen.

Allerdings, so fügte Qwabe hinzu, »wünschte ich, ich wäre kein so guter gesetzestreuer Bürger gewesen und hätte den weißen Apartheits-Siedler-Kolonialanspruch aus dem Bastard herausgeprügelt«. Der weiße Student erzählte den Medien, dass er anonym bleiben wolle. »In einem Monat ist das Examen, ich muss einfach bestehen«, flehte er.[162] Währenddessen zog in Kapstadt die Rhodes-Must-Fall-Kampagne von Erfolg zu Erfolg, selbst nachdem Rhodes »gefallen« war. Im darauffolgenden Jahr verbrannten die Rhodes-Must-Fall-Aktivisten Kunstwerke, setzten einen Bus und andere Fahrzeuge in Brand und warfen Molotowcocktails in die Büroräume des Vizekanzlers der Universität.[163]

SKLAVEREI

In den vergangenen Jahren haben sich die Kritiker des Westens durch eine Reihe außergewöhnlicher Behauptungen ausgezeichnet. Ihre Methode weist nun ein Muster auf. Dieses besteht darin, sich auf westliches Verhalten zu konzentrieren, es aus dem zeitlichen Kontext herauszunehmen, nicht-westliche Parallelen beiseitezuschieben und dann das aufzubauschen, was der Westen getan hat.

Der Fall der Sklaverei gehört dazu, denn Sklaverei war seit Anbeginn der Geschichtsaufzeichnungen in nahezu allen Gesellschaften eine Konstante. In der Antike kamen die Sklaven aus Äthiopien und dann von noch weiter weg. Als das islamische Reich aufstieg, erweiterten sie den Handel. Als sich das islamische Reich im Mittelalter bis nach Westafrika ausbreitete, ermöglichte es den Handel mit schwarzen Sklaven durch die Sahara. Einige endeten im islamischen Spanien und Portugal. Aber als Ferdinand von Aragon und Charles V. übereinkamen, erst ein paar Hundert und dann 4.000 Sklaven in die neue Welt zu verschiffen, hatten sie keine Ahnung von der Veränderung, die sie herbeiführten. Vom 15. bis zum 19. Jahrhundert wurden zwischen zehn und zwölf Millionen Afrikaner über den Atlantik in die neue Welt transportiert. Die aus Afrika weggeschafften Sklaven litten nicht nur unter der Demütigung, von ihrer Heimat weggerissen und ohne ihre Zustimmung ins Ausland gebracht zu werden. Zusätzlich litten sie unter der Demütigung, von ihren Nachbarn und Familien verkauft worden zu sein. Es gab Zeiten, als sich neben anderen auch die Portugiesen bei Kriegszügen die Sklaven in Afrika schnappten. Aber der Großteil der während dieser Jahrhunderte aus Afrika weggeschafften Sklaven war ein Ergebnis von »Menschenraub« und -handel, bei dem Nachbarn, Feinde und manchmal Familien von Afrikanern andere Afrikaner weiterverkauften. Einige der wenigen Memoiren von Sklaven, wie die von Olaudah Equino, legen darüber Zeugnis ab.

Aber diese Tatsache ist unter anderem ein Beleg dafür, dass die Geschichte der Sklaverei durchgängig moralisch fragwürdiger ist, als die aktuelle Diskussion auch nur annähernd zugeben will. Während die historische Aufmerksamkeit heutzutage beinahe ausschließlich in eine Richtung der Sklaverei geht, bewegte sich dieser Horror im vergangenen Jahrtausend (wie durchgehend in der Geschichte) in alle Richtungen. Und während in den vergangenen Jahren dem Sklavenhandel in Richtung Westen große Aufmerksamkeit gewidmet wurde, wurde nur wenig Augenmerk auf den Handel in Richtung Osten gelegt. So wenig, dass Schätzungen zu der Zahl afrikanischer Sklaven, die in den arabischen Sklavenhandel gesteckt wurden, noch umfangreicher (und höher) sind als bei ihrem transatlantischen Handel. Die besten verfügbaren Zahlen, vorgelegt von Gelehrten wie Professor Ralph Austen von der University of Chicago, besagen, dass zwischen elf und 17 Millionen Afrikaner während des von Arabern betriebenen Sklavenhandels nach Osten verschleppt wurden. Ein Grund, warum die Zahlen so schwer festzustellen sind, liegt darin, dass im Gegensatz zum transatlantischen Handel die von den Arabern gehandelten Sklaven systematisch kastriert wurden, nachdem man sie aus Afrika verschleppt hatte. Das sorgte dafür, dass es weder eine zweite Generation von Sklaven noch andere Nachkommen gab. Warum wird diesem Handel so wenig Aufmerksamkeit geschenkt? Der Wissenschaftler Tidiane N'Diaye ist einer von denen, die dem nachgegangen sind, und zwar in *Le Genocide Voilé* von 2008 (*Der verschleierte*

Völkermord, 2010). Er stellt fest, dass Araber ihren 13 Jahrhunderte lang ununterbrochen betriebenen Menschenhandel aus dem südlich der Sahara liegenden Afrika offen herunterspielen. Er weist auch darauf hin, dass sie ihn ignorieren, weil die arabischen Nationen viel lieber Druck auf den Westen aufrechterhalten wollen, indem sie den Fokus auf den transatlantischen Handel unterstützen. Es ist interessant, dass nahezu die gesamte Forschung in diesem Bereich nun von französischen oder französisch sprechenden Historikern und Anthropologen durchgeführt wird. Die englischsprachigen Länder scheinen sich nicht für diese Angelegenheit zu interessieren.

Andere Bereiche bekommen fast genauso wenig Aufmerksamkeit. Zum Beispiel wird bei dem heutigen Interesse an Sklaverei sehr wenig Aufmerksamkeit der Tatsache gewidmet, dass zwischen dem 16. und 19. Jahrhundert Barbaresken-Korsaren (muslimische Piraten aus Nordafrika) Länder an der Nordseite des Mittelmeeres – einschließlich Italien, Spanien, Portugal und Frankreich – überfielen und die Bewohner raubten. Aber sie stahlen auch Menschen aus ferneren Ländern wie England und den Niederlanden. Die Gefangenen – allesamt weiße Europäer – wurde dann entweder gegen Lösegeld freigelassen oder in die Sklaverei verkauft. Man geht davon aus, dass die Barbaresken-Korsaren im Laufe der Jahre, in denen sie aktiv waren, 2,25 Millionen Europäer verschleppten.

Natürlich gibt es keine Bewegung, die sich für Reparationszahlungen an diese Menschen oder ihre Nachkommen einsetzt, und kein Europäer hat ernsthaft vorgeschlagen, man solle herausfinden, wohin eine Rechnung für Entschädigungszahlungen geschickt werden solle. In dem Maße, wie wir heute darüber Bescheid wissen, wird es als eines der vielen blutigen und brutalen Dinge gesehen, die in den Jahrhunderten vor unserem eigenen passierten. Für die Menschen, die das erlitten, ist das schlimmer als andere Formen der Sklaverei, aber an sich nicht moralisch besser oder schlechter. Wenn man übereinkommt, dass alle in der Vergangenheit schlimme Dinge getan haben, dann ist es möglich, weiterzugehen und es sogar hinter sich zu lassen. Wer möchte eine Vergangenheit anfechten oder erneut verhandeln, in der niemand Heilige als Vorfahren hatte?

Manche Menschen tun das, und sie haben entschieden, dass sie das tun können, indem sie die Geschichte der Sklaverei umdeuten durch ihre eigene spezifisch antiwestliche Linse. Denken Sie an Ibram X. Kendis Schriften zur Sklaverei. In seinem bekanntesten Werk merkt er kurz an, dass andere Gesellschaften abgesehen von den Vereinigten Staaten und europäischen Nationen ebenfalls Sklaverei betrieben. Aber dann führt er neue Hierarchien von übler und schlimmerer Sklaverei ein. In *How to Be an Antiracist* schreibt er: »Islamische Sklavenhändler des Mittelalters und der frühen Neuzeit verfolgten (wie ihre christlichen Kollegen im vorneuzeitlichen Italien) keine rassistische Politik – sie versklavten Menschen, die wir heute als Afrikaner, Araber und Europäer bezeichnen, gleichermaßen. Doch zu Beginn der Neuzeit begannen die Portugiesen, ausschließlich mit afrikanischen Menschen zu handeln.«[164]

Für Kendi steht auch hierbei wieder die Frage von Diversität im Vordergrund. Eine Form von Sklaverei, bei der eine bestimmte ethnische Gruppe versklavt wird, ist die schlimmste Form der Sklaverei. Wohingegen eine Form von Sklaverei, die im Grunde genommen Diversität enthält, irgendwie eine bessere Sklaverei ist.

Nicht nur, dass hier ein seltsamer Standard angelegt wird; es ist auch ein moralisches Nachrüsten. Kendi wendet eine heutige Geisteshaltung auf die Vergangenheit an, um die Vergangenheit in eine Erzählung von konstantem, ansonsten durchgängig unüblichem westlichen Rassismus einzufügen.

Andere Beispiele für ähnlich böswillige Argumente finden sich überall in der aktuellen Debatte über die Sklaverei und das Empire. Zum Beispiel ist es nun üblich, den atlantischen Sklavenhandel so zu beschreiben, als handle es sich um einen Akt von Genozid. Obschon das aus sich selbst heraus ein unsinniges Argument ist. So erschreckend er auch war, bestand das Ziel des transatlantischen Sklavenhandels darin, so viele Menschen wie möglich lebend von Afrika in die neue Welt zu befördern. Auch wenn viele unterwegs starben, bestand der Zweck dieser Reise nicht darin, sie zu töten, sondern lebend nach Amerika zu bringen, um sie dort als Arbeitskräfte einzusetzen. Das ist in sich eine Schlechtigkeit, aber weit entfernt von dem bewussten Versuch, ein Volk auszulöschen. Wenn die Amerikaner oder Europäer das je gewollt hätten, dann hätten sie sich von den Arabern eine Scheibe abschneiden und all ihre Sklaven kastrieren können. Hätten sie das getan, gäbe es in Amerika keine Nachfahren von Sklaven, so wie es heute keine im Nahen Osten gibt.

Ähnlich übertrieben wurde bei jedem Aspekt, der das Empire und den Kolonialismus betrifft. In den letzten Jahrzehnten wurde es immer üblicher, von der europäischen Besiedlung Australiens, Neuseelands, Kanadas und Amerikas zu sprechen, als würde diese Besiedlung – vorsätzlich – den Genozid der dortigen Eingeborenenbevölkerung einbeziehen. Meistens enthält es einen Verweis darauf, dass die Eingeborenenbevölkerungen ausgelöscht oder gravierend dezimiert wurden durch das absichtliche Verbreiten von Krankheiten. Auch das beruht auf einer Verzerrung der Ereignisse.

Irgendwann musste jemand die Neue Welt entdecken. Und wer auch immer das tat, würde dies – wie die Europäer – mit einer gewissen Immunität gegenüber Krankheiten tun, die die Eingeborenen (die homogener waren und wenig Kontakt zu Menschen von außen hatten) nicht besaßen. Die natürliche Ausbreitung von Krankheiten, die von den Europäern ins Land gebracht wurden, konnte nicht absichtlich angestoßen worden sein, weil die Europäer keine Ahnung von Immunologie hatten oder davon, welche Krankheiten sie in sich trugen oder wie diese sich ausbreiten würden. Aber nichts davon hat Propagandisten und Akademiker davon abgehalten, zu behaupten, dass das, was nach Kolumbus‹ Landung in Amerika passierte, ebenso wie in Neuseeland und Kanada, nicht nur ein Genozid war, sondern der übelste Genozid aller Zeiten. Ein Akademiker in Festanstellung an einer britischen Universität äußerte sich zu dem Thema so: »Was war Europas erste Handlung in Amerika? Der größte Genozid, den es je auf diesem Planeten gab [...] Ich verstehe den wissenschaftlichen Zusammenhang nicht, aber offenbar wurden so viele Menschen getötet, dass die Temperatur auf der Erde tatsächlich anstieg.«

Mit der Behauptung, dass der Holocaust im Westen nicht ungewöhnlich sei, fuhr er fort: »Das ist keineswegs ein Sonderfall, es ist die vollständige Logik des Westens. Der einzige Unterschied besteht darin, dass dem Holocaust Menschen zum Opfer fielen, die wir als weiß bezeichnen würden, richtig? Wenn Sie überlegen, was der Holocaust von der Funktionsweise her war – Genozid, das Töten von Millionen Menschen, weil sie als minderwertige Rasse galten –, so hat es das vorher schon gegeben. Das war nicht neu. Das war keine neuartige Sache. Das ist eine Art Grundlage dessen, was der Westen ist.«[165]

Jeder Aspekt der Kolonialzeit wird nun routinemäßig in demselben Licht diskutiert. So wurde zum Beispiel behauptet, dass die Briten bewusst die indische Bevölkerung auf dem Subkontinent hungern ließen – eine Behauptung, für die nicht nur jeder dokumentarische Beweis fehlt, sondern die auch einem höchst offensichtlichen Fakt zuwiderläuft: dass die indische Population während der britischen Regentschaft boomte. Dennoch genügt dieses Argument, wie andere, den Kritikern des Westens nicht.

Tatsächlich ist die vergessene Geschichte der Sklaverei, wie auch der Kolonialismus, nicht die Geschichte dessen, was der Westen falsch verstanden hat, sondern die Geschichte dessen, was der Westen richtig verstanden hat. Während die Geschichte der Sklaverei im Westen wie besessen studiert wird und daraus logischerweise Forderungen nach Reparationszahlungen resultieren, wird die Geschichte der übrigen Welt ignoriert. Das unabhängige Brasilien förderte den Sklavenhandel noch bis in die 1880er-Jahre. Das Osmanische Reich sogar noch länger. Bis heute werden in Saudi-Arabien und überall im Nahen Osten schwarze Menschen als »Abid« (Plural »Abeed«) bezeichnet, was wörtlich »Sklave« bedeutet. »Schwarz« zu sein und Sklave zu sein, bedeutet für Millionen Menschen in dieser Region immer noch dasselbe. In anderen Teilen der Welt existiert die Sklaverei bis heute. Ich bin selbst schon Sklaven begegnet. Ich habe mit ihnen gesprochen und ihre Tränen gesehen. Aber Akademiker wie Siddharth Kara, die versuchen, diese Tatsache hervorzuheben, bekommen einen Bruchteil der Aufmerksamkeit, die jenen zuteilwird, die nur von der westlichen Sklaverei von vor Jahrhunderten sprechen.

Sklaverei gibt es heute noch, in Ländern wie Mauretanien, Ghana und dem Südsudan. In den letzten Jahren hat die Welt zugesehen, wie der Islamische Staat Tausende jesidische Frauen und Kinder versklavt. Die Ehemänner werden getötet und die Frauen und Kinder auf Sklavenmärkten verschachert. Im Jahr 2020 wurde in Neuseeland ein samoanischer Häuptling wegen Sklaverei zu elf Jahren Gefängnis verurteilt. Er wurde dabei gefasst, wie er Menschen von Samoa nach Neuseeland lockte, wo er sie dann versklavte, um sich zu bereichern. Im Westen passiert so etwas nicht oft und wird bestraft, wenn es entdeckt wird, aber in großen Teilen der Welt läuft der moderne Sklavenhandel straffrei weiter. Schätzungsweise leben heutzutage rund um die Welt mehr als 40 Millionen Menschen in Sklaverei. Damit gibt es zahlenmäßig heute mehr Sklaven als im 19. Jahrhundert.[166] Dies ist also keine Frage von historischem Whataboutism. Es wirft vielmehr die Frage auf, was sich heute ganz konkret für Menschen ändern könnte, wenn wir auch nur mit einem Teil unserer Zeit, in dem wir uns mit Sklaverei in der Vergangenheit beschäftigen, stattdessen unser Augenmerk auf die heutige Sklaverei richten. Was können wir gegen diesen Horror unserer Zeit tun?

Jeder, der daran interessiert ist, sich mit schlechter Behandlung von Menschen in früherer Zeit vor unserer eigenen zu beschäftigen, wird reichlich Material finden. Nun hat sich unsere Zeit dazu entschieden, in ein paar Problemen im Speziellen herumzuwühlen. Dadurch haben wir jedoch den ganzen Kontext verloren, in dem sich diese Schrecken ereigneten. Wenn wir sagen, jemand sei »ein Mensch seiner Zeit«, meinen wir damit die Überzeugungen jener Zeit, aber auch die Härten und Strapazen dieser Zeit. Das aktuelle Interesse an Sklaverei neben der Besessenheit von »Privileg« (vor allem »weißem Privileg«) klammert die Tatsache aus, dass die weißen Europäer während dieser Zeit nicht in einer Art privilegiertem Paradies gelebt haben. Zum Beispiel war die Arbeiterklasse im Vereinigten Königreich im frühen 19. Jahrhundert in absolut keiner privilegierten Position. Wenn Sie sich das Anklageprotokoll ansehen, das dem Westen und seiner gesamten Geschichte vorgehalten wird, wird Ihnen das komplette Fehlen von Kontext sowie der groteske Mangel an Ausgewogenheit nicht entgehen.

Wie war die Situation eines Bergmanns in den 1800er-Jahren in England? Wie viel Freiheit hatte er, um Lebensentscheidungen zu treffen oder dem Hintergrund zu entfliehen, in den er hineingeboren worden war? Was ist mit denen, die in Ländern wie England schon zu Kinderarbeit in gefährlichen Textilfabriken oder Landarbeit gezwungen waren, bevor sie auch nur zehn Jahre alt waren? Wie ein Autor über Sklaverei jüngst einräumte, war die Lebenserwartung von Sklaven in Demerara doppelt so hoch wie die eines Fabrikarbeiters in Lancashire oder Yorkshire zur selben Zeit. Können wir daraus etwas lernen? Im Fall dieses speziellen Historikers bestand die einzige Handlung wieder einmal darin, über die Schande der »weißen Männer« zu reden und das unterwürfige obligatorische Zugeständnis zu machen, dass er als weißer Mann es »besser machen« muss.[167]

Es ist seltsam, nach all diesen Jahren immer noch von Kniefällen zu lesen, die lediglich auf ethnische Zugehörigkeit begründet sind. Denn wenn das von einer ethnischen Gruppe erwartet wird, wie sollten dann andere davon ausgenommen sein? Es gab nicht nur die Völker, die mit Menschen handelten, sondern auch die Völker, die sie verkauften. Welche Antwort kann es geben, sogar nach all diesen Jahrhunderten, auf die Problematik, die Voltaire in seinem *Essai sur les mœurs* äußert, in dem er feststellt, dass die weißen Europäer sich zwar des Kaufens von Sklaven schuldig gemacht haben, wesentlich verwerflicher sei jedoch das Verhalten jener Afrikaner, die bereit waren, ihre Brüder, Nachbarn und Kinder zu verkaufen (»On nous reproche ce commerce: un peuple qui trafique de ses enfants est encore plus condamnable que l'acheteur« [Uns wirft man diesen Handel vor: Ein Volk, das mit seinen Kindern handelt, ist noch viel verurteilenswerter als der Käufer]).[168] Entbindet das den Westen von seiner Verantwortung? Natürlich nicht. Aber es ist eine Erinnerung daran, wie seltsam es ist, ständig nur eine Gruppe von Menschen für ein Verbrechen auf die Anklagebank zu setzen, an dem alle beteiligt waren.

Es gibt auch noch die Frage der Ausgewogenheit. Denn wenn es Beispiele für historische Sünden gibt, dann muss es auch welche für historische Tugenden geben, und auch wenn diese die Sünden nicht völlig auslöschen, müssen sie dann nicht zumindest strafmildernd wirken? Zum Beispiel entspricht es den Tatsachen, dass sich Großbritannien am Sklavenhandel beteiligte und an einem verabscheuungswürdigen Handel mit menschlichen Wesen mitwirkte. Aber wie wir gesehen haben, war dieses Land auch weltweit führend bei der Abschaffung dieses Handels. Und Großbritannien schaffte den Handel nicht nur für sein Land ab, sondern setzte seine Kriegsflotte ein, um diesen Handel in allen Teilen der Welt zu beseitigen, in die seine Schiffe vordringen konnten. Wenn Großbritanniens Entscheidung im Jahr 1807, die Sklaverei abzuschaffen, schon ungewöhnlich war, so wurde das noch von der Entscheidung übertroffen, die Royal Navy durch die Weltmeere zu schicken, das West Africa Squadron mit einem Stützpunkt in Freetown einzurichten und die Flotte auszubauen. Bis zu einem Sechstel aller Schiffe und Seeleute der Royal Navy waren im Kampf gegen den Sklavenhandel eingesetzt.

Die Kosten für diese außergewöhnliche Entscheidung waren nicht nur finanzieller Natur. Etliche Briten bezahlten dafür mit dem Leben. Zwischen 1808 und 1860 kaperte das West African Squadron 1.600 Sklavenschiffe und befreite 150.000 afrikanische Sklaven. Es verlor dabei auch eine große Zahl seiner eigenen Leute. Mehr als 1.500 Männer der Royal Navy wurden in dieser Zeit im Einsatz getötet. Die Tapferkeit und der selbstlose Heroismus dieser Männer verdient doch eine Erwähnung, oder? Anthony Sullivans Geschichte der Einsätze des Royal Navy West Africa Squadron ist eines der seltenen Werke, um die herausragende Tapferkeit dieser britischen Seeleute hervorzuheben. Sie verfolgten die Schiffe auf den Ozeanen, enterten sie und kämpften unter Einsatz ihres eigenen Lebens für das Leben der Sklaven, die sie ausnahmslos in die Laderäume gesperrt fanden, auf dem Weg in die verschiedensten Länder.[169] Es war ein Katz-und-Maus-Spiel auf hoher See, mit Pattsituationen und

Ratespielen, weil Sklavenschiffe sich als harmlose Schiffe tarnten. Bis die britischen Seeleute an Bord gingen und selbst nachschauten, hatten sie keine Garantie, dass sie mit ihrer hochriskanten Strategie richtiglagen. Es ist eine Geschichte von großem Heldenmut, die sechs Jahrzehnte lang andauerte. Gelten diese Anstrengungen? In dem antiwestlichen Vergeltungsspiel, das derzeit stattfindet, scheint das nicht der Fall zu sein.

Stattdessen hören wir nur von schuldigen Männern. So wie bei den Behauptungen von Aktivisten, dass Großbritanniens größter Seeheld – Admiral Lord Nelson – ein leidenschaftlicher Befürworter des Sklavenhandels gewesen sei. Derartige Behauptungen werden weiterhin aufgestellt, um (wie auch in diesem Fall) die Entfernung der Nelsonsäule auf dem Trafalgar Square zu fordern. Als diese Kampagne im Jahr 2020 aufkam, stellte sich schnell heraus, dass der Brief, der Nelson als Sklavenhändler »entlarvte«, eine Fälschung war. Er war eigens von der Anti-Sklaverei-Bewegung erfunden worden, als die Sklavereidebatte in England noch lief. Aber als das ans Licht kam, war das Schießen im Vorbeifahren auf einen weiteren Helden des Westens bereits vollzogen. BLM-Aktivisten hatten eine von Sklaverei-Gegnern geschaffene Fälschung genutzt, um ihre Sache zu stärken. Es war ethisches wie auch wissenschaftliches Versagen.[170] Aber nicht viele Menschen interessierten sich für diese Debatte.

Um das ganze Ausmaß des unfairen antiwestlichen Spiels unserer Zeit zu sehen, muss man sich nur anschauen, wie eine bestimmte Person heutzutage beurteilt wird. Und diese Person ist die bedeutendste von ihnen allen.

CHURCHILL

Eine der historischen Persönlichkeiten, die in den vergangenen Jahren besonders unter Beschuss standen, ist eine Person, die auf den ersten Blick ein überraschendes Ziel für eine »Entwertung« zu sein scheint. Bis vor wenigen Jahren wurde Sir Winston Churchill im Allgemeinen als eine der erfolgreichsten und bewundernswertesten Gestalten der Geschichte verehrt. Sein Amtsantritt als Premierminister Großbritanniens im Mai 1940, genau dann als Adolf Hitler den Blitzkrieg nach Westen startete, wurde von Lord Hailsham später als einer der Augenblicke beschrieben, in der sich Gottes Hand in die Angelegenheiten der Menschen mischte.

Churchill lag bei vielen Dingen in seiner langen Laufbahn richtig, genauso, wie er sich bei einigen irrte. Aber die Bedrohung durch Hitler schon früh in den 1930er-Jahren zu erkennen, zum Aufrüsten zu drängen und sich den Beschwichtigern zu widersetzen – noch vor Kriegsbeginn –, machte ihn zu einer der großartigsten Gestalten sämtlicher Epochen der Geschichte. Viele Menschen reden von Faschismus und Antifaschismus, aber er war, ohne jeden Zweifel, der größte Antifaschist des 20. Jahrhunderts. Sein Ansehen wuchs in den Jahrzehnten nach seinem Tod sogar noch. Im Jahr 2002 schlug er die gesamte Konkurrenz, als er von der britischen Öffentlichkeit zum »Greatest Briton« aller Zeiten gewählt wurde.

Aber in den letzten Jahren gab es einen langsamen, unentwegten Angriff auf Churchill. Während Hollywood-Filme wie *Darkest Hour* (2017) weiterhin vor vollen Kinosälen den heroischen Churchill präsentierten, schwelte eine genauso virulente Anti-Churchill-Stimmung. Es gibt viele Dinge, die diese Bewegung auszeichnen, aber unter den interessantesten ist, dass sich seine Vertreter als historisch ungebildet auszeichnen.

Nehmen wir zum Beispiel eine Podiumsdiskussion, die im Februar 2021 im Churchill College in Cambridge stattfand. Diese Veranstaltung in einem nach Churchill benannten College (das einzige Mal, dass einer lebenden Person diese Ehre zuteilwurde) trug den Titel »The Racial Consequences of Churchill«. Die drei Diskussionsteilnehmer – Dr. Onyeka Nubia (Universität von Nottingham), Professor Kehinde Andrews (Birmingham City University) und Dr. Madhusree Mukerjee – waren alle gemeinhin bekannt als ausgeprägte Churchill-Hasser. Moderiert wurde die Diskussion von Priyamvada Gopal, zufällig Lehrbeauftragte am Churchill College. In den vergangenen Jahren hat sie sich auf Twitter durch ihre Antiweißen-Rassenhetze ausgezeichnet. Dazu gehören auch Glanzstücke wie »Weißsein abschaffen« »White Lives don't matter« [Weiße Leben zählen nicht] und ihre Behauptung, dass sie »dem Drang widerstehen muss, jeden Tag weiße Männer in die Kniescheibe zu schießen«.[171]

Die Teilnehmer an dieser Podiumsdiskussion am Churchill College sind alle keine weithin renommierten Historiker. Eine von ihnen – Dr. Mukerjee – ist Physikerin. Aber das alles hielt die Teilnehmer nicht davon ab, als Oberste Richter über Großbritanniens Führungspersönlichkeit zu Kriegszeiten aufzutreten. Ihr Mangel an Fachwissen offenbarte sich in der Tatsache, dass den Teilnehmern grundlegende historische Irrtümer unterliefen. Zum Beispiel beging Dr. Nubia an einer Stelle den peinlichen Fehler, Ernest Bevin mit Aneurin Bevan zu verwechseln. Womöglich glaubte sie, bei beiden Männern handle es sich um ein und dieselbe Person. Aber Aneurin Bevan war nicht einmal im Amt zu der Zeit, als er laut Dr. Mukerjee für die britische Regierungspolitik verantwortlich gewesen sein soll. Dennoch lag es nicht an den Details, sondern den zahlreichen pauschalen Behauptungen, die von diesen Nicht-Fachleuten erhoben wurden, dass etwas Wichtiges herauszulesen war.

Zum Beispiel machten die Diskussionsteilnehmer während der Veranstaltung Bemerkungen wie: Das britische Empire sei »viel schlimmer als die Nazis« gewesen, der Krieg wäre auch ohne die Briten gewonnen worden; Großbritannien hätte mit nahezu jedem anderen als Premierminister gewonnen; der Holocaust sei in der jüngeren Geschichte nichts Ungewöhnliches; und in jedem Fall sei der Sieg der Alliierten über die Nazis nicht sonderlich bedeutsam, denn letztlich »sind wir nur von einer Form weißer Vorherrschaft zu einer anderen gewechselt«.[172]

Tiefer konnten die Teilnehmer kaum noch sinken. An einer Stelle beschimpfte einer von ihnen Churchill höhnisch als Feigling: »Hat denn Churchill da draußen im Krieg gekämpft? Ganz bestimmt nicht. Er war schön zu Hause.«[173]

Wie feindselig muss jemand sein, um zu verlangen, dass ein Premierminister, der als junger Mann an Kriegsschauplätzen auf vier Kontinenten war und sich im Ersten Weltkrieg freiwillig zur Armee meldete, in seinen Sechzigern an der Front mitkämpfen sollte wie ein mittelalterlicher Kriegsherr? Zu anderen Versuchen, jenen Mann zu verunglimpfen, der Großbritannien durch den Zweiten Weltkrieg geführt hat, gehört, dass die Teilnehmer Churchill dafür verspotteten, 1945 die Wahl zur Fortsetzung seiner Amtszeit als Premierminister verloren zu haben.

2021 griff ein neues Buch Churchill an und nutzte dazu jede Möglichkeit, einschließlich des Vorwurfs, dass er zu viel getrunken habe. An anderer Stelle behauptete der Autor in diesem Buch, dass Churchill »nie wirklich ein vielgereister Mann war«.[174] Da fragt man sich, wer denn bitte ein vielgereister Mann sein soll, wenn nicht Winston Churchill.

Obwohl all diese Behauptungen eine tiefe Feindseligkeit zeigen, sind die meisten im Wesentlichen belanglos. Aber in den vergangenen Jahren gerieten auch ernsthafte Anschuldigungen gegen Churchill ins Blickfeld.

Als die BLM-Bewegung im Mai und Juni 2020 von Amerika nach Großbritannien hinüberschwappte, wurde die Churchill-Statue am Parliament Square sofort einer der Kristallisationspunkte für Randalierer. Die Statue wurde mehrfach mit Graffiti beschmiert und auf andere Weise verschandelt. Einmal wurde ein BLM-Banner um die Taille der Statue gewickelt und unter den Namen »Churchill«, der mit schwarzer Farbe durchgestrichen wurde, die Wörter »war ein Rassist« gesprüht. Bei den Berichten über diese Proteste titelte die BBC: »27 Polizisten bei großen friedlichen Antirassismus-Protesten verletzt.« Eine Überschrift, die in unserer Zeit nur übertroffen wurde von CNN einen Monat später, als deren Reporter vor einer brennenden Stadt standen. Schlagzeile: »Heftige, aber größtenteils friedliche Proteste.«

Man war derartig besorgt wegen der BLM-Angriffe auf die Statue, dass sie erst mit Brettern verkleidet und dann durch eine Metallkiste vor den Protestierenden geschützt wurde. Ein Sprecher des Bürgermeisters von London, Sadiq Khan, versprach, dass die Statue »unter Beobachtung« der Greater London Authority und der Metropolitan Police bleiben würde. Für einen London-Besuch von Emmanuel Macron im Juni entfernten die beschämten Londoner Behörden die Verkleidung rund um die Churchill-Statue. Der Besuch des französischen Präsidenten fand zum Gedenken des 80. Jahrestags von General de Gaulles Appell an die Franzosen statt, sich der Besetzung ihres Landes durch die Nazis zu widersetzen. Die Briten waren sich also möglicherweise bewusst, welchen Eindruck sie vermitteln würden, wenn London 80 Jahre nach diesem Ereignis nicht einmal eine Statue ihres eigenen Kriegsführers ausstellen konnte.

Aber kaum durfte Churchill raus, da wurde er schon wieder verschandelt. Im September wurden die Worte »ist ein Rassist« auf den Sockel der Statue gesprüht – dieses Mal in Gelb. Und derartige Angriffe beschränkten sich nicht auf das Vereinigte Königreich. Mitten auf dem Churchill Square in Edmonton, Kanada, wurde in den 1980er-Jahren eine lebensgroße Churchill-Statue bei einer feierlichen Zeremonie von seiner Tochter enthüllt. Im Juni 2021 wurde diese Statue zum Ziel von Angriffen. Aktivisten gossen rote Farbe über die Figur, sodass sie über die Bronze hinablief und alles bedeckte – vom Gesicht bis zum Sockel. Ein örtlicher Aktivist, der zuvor das Entfernen der Statue verlangt hatte, reagierte auf die Verschandelung mit den Worten: »Ein Vorschlag – wir sollten Kriegshetzer und völkermordende Wahnsinnige nicht feiern, ihrer gedenken oder ihr Andenken anderweitig zelebrieren. Steckt ihn in ein Museum, wohin er gehört, zusammen mit einer ordnungsgemäßen Auflistung seiner Ansichten und Gräueltaten.«[175] Das Beste, was der Bürgermeister von Edmonton als Reaktion auf den Angriff tun konnte, war zu sagen: »Ich kenne nicht die Absicht hinter diesem Vandalismus, aber ich weiß, dass historische Monumente und Skulpturen hier und an anderen Orten im Zentrum einer emotionalen Auseinandersetzung bezüglich dessen stehen, welches Erbe und welche Geschichten wir als Gesellschaft verehren. Ich glaube, dass es produktivere Wege gibt, eine Gesellschaft auf eine offenere und erhebendere Zukunft zuzubewegen.«

Dass derart schönfärberische Kritik zur Norm wurde, geschah unter anderem aus demselben Grund, aus dem Webseiten wie die der BBC plötzlich »ein Fall für die Staatsanwaltschaft« unter jeden Text setzten, der die Angriffe auf Churchills Ansehen erklärte. Die Angriffe tendierten dazu, demselben Muster zu folgen wie die Zeitschrift *Foreign Policy*, als sie einem ihrer Autoren erlaubte, Churchill beiläufig als »bekennenden Rassisten« zu bezeichnen. Als wäre diese Frage nicht einmal strittig, sondern entschieden.[176] Oder wie der Sender CNN es tat, als er die Verschandelung der Churchill-Statue in London in einem Bericht titelt: »Ja, Churchill war ein Rassist. Es ist Zeit, sich von der Geschichtssicht ›Er war ein großartiger weißer Mann‹ zu verabschieden.« Der Bericht fuhr dann fort, Churchill als Anhänger der »weißen Vorherrschaft« zu beschuldigen.[177]

Die Vorwürfe gegen Churchill laufen immer wieder auf dieselben Punkte hinaus. Der erste ist, dass er gelegentlich Ansichten äußerte, die in ihrer Haltung ins 19. Jahrhundert passten. Für ein Produkt Englands im 19. Jahrhundert ist das wohl kaum überraschend. Aber die Taktik gegen ihn besteht darin, etwas in seinem Leben zu finden, das er falsch verstanden oder gesagt hat, und das zu verwenden, um alles andere auszulöschen. Wie bei Rhodes stützt sich vieles davon auf unverhohlene Lügen.

Zum Beispiel behauptete unter anderem Noam Chomsky, dass Churchill die Angriffe mit Gas auf irakische Zivilisten im Jahr 1919 befürwortet habe. Was diese Kritiker jedoch außer Acht lassen, ist, dass Churchill den Einsatz von Tränengas befürwortete und nicht den von Senfgas. Dann war da noch das Beispiel der Hungersnot in Bengalen 1943–1944. Diese schreckliche Hungersnot, in der nach offiziellen Angaben 1,5 Millionen Menschen starben, begann, als im Herbst 1942 ein tropischer Wirbelsturm über die Ostküste von Bengalen und Orissa hinwegfegte und die Reisernte zerstörte. Den Behörden vor Ort gelang es nicht, das Problem in den Griff zu bekommen, ebenso wenig wie dem Vizekönig und anderen. Die Aufzeichnungen des Kabinetts in London zeigen, dass Churchill darauf bestand, dass etwas gegen die »Hungersnot und das Versorgungsproblem« in dieser Region »getan werden müsse«. Churchills heutige Kritiker werfen ihm vor, nicht ausreichend Getreide nach Indien geschickt zu haben, um die Hungersnot zu vermindern, sie verdrehen die historischen Aufzeichnungen und erwähnen nicht, dass Churchill sich sogar auf dem Höhepunkt des Zweiten Weltkriegs persönlich darum gekümmert hat, dass Notfall-Getreidelieferungen aus dem Irak und Australien nach Indien gelangten.

Während die Anschuldigungen gegen ihn von völlig unqualifizierten Personen vorgebracht wurden, bewiesen unendlich viel besser qualifizierte Personen, einschließlich Tirthankar Roy und Amartya Sen, wie falsch diese Anschuldigungen sind. Für gewöhnlich würden die Beweise solcher Experten als schlüssig gelten. Aber in den letzten Jahren wuchsen die Vorwürfe gegen Churchill, ohne auf Tatsachen zu basieren. Aktivisten stützen sich auf die Arbeit nachlässiger Autoren und behaupten, Churchill habe die Hungersnot in Bengalen nicht gekümmert, er wollte sie sogar und sei froh gewesen, dass Menschen starben, solange es Inder waren. Es gibt keine historischen Aufzeichnungen, die derartige Behauptungen beweisen, dennoch erlangten sie aufgrund ihrer ungezügelten Wiederholungen eine gewisse Verbreitung. Wie Churchills neuester Biograf, Andrew Roberts, zusammen mit Zewditu Gebreyohanes schrieb: »Es ist unrealistisch, sich vorzustellen, dass irgendjemand anderer an [Churchills] Stelle der Hungersnot mehr Aufmerksamkeit geschenkt hätte, als er es tat, während der Krieg an vielen Fronten geführt wurde.«[178]

Manchmal scheint es so, als gäbe es nichts, das Churchill hätte tun können, um seine heutigen Kritiker zufriedenzustellen. 2019 wurde der damalige Schattenkanzler und Labour-Chef, John McDonnell, während einer öffentlichen Veranstaltung in London auf Churchill angesprochen. »Winston Churchill: Held oder Verbrecher?«, wurde er gefragt. McDonnell, ein selbsternannter Marxist und Sozialist, antwortete prompt: »Tonypandy. Verbrecher.« Das bezog sich auf einen Vorfall in Südwales im Jahr 1910, als Churchill, damals Innenminister, die Polizei losschickte, um den aus einem Bergarbeiterstreik entstandenen Aufstand aufzulösen. Es kam zu gewaltsamen Ausschreitungen, bei denen ein Bergmann sein Leben verlor. An dieser Sache ist etwas ungewöhnlich: das vollständige Fehlen der Fähigkeit, Gutes und Schlechtes gegeneinander aufzuwiegen. Die Vorfälle nahe Tonypandy sind umstritten, und niemand würde allen Ernstes Churchill für den Tod dieses Bergmanns beschuldigen. Aber was, wenn es so wäre – wenn der Tod dieses einen walisischen Bergmanns eine unmittelbare Folge der Entscheidung von Winston Churchill gewesen wäre, hätte dann nichts, was Churchill in den Jahrzehnten nach 1910 erreichte, dazu ein Gegengewicht geschaffen? Würde seine zentrale Rolle im Kampf gegen den Faschismus denn gar nichts im Vergleich dazu zählen?

Historische Ermessensentscheidungen wie diese gehen in der Regel mit Komplikationen einher. Die erste ist, dass sie erstaunlich einseitig sind. Während seiner Zeit als

Schattenkanzler pries McDonnell freudig Mao Tse-tung und wedelte im House of Commons mit seinem »Kleinen Roten Buch« und empfahl dessen Inhalte dem House. Während seines Lebens und seiner Laufbahn soll der »Große Vorsitzende« Mao für den Tod von schätzungsweise 65 Millionen Menschen verantwortlich gewesen sein. Aber diese Tatsache kann von Labour-Politikern wie McDonnell und der ehemaligen Schatten-Innenministerin Diane Abbott, die einst sagte: »Mao hat mehr Gutes als Schlechtes getan«, einfach ignoriert werden, weil er »sein Land vom Feudalismus befreit hat«. Es scheint berechtigt, zu fragen, was für ein Bilanzierungssystem hier eigentlich angelegt wird. Wie kann es sein, dass ein ultralinker Diktator zig Millionen Menschen töten kann und dennoch für seine großartigen Fortschritte im Bereich der Agrarwirtschaft gepriesen wird, während Winston Churchill dabei hilft, die Welt vor dem Faschismus zu retten, und dennoch bis in alle Ewigkeit für den Tod eines Bergmanns vor drei Jahrzehnten verdammt wird? Daran ist etwas derartig Empörendes, was nur damit begründbar ist, dass noch ein anderer politischer Kampf gewonnen werden soll.

Bei den Angriffen auf Churchill geht es möglicherweise um Zermürbung. Es ist nahezu unmöglich, Menschen dabei zuzusehen, wie sie die Waagschalen der Geschichte auf diese Weise befüllen, ohne dass einem die Kraft ausgeht.

Wenn das, was Churchill in seinem Leben tat, nicht zählt, dann ist nur schwer vorstellbar, wie menschliche Handlungen überhaupt zählen können.

Wenn Churchills Pluspunkte seine Minuspunkte nicht ausgleichen können, dann kann niemand je genug Gutes in seinem Leben tun. Anders ausgedrückt: Wenn wir das mit Churchill nicht hinbekommen und ihn in einer angemessenen Sichtweise darstellen, dann erscheint es wenig sinnvoll, das bei irgendjemand anderem zu tun. Letztlich erscheint es wenig sinnvoll, dass wir selbst überhaupt etwas Gutes tun. Die Angriffe auf Churchill lassen alles menschliche Bemühen vergeblich wirken, denn wenn es nicht einmal zählt, das größte Übel in der Geschichte bekämpft zu haben, und man nicht einmal von seinem eigenen Land ein halbes Jahrhundert nach dem Tod dafür gelobt wird, welche gute Tat könnte dann je zählen?

Aber auch das beantwortet noch nicht wirklich, warum Churchill so viel Schande anzieht. Warum wird sein Ansehen immer mehr besudelt und werden seine Leistungen so verlogen bewertet? Um zu verstehen, was vor sich geht, darf man diese Sache nicht auf historischer Ebene betrachten, sondern aus religiöser Sicht. Seit dem Zweiten Weltkrieg wurde Churchill in der gesamten westlichen Welt verehrt. Vielleicht mehr als jede andere Einzelperson wurde er als Beispiel eines großartigen Menschen angesehen – eines großartigen Menschen, der durch den Westen geschaffen wurde. Er ist eine Gestalt, auf die die Öffentlichkeit immer noch sehr stolz ist. Von ihm zu wissen und sich an ihn zu erinnern, bewegt die Menschen emotional. Sie glauben vielleicht nicht an Gott, aber sie glauben an Winston Churchill. Deshalb stehen Kinobesucher auf und jubeln am Ende von *Darkest Hour*. Deshalb verkaufen sich Bücher über Churchill und Souvenirs immer noch so gut. Weil es eine Heldengeschichte ist, die zeigt, welche Größe die Menschheit anstreben kann und wie heldenhaft Menschen werden können.

Genau das ist der Grund, warum Churchill besonders angegriffen werden muss. Denn solange sein Ansehen noch steht, hat der Westen einen Helden. Solange sein Ansehen intakt bleibt, haben wir Vorbilder, denen wir nacheifern können. Aber was geschieht, wenn Churchill zu Fall gebracht werden kann? Nun, dann fällt einer der größten Götter, vielleicht der größte des Westens. Und dann? Dann kann den demoralisierten Menschen alles aufgezwungen werden. Die Akademiker und die anderen, die Churchill angreifen, wissen, was für ein heiliges Wesen er ist. Sie wissen, wie sehr er verehrt wird. Und genau aus diesem Grund greifen sie ihn an. Denn sie wollen den »weißen Männern« einen Tritt verpassen, sie wollen der historischen Sicht des »großartigen Mannes« einen Tritt verpassen. Sie wollen den heiligsten Wesen und Orten des Westens einen Tritt verpassen. Sie wählen ihre Ziele gut.

DENKMÄLER

Dieses Attackieren der Grundlagen hat in Großbritannien ebenso wie in den USA in den vergangenen Jahren unglaublich an Fahrt aufgenommen. Genauso, wie die Floyd-Proteste in Amerika mit umstrittenen Personen begonnen und dann mitten ins Zentrum der Nationalgeschichte geschossen haben, so hat sich in Großbritannien der Brand in einem Rekordtempo von außen hineingefressen. In den Tagen unmittelbar nach George Floyds Tod griff eine Menschenmenge in Bristol die Statue von Edward Colston (1636–1721) an, einem örtlichen Unternehmer und Philanthropen, der in den Sklavenhandel verwickelt war. Während die Polizei zusah, rissen die Menschen die Statue vom Sockel, rollten sie die Straße hinunter bis zu den Docks und versenkten sie im Hafenbecken. Wie in Amerika lag eine starke Euphorie in der Luft, ein Gefühl, dass man – mit diesem erlaubten Vandalismus – etwas bewirken könne, etwas richtigstellen könne.

Wie ihre US-amerikanischen Amtskollegen begannen auch die britischen Behörden, Statuen vorsorglich zu entfernen, hofften, dem Mob einen Schritt voraus zu sein. Ein Denkmal des Unternehmers Robert Milligan wurde wegen seiner Verbindungen zum Sklavenhandel von seinem Sockel in den Londoner Docklands entfernt. Der Bürgermeister von London – Sadiq Khan – verkündete das Einrichten einer Kommission zur Überprüfung, welche Statuen und Denkmäler in London entfernt werden müssten. Der Robespierre-mäßige Name der Kommission lautete »Kommission für Diversität im öffentlichen Bereich«. Die wahrscheinlichen Entscheidungen dieser Kommission lassen sich leicht erraten. Zu ihren Mitgliedern gehörte ein »Community-Experte«, der behauptet hatte, dass weiße Vorherrschaft eine einzigartig britische Angelegenheit sei und dass das Vereinigte Königreich der »gemeinsame Nenner bei weltweiten Gräueltaten« sei.[179] Es gab in der Kommission auch jemanden, der dem Entfernen der Statue im »Guerilla-Stil« Beifall zollte.[180] Ein weiteres Mitglied hatte sich in der Vergangenheit dadurch ausgezeichnet, beim Gottesdienst in Canterbury aufzutauchen, wo er den Erzbischof und die Queen durch Zwischenrufe angriff und dann drohte, einen schwarzen Sicherheitsbeamten zu schlagen, als er hinausbefördert wurde.[181] Mit anderen Worten: Es war ein leicht unausgewogener Ausschuss.

So wie bereits ein Schuldspruch über die noch stehenden Statuen verkündet worden war, so lag bereits ein Urteil vor, durch welche Denkmäler sie ersetzt werden sollten. Der Bürgermeister, der die Kommission zusammengestellt hatte, versprach, dass sofort neue Statuen aufgestellt werden sollten, sobald die alten entfernt waren. Er sagte, zu den neuen Denkmälern für London würde auch eines für die Windrush-Generation[182] und eines für den schwarzen Teenager Stephen Lawrence, der 30 Jahre zuvor ermordet worden war, sowie ein National Slavery Museum gehören.[183] Anders ausgedrückt wurde wieder einmal die Geschichte der Nation auf den Kopf gestellt.

Wie bei dem 1619 Project wurde eine Geschichte der Errungenschaften bewusst in eine der Unterdrückung verwandelt. Aus einer Geschichte über Helden wurde eine über Fanatismus. Und jeder, der mit dieser Verschiebung nicht einverstanden war, durfte davon ausgehen, dass er selbst unter Beschuss geriet, wie unbekannt er oder sie auch sein mochte.

Nach den Protesten in Washington, D.C., ging ein Video von drei Frauen online, die zufällig weiß waren und versuchten, die BLM-Graffiti vom Lafayette-Gebäude zu schrubben. Das Video zeigte, wie die Frauen von einer vorbeifahrenden Autofahrerin beschimpft wurden. »Wieso wollt ihr das weghaben?«, fragte die Frau in dem Wagen. »Weil das ein Bundesgebäude ist«, antwortete eine der Frauen. »Dann sind euch schwarze Leben egal?«, hakte die Fahrerin nach. »Das haben wir nicht gesagt«, erwiderte eine der Frauen. »Natürlich sind uns schwarze Leben wichtig.« »Nicht genug, um diese Botschaft stehen zu lassen«, feuerte die Frau in dem Wagen zurück und machte das Entfernen von Graffiti zu einem weiteren Eintrag in die immer länger werdende Liste rassistischer Vergehen.

Ähnliches passierte, als nach BLM-Protesten in London eine Gruppe junger Briten auftauchte, um eigenhändig die Graffiti von den öffentlichen Denkmälern in Whitehall zu waschen. Wie sich herausstellte, gehörten die jungen Männer und Frauen zur Household Cavalry. Sie kamen vorbei, nachdem die Proteste nachließen, um die Graffiti von der Statue von Earl Haig auf der Whitehall zu entfernen. Das ereignete sich, kurz nachdem ein Demonstrant dabei fotografiert worden war, wie er auf das Ehrenmal kletterte und Großbritanniens Gedenkstätte an die Gefallenen der beiden Weltkriege beschmierte.

Dieses und andere Denkmäler auf der Whitehall waren mit »ACAB« (All cops are bastards) und anderen BLM-Parolen besprüht worden. Eine junge Frau filmte mit ihrem Handy die jungen Männer und Frauen, um sie dafür bloßzustellen, dass sie die Denkmäler reinigten. Einer der Demonstranten verspottete die jungen Soldaten für ihr Handeln. Erstens dafür, dass sie Transparente wegräumten, die überall in Whitehall liegengelassen worden waren. Und zweitens dafür, dass sie es wagten, die Schmierereien entfernen zu wollen. »Ihr konntet nicht einmal einen Tag warten«, beschimpfte sie eine der Frauen. »Nicht einen Tag. Wegen ihres kostbaren Denkmals.«

Natürlich waren diese Denkmäler für jeden Briten kostbar. Sie standen für die Opfer, die jede Familie gebracht hatte, um das Land frei von Tyrannei zu halten. Für die meisten Briten ist ein Opfer, das vorige Generationen in ihrem Interesse brachten, keineswegs etwas Lustiges oder Geistloses oder etwas, das man verspotten sollte. Es kommt von Herzen und ist nicht verhandelbar.

Aber dieser Wunsch, die heiligen Orte des Westens zu verspotten, scheint beinahe unersättlich. Und er hat sich überall verbreitet. In Kanada hatte eine Menschenmenge während des BLM-Sommers bereits eine Statue von Sir John Macdonald, Kanadas erstem Premierminister und dem, was einem Gründungsvater für dieses Land am nächsten kam, heruntergerissen. Im Sommer 2021 gab es einen erneuten Ausbruch dieses antiwestlichen Bildersturms. Bis 1982 hatte Kanada am 1. Juli den Dominion Day gefeiert. Aber »Canada Day« schien integrierender, und diese Übereinkunft hielt bis 2021, als sich ein Anti-Kanada-Gefühl im Land ausbreitete. Eine weitere Statue von Macdonald wurde niedergerissen und noch am selben Tag versammelten sich Menschenmassen auf dem Parliament Hill und skandierten »Shame on Canada«. Premierminister Justin Trudeau befahl das Setzen der Nationalflagge auf Halbmast. Und im ganzen Land schienen Demonstranten erpicht darauf zu sein, sämtliche Monumente der westlichen Vergangenheit des Landes zu zerstören. Ein Denkmal des Entdeckers Sir James Cook wurde heruntergerissen und in Winnipeg zogen mit Seilen und Haken ausgerüstete Demonstranten die gewaltige Statue von Queen Victoria auf dem Thron vom Sockel. Genauso verfuhren sie mit der Statue der heutigen Regentin, Queen Elizabeth. Innerhalb nur weniger Jahre wurde aus einem Nationalfeiertag die Möglichkeit zu einer anti-kanadischen Orgie.

Während dieses seltsamen Ansturms in Kanada wurde, wie in so vielen Fällen, die gesamte Geschichte des Landes und des Westens merkwürdig verdreht. Sowohl Wahrheiten als auch Lügen wurden übersteigert und dann durch einen Kreislauf der Empörung gejagt. Behauptungen zu offenkundiger Schuld wurden erhoben, gefolgt von einer Suche nach Schuldigen, die man an den Pranger stellen konnte. Immer sitzt der Westen mit seinen Institutionen und Ideen, die ihn zu dem gemacht haben, was er ist, auf der Anklagebank. Geschichte wird zur Geschichte der westlichen Sünden. Und Ignoranz regiert nicht nur über alles Gute, was der Westen je getan hat, sondern auch über alles Schlechte, was jeder andere je getan hat.

DIE GROSSE ENTEIGNUNG

In diesem Narrativ fixiert ist ein Ansturm im Innern des Westens, sich seiner eigenen Geschichte zu entledigen. Und seit einigen Jahren gibt es immer wieder seltsame Ausbrüche. Zum Beispiel haben in den letzten Jahren Universitäten und andere öffentliche Institutionen angefangen, historische Audits von sich zu verlangen, um zu sehen, ob – und in welchem Ausmaß – sie möglicherweise vom Sklavenhandel oder dem Empire profitiert haben. Der Schuldspruch ist stets vorherbestimmt. Aber was genau getan werden soll, um Wiedergutmachung zu leisten, ist nie klar.

Inzwischen können diese seltsamen Zuckungen überall ausbrechen. 2019 verkündete die Universität Cambridge, dass sie ein Audit durchführen würde, ob und wie sie möglicherweise vom Sklavenhandel profitiert hatte. Im Mai zeigte sich dann eine Konsequenz, als verkündet wurde, dass St. Catherine's College eine dort ausgestellte Glocke entfernt habe. Besagte Glocke stand unter dem Verdacht, einst auf einer Sklavenplantage gewesen zu sein, und wurde deshalb von den Blicken der Öffentlichkeit »abgeschirmt«, solange die Ermittlungen zu dem toten Gegenstand noch liefen. In solchen Momenten kann man sich fragen, ob wir in die Bereiche Narnia-gleicher Magie abdriften.[184] Tragen solche Gegenstände womöglich irgendeine Form von dunkler Materie in sich? Kehren die Plantagen zurück, wenn die Glocke geläutet wird? Das bleibt unklar. Ein Senior Tutor von St. Catherine's stellte lediglich fest, dass das College »unsere Verpflichtung zu Diversität, Inklusion und dem Stellen kritischer Fragen reflektiert«.[185]

Fest steht, dass keine Institution es sich leisten kann, hinter der aktuellen Bewegung zurückzubleiben. In London geriet das British Museum unter Druck. Im August 2020 gab es dem Druck nach und entfernte die Büste seines Gründungsvaters. Die Büste von Hans Sloane wurde von seinem Sockel geholt und in eine Vitrine verbannt, weil, so lautete die Erklärung, seine Sammlung »teilweise finanziert wurde durch die Arbeit afrikanischer Sklaven auf den Zuckerplantagen seiner Frau«.[186]

Das führte unweigerlich zu neuerlichen Forderungen, das Museum solle verschiedene Stücke seiner Sammlung zurückgeben. Zum ersten Mal wurden die Forderungen, die Parthenon-Skulpturen nach Athen zurückzugeben, überschattet von dem Begehren, die Benin-Bronzen jenem Land zurückzugeben, das heute Nigeria ist, von wo die Bronzen ursprünglich in den 1890er-Jahren hergebracht wurden. Ein einflussreiches Buch behauptete fälschlicherweise, die Bronzen seien bei einer Expedition der Briten in einem Beispiel von »Rassismus«, »Ausbeutungskapitalismus« und »Ur-Faschismus« geraubt worden. Tatsächlich waren die Bronzen Kriegsbeute, nachdem eine britische Expedition abgeschlachtet worden war (»möglicherweise ihr Leben verloren«, wie es der Autor von *British Museums* ausdrückt). Tatsächlich wurden die vier Männer von dem Oba [Herrscher] von Benin geopfert, der immer noch einen Sklavenmarkt betrieb. Die Köpfe der britischen Männer tauchten einen Tag später mit Mundknebeln wieder auf.[187]

Aber wie bei so vielen anderen Gelegenheiten momentan ist nahezu jegliches Wissen über Geschehenes in Vergessenheit geraten. Die Geschichte wurde in demselben einseitigen Stil umgeschrieben wie alles andere: eine Geschichte westlicher Rassisten, die unschuldige Eingeborene ausnutzen. Der Druck auf die eine Institution war so groß, dass bald darauf eine weitere einknickte. Im April des darauffolgenden Jahres verkündete die Church of England, dass sie zwei Benin-Bronzen, die sich in ihrer Sammlung befänden, zurück nach Nigeria schicke. Es sickerte durch, dass die Bronzen im Jahr 1982 dem früheren Erzbischof Robert Runcie übergeben wurden. Es waren Geschenke der University of Nigeria. Und nun, in einem Anfall von Schuldbewusstsein, gab die Church of England Geschenke zurück, als wolle sie gestohlenes Eigentum loswerden.

Zwischenspiel
Wiedergutmachungen

Was kann der Westen tun, wenn ihm solch ein Sündenkatalog vorgehalten wird? Was könnte überhaupt jemand tun? Wie könnte das Unrecht in Ordnung gebracht werden, ohne die Unschuldigen zu bestrafen und die Unwürdigen zu belohnen? Es ist ein Rätsel, das über allen historischen Ungerechtigkeiten schwebt. Und es erfordert eine beträchtliche Menge an Sorgfalt, um dieses moralische Skalpell überhaupt zu schwingen. Ganz zu schweigen von der Gefahr, den Patienten während der Operation zu töten.

Als Erstes muss herausgearbeitet werden, ob das Unrecht tatsächlich stattgefunden hat und wie das Ausmaß desselben sein könnte. Als Nächstes muss festgestellt werden, wer die Person ist, der Unrecht geschah, und wer der Verursacher war. Falls Abbitte oder Vergeben nötig ist, wer kann diese dann anbieten und wer kann sie annehmen? Sollte eine Art von Kompensation oder Entschädigung erforderlich sein, wo müsste diese dann herkommen und an wen müsste sie gehen?

Das sind nur ein paar der Fragen, die sich durch die Debatte über die Geschichte des Westens ziehen. Und dieser Prozess ist an sich nicht ungewöhnlich. Geschichte und Geografie sind immer Behauptung und Gegenbehauptung, wer wen hereingelegt hat und welche Menschengruppe immer noch wegen eines Fehlers in der Vergangenheit einer anderen Menschengruppe etwas schuldet. Manchmal enden solche Auseinandersetzungen als Kampf um Gebiete wie in Zypern oder der West-Sahara. Manchmal geht es darum, welche Gruppe in einer Gesellschaft an die Spitze kommt. Im Laufe der Geschichte sind derartige Konflikte ausgestorben, können aber ganz leicht wieder entfacht werden. Es ist nicht schwierig, Feindseligkeiten gegen eine bestimmte Gruppe zu schüren, indem man sie so darstellt, als würde sie sich unfair an anderen bereichern. Die Geschichte ist voll von Varianten, wie das abläuft. Deshalb ist besondere Sorgfalt geboten, wenn man einer ganzen Gruppe von Menschen Fehlverhalten vorwirft, ganz zu schweigen von ganzen ethnischen Gruppen.

Es überrascht vielleicht nicht, dass heutzutage, wenn es um den Westen oder um die ethnische Gruppe, aus der sich dieser größtenteils zusammensetzt, geht, nicht mit dem nötigen moralischen Fingerspitzengefühl vorgegangen wird. Im Gegenteil. Die Gegner und Konkurrenten des Westens scheinen begeistert zu sein, nicht nur über den Westen sagen zu können, was immer sie wollen, sondern auch noch außerordentliche Forderungen an ihn zu stellen. Je unverschämter, desto besser.

Wieder einmal ist nichts davon besonders neu, aber es hat in den vergangenen Jahrzehnten an Tempo aufgenommen. Die Dämonisierung des Westens und der westlichen Menschen ist nun die einzige akzeptable Form von Bigotterie bei internationalen Foren wie den Vereinten Nationen. Wäre eine Dämonisierung der afrikanischen Nationen die Norm, so würde das schnell erkannt werden. Das Gleiche gilt für jede andere Kultur. Außer für den Westen.

Jeder, der das bezweifelt, sollte einmal zwei Jahrzehnte zurückschauen auf ein Ereignis, das sich in der Küstenstadt Durban, Südafrika, zutrug. Die »World Conference against Racism, Racial Discrimination, Xenophobia und Related Intolerance« fand dort vom 31. August bis 8. September 2001 statt. Wenig überraschend für eine derartige Veranstaltung – unter solchen Vorzeichen – ging es bei der Konferenz weniger darum, Rassismus und Intoleranz anzugehen, als diese Dinge anzuprangern. Der Staat Israel wurde besonders in die Mangel genommen, so extrem, dass einige der westlichen Länder sich in Anbetracht der Zweckentfremdung dieser Konferenz äußerst unwohl fühlten und die Vereinigten Staaten und Israel die Konferenz verließen. Andere westliche Völker drohten ebenfalls damit, blieben jedoch. Die Entrüstung auf dieser Konferenz – die unter der Schirmherrschaft der UN stattfand – wurde schon bald überschattet von noch größeren Skandalen in New York, Washington, D.C., und einem Feld in Pennsylvania nur drei Tage nach dem Ende der Konferenz. Aber alles, was in Durban passierte, hätte man ernster nehmen müssen. Denn jedes Detail davon zeigte die Orgie der Antiwestlichkeit, die nicht nur die Voraussetzungen für den 11. September schuf, sondern bereits die hoffähige Standardposition der Antiwestler rund um den Globus geworden war.

Die wichtigtuerische »Erklärung«, die am Ende der Konferenz veröffentlicht wurde, umfasste alle richtigen Kriterien für die verschiedenen antiwestlichen Mächte, die die Konferenz am stärksten prägten. Obwohl der Antisemitismus, der die Konferenz durchzog, in der Schlusserklärung heruntergespielt wurde, wurde als erwiesen angesehen, dass es kein Übel in der Welt gab, das man nicht dem Westen in die Schuhe schieben konnte. Jedes endlos durchgekaute Verbrechen des Westens wurde als alleinige Erklärung für globalen Rassismus und Diskriminierung verwendet. Sämtliche negativen Aspekte des Lebens in Afrika, dem Nahen Osten, dem Fernen Osten und anderswo wurden entweder ignoriert oder unbekümmert dem Westen auf die Rechnung gesetzt.

Zum Beispiel hieß es in der Abschlusserklärung von Durban: »Wir erkennen an, dass Kolonialismus zu Rassismus, rassistischer Diskriminierung, Xenophobie und damit verbundener Intoleranz geführt hat.« Es wurde behauptet, dass die afrikanischen Menschen immer noch unter den Konsequenzen leiden und dass Kolonialismus nicht nur »verdammt«, sondern sein Wiederaufkommen »verhindert« werden müsse. Das haben afrikanische Landesführer bemerkenswerterweise in den folgenden beiden Jahrzehnten zu tun versäumt, als sie ihre Länder an Chinas »Neue-Seidenstraßen-Initiative« verkauften. Ansonsten verurteilte die Erklärung »den transatlantischen Sklavenhandel« (der einzige Sklavenhandel, der hervorgehoben und benannt wurde). Die Erklärung forderte auch Wiedergutmachungen von den Ländern, die verantwortlich waren für diese Gräueltaten.[188] In gewisser Weise waren die Schlussfolgerungen milde, in Anbetracht der Natur der Konferenz, die zu der Schlusserklärung führte.

Denn es hatte eine Menge Höhepunkte in dem antiwestlichen Spektakel der Durban-Konferenz gegeben. Zum Beispiel war da die Ansicht von Robert Mugabes Regierung, die von den Briten und Amerikanern verlangte, sich »uneingeschränkt für ihre Verbrechen an der Menschheit zu entschuldigen«. Jemand namens Matthew Coon Come, ein Häuptling der »First Nations« in Kanada, erzählte den UN-Delegierten, dass er und seine Stammesbrüder Opfer »eines rassistischen und kolonialen Syndroms der Enteignung und Diskriminierung« seien. Das kam bei den Delegierten sehr gut an. Als Mr. Coon Come behauptete, dass die Regierung in Ottawa erst ein Jahr zuvor dem »weißen Mob« befohlen hatte, die Leute der First Nations anzugreifen (ein Hirngespinst der Fantasie von Mr. Coon Come), applaudierten die Delegierten laut. Natürlich hatte die dieser Verbrechen beschuldigte Regierung Mr. Coon Come den Flug nach Durban bezahlt, damit er diese Anschuldigungen gegen die kanadischen Behörden vorbringen konnte. Aber diese Ironie musste sich in Durban ganz hinten an eine lange Schlange anstellen.

Der syrische Außenminister war unter den anderen Progressiven, die die Konferenz dazu nutzten, um gegen den Westen wegen seiner Ausländerfeindlichkeit und Vorurteile auszuholen. Der Begriff »Techno-Rassismus« wurde auf der Konferenz erfunden, in dem Versuch, die Behauptung aufzustellen, dass der Kapitalismus im Wesentlichen eine rassistische Unternehmung sei. Die größte Huldigung von allen war Fidel Castro vorbehalten, der auf der Konferenz vorgestellt wurde als der Anführer des »demokratischsten Landes auf dieser Welt«. Bis 2001 hatte sich Castro vier Jahrzehnte lang geweigert, in Kuba freie Wahlen abzuhalten. Aber das spielte für die Teilnehmer in Durban keine Rolle. Tatsächlich spielte nichts für sie eine Rolle, außer dem Angriff auf die westlichen Demokratien, sie für jegliches Elend auf dieser Welt verantwortlich zu machen und jeden zu loben, der als Feind oder Widersacher des Westens galt. Die vielleicht einzig bedeutsame Meinungsverschiedenheit in Durban herrschte darüber, an wen die Reparationsleistungen gezahlt werden sollten. Verschiedene afroamerikanische Teilnehmer schienen überzeugt, dass die Reparationszahlungen an Einzelpersonen gehen müssten. Wohingegen die teilnehmenden afrikanischen Präsidenten, wie Mark Steyn damals beobachtete, »es dienlicher zu finden schienen, wenn der Westen einen fetten Scheck im Präsidentenpalast abgeben würde«.[189]

Es gab sogar einen Moment, in dem die Organisation of African Unity äußerte, dass Reparationszahlungen für das Abschlachten des Tutsi-Stammes durch den Hutu-Stamm 1994 in Ruanda von der US-amerikanischen Regierung geleistet werden sollten. Ruanda hatte 1962 seine Unabhängigkeit von Belgien erklärt.

Jeder, der sich mit der Arbeitsweise des UN Human Rights Councils in Genf auskennt, wird mit diesem Wertesystem vertraut sein. Dort werden Israel, die USA und die europäischen Mächte ständig von solchen Koryphäen für Menschenrecht wie Iran, Syrien und Venezuela für historische Verbrechen beschimpft. Das meiste davon kann Getue und Ablenkungsmanövern zugeschrieben werden. So wie im Jahr 2020, als Nordkorea die Vereinigten Staaten eine »Menschenrechtswüste« nannte und ein Land »extremer Rassisten«, wobei die BLM-Proteste und der Tod von George Floyd als Rechtfertigung angeführt wurden.[190] Man kann sich nur schwer vorstellen, dass es auf dieser Welt ein Land gibt, in dem die breite Bevölkerung derartig von Rassismus getränkt ist wie Nordkorea. Wie ich vor einigen Jahren bei einem Besuch in diesem Land mit eigenen Augen sehen konnte, wird die Idee der Überlegenheit der nordkoreanischen Rasse den Menschen von Geburt an eingetrichtert, genauso wie eine rassifizierte Verachtung von Amerikanern, Menschen aus der westlichen Welt im Allgemeinen, Japanern und vielen anderen. Nordkorea ist ein Land, das sich extrem vor einer Rassenmischung fürchtet und enorme Anstrengungen unternimmt, um dafür zu sorgen, dass das nordkoreanische Blut nicht »verwässert« wird.[191]

Internationale Organisationen wie das Human Rights Council sind perfekte Orte für Unterdrücker-Staaten, um die Aufmerksamkeit von ihren andauernden Verbrechen abzulenken und stattdessen auf die historischen Sünden des Westens zu richten. Die meisten totalitären Regimes und sogar viele blockfreie Länder finden es nützlich, sich auf diese Weise gegenseitig Deckung bei ihren Menschenrechtsverstößen zu geben. Aber nur weil einige Forderungen nach Reparationszahlungen zynisch und opportunistisch sind, trifft das nicht automatisch auf alle zu. In den vergangenen Jahren gab es vor allem in den Vereinigten Staaten zunehmend Forderungen nach irgendeiner Form von Entschädigungszahlung, und das sollte ernsthaft in Erwägung gezogen werden. Dazu zählen Forderungen nach Reparationszahlungen für die Nachkommen der Opfer des Empires sowie Reparationszahlungen für die Nachkommen jener, die unter dem transatlantischen Sklavenhandel litten.

Über viele Jahre kamen diese Forderungen aus der Fanon'schen linken Ecke. Sie wurden als nicht machbar und nicht der ernsthaften Diskussion würdig abgetan. Dann, im Jahr 2014, schrieb Ta-Nehisi Coates einen Leitartikel für *The Atlantic* mit der Überschrift »The Case for Reparations« [Ein Plädoyer für Reparationen], der sich ernsthaft für eine historische Vermögensübertragung von einer sozialen Gruppe auf eine andere aussprach.[192] In seinem 15.000 Wörter umfassenden Essay argumentiert Coates: »Es ist mehr als moralischer Druck, wodurch Amerika aufgefordert ist, Reparationen zu leisten. Wir können unserer Geschichte nicht entkommen.«[193] Diese Geschichte, die besonders nach Wiedergutmachung verlangt, sind die Sklaverei und die Jim-Crow-Gesetze[194]. Coates behauptete, dass es auf das rassistische Erbe in den Vereinigten Staaten zurückzuführen sei, dass schwarze Amerikaner nach wie vor ein geringeres Haushalteinkommen zur Verfügung hätten als weiße Amerikaner.

Dabei blieb Coates äußerst unpräzise, wie derartige Reparationszahlungen durchgeführt werden sollten. Er behauptete sogar, nicht zu glauben, dass eine Wiedergutmachung zustande käme. Aber der Essay veränderte das Klima rund um die Diskussion. Tatsächlich hieß es fünf Jahre danach im *New Yorker*, dass der Artikel »die Welt verändert habe«. Nicht zuletzt, indem er Reparationszahlungen zu einem wichtigen Diskussionsthema bei den demokratischen Präsidentschaftskandidaten machte.[195]

Teile der Linken im gesamten Westen griffen das Thema ebenfalls auf. Innerhalb kurzer Zeit bewegte sich das Thema der Reparationszahlungen von politisch undurchführbar zu politisch durchsetzbar. In Großbritannien legte sich im Jahr 2019 die Labour-Partei in ihrem Manifest auf die Opposition der britischen Königin fest, »ein Audit zum Einfluss des britischen Kolonialerbes durchzuführen«. Die daraus resultierende 234 Seiten umfassende Untersuchung zum britischen Staat, von der Labour-Partei 2021 veröffentlicht, erklärte, dass Großbritannien »eine uneingeschränkte Entschuldigung an alle Länder weltweit aussprechen solle, in die das Empire eingefallen war und sie negativ beeinflusst hatte«, und dass »der britische Staat einen Reparationsfonds einrichten solle [...] für Gemeinschaften auf der ganzen Welt, die Verluste und Beeinträchtigungen als Folge von Handlungen des britischen Staates aufzeigen können«.[196]

In den USA rückte das Thema noch näher an das politische Zentrum heran und ließ die Forderungen der British Labour Party harmlos aussehen. Denn in den USA drehten sich die Gespräche über einen Wohlstandstransfer nicht um einen internationalen Geldtransfer, sondern um den Transfer des Wohlstands von einer Reihe ethnischer Gruppen innerhalb eines Landes zu einer anderen. Die Kandidaten der Demokraten, die sich 2020 für das Amt des Präsidenten nominieren lassen wollten, griffen das Thema auf. Und eine von Präsident Bidens ersten Amtshandlungen im Februar 2021 bestand darin, den demokratischen Gesetzgebern seine Unterstützung zuzusichern bei ihrem Versuch, ein Gesetz zu verabschieden, mit dem eine Kommission eingesetzt werden sollte, um die Sklaverei und deren fortdauernde Auswirkungen in den Vereinigten Staaten zu untersuchen und mögliche Abhilfen zu prüfen. Zu den aufgelisteten möglichen Abhilfen zählten auch Zahlungen von der Regierung an die Nachkommen von Sklaven, um diese für die von ihren Vorfahren geleistete unbezahlte Arbeit zu entschädigen.[197]

Wissentlich oder nicht befassen sich diese Leute und die US-Behörden mit einer Frage, die tiefer reicht, als ihnen bewusst ist. In seinem *Atlantic*-Artikel über Reparationszahlungen sprach Ta-Nehisi Coates über deutsche Reparationszahlungen an Israel als eine Art Modell, wie solche Reparationsleistungen in den Vereinigten Staaten aussehen können. Da auch er sich entschied, eine Parallele zum Zweiten Weltkrieg zu ziehen, könnte eine Geschichte aus derselben Periode herangezogen werden, um die Tiefe des Problems zu verdeutlichen, mit der jede Diskussion über Reparationszahlungen umgehen muss.

1969 veröffentlichte der Holocaust-Überlebende und gefeierte Nazi-Jäger Simon Wiesenthal ein Werk namens *Die Sonnenblume: Über die Möglichkeiten und Grenzen von Vergebung*. Wiesenthal berichtet darin über etwas, was er im Konzentrationslager von Lemberg erlebte. 1943 gehörte Wiesenthal zu einer Gruppe von Zwangsarbeitern, als er eines Tages an das Bett eines sterbenden Nazi-Soldaten geholt wird. Der Mann, der in Wiesenthals Buch den Namen Karl S trägt, war der Hitler-Jugend beigetreten und von dort die Nazi-Ränge hinauf bis zur SS aufgestiegen. Während dieser Zeit war er an einer besonders schlimmen Gräueltat beteiligt gewesen. Er gesteht dem Juden an seinem Bett, dass seine Einheit während des Krieges ein Haus zerstörte, in dem sich etwa 300 Juden befanden. Der SS-Trupp hatte das Haus in Brand gesteckt, und als Juden versuchten, aus dem brennenden Gebäude zu fliehen, indem sie aus den Fenstern sprangen, wurden sie von Karl S und seinen Kameraden erschossen.

Das wird sehr detailliert beschrieben, und wenn das alles wäre in der *Sonnenblume*, dann wäre es lediglich eine weitere der zahllosen Geschichten von Nazi-Gräueltaten an Juden während des Zweiten Weltkriegs. Aber darum geht es in Wiesenthals Buch nicht, sondern um das, was danach passierte. Denn es ist klar, dass Karl darum gebeten hat, dass ein Jude an sein Bett gebracht wird, weil er genau dieses Verbrechen gestehen will, und zwar einem Juden, denn er will sich diese Gräueltat von der Seele reden, bevor er stirbt. Es ist eine Art Beichte auf dem Totenbett. Und es ist das, was als Nächstes passiert, wodurch Wiesenthals Buch so unvergesslich wird. Denn nachdem der SS-Soldat seine Geschichte erzählt hat und der Leser mit einer Aussöhnung rechnet, steht Wiesenthal auf und verlässt den Raum, ohne ein einziges Wort gesagt zu haben.

Später denkt Wiesenthal darüber nach, ob er richtig gehandelt hat, und in der zweiten Hälfte des Buches kommen herausragende Denker und Religionsführer zu Wort, die ihre Gedanken zu dem von Wiesenthal erzählten Ereignis beitragen. Bemerkenswert ist übrigens, dass viele der Christen, die zu diesem Symposium beitrugen, der Meinung waren, dass Wiesenthal dem Soldaten irgendeine Art von Verzeihen hätte angedeihen lassen sollen. Die Zustimmung, dass Wiesenthal richtig gehandelt habe, war jedoch größer. Und falls es einen Grund gab, warum es darauf hinauslief, dann war es dieser: Wiesenthal hatte, obwohl er wie die Opfer des Soldaten Jude war, weder das Recht noch die Befähigung, dem Soldaten seine Taten zu vergeben.

Damit wahre Vergebung stattfinden kann, müssen zu den beteiligten Parteien nicht nur die gehören, die das Unrecht verbrochen haben, sondern auch diejenigen, denen es geschah.

Wiesenthal mag wie die Opfer Jude gewesen sein, aber er hatte nicht das Recht, im Namen seiner Landsleute, die aus den Fenstern des brennenden Gebäudes sprangen und von den Soldaten erschossen wurden, zu verzeihen. Wiesenthal ist nicht diese Männer, Frauen und Kinder. Diese Opfer würden ihren Mördern vielleicht nie vergeben wollen. Vielleicht würden sie ihre Mörder bis in alle Ewigkeit hassen und nicht wollen, dass sie in Frieden sterben. Der SS-Soldat war an einem so schrecklichen Ende für sie beteiligt gewesen, welches Recht sollte Wiesenthal haben, im Namen all dieser Menschen dem SS-Soldaten zu vergeben? Warum sollte dieser SS-Soldat auch nur mit einem zum Teil reinen Gewissen sterben? Nachdem er sich kein bisschen um das Gewissen so vieler anderer menschlicher Wesen geschert hatte.

Hierin steckt ein sehr starker und wichtiger Punkt, der bei der heutigen Debatte um das Vergeben fast in Vergessenheit gerät. In den letzten Jahren haben sich die Premierminister vieler Länder, einschließlich Australien, Kanada, den Vereinigten Staaten und Großbritannien, für historische Vergehen entschuldigt. Manchmal, wenn die unmittelbaren Opfer dieser Verbrechen noch leben, kann dadurch das Leid gemildert werden und die Opfer können eine Art Schlussstrich ziehen. Aber wenn wir von Verbrechen reden, die vor Hunderten von Jahren geschahen, betreten wir einen anderen moralischen Bereich. In diesen Fällen sind weder die Menschen, die behaupten, die Opfer zu sein, noch diejenigen, die sich die Täterrolle überstreifen, dieses wirklich. Wenn es um Entschuldigungen für den Sklavenhandel oder den Kolonialismus geht, reden wir von politischen Führern und anderen, die sich für Dinge entschuldigen, die passiert sind, lange bevor sie auf der Welt waren. Und sie entschuldigen sich bei Menschen, die nicht die Opfer dieser Verbrechen waren, auch wenn einige von ihnen auf Nachteile verweisen können, die ihnen durch diese geschichtlichen Ereignisse entstanden sind.

Bei einer solchen Entschuldigung entschuldigen sich Menschen, die von Menschen abstammen oder auch nicht, die möglicherweise in der Geschichte Unrecht begingen, bei anderen Menschen, die von jemandem abstammen oder auch nicht, dem Unrecht geschah. Im Bereich der Reparationszahlungen wird es noch verworrener. Denn in diesem Stadium ist die Unterteilung im Westen beileibe nicht die in Opfer und Täter. Wohingegen die Regierungen in nahezu jedem nicht-westlichen Land auffallend ethnisch homogen sind (denken Sie nur an die politische Führung Indiens, Chinas oder Südafrikas), bestehen die Regierungen im Westen heutzutage aus einer breiten Palette ethnischer Hintergründe. Kein westliches Kabinett wäre in der Lage, die Opfer-Unterdrücker-Aufteilung auch nur an dem Tisch zu klären, um den herum sie sitzen. Auch keine politische Partei. Überlegen Sie einmal, wie schwierig es ist, auch nur herauszufinden, was beispielsweise der US-Senatorin Elisabeth Warren geschuldet ist oder auch nicht.

Das Problem von Reparationszahlungen läuft jetzt nicht darauf hinaus, dass die Nachkommen einer Gruppe den Nachkommen einer anderen Gruppe Geld zahlen. Vielmehr läuft es darauf hinaus, dass Menschen, die so aussehen wie Menschen, denen in der Geschichte ein Leid widerfahren ist, Geld von Menschen bekommen, die so aussehen wie jene, die möglicherweise das Unrecht begangen haben. Man kann sich kaum etwas vorstellen, das eine Gesellschaft noch stärker spaltet, als der Versuch, auf Basis dieses Prinzips Geld umzuverteilen.

Vielleicht werden deshalb die schwierigen Fragen zu diesem Thema von allen ignoriert, die sich für Reparationszahlungen einsetzen. Wenn zum Beispiel ein derartiges Projekt in den USA umgesetzt werden sollte, dann müsste das Land sorgfältig bestimmen, welche ethnische Gruppe in dem Land am meisten Schaden durch die amerikanische Geschichte erlitten hat. Möglicherweise wird man den Umfang der betroffenen Gruppe auf Menschen reduzieren, die unmittelbare Nachkommen von Sklaven sind. Obwohl es keinen Grund gibt, warum es darauf beschränkt sein sollte. Aber wenn es so wäre, dann müsste der Auftakt zu Reparationszahlungen der Aufbau einer gesellschaftlichen Gen-Datenbank sein. Möglicherweise müsste diese nur für die schwarze Bevölkerung der Vereinigten Staaten aufgebaut werden. Dann müsste entschieden werden, wie die verfügbaren Mittel aufzuteilen sind. Jeder, der glaubt, dass Wähleridentifikationsgesetze oder Impfungen in die Privatsphäre eingreifen, sollte sich für die Fragen wappnen, die auf dieses Vorgehen folgen werden.

Wenn die Gen-Datenbank aufgebaut ist, muss zum Beispiel entschieden werden, ob nur diejenigen etwas erhalten, die zu 100 Prozent von Sklaven abstammen – falls solche Personen identifiziert werden können. Sollen nur diese Menschen den vollen Betrag erhalten? Sollte jemand, der nur mütterlicherseits von Sklaven abstammt, 50 Prozent dieses Betrags erhalten? Wird das Entschädigungsverfahren versuchen, die One-Drop-Rule anzuwenden,[198] und falls ja, wie will man verhindern, dass sich niemand unrechtmäßig an den Zahlungen bereichert? Und natürlich würde all das auf der Idee gründen, dass ein ausgedehnter Wohlstandstransfer von einer ethnischen Gruppe zu einer anderen im Amerika der 2020er-Jahre zu Rassenharmonie führt und keine Rassenanimositäten entzündet oder wieder aufleben lässt. Wie kann irgendjemand sicher sein, dass es aller Wahrscheinlichkeit nach darauf hinausläuft?

Etwa 14 Prozent der US-Bevölkerung sind schwarz. Im Jahr 2019 waren mehr als die Hälfte dieser Bevölkerung (59 Prozent) Millennials oder jünger (das heißt, jünger als 38 Jahre).[199] Zeit ihres Lebens war es illegal, Menschen wegen ihrer Hautfarbe anders zu behandeln. Die Jim-Crow-Gesetze lagen Jahrzehnte zurück, bevor diese Menschengruppe geboren wurde. Das offizielle Verbot, Sklaven in die Vereinigten Staaten zu bringen, wurde zwei Jahrhunderte zuvor unterzeichnet. Reparationszahlungen für diese Generation würde bedeuten, klar zwischen schwarzen Amerikanern, die Nachkommen von Afrikanern sind, die gegen ihren Willen in dieses Land verschleppt wurden, und jenen, die freiwillig herkamen in den Jahrhunderten nach der Abschaffung der Sklaverei, zu unterscheiden.

Und was ist mit den Menschen, die das Bezahlen übernehmen sollen? Es wird viele Menschen geben, die an Amerikas Küsten landeten, nachdem die Sklaverei beendet war – die meisten der amerikanischen Juden, Asiaten und Inder zum Beispiel –, und die möglicherweise nicht mit diesem Vorgehen einverstanden wären. Warum sollten jene, deren Vorfahren keine Rolle spielten bei den Verbrechen, dafür büßen, indem sie mit einem Teil ihrer Steuern etwas bezahlen, das Generationen vor der Ankunft ihrer Familie in Amerika passierte? Sollten Menschen, deren Vorfahren im Bürgerkrieg aufseiten der Nordstaaten kämpften, eine besondere Zuteilung erhalten? Sollten jene, deren Vorfahren aufseiten der Südstaaten kämpften, proportional mehr bezahlen müssen?

Es gibt sehr offensichtliche Gründe, warum Menschen Reparationsleistungen fordern: aus politischen Gründen oder weil sie ehrlich nach Gerechtigkeit für historische Verbrechen streben. Aber es gibt einen genauso offensichtlichen Grund, warum sie sich nahezu nie darauf einlassen, genauer zu beschreiben, wie dieser Prozess aussehen soll. Weil es ein organisatorischer und moralischer Alptraum ist.

Und wie viel auch immer getan wird, wir wissen, dass es nie genug sein wird. Das wissen wir nicht zuletzt deshalb, weil Großbritanniens Versuch, den Sklavenhandel wieder gutzumachen, mehr als 200 Jahre zurückliegt und das Thema von weiteren Reparationszahlungen immer noch aufgeworfen wird. Tatsächlich wird über dieses Thema gesprochen, als wüssten die Kritiker nicht – oder es ist ihnen egal –, wie viele Ressourcen Großbritannien in den 1880er-Jahren in die Abschaffung der

Sklaverei gesteckt hat. Die britischen Steuerzahler haben fast ein halbes Jahrhundert lang einen saftigen Preis für die Abschaffung des Sklavenhandels gezahlt. Es wurde bewiesen, dass die britischen Steuerzahler in 47 Jahren fast genauso viel für das Unterdrücken des Sklavenhandels bezahlten, wie das Land in dem halben Jahrhundert vor der Abschaffung davon profitierte. Was bedeutet, dass die Kosten der Abschaffung im 19. Jahrhundert mit ziemlicher Sicherheit größer waren als der im 18. Jahrhundert erlangte Nutzen.

Die britische Regierung gab in jener Zeit 40 Prozent des gesamten Nationalbudgets dafür aus, Freiheit für Menschen zu erkaufen, die versklavt gewesen waren.

Der einzige Weg, wie die britische Regierung damals die nötige Zustimmung zur Abschaffung der Sklaverei erhalten konnte, bestand darin, jene Unternehmen zu entschädigen, die dadurch Einkommensverluste erlitten. Diese Summe war so groß, dass sie erst 2015 vollständig abbezahlt war. Und obwohl einige Aktivisten diese Information nutzten, um darauf hinzuweisen, dass bis vor Kurzem noch mit Menschen gehandelt wurde, veranschaulicht dies doch wohl eher die beispiellose Dauer, auf die die Regierung bereit war, sich einzulassen, um diesen niederträchtigen Handel zu beenden. Zwei der Wissenschaftler, die an der komplexen Rechnung, die dazu nötig war, mitgewirkt haben, schätzten, dass die Kosten für die Abschaffung für die britische Gesellschaft knapp unter 2 Prozent des Volkseinkommens lagen, und zwar für die Dauer von 60 Jahren (von 1808 bis 1867). Bezieht man die Haupt- und Nebenkosten mit ein (zum Beispiel die höheren Preise für Waren, die die Briten während dieser Zeit zahlen mussten), so stellte Großbritanniens Unterdrückung des atlantischen Sklavenhandels, so wurde behauptet, »das kostspieligste Beispiel« für eine internationale moralische Handlung in den Aufzeichnungen der Moderne dar.[200]

Daraus könnten verschiedene Lehren gezogen werden. Bemerkenswert ist jedoch vor allem, dass derartige Aktionen in der heutigen Zeit ablaufen und nahezu unbekannt sind. Darüber hinaus scheinen sie Großbritannien – und dem gesamten Westen – keine Verschnaufpause im Fegefeuer der Gegenwart zu verschaffen. Die Briten mögen mehr als hinreichend Kompensation für ihre Beteiligung am Sklavenhandel geleistet haben, aber das scheint nicht zu zählen; die Forderungen nach Reparationsleistungen im eigenen Land und international halten weiterhin an.

Ist ein Ende in Sicht? Kann das überhaupt auf irgendeine Weise abgeschlossen werden? Der britische Präzedenzfall deutet darauf hin, dass dem nicht so ist. Falls Amerika einen Weg finden würde, heute Reparationsleistungen zu zahlen, wieso sollten dieselben Forderungen dann nicht in 200 Jahren erneut aufkommen, so wie es in Großbritannien der Fall ist? Wenn die große Reparationszahlungsmaschine Geld ausspucken würde, warum sollte das eine einmalige Gelegenheit bleiben? Dieses Problem ist keineswegs auf Großbritannien und Amerika beschränkt.

Wann immer ein Land wie Griechenland in finanzielle Schwierigkeiten gerät, würden sich dort Politiker finden, die darauf verweisen, dass Deutschland Zahlungen leisten muss für die Besetzung des Landes im Zweiten Weltkrieg. Tatsächlich stellte Premierminister Alexis Tsipras diese Forderung 2015 wieder. Warum sollte das je enden? Höchstens, wenn Griechenland nie wieder in finanzielle Schwierigkeiten gerät.

Das Gleiche gilt für die Bezahlung von Reparationsleistungen für das Empire oder die Sklaverei. Es wird stets afrikanische Politiker geben, die behaupten, dass die Probleme ihres Landes nichts mit hausgemachtem Missmanagement zu tun haben, sondern mit dem Kolonialismus. Der verstorbene Robert Mugabe war ein schönes Beispiel für diese Spezies. Damit derartige Forderungen ein Ende finden, müssten alle ehemaligen Kolonien für immer und ewig von Regierungen geleitet werden, für die Korruption jederzeit und bei allem ein Fremdwort bleibt.

Was würde es für Amerika bedeuten, wenn alle Reparationen bezahlt würden? Sogar Autoren wie Coates, die sich für Reparationsleistungen einsetzen, scherzen über die möglichen Konsequenzen, wenn riesige Summen Geld an schwarze Amerikaner verteilt würden. Der Comedian Dave Chapelle lieferte den passenden Sketch dazu, zeigte schwarze Menschen, wie sie die erhaltenen Reparationsleistungen für schicke Autos,

Felgen, Klamotten und Ähnliches ausgeben. Es wäre eine gute Zeit, um Nike-Anteile zu kaufen. Aber der ernste Hintergrund ist, dass nur dann angenommen werden kann, dass Reparationsleistungen funktioniert haben, wenn schwarze Amerikaner genauso erfolgreich oder sogar erfolgreicher als alle anderen ethnischen Gruppen sind. Und nicht nur in den Nachwehen von Zahlungen, sondern jedes Jahr in absehbarer Zukunft. Wenn schwarze Amerikaner weniger erfolgreich sind, könnte stets argumentiert werden, dass die Reparationsleistungen nicht ausreichend waren, dass es nach wir vor Ungleichheiten gibt. Damit die Forderungen nach Reparationszahlungen enden, müssten jegliche Vermögensunterschiede nicht nur einmal, sondern dauerhaft verschwinden. Bis dahin ist es kaum vorstellbar, dass die Forderung nach finanziellem Ausgleich je verebben wird.

In der Zwischenzeit ist nicht zu übersehen, wie abenteuerlich einseitig, schlecht informiert und feindselig diese Debatten geworden sind. Kein Weltforum beschäftigt sich jemals ernsthaft mit irgendeiner Form von Reparationsleistungen, die nicht den Westen einbezieht. Und es gibt einen offensichtlichen Grund, warum es keine Forderungen für Wiedergutmachung bei Afrikanern gibt, die als Sklaven in den Osten verschleppt wurden. Weil Araber die von ihnen gekauften Millionen Afrikaner nämlich getötet haben. Aber es gibt nur schwache Erklärungen dafür, warum ausschließlich von ehemaligen westlichen Kolonialmächten oder Sklaven besitzenden Ländern erwartet wird, Kompensation zu leisten für Sünden, die 200 Jahre zurückliegen. Von der heutigen Türkei wird nicht erwartet, dass sie für die Vergehen des Ottomanischen Reiches bezahlt. Einem Reich, das nebenbei bemerkt doppelt so lange währte wie Europas Imperien. Nach all diesen Jahren sind es nur die Sünden des Westens, über die die Welt – einschließlich des Westens selbst – zu sinnieren wünscht. Als hätte das Betrachten der vielen unterschiedlichen Probleme in dieser Welt ein einzelnes Gefäß mit Antworten geliefert, die jedes Problem erklären.

Bei einer Podiumsdiskussion im Jahr 2021, an der unter anderem ein schwarzer Filmemacher und eine prominente schwarze Medienwissenschaftlerin aus Südafrika teilnahmen, wurde mir von letzterer gesagt, dass »wir« in einer »von weißer Vorherrschaft geprägten, patriarchalischen Gesellschaft« leben. Ich fragte Asanda Ngoasheng (deren Arbeit beschrieben wird als Konzentration auf die Dekolonialisierung des Curriculums und als Versuch »die Gespräche über Rasse, Macht und Gender zu intensivieren«), was in diesem Kontext mit »wir« gemeint sei. Meine Gesprächspartnerin lebte in und sprach von Südafrika. Dieses Land hat sicher seine eigene, einzigartig gottverlassene Geschichte. Wenn sie also meinte, dass Südafrika unter der Apartheid eine Gesellschaft der weißen Vorherrschaft war, dann hatte sie recht. Aber, so fragte ich meine Kollegin, wollte sie ernsthaft behaupten, dass die ganze Welt, einschließlich des heutigen Südafrika, eine Gesellschaft der weißen Vorherrschaft sei?

»Ja«, antwortete sie. »Genau das sage ich. Und«, fügte sie hinzu, »nicht nur in Südafrika, sondern weltweit.« Und ich fragte mich, wie man im heutigen Südafrika von weißer Vorherrschaft sprechen kann – bei einem Land, dessen Kabinett ausschließlich aus schwarzen Südafrikanern besteht. Dieses Land hat ganz sicher seine eigene Palette an Problemen, aber weiße Vorherrschaft scheint mir nicht dazuzugehören. Mir wurde gesagt, dass es mir als weißem Nicht-Südafrikaner nicht zustehe, zu sagen, dass es heutzutage in Südafrika keine weiße Vorherrschaft gäbe. Nur wenige Minuten zuvor fühlte sich dieselbe Person jedoch frei, mir zu sagen, dass Großbritannien »die Heimat des Rassismus« sei.[201] Nicht zum ersten Mal staunte ich über die Tatsache, dass Verallgemeinerungen über den Westen die einzig akzeptablen Verallgemeinerungen sind. Wohingegen konkrete Fragen zu konkreten Behauptungen über nicht-westliche Länder weggefegt werden, als könnten sie unmöglich etwas für sich haben, und sie auch nur zu stellen, sei bereits anmaßend.

Was soll jemand aus dem Westen – ganz zu schweigen, ein Weißer aus dem Westen – in einer solchen Situation tun? Bisher stehen nur wenige Optionen zur Verfügung.

Eine ist, die nächste Generation im Westen mit dem Gefühl aufzuziehen, dass sie die Erben eines unrechtmäßigen, illegal erworbenen

Vermögens seien. Dass ihnen alle Vorteile, die sie in ihrem Leben genießen, auf unehrenhafte und einzigartig niederträchtige Weise zugeflossen sind. Das scheint die von einer wachsenden Zahl von Institutionen, vor allem in Australien, Kanada und Amerika, verwendete Option zu sein.

Im Sommer 2020, als die COVID-Krise anhielt und der Lehrbetrieb an den Universitäten weiterhin unterbrochen war, begannen sich Erstsemestler überall schwer zu verschulden. Die meisten online. An der Universität von Connecticut wurden die Erstsemestler mit einem Paket an Online-Veranstaltungen begrüßt. Bei einer dieser Veranstaltungen wurden die Studenten angewiesen, eine App auf ihre Handys zu laden. Diese App forderte die Studenten auf, ihre Heimatanschrift anzugeben. Dann informierte die App sie, von welchem amerikanischen Eingeborenenstamm ihr Heimatort »gestohlen« worden war.[202] Das ist eine Art, damit umzugehen: die Menschen mit einem endlosen Gefühl von Schuld und Scham zu erfüllen.

Eine andere Möglichkeit ist der Versuch, diese Schuld zu verringern oder abzuzahlen. Aber wie? In ihrem Buch über weißes Privileg schlägt die schwarze britische Moderatorin und Autorin June Sarpong (die selbst eine höchst privilegierte Person ist) eine Reihe von Maßnahmen für weiße Menschen vor. Eine ist, »sich selbst über die Vergangenheit zu unterrichten«.

Der Black History Month sei laut Sarpong nicht genug. Stattdessen, so fordert sie, solle schwarze Geschichte an 365 Tagen im Jahr gelehrt werden.

Was können Weiße noch tun? Sarpong schreibt: »Erstens können sie versuchen, die Lücken zu füllen, die durch das unvollständige Lehren schwarzer Geschichte in unserer Bildung entstanden sind«, so wie das British Empire. Noch wichtiger ist, so sagt sie den Leuten, dass sie Unterstützung leisten und einer Reihe von ihr genannter schwarzer Gruppen Finanzspenden zukommen lassen. Und schließlich sollten Weiße Einfluss auf ihre Politiker nehmen, Statuen und Monumente von Personen zu entfernen »die im 21. Jahrhundert nicht verehrt werden sollten«. Aber auch das dauert nur so lange an, bis »ihr euch erinnert, dass es größere Schlachten gibt, die bekämpft und gewonnen werden müssen, als Statuen, wenn wir den systematischen Rassismus ein für alle Mal vernichten wollen.«[203]

Andernfalls sei es möglich, Gleichheit dadurch zu erreichen, dass man »Nicht-Westlern« einen Freifahrtschein gibt und Racheakte gegen »westliche« Menschen verübt. Die Staatsanwältin von Arlington, Parisa Delghani-Taft, sagte kürzlich, dass sie vorhabe, »Wege zu finden, um die Inhaftierung schwarzer Menschen zu reduzieren«, indem explizit der ethnische Hintergrund bei der Urteilsfällung berücksichtigt wird. Der ehemalige leitende Staatsanwalt hat das mit den Worten verurteilt, dass es »die unparteiische Justiz verhöhnt und das Vertrauen in das Strafjustizsystem untergräbt«.[204] Was es auch tatsächlich tut.

Delghani-Taft hingegen meint offenbar, dass alle Vergehen der Vergangenheit korrigiert werden können, indem man neue Verbrechen verübt.

Auch andere sehen dies als den Weg zur Gerechtigkeit. 2020 wurde in San Francisco der CAREN Act verabschiedet, wodurch es zu einem Hassverbrechen wird, einen »rassistisch motivierten« Notruf bei der Polizei gegen eine schwarze Person zu tätigen, »ohne hinreichenden Verdacht auf ein Verbrechen«.[205] Der Name ist abgeleitet von der abwertenden Bezeichnung »Karen«, womit in den letzten Jahren weiße Frauen mit einer bestimmten Verhaltensweise [egoistische, selbstgerechte und rassistisch eingestellte Frauen, die minderprivilegierte Menschen von oben herab behandeln] bezeichnet wurden. Durch dieses Gesetz ist es eine potenzielle Straftat, wegen einer schwarzen Person die Cops zu rufen, und Weiße, die das tun, müssen damit rechnen, dass sie dann von der Polizei zum Verhör mitgenommen werden. Nebenbei bemerkt ist es auch bemerkenswert, dass in der heutigen Zeit rassistische Beleidigungen als cool gelten und gesetzlich verankert werden, solange es sich bei den damit herabgewürdigten Personen um weiße Frauen handelt.

Beide Maßnahmen, die in Arlington und die in San Francisco, sind explizite Ausstiege aus dem 14. Zusatzartikel zur Verfassung der Vereinigten Staaten, der die Gleichbehandlungsklausel enthält. Das weiterzuführen würde ganz sicher eine Form von Rache, wenn nicht Genugtuung sein. Aber eine größere, häufigere Form von Rache geht nun vor sich und fegt über die gesamte Kultur hinweg.

Dieser Prozess setzt eine der zentralen Behauptungen jener fort, die in den 1980er-Jahren Lehrveranstaltungen zu westlicher Zivilisation angriffen. Denn die beste und einfachste Form der Rache besteht darin, das gesamte westliche Grundprinzip und seine Tradition zu verreißen. Es gibt verschiedene Wege, um das umzusetzen, aber einer, der sich in den vergangenen Jahrzehnten großer Beliebtheit erfreute, ist das verbale Angreifen der westlichen Tradition für ihr Versagen beim Berücksichtigen oder Integrieren externer Stimmen, wodurch sie im Endeffekt wertlos ist. Diese Bewegung behauptet, dass es marginalisierten Gruppen nie gestattet wurde, in den westlichen Götterhimmel einzutreten und dieser aus bigotten Gründen stets hermetisch abgeriegelt war. Sie behauptet, dass eine mit Plato und Sokrates beginnende Tradition kein Verständnis für die Anziehungskraft des gleichen Geschlechts habe. Dass eine Geschichte, zu der Helena von Troya, Sappho, die Madonna, Jane Austen und Marie Curie gehören, kein Platz für Frauen habe. Und vor allem beteuert sie, dass die Geschichte des Westens, statt unvergleichlich nach außen orientiert und divers, in Wahrheit eine Tradition ist, die historisch gesehen abgeschottet und ausschließend ist.

An dem massiven Angriff auf die Geschichte des Westens wird deutlich, dass jede vom Westen gemachte Entdeckung, sei es eines neuen Landes oder die Entwicklung der Atombombe, gegen ihn verwendet werden kann. Als wäre offensichtlich, dass die Ergebnisse friedlicher, gleichberechtigter und sozial gerechter ausgefallen wären, wenn eine andere Gruppe von Menschen zuerst dort angekommen wäre. Dafür gibt es nicht den geringsten Beweis. Tatsächlich gibt es jedoch jede Menge Beweise, dass es noch sehr viel schlimmer und blutiger verlaufen wäre, wäre nicht der Westen der Erste bei einer ganzen Reihe von Entdeckungen gewesen.

Dennoch scheint es nicht auszureichen, den Westen nur durch Angriffe auf seine Geschichte anzugehen. Es muss auch jeder Aspekt seines Erbes attackiert werden. Dazu gehören seine religiösen und philosophischen Säulen. In dem Bemühen, vorzutäuschen, dass eine der reichsten Traditionen nichts anderes verdient, als zerstört zu werden. Die Werkzeuge, die dabei eingesetzt werden, dürften mittlerweile bestens vertraut sein.

Kapitel 3
Religion

2012, ein paar Jahre, bevor er in London dafür angegriffen wurde, dass er weiß ist, war General Jim Allen in Afghanistan. Er war dort stationiert und im ganzen Land im Fernsehen zu sehen, als er an »die noblen Menschen von Afghanistan« appellierte. Es hatte sich ein ernster Vorfall ereignet. Es gab Gerüchte – unbestätigte Gerüchte –, dass heilige muslimische Bücher, einschließlich des Korans, auf einem US-Luftwaffenstützpunkt nördlich von Kabul verbrannt worden seien. Damals wusste niemand genau, was eigentlich vorgefallen war, aber es brachen bereits Unruhen aus, extremistische Kleriker peitschten die Menge auf, und die Weltpresse machte sich bereit oder verschanzte sich, für eine große Koran-Schändungsgeschichte.

»Wir werden den Vorfall genauestens untersuchen«, versprach General Allen mit einem unmissverständlichen Anflug von Flehen. Er schwor, dass dem Geschehen keinerlei Absicht zugrunde lag und sobald die alliierten Kräfte »von dem Vorgehen erfuhren, wurde sofort eingeschritten und dieses gestoppt«. Er versicherte, dass »die sichergestellten Materialien von entsprechenden religiösen Autoritäten sorgfältig behandelt werden würden«.

Sie mögen den General für seine Rede kritisieren oder loben. Seine Worte mögen demütig bittend oder diplomatisch gewesen sein. Aber niemand konnte behaupten, dass diese Ära in der Lage war, eine gemeldete Koran-Verbrennung zu ignorieren. Wo immer in der Welt es hieß, dass der Koran respektlos behandelt wurde, kam es daraufhin mit Sicherheit zu Unruhen oder sogar noch mehr. Als 2010 ein exzentrischer

Pfarrer in Florida mit einer Koran-Verbrennung drohte, intervenierte General David Petraeus höchstpersönlich. Anders ausgedrückt waren General Allens Ängste keineswegs überzogen.[206]

Im Gegensatz dazu wurde im August 2020 in Portland, Oregon, mindestens eine Bibel – möglicherweise mehr – vor laufender Kamera verbrannt. Anfangs entschieden die US-amerikanischen Medien, dass »nichts passiert sei«. Dann behaupteten einige, die Berichte seien in Wahrheit russische Desinformationen. Die Details dessen, was in Oregon am 1. August nach Mitternacht passierte, sind äußerst umstritten. In einem Video auf der Plattform der russischen Videoagentur Ruptly war zu sehen, dass zumindest eine Bibel verbrannt wurde. Die Story ging sofort um die ganze Welt. Die Vorstellung, dass eine Bibel-Verbrennung zu einem Feature der nächtlichen »Antifa«-Proteste wurde, war für viele nationale und internationale Kommentatoren zumindest vielsagend. Natürlich griffen einige russische Sprachrohr-Webseiten das Thema auf. Erst jetzt meldeten sich die *New York Times* und andere zu Wort, dass von Russland unterstützte Nachrichten-Websites darauf abzielten, »Groll zu schüren und politische Gräben zu vertiefen«. Etliche prominente Republikaner hatten über die Geschichte getwittert, mindestens einer behauptete, ein ganzer Stapel Bibeln sei verbrannt worden. Aber wie die *New York Times* schrieb: »Die Wahrheit ist wesentlich banaler. Ein paar Demonstranten von vielen Tausenden haben anscheinend eine einzelne Bibel verbrannt – möglicherweise zwei –, um das Feuer richtig in Gang zu bringen.«[207] Es war also ohne Bedeutung.

Ganz im Gegenteil. Wenn irgendwo auf diesem Globus auch nur das Gerücht auftaucht, ein heiliges Buch des Islams wäre respektlos behandelt worden, würden die hohen Tiere des US-amerikanischen Militärs sofort DEFCON 1 aktivieren.[208] Wenn jedoch in einer amerikanischen Stadt eine Bibel verbrannt wird, vermeldet das landesweite Leitmedium, dass es nichts zu sehen gäbe, denn es seien ja nur ein paar Bibeln und davon abgesehen wurden sie nur zum Feuermachen benutzt. Natürlich stimmt es, dass muslimische Gemeinden rund um die Welt bei diesen

Themen reizbarer reagieren, als es christliche oder post-christliche Gesellschaften heutzutage tun.

Es sei daran erinnert, dass der Westen mittlerweile bereit ist, nahezu alle heiligen Orte zu schützen und zu ehren, solange es nicht seine eigenen sind.

Teilweise liegt das daran, dass die Mitgliederzahlen in der christlichen Kirche noch nie so stark zurückgegangen sind wie in der letzten Generation. Im Vereinigten Königreich schwand die Zahl der Mitglieder in den letzten 40 Jahren um mehr als die Hälfte, und die Zahl der Amerikaner, die sich als Christen bezeichnen, sank allein im vergangenen Jahrzehnt um 12 Prozent. Diesen Trend kann man überall in der westlichen Welt feststellen, und dort, wo es einen ungewöhnlichen Anstieg oder auch nur ein gleichbleibendes Niveau bei den Zahlen der Gläubigen gibt, liegt das fast immer an Immigranten-Gemeinden. Der Rückgang des Christentums ist eine der signifikantesten Storys im Westen des letzten Jahrhunderts und betraf nahezu alle großen Institutionen und Populationen. Ob Sie das nun beklagen oder feiern, die Tatsache ist nicht zu leugnen.

Aber die daraus resultierende Lücke bleibt nicht ungefüllt. Viele Religionen und Pseudoreligionen haben den Platz eingenommen. Während das Christentum schwand, hat vor allem eine neue Religion ihren Weg in den kulturellen Mainstream gefunden, angefangen in Amerika und sich von dort in die ganze Welt ausbreitend. Sie wird von dem Sprachwissenschaftler John McWhorter an der Columbia University als neue Religion des Antirassismus bezeichnet. Diese neue Glaubensrichtung hat viel gemein mit anderen Religionen der Geschichte und ist, wie McWhorter schrieb, »eine in allem außer der Terminologie zutiefst religiöse Bewegung«. Sie hat eine Erbsünde (»weißes Privileg«) und den Tag des Jüngsten Gerichts (»mit der *Race* ins Reine kommen«), und sie hat »den Bann der Andersgläubigen« (Social Media Shaming et cetera).[209]

Wie bei allen neuen Glaubensrichtungen blicken die Anhänger der Religion des Antirassismus mit Verachtung auf das verbreitete Glaubenssystem, das bisher in ihrer Gesellschaft existierte. Sie halten es für barbarisch und unaufgeklärt. Sie schauen herab auf jene, die ihrer Gruppe der Erwählten nicht beitreten, vor allem jene, von denen sie annehmen, dass sie das gesehen haben, was auch sie sahen, aber zu anderen Schlussfolgerungen kommen. Das Entscheidende an dieser Religion ist, dass sie festlegt, *etwas zu tun*. Während all die anderen großen Narrative in sich zusammenstürzen, erfüllt die Religion des Antirassismus die Menschen mit einem Ziel und einem Sinn. Sie verleiht ihnen Antrieb und ermöglicht ihnen, zu sehen, wohin sie gehen. Sie ermöglicht ihnen, sich ein vervollkommnungsfähiges Land vorzustellen, das sie und alle anderen auf dieser Erde anstreben können. Sie erfüllt sie mit Zuversicht und Trost, teilt die Gesellschaft, in der sie leben, auf eine Weise in Heilige und Sünder auf, die ihnen die Illusion von großem Erkenntnisgewinn verschafft. Und am wichtigsten ist vielleicht, dass sie ihnen erlaubt, gegen ihre eigenen Wurzeln in den Krieg zu ziehen. Der Reiz dieses Konfliktes ist nicht zu unterschätzen. Es ist ein tiefsitzender Instinkt, der Instinkt zu zerstören, niederzubrennen und auf alles zu spucken, das dich hervorgebracht hat. Und es gibt natürlich noch eine Verlockung: die Möglichkeit, unter dem Vorwand, Gutes zu tun, andere Menschen schlecht zu behandeln.

Dennoch ist bemerkenswert, dass die neue Religion glaubt, ihren Wurzeln nichts zu schulden, und dass diese Wurzeln sogar Teil des Problems seien. Es gibt eine Lesart der Theorie von sozialer Gerechtigkeit und Antirassismus, die aus den westlichen Traditionen erwachsen könnte – nicht zuletzt aus dem westlichen Christentum. Eine echte Bewegung der sozialen Gerechtigkeit würde diese Traditionen als das erkennen, was sie auf die Welt gebracht hat, und innerhalb des christlichen Erbes auf Antirassismus, Antikolonialismus und Antisklaverei achten. Möglicherweise schauen sie sogar auf diese Traditionen, um Antworten für Wege aus den Zwangslagen herauszufinden, in welchen Menschen sich aktuell auch immer befinden – betrachten sie als Fundus von Weisheit und Wissen, von dem es sich lohnt, heutzutage davon zu profitieren, so wie die Menschen es in der Vergangenheit auch taten.

Aber genau das tun die Anhänger der neuen Religion nicht. Die westlichen Ursprünge – die Traditionen von Athen und Jerusalem – sind tatsächlich die letzten Orte, an denen die neuen Gläubigen nach Anleitung oder Trost suchen. Das überrascht nicht wirklich. Es findet sich ein seltsames Muster: etwas, das selbst ein traditionsreiches Element des westlichen Geistes ist.

Es ist die Bereitschaft, alles zu feiern und zu ehren, solange es nicht Teil der westlichen Tradition ist. Und alles andere in der Welt zu verehren, solange es nicht Teil des eigenen Erbes ist. Es ist dieser Trend, der junge Amerikaner und Europäer durch die Welt reisen und die Tempel des Fernen Ostens aufsuchen lässt, während sie es nicht schaffen, Zeit in den Kathedralen vor ihrer Haustür zu verbringen. Manchmal bekundet das lediglich eine Bewunderung des Exotischen. Manchmal kommt es als Form des Verabscheuens der westlichen Gesellschaft herüber.

Ganz sicher hat es eine lange und bedeutende Tradition. In seinem Essay *Predigt der Fünfzig* (1762) vollführte Voltaire einen meisterlichen Angriff auf das, was er als Widersprüche, Absurdität und offenkundige Unwahrheiten der christlichen Religion ansah. Bei anderen Glaubensrichtungen ist er anderer Ansicht. Sein *Essay über den Geist und die Sitten der Nationen* (1762) beschäftigt sich mit der Religion des Islam und bezeichnet dessen Lehren als schön und bewundernswert in ihrer Einfachheit. Ein ähnlicher roter Faden zieht sich seit Jahrhunderten durch den Westen. Er existiert nicht nur in einer Begeisterung für andere religiöse Traditionen. Meistens kommt er darin zum Ausdruck, dass ihr Ausüben zeigen soll, wie sehr es uns im Westen an bewundernswerten Eigenschaften mangelt.

Wie Edward Said zeigte, ist es nicht nur einfach, sondern auch lohnend, fünf Jahrhunderte westlichen Gedankenguts zu untersuchen und zu behaupten, dass dieses stets dominiert wurde von einem Gefühl der Überlegenheit oder Hochnäsigkeit gegenüber anderen Kulturen. Aber mindestens genauso eindeutig war eine westliche Tradition des Verehrens – besser gesagt Idealisierens – jeder Kultur, solange sie nicht westlich ist. Obwohl das natürlich ein Ideal erzeugt, dem niemand gerecht werden kann.

Die ersten Entdecker, die die Kulturen des Landes, über das sie gestolpert waren, studierten, sahen die Eingeborenen in genau diesem Licht. Tatsächlich betrachteten sie sie als derartig beneidenswert, als würden sie im Garten Eden leben. Christoph Kolumbus selbst beschrieb die Eingeborenenstämme, denen er in der Karibik zuerst begegnete, auf genau diese Weise – wie ein Leben als Adam und Eva. Diese Stämme schienen im Paradies zu leben, und die Europäer waren genauso bereit, sie mit Bewunderung und Neid zu betrachten wie alles andere. Das war ganz sicher der Fall bei Louis Antoine de Bougainville, als er auf die Männer und Frauen von Polynesien im 18. Jahrhundert stieß. All das spielte hinein in etwas, das eindeutig ein tiefsitzendes Bedürfnis in menschlichen Wesen ist: sich einen unberührten Ort vorzustellen, an dem es noch keine Verderbtheit gibt. Zu glauben, dass es einen Ort gibt, an dem alles friedlich ist und an dem man den Sorgen und Mühen der Zivilisation entfliehen kann.

Aber der westliche Geist idealisierte solche Gesellschaften nicht. Er nutzte sie konsequent, um westliche Gesellschaften für ihr Versagen zu kritisieren. Zeitweise nahm das schon unfreiwillig komische Formen an. Zum Beispiel verglich Peter Martyr d'Anghiera, ein Humanist und Prälat, in seinem Werk *De orbo novo* (1516) die spanischen Konquistadoren auf außergewöhnlich negative Weise mit den Menschen, denen sie in der Neuen Welt begegneten. D'Anghiera kritisierte die Spanier für ihre Gier, für ihre Grausamkeit und für ihre Intoleranz. Im Vergleich dazu waren die Ureinwohner zu bewundern und in vieler Hinsicht zu beneiden. D'Anghiera versicherte unter anderem: »Sie laufen nackt herum, kennen weder Gewichte noch Maße noch die Quelle allen Unglücks, Geld; sie leben in einem goldenen Zeitalter, ohne Gesetze, ohne lügende Richter, ohne Bücher, sind zufrieden mit ihrem Leben und in keinster Weise besorgt um die Zukunft.« Sie lebten, so dachte er, »im goldenen Zeitalter«.[210]

Im Laufe der Zeit wurde deutlich, dass westliche Autoren nicht einmal an andere Orte reisen mussten, um sie vorteilhaft mit ihren eigenen zu vergleichen. In seinem berühmten Essay *Über die Menschenfresser* (circa 1580) beschrieb Michel de Montaigne, einer der gelehrtesten und kultiviertesten Männer der Geschichte, was man ihm über die Menschen hinter Europas Grenzen erzählt hatte. Vor allem über Eingeborenenstämme, denen Kannibalismus vorgeworfen wurde: »[...] nach diesem Bericht sind die Völker dort durchaus nicht barbarisch oder wild; gewöhnlich freilich wird alles als Barbarei bezeichnet, was ungewohnt ist. Eigentlich lassen wir ja als richtig und vernünftig nur das gelten, was in dem Lande, wo wir sind, vorkommt und was zu den hier üblichen Anschauungen und Gebräuchen passt. Wo wir leben, da ist immer die einzig richtige Religion, die einzig richtige Politik; alles, was man dort tut, ist musterhaft und vollkommen.«[211]

Das mag zu Montaignes Zeiten zutreffend gewesen sein. Aber für den Westen stimmt es nicht länger. Im Laufe der Jahrhunderte entwickelte sich ein anderer Trend. Wie auch immer die Meinungen und Gebräuche des Westens waren – dies waren die schlimmsten. Wie auch immer die Religion unserer eigenen Gesellschaft war – dies war die schlimmste. Was Montaigne verfocht, wurde in den Jahrhunderten nach seinem Tod ins genaue Gegenteil verkehrt. Und das lag zum Teil an einer Eigentümlichkeit, die er im selben Essay nannte. An einer Stelle sagt Montaigne über die Kannibalenstämme: »Denn wir sind in vieler Beziehung barbarischer. Was sie zum Kampf treibt, ist eine hohe und edle Gesinnung; wenn an Kriegen, dieser Pest der Menschheit, irgend etwas schön und entschuldbar ist, so findet sich das bei ihnen [...] Sie sind doch noch in der glücklichen Verfassung, daß sie keine weitergehenden Wünsche haben als solche, die auf die Befriedigung ihrer natürlichen Bedürfnisse hinausgehen [...]«[212]

Es ist eine gewagte Behauptung, dass sogar der Krieg anderer Menschen eine »hohe und edle Gesinnung« zeigt. Aber wann immer die Philosophen des Westens Gelegenheit dazu hatten – einige der kultiviertesten und kulturell aufgeklärtesten Menschen ihrer Zeit –, stellten sie ähnliche Behauptungen auf. Andere Gesellschaften boten eine leere Tafel, auf die alle Gewohnheiten, Verhaltensformen und Tugenden geschrieben werden konnten, an denen es dem Westen scheinbar mangelte.

Niemand zeichnete sich dabei so sehr aus wie Jean-Jacques Rousseau, ein Mann von außergewöhnlicher Bildung und Kompetenz. Es gab nichts, wozu er keine Theorie entwickeln konnte, vor allem, wenn er kein unmittelbares Wissen zu dem betreffenden Problem hatte.

Obwohl Rousseau zum Beispiel selbst nie in weit entfernte Länder reiste, hatte er jede Menge Theorien über die Menschen, die dort lebten. Vor allem glaubte er, dass sie in einem Naturzustand lebten, in dem alle Menschen im Wesentlichen gleich seien. Das ist eines der wichtigsten Themen in seiner einflussreichen *Abhandlung über den Ursprung und die Grundlagen der Ungleichheit unter den Menschen* (1755). Im Naturzustand haben die Menschen nicht jene Probleme wie an den Orten von Rousseaus heimatlichen Gesellschaften der Schweiz oder Frankreichs. Gleichzeitig war Rousseau klug genug, zu wissen, dass er einem Traum anhing. An einer Stelle sagt er, dass dieser Zustand, von dem er schreibt »[...] nicht mehr besteht, der vielleicht nie bestanden hat und der wahrscheinlich niemals bestehen wird«.[213] Dennoch ließ er den Weg zu einem Traum bestehen, den andere in den folgenden Jahrhunderten aufgriffen.

Der großartige französische Anthropologe des 20. Jahrhunderts Claude Lévi-Strauss war nur einer von jenen, die Rousseaus Gedankengut verehrten und hüteten. Lévi-Strauss beschrieb ihn einst als »unseren Meister und unseren Bruder« und demonstrierte wiederholt sein Gefühl, dass die nach Rousseau kommenden Menschen ihn nicht verdienten und ihn nicht genug verehrten.[214] Aber wie eine Reihe von scharfsinnigen Kritikern sowohl von Rousseau als auch von Lévi-Strauss hervorhoben, glorifizierte Rousseau den Naturzustand nicht um seiner selbst willen. Er tat es vielmehr, weil er ihn mit dem Paris seiner Zeit vergleichen wollte – und zwar zum Nachteil von Paris. Die noblen Wilden waren für Rousseau bewundernswert, aber noch wichtiger war, dass sie nützlich waren. Sie dienten als Florett für seine Stiche gegen die Gesellschaft, der er angehörte.

Dennoch nahmen ihn viele Menschen beim Wort, von denen etliche es jedoch bereuen sollten. 1772 befand sich der französische Entdecker Marc-Joseph Marion du Fresne auf einer Expedition in Neuseeland. Einer seiner Offiziere war Julien Marie Crozet. Diese Männer glaubten in unterschiedlichen Ausmaßen noch sehr an Rousseaus Theorien und die Unschuld des Naturzustands. Sie mussten auf die harte Tour lernen, was sich Rousseau auf die einfache Weise vorgestellt hatte. Marion du Fresne und viele Besatzungsmitglieder des Schiffes wurden bei einem nicht provozierten Angriff der Maori offenbar abgeschlachtet. Die Verehrung der Überlebenden für Rousseau überstand diese erste Begegnung mit den Maori nicht, die sich nicht so verhalten hatten, wie Rousseau es von ihnen erwartet hatte.

Aber die Tendenz, alle Nicht-Westler zu preisen, überlebte Rousseau und Marion du Fresne dennoch. Im 20. Jahrhundert setzte sich die Mode fort, nicht-westliche Ureinwohner als Mittel zur Kritik des Westens zu verwenden. Sie hat sich sogar eher noch beschleunigt, ergänzt durch die Kuriosität, dass viel von dem, was in den vergangenen Jahrhunderten angenommen wurde, nicht nur beweisbar falsch war, sondern heutzutage auch als dreist naiv angesehen werden kann.

Möglicherweise war es unvermeidbar, dass diese Tendenz besonders in der akademischen Welt gedieh. Zum Beispiel gab es Ende der 1980er-Jahre immer noch einen Professor an der Universität von Kansas, der von den nicht-westlichen Ureinwohnern schwärmte. Als er über die Maori schrieb, konnte Alan Hanson nicht widerstehen, sie mit den Weißen zu vergleichen. Insbesondere mit »westlichen« Menschen in Neuseeland. In einem Aufsatz im *American Anthropologist* (in dem unweigerlich Saids *Orientalismus* zitiert wurde) schrieb Hanson, dass weiße Menschen »die Wertschätzung von Magie und die Fähigkeit für Wunder verloren hätten«. Darüber hinaus bekräftigte er, dass die »weiße Kultur« nicht mehr »mit der Natur im Gleichschritt ist«, »die Umwelt verschmutzt« und es ihr »an einer engen Bindung zum Land« mangele.[215]

In einer Arbeit von 2001 verspottete der andersdenkende australische Wissenschaftler Roger Sandall diese Vorstellung und erkannte korrekterweise, dass sie in seinem Land einen großen Einfluss hatte, da sie die Debatten im ganzen Land über die eigene Geschichte aushöhlte. Am Anfang seines 2001 erschienenen Buches *The Culture Cult: Designer Tribalism and Other Essays* erzählte Sandall die Geschichte von Schauspielerin und Exmodel Lauren Hutton, die ein paar Jahre zuvor mit ihren beiden Söhnen die Massai in Afrika besucht hatte. Zu ihren Abenteuern zählte damals auch, dass sie die beiden Söhne mit zu einem Medizinmann nahm. Die Mutter probierte die Zaubertränke des Medizinmanns, und dann sah die Familie zu, wie eine Kuh geschlachtet wurde und die in einen roten Umhang gehüllten Massaikrieger das Blut des Tieres tranken. Hutton war von dieser Zeremonie gebannt, begleitete sie mit »Wow«-Rufen. Ihre Söhne dagegen schienen fürs Leben traumatisiert zu sein. Keiner der beiden lächelte und einer brach in Tränen aus.

Hutton verteidigte ihre Entscheidung damit, dass ihre verwestlichten Kinder eine Form von Aufklärung kennenlernen sollten durch den Besuch bei den Massai. Diese Dinge sind natürlich attraktiver, wenn man nur kurz hineinschnuppert, statt darin zu leben. Aber das erkennen viele westliche Antiwestler nicht, und der Trend hält an. Es ist ein Trend, der, wie Sandall schreibt, »nach romantischer Einfachheit schmachtet« und einer »radikalen Vereinfachung des modernen Lebens«. Diese Perspektive »nimmt einen verbitterten Standpunkt zur Moderne ein« und vergisst während dieses Prozesses die Vorteile, die die moderne westliche Zivilisation ersonnen, geschaffen und exportiert hat. Es mag ein erstaunliches Erlebnis sein, die Massai zu besuchen, aber wie viele Menschen wollen mit ihnen gemeinsam in Tansania Vieh züchten? Wie viele Immigranten schließen sich freiwillig ihrem Stamm an? Würde es ihnen überhaupt erlaubt werden? Wie Sandall sagte, sind die Leistungen der modernen westlichen Zivilisation alles andere als unbedeutend. Zu ihnen zählen neben anderen Dingen auch, dass »ein Regierungswechsel erlaubt ist, ohne dass Blut vergossen wird, Bürgerrechte, wirtschaftliche Vorteile, Glaubensfreiheit sowie politische und künstlerische Freiheit«. Die Alternativen zur westlichen Gesellschaft genießen oder sichern diese Dinge in keinem bemerkenswerten Maße. Wie Sandall schrieb: »Die meisten traditionellen Kulturen weisen Unterdrückung, wirtschaftliche Rückständigkeit, Seuchen, religiösen Fanatismus und gravierende künstlerische Beschränkungen auf.«[216] Und das ist erst der Anfang.

Dennoch stirbt der Reiz des »Überall, bloß nicht zu Hause« nicht aus. Im vergangenen Jahrzehnt hat er sich derart verbreitet, dass es zu einem Klischee geworden ist: Wann immer ein westlicher Autor nach einer konfektionierten Antwort für seine Kritik am Westen sucht, gibt es irgendwo einen Stamm, der nur darauf wartet, handgestrickte Weisheiten zu vermitteln, die neu verpackt, kommerzialisiert und dann wiederum von irgendeinem gewieften Antikapitalisten verkauft werden. Solche Autoren präsentieren die Eingeborenen als außergewöhnlich tiefgründig, wie seicht es in Wahrheit auch sein mag. Populäre Filme und Fernsehserien tappen ständig in dieselbe Falle: Sie zeigen die westliche, weiße Gesellschaft mit all ihren Fehlern, während das Leben von Naturvölkern außerhalb des Westens wie eine elysische Welt präsentiert wird, voller Wahrheiten, von denen die Menschen in der westlichen Welt nur träumen können. Die bekannte Serie *The White Lotus* (2021) ist ein charakteristisches Beispiel. All die reichen weißen Menschen aus der westlichen Welt in der Serie von HBO sind unglücklich und sinnentleert, während die Welt der einheimischen Hawaiianer als eine Vision von paradiesischer Wahrhaftigkeit geboten wird, in die einzutreten Menschen aus der westlichen Welt nur träumen können.

Ein weiteres schönes Beispiel jüngerer Zeit ist Naomi Klein mit ihrem 2017 erschienenen Buch *Gegen Trump: Wie es dazu kam und was wir jetzt tun müssen.*

Klein präsentiert darin die Vision eines Westens in totaler Krise, hervorgebracht vor allem durch die Dominanz des Kapitalismus und das Fehlen von Sozialismus. Aber Klein belässt es nicht beim Allgemeinen. Sie kann auch sehr konkret werden. So bietet sie zum Beispiel nach 250 Seiten beißender Kritik mehrere Antworten, wie man das beheben kann, was sie als den »kapitalistische[n] Putsch« bezeichnet, den sie »in diesem Buch in seiner ganzen Tragweite beschrieben habe [...] eine

Krise mit globalen Auswirkungen, die womöglich noch in künftigen Zeitaltern spürbar sein werden«.[217] Im Gegensatz zu jeder anderen Art von Zeit. Aber Klein hat auch Antworten. »Wir müssen mehr tun, um Migranten und Flüchtlingen in unseren Städten Schutz zu bieten.«[218] Aber während sie um Ideen oder praktische Schlussfolgerungen ringt, spürt man, wohin sie sich bewegt, um die Antworten zu finden, die sie braucht.

Zwangsläufig erfahren wir an diesem Punkt von Brave Bull Allard, der offiziellen Historikerin des Stammes der Standing Rock Sioux. Klein spricht von ihr als der »legendären LaDonna Brave Bull Allard, eine der Stammesältesten der Lakota«, die »auf ihrem Land das erste Camp gegründet hatte, das sie damals Sacred Stone Camp nannte«.[219] Klein ist fasziniert. Rousseau selbst wäre vielleicht vor ihren Beschreibungen zurückgescheut.

»[...]mit hellwachem Blick [...] ließ [sie] sich die Anstrengungen überhaupt nicht anmerken, die damit verbunden sein mussten, eine Art Herbergsmutter für die unzähligen Menschen zu spielen, die aus aller Welt gekommen waren, um sich dieser einzigartigen Bewegung anzuschließen.«[220] Ihr Camp ist für indigene Kinder und Jugendliche, aber auch für »nichtindigene Menschen, denen klar geworden war, dass die gegenwärtige Situation Kenntnisse erforderte, die die meisten von uns nicht besitzen«.[221] Und was können die Menschen hier lernen, wenn sie vom kapitalistischen Westen zu diesem Flecken heiliger Weisheit fliehen?

»›Meine Enkel finden es unfassbar, wie wenig manche der Weißen wissen‹, sagte sie lachend, doch ohne abschätzigen Unterton.« Und dann, vermutlich immer noch lachend, ohne dass es abschätzig gemeint ist, erzählt Brave Bull Allard einer berauschten Klein: »Sie kommen angelaufen und rufen: ›Oma, die Weißen haben keine Ahnung, wie man Holz hackt! Dürfen wir es ihnen beibringen?‹ Und ich antworte: ›Ja, tut das.‹ Brave Bull selbst brachte unzähligen Besuchern die Dinge bei«, die zum Überleben unbedingt nötig sind, etwa wie man sich im Winter warm hält.[222] Ein Thermostat ist nicht vorgesehen.

Aber nicht nur Brave Bull Allard verfügt über so viel Weisheit, um die Weißen zu unterrichten. Andere Mitglieder des Tribal Council der Standing Rock Sioux tragen ebenfalls ihren Teil dazu bei, einschließlich dem Stoppen einer regionalen Pipeline, darunter auch Cody Two Bears. Er erzählt Klein »wie seine Vorfahren den ersten Europäern in diesem Gebiet beigebracht hatten, in dem rauen, unbekannten Klima zu überleben. ›Wir haben ihnen gezeigt, wie man Obst und Gemüse anbaut, sich warmhält, Langhäuser baut.‹ Aber die Weißen hatten immer nur genommen – von der Erde und den indigenen Völkern. Und jetzt, sagte Two Bears ›wird es immer schlimmer. Darum müssen wir, die wir die ersten Menschen auf diesem Land waren, den anderen beibringen, wieder richtig zu leben. Indem wir Nachhaltigkeit praktizieren, erneuerbare Energien nutzen, indem wir die Segnungen nutzen, die der Schöpfer uns hat zukommen lassen: die Sonne und den Wind. Wir fangen hier bei uns an. Und wir werden dem übrigen Land zeigen, wie man leben sollte.‹«[223]

Möglicherweise führt Weisheit wie diese Klein zu ihrem großartigen Resümee, in dem sie an der Erkenntnis entlangstolpert, dass es nicht genügt, nein zu sagen, sondern dass wir stattdessen lernen müssen, ja zu sagen.

ALLE PHILOSOPHEN SIND RASSISTEN

Vielleicht ist es ja ganz gut, dass es immer noch die Weisheit der Ureinwohner Amerikas gibt, die wir anzapfen können. Denn in Anbetracht der vergangenen Jahre scheint es ziemlich wahrscheinlich, dass die Philosophie der Ureinwohner Amerikas die einzige sein könnte, auf die die Menschen im Westen oder anderswo noch zugreifen dürfen. Schließlich entstammt diese nicht nur einem reineren und einfacheren Ort, sondern auch einem Ort, der unbehelligt ist vom System der Auslöschung, das bisher alles andere betrifft.

Dieses Ausradieren nahezu sämtlicher westlichen Philosophien wurde mir zum ersten Mal bewusst nach einem Vortrag, den ich vor einigen Jahren an einer US-amerikanischen Universität hielt. Im Laufe des Vortrags hatte ich kurz Immanuel Kant erwähnt, wahrscheinlich als Beispiel für einen Philosophen, der – abgesehen vom kategorischen Imperativ – außergewöhnlich schwer zu verstehen ist. Bei der anschließenden Fragerunde sprach mich einer der Studenten auf meine Erwähnung von Kant an. »Wussten Sie, dass er das N-Wort benutzt hat?«, fragte der Student. Ich muss zugeben, dass es mich im ersten Moment verblüffte. Wurde das N-Wort zu Kants Zeit in Deutschland verwendet? Sicher nicht. »Neger« oder eine Variante des 18. Jahrhunderts davon, vielleicht. Aber das tatsächliche N-Wort würde mich überraschen. Ich glaubte, ich brachte meine Zweifel gegenüber dem Studenten zum Ausdruck, während ich mich abmühte, den Sinn seiner Frage zu verstehen. Plötzlich dämmerte es mir. Natürlich. Wenn Kant das N-Wort benutzte, brauchen wir ihn nicht zu lesen. Vorbei ist es damit, sich wochenlang durch *Die Kritik der reinen Vernunft* oder die *Grundlegung zur Metaphysik der Sitten* zu kämpfen. Stattdessen kann man all das überspringen, Kant als Rassisten etikettieren und schnell weiterziehen. Um Kant zu verstehen, muss man arbeiten, aber ihn als Rassisten abzutun, geht ohne jede Mühe.

Tatsächlich verwendete Kant im Preußen des 18. Jahrhunderts ein paar Begriffe, die an einer fortschrittlichen Universität im Westen der 2020er-Jahre keine Anwendung finden würden. Im Dezember 2020 prangerte ein Wissenschaftler namens Dr. Andrew Cooper an der University of Warwick Kant an, indem er sagte, dass »er in vielen seiner Essays zur Naturgeschichte einige schockierende rassistische Bemerkungen macht und anscheinend Texte befürwortete, die die Sklaverei gutheißen.« An derselben Universität kam man, nach dem Rat »einer Arbeitsgruppe zur Gleichstellung« zu dem Schluss, dass Kants rassistische Ansichten den Studenten »als ein Beispiel dafür, wie Menschen dem Rassismus erliegen«, gelehrt werden sollten.[224]

Diese Kritik ist keineswegs originär. Dasselbe wurde in den vergangenen Jahren gegen nahezu jede Säule der westlichen Philosophietradition vorgebracht, die zurückgeht bis zu den alten Griechen. Zum

Beispiel veröffentlichte die *Washington Post* 2018 einen Artikel zu Aristoteles, in dem ihm beschuldigt wurde, der »Vater des wissenschaftlichen Rassismus zu sein«. Später in diesem Artikel wird er verwandelt in den »Großvater aller Rassismus-Theoretiker«. Zu den verschiedenen Vorwürfen gegen ihn zählt auch die schlimme Tatsache, dass Aristoteles von Charles Murray (Co-Autor von *The Bell Curve*) zu seinem Lieblingsphilosophen ernannt wurde. Kant konnte abgeurteilt werden für Texte, die er in seiner Zeit befürwortete. Aber Aristoteles konnte dafür abgeurteilt werden, dass ihn jemand fast 2500 Jahre nach seinem Tod bewunderte. Das genügte schon. Auf diese und andere Weise behauptete der Autor des *Washington Post*-Artikels, dass Aristoteles den Grundstock für »rassistische Wissenschaft« gelegt habe. Darüber hinaus wird ihm zur Last gelegt, im ersten Buch seiner *Politik,* »Besteuerung als Rechtfertigung für den Ausschluss bestimmter Menschen aus dem bürgerlichen Leben« genutzt zu haben. Das ist eine wahrhaft schockierende Tatsache in einem Buch, das etwa 300 v. Chr. geschrieben wurde. Daraufhin wurde Aristoteles mit der »Alternativen Rechten« und ihrer »abschreckenden« Begrüßung der »westlichen Zivilisation« in Zusammenhang gebracht«.[225]

Wenn die jüdisch-christlichen Traditionen der westlichen Zivilisation die Säulen Jerusalems waren, dann waren die aus der Welt der alten Griechen und Römer gewonnenen Traditionen der westlichen Zivilisation die Säulen Athens. Jeder ernsthafte Versuch, die westlichen Traditionen herunterzuziehen, erfordert den gleichzeitigen Angriff auf diese beiden Säulen. Um sowohl die alten Griechen als auch die christliche Tradition fertigzumachen – Aristoteles genauso anzugehen wie die Bibel. Jeder erfolgreiche Strang der westlichen Tradition wurde der Reihe nach abgepflückt.

Betrachten wir die Angriffe der vergangenen Jahre auf die Tradition der Aufklärung. Dabei handelt es sich um jene Bewegung, oder eher eine Reihe von Bewegungen, die im 18. Jahrhundert an verschiedenen Stellen in Europa in Gang kam und einige der größten Fortschritte in der menschlichen Geschichte mit sich brachte. Sie lieferte uns neben anderen Dingen die philosophischen Grundlagen für die Prinzipien der Toleranz, der Nützlichkeit des Verstandes und der Trennung von Kirche und Staat. Die Werte der Aufklärung wurden in den verschiedenen politischen Lagern anerkannt. 1994 warnte der mittlerweile verstorbene Eric Hobsbawm in der *New Left Review* bereits vor einer Interpretation der Aufklärung als »einer Verschwörung alter weißer Männer mit Perücken, um die intellektuelle Grundlage für den Imperialismus des Westens zu liefern«. Hobsbawn – der ein Leben lang die Verbrechen des Kommunismus entschuldigte – verstand, wie wichtig es war, die Aufklärung zu schützen. Denn, so warnte er seine Leser, trotz ihrer Nachteile liefert die Aufklärung »die einzige Grundlage für alle Bestrebungen, Gesellschaften aufzubauen, die für *alle* menschlichen Wesen geeignet sind, die irgendwo auf dieser Erde leben«.[226] Als er das geschrieben hatte, wurde Hobsbawn ebenfalls zu einem alten weißen Mann, deshalb weiß er, wie es sich anfühlt. Es fällt jedoch auf, dass es in den 1990er-Jahren für eine wichtige Person der internationalen Linken noch möglich war, die Aufklärung überschwänglich zu verteidigen. Diejenigen, die nach ihm kamen, verfügen nicht über dieselbe Hochachtung gegenüber den Grundlagen der Vernunft, die Hobsbawn noch besaß. Stattdessen durchliefen sie einen Prozess des Bildersturms der hämischsten, gefräßigsten Art.

Einer nach dem anderen haben sie danach gestrebt, die Philosophen der Aufklärung zu demütigen. Im Juni 2020 wurde eine Statue von Voltaire vor der Académie Française in Paris entfernt, nachdem sie wiederholt vandalisiert wurde – unter anderem wurde sie einmal mit roter Farbe übergossen. Bei der Gelegenheit lautete der Vorwurf gegen die großartige Gestalt der französischen Aufklärung, dass er in die French East India Company Geld investiert habe. Andere wiesen darauf hin, dass er 1769 in seiner Erzählung *Amabeds Briefe* eine rassistische Bemerkung über Afrikaner gemacht habe. Ein Kritiker meinte, eine direkte Verbindung zwischen Voltaires Diskussionen mit Friedrich dem Großen und Adolf Hitlers Plänen für das Dritte Reich zu erkennen. In *Foreign Policy* schrieb Nabila Ramdani: »Voltaire verbreitete Dunkelheit und nicht Aufklärung.«[227] Ramdani und andere Kritiker von Voltaire ignorierten völlig seine niederschmetternden Angriffe auf die Amoral der Sklaverei, nicht zuletzt in *Candide*. So geht er nun dahin, Voltaire, sein Werk *Über die Toleranz* von 1763, und der ganze Rest ebenfalls. Auf den Schutthaufen, zusammen mit allem anderen.

So wie Voltaire in Frankreich angegriffen wurde, geschah es mit jeder Gestalt der britischen Aufklärung in Großbritannien. John Locke besaß Aktien an Unternehmen, die in Verbindung standen mit dem Sklavenhandel. Und so wurde *Ein Brief über Toleranz* (1689) von einem der großen Fortschritte humanistischen Denkens zu der bedeutungslosen Scheinheiligkeit eines schuldigen Mannes. Bei einem nach dem anderen wurden dieselben Methoden angewandt. Falls bei einer Person keine unangemessenen Investitionen in Unternehmen seiner Zeit gefunden werden, dann kämmt man eben sein Werk durch, bis man etwas findet, das nicht zu den Gepflogenheiten der modernen Welt passt, die zu erschaffen diese Männer geholfen haben.

In How to Be an Antirassist greift Ibram X. Kendi den »Philosophen der Aufklärung David Hume« an. Er zitiert Hume mit den Worten: »Ich neige zu dem Verdacht, dass die Neger und allgemein alle anderen Spezies des Menschen (denn es gibt vier oder fünf Arten) den Weißen von Natur aus unterlegen sind. Es dürfte kaum eine zivilisierte Gesellschaft von dieser Hautfarbe gegeben haben, noch auch irgendein Individuum, das sich entweder in Taten oder im Denken hervorgetan hätte [...] Solch eine gleichförmige und beständige Verschiedenheit konnte in so vielen Ländern und Zeitaltern nicht vorkommen, wenn die Natur selbst nicht einen ursprünglichen Unterschied zwischen diesen Menschenarten gesetzt hätte.«[228]

Selbst aus Kendis eigenen Fußnoten wird ersichtlich, dass er nicht über dieses Zitat gestolpert ist, während er routinemäßig Humes gesammelte Werke las. Seine Quellenangabe führt zu einem Kapitel mit dem Titel: »›A Lousy Empirical Scientist‹: Reconsidering Hume's Racism« in einem Buch mit dem Titel *Race and Rassism in Modern Philosophy*.[229] Dieses Buch, von den Herausgebern selbst als »eine innovative und wesentliche Intervention in die kritische Rassentheorie« bezeichnet, beabsichtigt, die Frage zu beantworten: »Ist moderne Philosophie rassistisch?« Die Antwort kann man sich denken.

Solche Details sind aus verschiedenen Gründen wichtig. Einer ist, dass Kendi die oben genannten Zeilen so zitiert, als wären sie ein zentraler Grundsatz von Humes Arbeit. Tatsächlich findet sich der Kommentar in einer einzelnen Fußnote zu seinem Essay über Nationalcharaktere. Sie befindet sich in allen Ausgaben seiner Arbeit und ist unter Hume-Schülern berüchtigt. Keiner hat sie je verteidigt.

Wenn eine Verteidigung versucht würde, dann könnte sie erwähnen, dass Hume natürlich kein Soziologe war und keine Ahnung von afrikanischen Kulturen hatte. Noch wichtiger aber ist: Diese Ansicht läuft völlig konträr zu der in vielen anderen Teilen des Buches, nicht zuletzt zu seiner Anprangerung der Sklaverei in dem Essay *Über den Bevölkerungsreichtum der Völker des Altertums*. Darüber hinaus, wie die Wissenschaftlerin Jane O'Grady überzeugend argumentierte, setzten Denker wie Hume und Kant in ihrer Arbeit die Grundlagen für die Argumente, die den Rassismus unhaltbar machen sollten. Sie halfen, seine grundlegenden Fehler aufzudecken. Zum Beispiel argumentierte Hume, »dass Moral auf der natürlichen Abstimmung der Menschen auf die Gefühle des anderen und einem Unbehagen beruht, das Unbehagen anderer zu spüren, das zu einer unparteiischeren Gerechtigkeit erhoben werden kann«.[230] Noch bis vor Kurzem wurde Hume verehrt – vor allem in seinem Geburtsland – für seinen radikalen Empirismus, Skeptizismus und die Anwendung der Vernunft in Arbeiten wie *An Enquiry Concerning Human Understanding* (1758, deutscher Titel: *Eine Untersuchung über den menschlichen Verstand*).

Was heutzutage für die ganze Welt offensichtlich zu sein scheint, vor allem für die Kritiker dieser Philosophen, war vor Kant und Hume nicht offensichtlich. Nicht im Westen, und auch sonst nirgendwo.

Nichts davon tritt als Verteidigung auf, und eine einzelne Fußnote genügt, um die Errungenschaften und Fortschritte eines der wichtigsten Denker des 18. Jahrhunderts wegzuwischen. Im Sommer 2020 wurde eine Petition eingereicht, um die Behörden der Universität von Edinburgh zu überzeugen, den David Hume Tower auf dem Campus umzubenennen, wegen der »Kommentare bezüglich Rassen« des Philosophen. Die Urheber der Petition beharrten darauf, dass »wir keinen Mann bewerben sollten, der die Überlegenheit der weißen Rasse vertritt«. Ein früherer Inhaber des David-Hume-Stipendiums an der Universität prangerte Hume als »schamlosen Rassisten« an. Und so wurde das Hochhaus, das nicht nur das höchste, sondern auch eines der hässlichsten Bauwerke aus den 1960er-Jahren auf dem Campus war, prompt umbenannt. Der »Ausschuss für Gleichstellung und Vielfalt« der Universität sowie der »Unterausschuss für Rassengleichheit und Antirassismus« gaben das bekannt und sagten, dass Humes Kommentare zu »Rasse« »heutzutage Bestürzung hervorrufen würden« und ihre Arbeit seit dem Tod von George Floyd und der BLM-Bewegung neuen Antrieb bekommen habe. Von nun an würde das Hochhaus den poetischen Spitznamen »40 George Square« tragen.[231] Daraufhin verkündete die Universität eine Überprüfung all ihrer Gebäude und ihrer möglichen Verbindung zum Sklavenhandel, sodass man »praktische Schritte« unternehmen könne, um »Vielfalt« widerzuspiegeln.[232] Sofort entwickelte sich Druck, Humes Statue auf der Royal Mile zu entfernen, und in der Zwischenzeit hingen ihm einige Aktivisten einen Auszug seiner berüchtigter Fußnote um, damit die Passanten wussten, von was für einem Schlag er war.

Natürlich kann man solche Umbenennungen und Neubewertungen als den normalen Lauf der Dinge abtun. Zeiten ändern sich und im Laufe der Jahrhunderte erscheint alles in anderem Licht. Eine der Merkwürdigkeiten bei den Attacken auf viele der überragenden Denker im Westen ist, dass dieselben Vorwürfe erhoben werden, wie auch immer ihre Sichtweise war. So kann man zum Beispiel Anprangerungen von John Stuart Mill mittlerweile genauso oft lesen wie Anprangerungen von Hume. Und das trotz der Tatsache, dass Mill in seinem Werk vehement und explizit genau das Gegenteil von dem vertritt, was von Hume in seiner fatalen Fußnote zu lesen ist. Die in den letzten Jahren gegenüber Mill erhobenen Vorwürfe basieren auf Anschuldigungen, er sei für das Empire gewesen.

Diese Kritik versäumt jedoch, Mills lebenslange Bemühungen zu berücksichtigen, die rassistischen Theorien seiner Zeit zu diskreditieren, und auch seine Überzeugung, dass Schulbildung all diese Dinge verändern würde, die angeblich vererbte Eigenschaften sind.[233]

Die Anti-Millianer versäumen auch, seine Haltung zum amerikanischen Bürgerkrieg, *während dieser im Gange war*, anzusprechen. Kritiker haben gegenüber Mill viele Vorwürfe erhoben.[234] Aber nahezu alle von ihnen wurden in der kritischen Literatur ausführlich beantwortet, und keine der gegen ihn erhobenen Anschuldigungen sollte von seiner beständigen und prinzipiellen Verteidigung der Rassengleichheit für amerikanische »Neger« während des Krieges und in dessen Nachwehen ablenken.[235] Es ist nicht einfach, die Dinge richtig zu verstehen, während sie im Gange sind, zumindest nicht, wenn sie im 19. Jahrhundert auf einem anderen Kontinent passieren. Aber Mill verstand den amerikanischen Bürgerkrieg so gut, wie man nur konnte, sorgte sich, was passieren würde, wenn die Südstaaten die Unabhängigkeit erlangten, war beunruhigt, dass dann womöglich der Sklavenhandel aus Afrika, den abzuschaffen Großbritannien so viel gekostet hatte, wieder zurückkehrte, und fürchtete, dass die Konsequenzen eines Sieges der Südstaaten eine europäische Intervention erforderlich machten. Deshalb tat Mill mehr, als nur das Vorgehen der Nordstaaten zu verteidigen. Er war kein Pazifist und schrieb: »Ich kann mich denen nicht anschließen, die rufen Frieden, Frieden. Ich kann nicht wünschen, dass der Norden nicht in diesem Krieg kämpft.«

Mill war »nicht blind gegenüber der Möglichkeit, dass es vielleicht eines langen Krieges bedurfte, um den aggressiven Ehrgeiz der Sklavenbesitzer zu zähmen«. Aber, so sagte er: »Krieg zu einem guten Zweck ist nicht das schlimmste Übel, unter dem eine Nation leiden kann. Krieg ist eine scheußliche Angelegenheit, aber nicht die scheußlichste: Der verfallende und würdelose Zustand von Moral und Patriotismus, der nichts eines Krieges für würdig hält, ist schlimmer.«[236]

Nebenbei bemerkt ist interessant, dass jene Persönlichkeiten, die in den vergangenen Jahren am stärksten angegriffen wurden, augenscheinlich ausgerechnet jene sind, die mit der Aufklärung in Verbindung stehen. Tatsächlich ist das derartig auffällig, dass es einen Grund haben muss. Und tatsächlich hat es eine Menge Gründe.

Möglicherweise halten die westlichen Kritiker die Philosophie oder Moral von Plato oder Aristoteles für zu weit zurückliegend, als dass sie es wert ist, genauso angegriffen zu werden. Das Argument »Aber das ist doch mehr als 2000 Jahre her« ist einigermaßen wasserdicht, während das Argument »Das war vor gerade mal 250 Jahren« möglicherweise nicht so stichhaltig ist. Es ist aber auch möglich – es scheint durchaus möglich –, dass hier mehrere Dinge vor sich gehen.

Zunächst ist da die Möglichkeit, dass tatsächlich mit den Denkern der Aufklärung abgerechnet wird, was bisher nie getan wurde. Diese Behauptung könnte man aufstellen, aber sie wäre unangebracht. Zum Beispiel kann niemand, der Locke gelesen hat, übersehen, dass sich sein Konzept der Toleranz nicht auf Katholiken und Atheisten erstreckte. Genauso wenig, wie jemand verschiedene deutsche Denker des 18. Und 19. Jahrhunderts lesen und diese alle für Philosemiten halten kann. Es gibt keinen Schüler von Hume, der nicht diese eine Fußnote kennt. Es scheint also berechtigt, anzunehmen, dass etwas anderes dahintersteckt.

Eine Möglichkeit ist, dass all diese Denker zu einer Zeit gelebt und geschrieben haben, als das, was die beiden größten Sünden des Westens wurden – Sklaverei und Imperialismus – existierte, und dass eine Abrechnung überfällig ist. Aber zum Zeitpunkt bestimmter Ereignisse zu leben, befördert jemanden nicht auf die dunkelsten Seiten dieser Ereignisse. Dennoch ist das die Behauptung der neuen Angreifer der Aufklärung. Zum Beispiel behauptete der britische Autor und Wissenschaftler Kehinde Andrews 2021 in einer öffentlichen Debatte:

> »Den Liberalismus zu verteidigen, ist das Schlimmste, was man tun kann. Denn der Liberalismus ist das Problem. Es sind die Werte der Aufklärung, die die rassistischen Vorurteile erst zementieren. Wenn Sie tatsächlich ein-

> mal über all die Gelehrten der Aufklärung nachdenken [...] sie alle hatten eine rassistische Theorie mit weißen Menschen an der Spitze und schwarzen Menschen ganz unten. Das zieht sich durch alle Länder. Es war ein wichtiger Teil der Aufklärung. Aber es wird so eingebettet, dass wir auf eine Weise darüber denken, wie wir es nicht einmal als Rassist tun würden. Also nehmen wir zum Beispiel Immanuel Kants grundlegende Menschenrechte – was zutiefst rassistisch ist – und wundern uns dann, warum die Welt immer noch rassistisch ist.«[237]

Abgesehen von Andrews Angriff sowohl auf die Aufklärung als auch den Liberalismus ist bei dieser Analyse wohl der interessanteste Aspekt, wie bemerkenswert ahistorisch sie ist. Wie neben vielen anderen auch der Historiker Jeremy Black anmerkte, war im gleichen Zeitraum wie die Aufklärung eine erhebliche Debatte im Gange. Eine Debatte, an der man sich nicht beteiligen musste, die aber dennoch unter der Oberfläche vorhanden war. Es ist die Debatte um Monogenese oder Polygenese.

Die Anhänger Monogenese glaubten, dass alle menschlichen Lebewesen, trotz ihrer ethnischen Unterschiede, auf ein- und demselben genetischen Stamm zurückgehen. Im Gegensatz dazu waren die Vertreter der Polygenese der Auffassung, dass verschiedene ethnische Gruppen auf unterschiedliche biologische Stämme zurückgehen. Diese Debatte setzte sich durch die 1700er-Jahre und auch danach noch fort. Amerikas Gründungsväter waren darin verfangen, aber nicht einmal die größten unter ihnen konnten sich auf eine klare Meinung festlegen. Nachdem er David Hume angegriffen hatte, hebt Kendi hervor, dass Thomas Jefferson zu glauben »schien«, dass alle Menschen »gleich geschaffen« seien. Aber er fuhr fort, Jefferson zu kritisieren. »Allerdings gab Thomas Jefferson nie die antirassistische Erklärung ab: Alle ethnischen Gruppen sind gleich. Während die segregationistische Denkweise unterstellt, dass eine bestimmte ethnische Gruppe dauerhaft unterlegen ist, vertreten Assimilationisten und Assimilationistinnen die Ansicht, eine Gruppe sei vorübergehend unterlegen. ›Es wäre gefährlich, darauf zu bestehen, dass er [der N*], über einige Generationen hinweg gleichartig kultiviert, ihm nicht gleich werden könnte‹, schrieb Jefferson und brachte damit seine assimilationistische Haltung zum Ausdruck.«[238]

Der Angriff auf Jefferson ist sinnbildlich für die unbarmherzigen und unkundigen Vorgehensweisen dieses Kritikers. Die Quelle seines Zitats ist ein privater Brief von Jefferson an den Marquis de Chastellux, geschrieben im Juni 1785. Es handelt sich nicht um eine Klausel in einer Verfassung oder den Teil einer Proklamation. Es ist nichts, mit dem Johnson durchs Land zog und es den Menschen predigte. Es spricht lediglich in einem Brief an einen Philosophen-Kollegen und Militär-General eine der vielen unbeantworteten Fragen jener Tage an. Vielleicht macht Kendi sich nicht die Mühe, zu zitieren, was Jefferson sonst noch in dem Brief sagt, weil es nicht zu seinen Bemühungen passt, Jefferson in einem möglichst unsympathischen Licht darzustellen. Es ist jedoch interessant. Jefferson schreibt: »Ich glaube, dass der Inder dem weißen Mann an Körper und Geist gleich ist. Ich vermute, dass dies bei dem schwarzen Menschen, in seinem aktuellen Zustand, vielleicht nicht der Fall ist. Es wäre jedoch gefährlich, darauf zu bestehen, dass er, über einige Generationen hinweg gleichartig kultiviert, ihm nicht gleich werden könnte.«[239]

Statt einer rassistischen Aussage schrieb Thomas Jefferson etwas, das ein Verteidiger der Schwarzen einem Skeptiker gegenüber äußern würde. Er befürwortet die gegenteilige Denkweise dessen, was Kendi ihm vorwirft. Es ist in vielfacher Weise unehrenhaft, zu fordern, dass Personen wie Jefferson wegen dieser »Tatsache« entthront und ausgemustert werden müssen.

Es wäre schon eine ungewöhnliche Person gewesen, die in den vergangenen Jahrhunderten lebte und alles mit derselben Erkenntnis sah, wie der Rückblick sie bietet. Es wäre ein sehr ungewöhnlicher Mensch in den 1770er-Jahren gewesen, der, ohne es zu seinem speziellen Forschungsgebiet zu machen – und selbst wenn –, zu dem Schluss gekommen wäre, dass Menschen, denen er selten oder nie begegnet ist oder auch nur über sie gelesen hat, zweifellos vom selben genetischen

Stamm abstammten wie er selbst. Das setzt zudem voraus, dass die Themen, die uns heute beschäftigen, de facto dieselben waren, die zu jener Zeit nicht nur ein paar Menschen, sondern alle Menschen beschäftigten.

Vielleicht hätten sich die Denker der Aufklärung ausschließlich mit jenen Problemen beschäftigen sollen, die uns heutzutage umtreiben. Aber sie waren mit anderen Dingen beschäftigt. Voltaire wandte einen Großteil seiner Energie gegen den Klerus seiner Zeit auf. Hume nutzte einen Großteil seiner Energie (wie auch andere Denker dieser Ära), um für die Gesellschaft Wege zu ersinnen, wie sie sich aus einer Periode des Aberglaubens und der Korruption befreien konnte. Kant verwendete seine Energie für den Versuch, eine universelle Ethik zu entwerfen. Hätten sie mehr Zeit dafür aufwenden sollen, sich mit dem zu beschäftigen, was auf Kontinenten passierte, auf denen sie nie gewesen waren? Vielleicht. Hätten sie sich mit Rechtsfragen von Menschen beschäftigen sollen, denen sie nie begegnet sind? Gut möglich. Aber das ist ein ziemlich hoher Anspruch, und ein vermessener.

Selbst die heutigen Meister des »Aussprechens« äußern sich nicht zu jeder Ungerechtigkeit. Die Zahl der Menschenrechtsverletzungen, die die Fernsehmoderatorin Joy Reid nicht angesprochen hat, muss buchstäblich grenzenlos sein.

Außerdem sieht der entwickelte Westen es heutzutage als falsch an, von überlegenen oder unterlegenen Menschen zu sprechen. Aber im 18. Jahrhundert war es nicht unüblich, die eine Zivilisation mit der anderen zu vergleichen und in überlegene und unterlegene zu kategorisieren. Wenn wir heutzutage eine besondere Abscheu für derartige Tendenzen verspüren, dann liegt das daran, dass wir nach dem 20. Jahrhundert leben. Ein Philosoph des 18. Jahrhunderts in Königsberg wusste nicht all das, was wir heute wissen. Es war jedoch auch nicht so, dass er gar nichts wusste. Es heißt nicht, dass wir das Recht haben, ihn zu verachten, den Studenten nur von seinen Irrtümern zu erzählen oder uns selbst vorzumachen – um es uns leicht zu machen –, dass wir nichts von ihm lernen können.

Es gibt noch eine andere Möglichkeit, um zu erklären, warum die Denker der Aufklärung so auffallend in die Schusslinie unserer Ära geraten sind. Und die lautet: Die Aufklärung in Europa war der größte Vorwärtssprung zum Konzept der objektiven Wahrheit. Das Projekt, an dem Hume und andere arbeiteten, bestand darin, ein Verständnis der Welt in verifizierbaren Fakten zu begründen. Wunder und andere Phänomene, die vor der Ära dieser Denker ein normaler Bestandteil der Vorstellungen von dieser Welt gewesen waren, verloren an Halt. Das Zeitalter der Vernunft brachte nicht das Neue Zeitalter hervor, aber es brachte Behauptungen, die nicht auf Fakten fußten, für den größten Teil von 200 Jahren ins Hintertreffen.

Stattdessen wurde in den vergangenen Jahren an einem Projekt gearbeitet, bei dem verifizierbare Wahrheit vertrieben wird. An ihre Stelle tritt dieser großartige Oprah-ismus: »meine Wahrheit«. Die Vorstellung, dass ich »meine Wahrheit« habe und Sie Ihre, macht die Vorstellung von einer objektiven Wahrheit überflüssig. Diese Vorstellung besagt, dass eine Sache so wird, weil ich fühle oder sage, dass es so ist. Im Extremfall ist es der Rückfall auf eine Art magischen Denkens. Genau jenes Denkens, das die Denker der Aufklärung verjagt haben. Und vielleicht sind die Denker der Aufklärung genau deshalb zum Fokus für Angriffe geworden. Weil das von ihnen aufgestellte System entgegengesetzt zu dem System ist, das heute erschaffen wird: ein System, das der Vorstellung von Vernunft und objektiver Wahrheit diametral gegenübersteht; ein System, gewidmet dem Wegfegen eines jeden aus der Vergangenheit ebenso wie aus der Gegenwart, der sich nicht vor dem großen Gott der Gegenwart verbeugt: »Ich«.

WIESO FALLEN IHRE GÖTTER NICHT?

Dennoch gibt es in all dem viele Merkwürdigkeiten. Kant, Hume, Jefferson, Mill, Voltaire und alle anderen, die verbunden sind mit Rassismus, Imperialismus oder Sklaverei, müssen fallen. Und doch tut es eine seltsame Auswahl historischer Persönlichkeiten nicht. Durch diese Tatsache gelangen wir zu den Wurzeln von etwas, das im antiwestlichen Denken abläuft.

Eines der größten Denkmäler auf dem Londoner Friedhof in Highgate ist eine große Büste auf einer hohen Steinsäule. Auf der Vorderseite stehen Zitate aus dem *Kommunistischen Manifest* (»Arbeiter aller Länder vereinigt euch«) und aus den *Thesen über Feuerbach* (»Die Philosophen haben die Welt nur verschieden interpretiert. Es kommt drauf an, sie zu verändern«).[240] Der Mann, dessen Grab das ist – bezahlt von der Kommunistischen Partei von Britannien in den 1960er-Jahren –, ist natürlich Karl Marx. Bis heute ist es ein Pilgerort für Menschen, die denken, dass Marx die Welt zum Besseren verändert hat. Alle haben ihre eigene Tatsachenverdrehung, um damit umzugehen, dass etwa 1 Million Menschen bei dem Versuch, gemäß Marx‹ Vorgaben die Welt zu verändern, umkamen. Aber die Büste steht immer noch dort, und es gab keine ernsthaften Versuche, sie umzustürzen oder zu zerstören. Ab und zu wurde sie mit roter Farbe beschmiert – und derartiger Vandalismus wurde von Personen aus Kultur und Politik gleichermaßen verurteilt. Aber während der Vorkommnisse in den vergangenen Jahren gab es keine Online-Petition oder Aktivistengruppen, die versuchten, die Büste herunterzuholen und im nahegelegenen Fluss zu versenken. Dafür kann es natürlich den Grund geben, dass es sich hier um einen Grabstein handelt, und sogar die doktrinärsten Menschen finden es vielleicht geschmacklos, ein Grab zu schänden. Aber das Denkmal in Highgate ist nicht das einzige Monument für Marx oder den Marxismus, das noch steht. Die Salford-Universität hat sogar erst im Jahr 2016 auf dem Campus ein neues Denkmal enthüllt. Eine riesige Büste von Friedrich Engels – Co-Autor des *Kommunistischen Manifests* – wurde zu einem Bestandteil des Campus-Lebens gemacht. Teilweise als Gedenken an die Tatsache, dass Marx und Engels in einem Pub in der Nähe verkehrten, als sie in den 1840er-Jahren in dieser Gegend lebten. Die Universitätsverwaltung bezahlte die fünf Meter hohe Skulptur als Hommage an die beiden Männer.

Und 2018, an seinem 200. Geburtstag, wurde eine neue überlebensgroße Statue von Marx in Trier, im Südwesten Deutschlands, enthüllt, nahe der Grenze zu Luxemburg, Belgien und Frankreich. Die über vier Meter hohe Bronze-Statue war eine Spende der chinesischen Behörden, und zu den Hunderten von Gästen bei der Enthüllung zählte auch eine Delegation der Chinesischen Kommunistischen Partei. Es sieht so aus, als sei eine Verbindung mit Marx oder dem Marxismus moralisch kein Problem, möglicherweise sogar ein Pluspunkt. Im April 2021 zwangen Studierende der Universität von Liverpool die Universitätsleitung, ein Gebäude umzubenennen, das den Namen eines Premierministers aus dem 19. Jahrhundert trug – William Gladstone –, wegen der Verbindungen seines Vaters zur Sklaverei. Das Gebäude wurde nun nach der Menschenrechtsaktivistin und lebenslangem Mitglied der Kommunistischen Partei Dorothy Kuya benannt.

Es gibt keine besonderen Anstrengungen, das Erbe von Karl Marx und seinem Kreis auszuradieren, zu problematisieren, zu dekolonialisieren oder auf andere »antirassistische« Weise dagegen vorzugehen. Und das ist seltsam, denn jeder, der das Werk von Marx gelesen hat, wird wissen – vor allem jeder, der seinen Briefwechsel mit Engels gelesen hat –, dass Marx‹ Ruf im Lichte unserer Zeit mittlerweile erledigt sein müsste.

Sehen wir uns den Rassismus in Marx‹ Briefen an Engels an, in denen die beiden großen Kommunisten privat über die Probleme ihrer Zeit sprachen. Im Folgenden ein Brief, den Marx im Juli 1862 an Engels schrieb:

> »Der jüdische Nigger Lassalle, der glücklicherweise Ende dieser Woche abreist, hat glücklich wieder 5000 Taler in einer falschen Spekulation verloren [...] Es ist mir jetzt völlig klar, daß er – wie auch seine Kopfbildung und sein Haarwuchs beweist – von den Negern abstammt, die sich dem Zug des Moses aus Ägypten anschlössen (wenn nicht seine Mutter oder Großmutter von väterlicher Seite sich mit einem nigger kreuzten). Nun, diese Verbindung von Judentum und Germanentum mit der negerhaften Grundsubstanz müssen ein sonderbares Produkt hervorbringen. Die Zudringlichkeit des Burschen ist auch niggerhaft.«[241]

Natürlich ist das nicht nett, von jemandem so zu sprechen. Aber eine nachsichtige Interpretation, wie sie David Hume verweigert wurde, könnte sagen, dass es lediglich eine hässliche Äußerung in einem privaten Brief war, wegen der er nicht zu hart verurteilt werden sollte. Aber das ist nicht die einzige Gelegenheit, bei der ein solches Gefühl aus Marx‹ Feder kam. Hier noch ein weiterer Brief an Engels, geschrieben vier Jahre später (im Jahr 1866), in dem Marx eine kurz zuvor erschienene Arbeit beschreibt, die Engels seiner Meinung nach nützlich sein könnte. Zu dieser Zeit waren beiden Männern die Entdeckungen von Charles Darwin bekannt, dessen Arbeit über den Ursprung der Arten, natürliche Auslese und noch sehr viel mehr standen den Philosophen der Aufklärung natürlich nicht zur Verfügung. Marx interessierte sich für Pierre Trémaux und sein *Origine et transformations de l'homme et des autres êtres* (Paris 1865). Mittlerweile gewann die Monogenese-Theorie Oberhand (dass alle Menschen miteinander verwandt sind und keine verschiedenen Arten). Frederick Douglass und andere hatten höchst überzeugend und letztlich erfolgreich zu der Debatte beigetragen. Und dennoch spielte Marx immer noch mit dem Polygenesis-Ansatz herum. Wie er Engels über Trémaux‹ Arbeit schreibt: »Es ist, trotz aller Mängel, die mir auffallen, ein sehr bedeutender Fortschritt über Darwin [...] Z.B. [...] wie er (er war lang in Afrika) nachweist, daß der gemeine Negertyp nur Degenereszenz eines viel höhern ist.«[242]

War das bei Marx ein Schwachpunkt? Hatte er ein Problem mit schwarzen Menschen, aber nicht mit anderen Gruppen?

Hier nun ein weiterer Brief an Engels, in dem er sich zum Thema Juden äußert: »[...] der Vertreibung ›des Volks der Aussätzigen‹ aus Ägypten, an deren Spitze sich ein ägyptischer Priester namens Moses stellte. Lazarus, der Aussätzige, ist also der Urtyp des Juden [...]«[243]

Natürlich könnte man dies auch noch auf andere Weise verteidigen. Man könnte sagen, dass Marx‹ Worte in seinem Brief nicht für die Öffentlichkeit bestimmt waren. Seine Reflexionen über die »degenerative« Natur des »gemeinen Negertypen« und der »aussätzigen« Natur jüdischer Menschen sind natürlich abscheulich, aber es sind private Überlegungen in einem privaten Brief, der privat an einen Freund geschrieben wurde. Wie der Brief, den Thomas Jefferson an den Marquis de Chastellux schrieb. Aber das Problem mit Marx ist, dass er seinen Rassismus nicht auf seine private Korrespondenz mit seinem Co-Autor zum *Kommunistischen Manifest* beschränkte.

1853 schrieb Marx in einem seiner Beiträge in der *New York Tribune* über den Balkan, dass er »das Pech hatte, von einem Konglomerat verschiedener Rassen und Nationalitäten bewohnt zu sein, bei denen schwer zu sagen ist, welche die am wenigsten geeignete ist für Fortschritt und Zivilisation«.[244] 1856 schrieb er in derselben Zeitung, dass »wir feststellen, dass jeder Tyrann von einem Juden unterstützt wird«, und behauptete, dass es immer »eine Handvoll Juden gibt, um Taschen zu durchwühlen«. Angefangen von der Zeit Jesu und dem Hinauswurf der Geldwechsler aus dem Tempel, so erzählt Marx seinen Lesern, dass »die Geld verleihenden Juden in Europa nicht nur in größerem und widerwärtigerem Rahmen das tun, was viele andere in kleinerem und unbedeutenderem Rahmen tun. Aber nur weil die Juden so stark sind, wird es Zeit und ist angebracht, ihre Organisation aufzudecken und zu stigmatisieren.«[245] Diese Pro-Hitler Sichtweisen stammen nicht aus einer einzelnen Phase in Marx‹ Leben. Es zieht sich vielmehr hindurch. Mehr als ein Jahrzehnt zuvor, im Jahr 1843, schrieb Marx in *Zur Judenfrage*: »Welches ist der weltliche Kultus des Juden? *Der Schacher*. Welches ist sein weltlicher Gott? Das *Geld* [...] Geld ist der eifersüchtige Gott Israels, vor dem kein anderer Gott stehen sollte.«[246]

Nun könnten Sie vielleicht sagen, vielleicht mochte Marx Juden nicht besonders? Allerdings schien er andere ethnische Gruppen auch nicht sonderlich zu mögen und hatte vor deren Geschichte genauso wenig Respekt wie vor der jüdischen. 1853 erzählte er seinen Lesern in Amerika: »Die indische Gesellschaft hat überhaupt keine Geschichte. Zumindest keine bekannte.« Und während Marx gleichzeitig verurteilend wie auch ignorant gegenüber der indischen Zivilisation ist, scheint er das britische Regime in Indien zu befürworten. »Die Frage«, so schreibt er »lautete nicht, ob die Engländer das Recht hatten, Indien zu erobern, sondern ob es uns lieber wäre, wenn Indien von den Türken, den Persern, den Russen statt von den Briten erobert worden wäre.« Eine der Rollen Großbritanniens in Indien, so versichert Marx, besteht darin, »in Asien die entscheidenden Grundlagen der westlichen Gesellschaft« zu legen. Er ist geneigt, zu glauben, dass sie das tun können. Denn obwohl Marx anmerkt, dass andere Zivilisationen Indien überrannt hatten, waren diese früheren »barbarischen Eroberer« der Aufgabe nicht gewachsen. Wohingegen »die Briten die ersten Eroberer waren, die auf einer höheren Entwicklungsstufe standen und deshalb unzugänglich für die Hindu-Zivilisation waren.«[247]

Marx war vielleicht antischwarz, antisemitisch, antiindisch, prokolonialistisch und sowohl privat wie auch öffentlich rassistisch. Aber zumindest kann er nicht mit der anderen großen Sünde des Westens in Verbindung gebracht werden. Aber als müsse der Nachwelt bewiesen werden, dass Marx bei jedem Thema danebengreifen kann, schreibt er 1847 über die Sklaverei, im Vorfeld des Bürgerkriegs und bereits deutlich auf der falschen Seite des Konflikts: »Die Sklaverei ist eine ökonomische Kategorie wie eine andere.«

Marx wog die schlechte Seite mit der, wie er es nannte »guten Seite der Sklaverei« ab. Und er fand viel Gutes darüber zu sagen: »Ohne die Sklaverei würde Nordamerika, das fortgeschrittenste Land, sich in ein patriarchalisches Land verwandeln. Man streiche Nordamerika von der Weltkarte, und man hat die Anarchie, den vollständigen Verfall des Handels und der modernen Zivilisation. Laßt die Sklaverei verschwinden und ihr streicht Amerika von der Weltkarte.«[248]

Warum ist es das wert, diese unvollständige Liste der – in unserer Zeit – nahezu eindeutigen Angriffsschläge aufzurollen? Nicht einfach nur, weil sie zeigen, dass die bedeutendste Figur in der Geschichte des linken Gedankenguts – tatsächlich seine Schöpfungsgestalt und ihr Prophet, möglicherweise sogar ihr Gott – schuldig war all der Laster, die allen Nicht-Marxisten im Westen vorgeworfen werden. Aber darüber hinaus war Marx wesentlich schlimmer als all die Leute, auf die vor allem linke Aktivisten in den letzten Jahren eingeprügelt haben. Marx‹ Antisemitismus ist wesentlich schlimmer als der von Immanuel Kant. Seine langjährige Bilanz des Rassismus lässt eine einzelne Fußnote im Werk von David Hume sehr milde dastehen. Seine Ausdrucksweise mit überlegenen und unterlegenen Rassen war von einer Art, die fortschrittliche Denker wie John Stuart Mill bereits verabscheuten und die schlimmer war als alles, woran Thomas Jefferson beteiligt war.

Die einzige Rechtfertigung, die seine Verteidiger und Anhänger vorbringen könnten, lautet, dass er ein Mann seiner Zeit war. Marx lebte im 19. Jahrhundert und hielt deshalb an einer Reihe unangenehmerer Eigenschaften dieser Ära fest. Und doch steckt diese Verteidigung voller Dynamit, das nur darauf wartet, im Gesicht eines jeden zu explodieren, der hofft, sie verwenden zu können. Denn erstens, wer ist denn nicht ein Mensch seiner oder ihrer Zeit? Jede Person, deren Ansehen in der Kulturrevolution der vergangenen Jahre herabgewürdigt wurde, war auch ein Mann oder eine Frau seiner oder ihrer Zeit. Warum also sollte diese Entschuldigung für Marx gelten, nicht jedoch für Voltaire oder Locke? Bei Marx gibt es noch ein anderes Problem hinsichtlich seiner Verteidigung: Für seine Verteidiger ist er nämlich nicht einfach nur ein weiterer Denker. Er kann nicht einmal verglichen werden mit Hume oder dem Weisen aus Königsberg. Für seine Anhänger ist Marx der letzte oder (je nachdem wie man zählt) der Ur-Prophet. Er war nicht nur ein Denker oder ein Weiser – er war der Formulierer einer Weltrevolutionsbewegung. Einer Bewegung, die behauptete, zu wissen, wie man absolut alles in der menschlichen Gesellschaft neu ordnet, mit dem Ziel einer utopischen Gesellschaft. Eine utopische Gesellschaft wurde nie erreicht, aber der Versuch kostete Millionen Menschenleben und die Aktivisten im Westen träumen immer noch davon, dass es beim nächsten Mal klappen wird: Es ist immer das nächste Mal.

Man könnte sagen, dass Propheten strenger beurteilt werden müssten als ein reiner Philosoph, Antiquar oder Botaniker. 2019 wurde in der *New York Times* eine Biografie von Marx besprochen. Die Titelzeile lautete: »Karl Marx: Prophet der Gegenwart.« Der Autor dieser Buchbesprechung (der zwar flüchtig ein paar von Marx‹ weniger anständigen Kommentaren über Juden erwähnte) kam zu dem Schluss, dass das Werk »die Gründe dafür liefert, warum wir Marx heutzutage ebenso als pragmatischen Realisten wie auch als messianischen Visionär ernst nehmen müssen«, der »nie den Glauben an eine erlösende Zukunft verlor«.[249] Das ist natürlich eine schöne Vorstellung, doch komplett abgeschnitten nicht nur von jedem Detail der Konsequenzen, sondern auch von der Realität des betreffenden Mannes.

Bei der Analyse der unterschiedlichen Behandlung von Marx im Vergleich zu nahezu jedem anderen westlichen Denker wird deutlich, dass das Spiel schlimmer als nur inkonsequent ist. Es dient dazu, eine Schneise durch alle Denker oder historischen Personen des Westens zu schlagen. Sie verbal dafür anzugreifen, dass sie an einem oder mehr Standpunkten ihrer Zeit festhielten, die unsere heutige Zeit als verabscheuungswürdig einstuft. Und gleichzeitig sicherzustellen, dass Personen, deren Arbeit nützlich ist beim Zerreißen der westlichen Tradition, selbst wenn es bis zu dem Punkt geht, dass eine Revolution für deren Umsturz verlangt wird, niemals demselben ahistorischen und vergeltendem Spiel unterzogen werden. Marx wird geschützt, weil seine Schriften und sein Ruf für jeden nützlich sind, der den Westen niederreißen will. Alle anderen werden dem Zerstörungsprozess ausgesetzt, weil ihr Ruf hilfreich wäre für die Aufrechterhaltung des Westens. Denn was bleibt letztlich von der westlichen Kultur übrig, wenn man alle anderen Philosophen aus dem Feld räumt, ihre Denkmäler und Würdigungen zerstört und dafür sorgt, dass ihre Gedanken vornehmlich (und ahistorisch) als eine Geschichte von Rassismus und Sklaverei gelehrt werden?

Für alle, die daran zweifeln, dass dieses Spiel so abläuft, mag ein weiteres Beispiel genügen. Unter den modernen Denkern, die den größten Einfluss auf das zeitgenössische Denken haben, steht vermutlich niemand höher als Michel Foucault (1926–1984). Er bleibt in einer Vielzahl von Fachdisziplinen der weltweit meistzitierte Gelehrte. Seine Arbeit zur Sexualität, vor allem zur Natur der Macht, machte ihn bei Generationen von Studierenden beliebt. Durch seine Ideen ist er der bedeutendste Name, den jeder Wissenschaftler fallenlassen kann, der sich in den letzten Jahrzehnten mit Arbeiten von Aktivisten beschäftigt hat. Für Forschungen zu Schwarz, Queer und andere ist er die unverzichtbare Gestalt. Einer der Gründe ist, dass seine Arbeit einen der nachhaltigsten Versuche darstellt, das System der Institutionen, das einen Teil des westlichen Ordnungssystem bildet, zu untergraben. Foucaults obsessive Analyse von allem durch eine quasi marxistische Brille der Machtbeziehungen setzt nahezu alles in der Gesellschaft herab zu einer transaktionalen, strafenden und bedeutungslosen Anti-Utopie. Unter denen, die Foucaults Arbeiten schon früh hervorhoben, war Edward Said. Die beiden zogen sich unweigerlich an, denn der Arbeit beider Männer lag das Bemühen zugrunde, die Idee westlicher Nationen zu destabilisieren, wenn nicht gar zu demontieren, als gäbe es nahezu nichts Gutes über sie zu sagen.

Es ist immer unangenehm – und unklug – für Denker, sich gegenseitig für ihre persönlichen Lebensgewohnheiten anzugreifen. Das Private ist nicht immer politisch und ganz sicher nicht immer philosophisch. Dennoch kam im März 2021 eine höchst interessante Tatsache über Foucaults Privatleben ans Licht. Während eines Interviews enthüllte sein Philosophenkollege Guy Sorman eine Tatsache, über die es schon lange Gerüchte gegeben hatte. Sorman verriet, dass Foucault in den späten 1960er-Jahren, als er in der Nähe von Tunis lebte, Sex mit einheimischen Kindern hatte. Sorman erzählte, dass er zu Besuch in Sidi Bou Said, nahe Tunis, weilte und beobachtete, wie Kinder hinter Foucault herliefen und ihn um das Geld baten, das er anderen Kindern gezahlt hatte, bevor er sich an ihnen verging. Laut Sorman warf Foucault diesen Jungen im Alter von acht, neun oder zehn Jahren Geld hin und verabredete sich mit ihnen am späten Abend »am üblichen Ort«. Der übliche Ort erwies sich als der örtliche Friedhof, wo Foucault die Kinder auf den Grabsteinen vergewaltigte. Wie Sorman sagte, »wurde die Frage, ob es sich um eine Straftat handelt, nicht einmal gestellt«. Laut Sorman hätte Foucault in Frankreich nie gewagt, das zu tun, aber »diese Sache hatte eine kolonialistische Dimension. Einen weißen Imperialismus.«[250]

Eine der vielen Merkwürdigkeiten an dieser Enthüllung ist, dass sie bis heute Foucaults Ansehen keinen Schaden zugefügt zu haben scheint. Genauso wenig wie die Tatsache, dass er einst zusammen mit anderen französischen Intellektuellen einen Brief unterzeichnet hat, in dem empfohlen wurde, dass Ehemündigkeitsalter in seinem Land auf zwölf herabzusetzen. Seine Arbeiten werden munter weiter zitiert. Seine Bücher werden weiter verlegt, und es gibt keine große Aktion, sie zu vernichten. Tatsächlich wurde sogar ein bisher unveröffentlichter Band seiner *Geschichte der Sexualität* kurz nach diesen Enthüllungen herausgegeben. Der Widerhall von Foucaults Theorien ist weiterhin spürbar, und nirgendwo gab es seitens seiner Anhänger in Amerika oder andernorts irgendeinen Widerruf wegen der Enthüllungen zu rassistisch motiviertem Kindesmissbrauch.

Wie bei der Doppelmoral hinsichtlich Marx‹ Rassismus sagt diese Tatsache viel aus. Denn im gegenteiligen Fall sähe die Sache sicher anders aus. Wenn einer der großen konservativen Denker des 20. Jahrhunderts entlarvt würde als jemand, der in Entwicklungsländer reist, um sich dort nachts auf Grabsteinen an minderjährigen Jungen zu vergehen, würde das als höchst aussagekräftig gesehen. Die politisch Linke wäre wohl kaum bereit, den Vorfall einfach durchgehen zu lassen. Genauso wenig wäre sie bereit, die Gelegenheit nicht zu nutzen, ein paar zusätzliche Lektionen abzuleiten. Möglicherweise würde sie sagen, dass dieses Verhalten Aufschluss gibt über die konservative Geisteshaltung im weiteren Sinne und dass es die pädophilen, Vergewaltiger- und rassistischen Tendenzen im Herzen des traditionellen westlichen Denkens aufzeige. Möglicherweise würde sie sogar versuchen, hervorzuheben, dass eine ganze Kulturbewegung oder soziale Tendenzen vom gleichen Schlag sind wie diese nächtliche und verabscheuungswürdige Gewohnheit. Aber im Fall von Foucault passierte das nicht. Er blieb auf seinem Thron. Seine Arbeit wird weiter verbreitet. Und bis heute scheint niemand zu denken, dass etwas merkwürdig ist an einer der Gründungsikonen der Antiwestlichkeit unserer Zeit, der sich damit vergnügte, eingeborene Kinder in fremden Ländern zu kaufen, um seine sexuellen Gelüste zu befriedigen.

Dieses Messen mit zweierlei Maß verrät etwas Entscheidendes. Nämlich dass das, was in der aktuellen Kulturbewegung vor sich geht, nicht nur das Vorbringen einer neuen moralischen Vision ist, sondern der Versuch, dem Westen eine neue politische Vision aufzuzwingen. Eine, bei der bestimmte Persönlichkeiten – auf die der Westen stolz gewesen ist –, gestürzt werden. Währenddessen werden die Persönlichkeiten, die den westlichen Traditionen der Kultur und dem freien Markt die heftigste Kritik entgegenbrachten, von dieser Behandlung verschont. Als würde sich dahinter die Hoffnung verbergen, wenn alle anderen gestürzt sind, dass dann nur die heftigsten Kritiker des Westens auf ihrem Sockel stehen (real und metaphorisch). Das bedeutet, dass die einzig verbliebenen Personen, die uns noch führen können, uns in die schlimmstmögliche Richtung führen.

WOKE CHURCHES

In Zeiten starken kulturellen Wandels suchen Menschen für gewöhnlich Trost bei Institutionen, die ähnliche Stürme schon früher überstanden haben. In der westlichen Tradition haben nur wenige Institutionen an einer Wahrheit festgehalten und diese verkündet, wie dies die christlichen Kirchen taten. Seit 2000 Jahren treten sie als die Inhaber einer heiligen Flamme auf – eine mit einer Heilsbotschaft, Lehren und eigenen Wahrheiten. Athen konnte fallen, Jerusalem tut es nicht. Die Zeiten mögen sich ändern, aber die Kirche bleibt dieselbe.

In der Realität haben sich die Kirchen oft mit dem Trend verändert. Mit der Veränderung von Sitten und Gebräuchen mussten sich auch die Kirchen ändern. Aber selten taten sie das so geschwind, wie sie sich dem Krieg gegen die Untermauerung des Westens anschlossen. Diese Geschichte spielt sich in allen Konfessionen ab. Eine Entscheidung der Kirchen, gemeinsame Sache zu machen mit den aktuellen Moden und sich nicht nur für die eigene Vergangenheit zu entschuldigen, sondern auch für ihre einzigartigen kulturellen Geschenke an die Welt.

Die Kirche von England führt diesen Trend schon lange an. Seit einer Generation findet sie sich in der Position, sich für das Verbreiten ihrer Heilsbotschaft rund um die Welt entschuldigen zu müssen, und ist beschämt über ihren früheren missionarischen Eifer. In den letzten Jahren hat sie zudem entschieden, die feindseligste Kritik auf sich zu nehmen.

Im Februar 2020 hielt der Erzbischof von Canterbury, Justin Welby, vor der Generalsynode der Kirche von England eine Rede. In dieser entschuldigte er sich für den »institutionellen Rassismus« der Kirche von England. Der Erzbischof sagte: »Ich bedaure es und bin beschämt. Ich schäme mich unserer Geschichte und unserer Fehler. Wenn wir auf unsere Kirche schauen, gibt es keinen Zweifel, dass wir zutiefst institutionelle Rassisten sind.«[251] Zu der Zeit, als Welby seine Rede hielt, war John Sentamu, damaliger Erzbischof von York, der wichtigste Bischof der Kirche neben ihm. Obwohl seine Nummer zwei aus Uganda stammte, schien niemand der Ansicht, dass an dieser Beschreibung der Kirche irgendetwas abwegig sei. Der Erzbischof und die Hierarchie der Kirche blieben, und in einem Jahr, in dem alle Kirchen im Land wegen der COVID-Maßnahmen geschlossen wurden, arbeiteten die Kirchenbehörden in einem »Arbeitskreis« vor sich hin, um die Frage von Rassismus unter die Lupe zu nehmen.

Die Ergebnisse, veröffentlicht in einem Bericht mit dem Titel »Vom Jammern zum Handeln«, wurden beflügelt durch den Tod von George Floyd, der beschrieben wird als »46-jähriger praktizierender Christ, der sich als Mentor junger Leute und gegen Waffengewalt engagierte.« Das war möglicherweise die einzige großzügige Einschätzung in diesem Bericht. In der Entwurfsform war der Bericht voller Warnungen vor dem Rassismus der schwindenden (und zu dem Zeitpunkt buchstäblich geschlossenen) anglikanischen Kirche. Er warnte davor, dass der Rassismus »in unseren Kirchenbänken geflüstert wird«. Es wurden oft Witze gemacht, dass die Church of England die konservative Partei beim Gebet sei. Aber 2021 schien die Kirche sich selbst als der KKK beim Gebet zu sehen. Als vom »institutionellen Rassismus« gesprochen wurde, der laut dieses Berichts in der Kirche grassierte, hieß es: »Die Zeit des Jammerns über eine solche Behandlung ist vorbei [...] Die Zeit des Handelns ist nun gekommen.«

Wie würde dieses Handeln aussehen? Bestimmte Relikte des anglikanischen Stils blieben, folglich gab es Rufe für das Einrichten von Arbeitsgruppen, die wiederum an einen Ausschuss berichten sollten. Diese Arbeitsgruppen deckten jeden Aspekt der Kirche ab und sollten einen abschließenden Bericht herausgeben, um »den anhaltenden Einfluss institutionellen Rassismus sowohl innerhalb der Gesellschaft als auch in der Kirche« festzustellen.

Im Übrigen fordert der Bericht verschiedene Dinge. Einschließlich Quoten natürlich. Fortan solle »ein UKME [UK Minority Ethnic]-Kleriker aus jeder Region gewählt werden«. Jemand forderte, dass »Programmgruppen« mindestens 30 Prozent UKME-Beteiligung aufweisen, »um eine Pipeline-Versorgung aufzubauen«. Und in fröhlicher Bürokratensprache sagte das Dokument, dass die Kirche ein »Online-Modul für antirassistische Lernprogramme« entwickeln solle. Alle Listen der engeren Wahl müssten »mindestens einen berufbaren UKME-Kandidaten« enthalten, und wo das nicht stattfindet, müsse der »Recruiter triftige, publizierbare Gründe für das Nichterfüllen« liefern.

Da es mindestens 5000 nominelle Church-of-England-Schulen im ganzen Land gibt, empfiehlt der Bericht, dass alle Grund- und weiterführenden Schulen daran arbeiten sollten, »ein breites RE-Curriculum mit konkreten Bezügen zur Förderung von Rassengerechtigkeit zu entwickeln«. Sie müssten alle den »Black History Month« begehen, »verschiedene Heilige und Modelle (moderne anglikanische Heilige/Märtyrer) feiern«. Sie müssen »das Curriculum diversifizieren«, »einen funktionierenden Plan für steigende Rassendiversität erstellen« und »offiziell jedes Jahr im Februar den Racial Justice Sunday feiern«. Das alles wird überwacht von einer »Racial Justice Unit«, die in diesen finanziell klammen Zeiten »zunächst auf fünf Jahre befristet« sein muss.

Warum tut die Church of England das? Es ist ja nicht so, dass sich andere Religionen ihre Gemeinden anschauen und fragen würden, warum sie nicht »diverser« sind. Andere Religionen scheinen auch nicht darauf aus zu sein, ihre vorhandenen Anhänger zu verjagen. Und doch verhält sich die Church of England (C o E) so, trotz der Tatsache, dass die Kirche nicht gerade von Eintrittswilligen überschwemmt wird. Dennoch versucht die Kirche munter weiter, sich eine demografische und glaubenstechnische Veränderung aufzuzwingen. In dem Bericht heißt es, dass jene Weihekandidaten, die gewählt werden, gezwungen werden müssen, die »zugrundliegenden theologischen Annahmen, die eine Gerechtigkeit für alle Rassen wie Eurozentrismus, Christentum und Weiße Norm« darstellen, zu untersuchen. Der Bericht betont die Notwendigkeit, »Theologie, Kirchenlehre zu dekolonialisieren und gegebenenfalls offizielle Lehren der Kirche zu untersuchen, die einem mit Vorurteilen behafteten theologischen Wertesystem folgen«. Und natürlich wird dafür argumentiert, dass man voranschreiten sollte, indem man wieder einmal zurückkehrt zum Thema Sklaverei. Es muss erneut »die schändliche Geschichte und das Erbe der Beteilung der C of E beim transatlantischen Sklavenhandel anerkannt, bereut und entschieden angegangen werden.« Zu Beginn der BLM-Demonstrationen im Jahr 2020 wurde in der Stadt Bristol eine Statue des britischen Philanthropen und Investoren in den Sklavenhandel aus dem 17. Jahrhundert, Edward Colston, vom Sockel gestürzt und ins Hafenbecken gekippt. Die Church of England behauptete, dass »die BLM-Bewegung und insbesondere das Versenken von Colstons Statue im Hafenbecken ein neues Licht werfe und der Beschäftigung der C of E mit dem eigenen umstrittenen Erbe die nötige Dringlichkeit auferlege.« Der Bericht stellt klar, dass die Kirche Denkmäler und Statuen entfernen muss, die die moderne Geisteshaltung stören, denn »unsere Kirchen sollten für alle ein einladender Raum sein und wir müssen gegen die Teile des Gotteshauses etwas unternehmen, die Schmerz oder Kränkung verursachen könnten.«

Auf den Punkt gebracht muss sich die Kirche selbst ändern. Ein »Hindernis für Inklusion« der Menschen mit »UKME-Hintergrund« sei die Herausforderung der »kulturellen Assimilation« in die Kirche, »wo es so wahrgenommen wird, dass es nur wenig oder gar keinen Raum für kulturellen Ausdruck außerhalb einer normgebenden, vorwiegend weißen und zur Mittelschicht gehörenden Kultur gibt«. Offenbar gibt es eine »Erwartung an UKME-Gemeinden, ihr eigenes kulturelles Erbe und ihre aktuelle Ausdrucksform aufzugeben zugunsten traditioneller Herkunftsansätze«. Und so kommt der Bericht des Erzbischofs zu dem Schluss, dass es einfacher zu sein scheint, wenn der Gastgeber sich entscheidet, sein eigenes Erbe abzustreifen und an der Seite von »BLM und anderen Interessengruppen« an der Umsetzung des Wandels zu arbeiten. Dazu muss auch das Entfernen von Statuen und Denkmälern gehören, die nach Prüfung für auf der falschen Seite historischer Kluften stehend befunden werden. Man stelle sich den überlasteten Klerus vor, von dem erwartet wird, dass er seine Kirchen nach fehlgeleiteten Statuen absucht.[252]

Das Seltsamste solcher Dokumente ist, dass sie eine Institution zeigen, die der negativsten Interpretation ihrer selbst verfallen ist, die überhaupt möglich ist. Die anglikanische Gemeinschaft ist eine von Natur aus diverse Gemeinschaft, die 41 Provinzen in aller Welt miteinander verbindet. Viele der boomendsten (vielleicht die einzig boomenden) Kirchen der Church of England befinden sich in Afrika. Wenn ich Zeit mit den christlichen Gemeinden dort verbracht habe, in Ländern wie Nigeria, habe ich nie erlebt, dass dort Rassismus durch Weiße herrscht. Ich habe nur aufrichtig an eine Heilsbotschaft Glaubende gesehen, die ihnen von den Missionaren der europäischen Kirchen einst überbracht wurde. Und diese Institutionen, die sie einst das Evangelium lehrten, predigen nun ein anderes Evangelium. Sie erzählen der Welt, dass sie rassistisch seien und sich ändern müssen. Es ist eine Geschichte, die wie ein anderer ehemaliger Bischof der Church of England, Michael Nazir-Ali hervorhob, den Glauben der Kirche an die Critical Race Theory statt an Christus verkündet.

Wie Nazir-Ali sagt, gibt es keine Notwendigkeit für die Kirche, dieser neuen Religion zu verfallen, denn sie hat eine eigene gute Geschichte zu erzählen. Der christliche Glaube weist eine ungewöhnlich lange Tradition der Opposition zur Sklaverei auf. St. Bathilda war selbst ein ehemaliger Sklave, der im 7. Jahrhundert für die Abschaffung der Sklaverei kämpfte. St. Anselm ächtete im Jahr 1102 die Sklaverei während seiner Zeit als Erzbischof von Canterbury. William Wilberforce und die Clapham Saints steckten ihre gesamte Energie und Ressourcen in den Kampf für das Beenden dieser Praxis. Inspiriert wurden sie dazu von ihrem christlichen Glauben. Und im 20. Jahrhundert arbeitete der Klerus mit Gandhi in seinem Kampf für die Unabhängigkeit Indiens. Außerdem kämpften außergewöhnliche Geistliche wie Bischof Colin Winter und Bischof Trevor Huddleston gegen die Apartheid in Südafrika. Aber all diese Frauen und Männer wurden vergessen von einer Kirche, die nur darauf aus ist, das Schlechte zu finden. Wie Nazir-Ali sagte: »Warum nicht aufhören, aktiv nach der Dunkelheit zu suchen« und stattdessen »auf das Licht zu schauen«? Warum die Botschaft Christi fortwerfen für eine Botschaft »basierend auf marxistischen Ideen von Ausbeutung«?[253] Aber die Stimme dieses weisen, ehemaligen Bischofs wurde ignoriert. In der Kirche von England und anderen Konfessionen überall im Westen arbeitet die Religion hart daran, sich ihrer alten Traditionen zu entledigen, und scheint erpicht darauf zu sein, den alten Glauben zu nichts anderem als einer weiteren Fälschung des neuen zu machen.

WOKE EPISKOPALISMUS

In den Vereinigten Staaten folgt die Episkopalkirche exakt dem gleichen Muster. Im Januar 2021 veröffentlichte sie ein »rassistisches Audit« von sich selbst, dessen Durchführung 1,2 Millionen US-Dollar kostete. Es deckte die Jahre 2018 bis 2020 ab, und wie in seinen Entsprechungen auf der anderen Seite des Atlantiks erklärten sich die Episkopalen von vornherein für schuldig: »Das Ziel dieser Untersuchung war nicht, festzustellen, ob es in der Episkopalkirche überhaupt systematischen Rassismus gibt, sondern seine Auswirkungen zu untersuchen und die Dynamiken, durch die er in der Kirchenstruktur aufrechterhalten wird. Es war entschieden, offen an dieses Thema heranzugehen, statt mit vorgefertigten Annahmen und Schlussfolgerungen. Deshalb haben wir die Leitinstrumente der Grounded Theory und das theoretische Rahmenkonzept der Critical Race Theory angewendet.«

Die Episkopalen definieren CRT wie folgt: »[CRT] ist ein soziales und theoretisches Rahmenkonzept, das Rasse als Linse versteht, durch die versucht wird, die Welt zu verstehen. Es besteht darauf, wie die Critical Theory insgesamt, dass soziale Probleme durch Strukturen und Institutionen geschaffen werden statt durch Individuen. Zahlreiche Wissenschaftler haben zur Arbeit der Critical Race Theory beigetragen, einschließlich Derrick Bell, Kimberlé Crenshaw, Richard Delgado und andere.«

Natürlich sollte all das für niemanden eine große Überraschung sein, der die Kirchenführung in den letzten Jahren im Auge behalten hat. In einer kürzlich auf seiner Website erschienenen Buchempfehlung sagte der Bischof der Episkopalkirche von New York, dass er Ibram X. Kendis *How to Be an Antiracist* studiere. Bischof Dietsche versprach, dass Kendi »die tiefen Strömungen des Rassismus in unserer Gesellschaft und unseren Institutionen« anpackt, einschließlich dem, was der Bischof als »die Unnachgiebigkeit der weißen Vorherrschaft« bezeichnet. »Uneingestandene rassistische Unterstellungen infizieren jede Institution und jedes System, und mein Herz und meinen Verstand, ebenso wie den Ihren«, sagte der Bischof und schloss dann: »Das Lesen dieses Buches verurteilte mich, machte mich aber auch dankbar.«[254]

Vor diesem Hintergrund, sich selbst als schuldig zu bezichtigen, führte die Episkopalkirche ihr Rassen-Audit durch. Und die Ergebnisse zeigten, dass der Klerus das neue Evangelium des Kendiismus als Ganzes geschluckt hatte. Über 77 Prozent der Kirchenführung definierte Rassismus als »eine Kombination rassistischer Vorurteile oder Diskriminierung, das ein System der Macht über eine einzelne soziale Gruppe gewährt«. Sie definierten es nicht als eine Absicht, einer Gruppe zu schaden, oder ein Ergebnis, das einer Gruppe schadet. Sie definierten es als ein Machtsystem, das sehr viel schwerer zu erkennen oder festzumachen ist, ohne das ganze System einzureißen.

Der Befund des Audits zeigte keine Unterschiede zwischen der Behandlung weißer Führung und »BIPOC«(black, indigenous, people of color)-Führung in der Kirche. Beide berichteten nahezu exakt von demselben Ausmaß an Respekt, der ihnen entgegengebracht wurde. Aber einige der in der Umfrage verwendeten Zitate waren, gelinde gesagt, alarmierend.

Nur Rasse und Status der Befragten nennend, zitierte das Audit einen weißen Kirchenführer mit den Worten: »Die Episkopalkirche muss aufhören, so weiß zu sein.« Eine »Person of Color« in der Kirchführung wird mit den Worten zitiert: »Es herrscht Krieg. Wir befinden uns mitten in einem Krieg, und ich weiß nicht, warum die Menschen sich anscheinend nicht so verhalten, wie wir es tun sollten [...] Wir rüsten uns für einen Kampf um unsere Existenz, schwarze Menschen in diesem Land. Wir haben ein schwarzes Kirchenoberhaupt, aber die Institution ist institutionalisiert.«

Zwangsläufig kam das Audit zu den nun traditionellen Schlussfolgerungen. Eine der Hürden für den Umgang mit dem »systematischen Rassismus« der Kirche besteht darin, dass die Menschen »defensiv werden«, wenn systematischer Rassismus »als ein Problem benannt wird«. Hier ist DiAngeloismus am Wirken: Der beste Weg für die Kirche, nicht rassistisch zu sein, besteht darin, sich nicht darum zu scheren, wenn sie des institutionellen Rassismus angeklagt wird. An anderer Stelle kommt es zu dem Schluss, dass alle Antworten eine »facettenreiche Herangehensweise« beinhalten müssen, die eine »Entschädigung und Neuverteilung von Wohlstand« einbezieht. Es warnt jedoch, dass diese ohne Verschärfen »der Probleme von Rassismus und weißer Dominanzkultur« in Angriff genommen werden muss.

Die vor den Episkopalen liegende Arbeit klingt erstaunlich strapaziös. Aber sie betonen immerfort, dass sie bereit dafür sind. »Völlig engagierte Anführer mit einem tiefen Verständnis von systematischem Rassismus« müssen offenbar »die Notwendigkeit« betonen, »zu akzeptieren, dass antirassistische Arbeit niemals ein- für allemal erledigt ist«. Es muss eine »lange Sicht« geben. Aber wie es in dem Abschnitt

»Empfehlungen« heißt, gibt es viel zu tun. Die Kirche muss eine »antirassistische Führung« entwickeln, sie muss über »Intersektionalität« nachdenken und den »Machthebeln« trotzen. Am wichtigsten ist es, »fortzufahren, ganz oder vorherrschend weiße Gemeinden über Rassifizierung und die Story/Geschichte des Weißseins zu unterrichten.« Ebenso klar ist, dass »die Episkopalkirche in ihren antirassistischen Ressourcen die Sprache verschieben muss, um widerzuspiegeln, wie weiße Menschen zum einen privilegiert sind und zum anderen durch White-Supremacy-Kultur und rassistische Systeme auch verschlechtert werden.« Reparationen sollten derweil weiterhin »auch auf lokaler Ebene« angeregt werden. In der Zwischenzeit kann die Kirche »wirkungsvolle Interventionen für Gemeinden an verschiedenen Punkten des Labyrinths oder in antirassistischer Sprache längs des Spektrums von einem exklusiven Klub hin zu antirassistischer Organisation entwerfen. Antirassistische Arbeit und Beseitigung von Rassismus kann nicht nach Schema F erfolgen und erfordert dynamische, agile und zahlreiche Eintrittspunkte.«[255]

Wie die Church of England, so hat auch die Episkopalkirche in den Vereinigten Staaten in den letzten Jahren einen schwindelerregenden Schwund in ihren Gemeinden verzeichnet. Wie bei der Kirche von England leeren sich die Kirchenbänke nicht nur, sondern die Kirchenmitglieder werden auch zunehmend älter. Wie die Kirche auf der anderen Seite des Atlantiks hielt sie 2020 bis 2021 die Türen für ihre noch verbliebene Gemeinde geschlossen. Und wie die Kirche von England suchte sie sich ausgerechnet diesen Moment aus, um ihre verbliebene Gemeinde als zu sehr der weißen Vorherrschaft anhängend zu beschimpfen, zu behaupten, sie seien Anhänger einer Gemeinschaft, die »institutionell rassistisch« sei, und anzudeuten, dass die Antwort zu allen Problemen der Kirche – die eine beträchtliche Bandbreite aufweisen – darin liegt, die verbliebene Gemeinde über Rassismus zu unterrichten.

Die alte Heilsbotschaft ist darin kaum noch zu finden, aber das neue Evangelium ganz sicher. Eines Tages wird das alles sein, was noch übrig ist.

KATHOLIZISMUS

Manche Menschen sagen vielleicht, dass es das sei, was von den Überbleibseln der Church of England und Episkopalkirche erwartet wird, und dass es andere, ernsthaftere Kirchen gibt, die sich nicht auf die gleichen modischen Maßstäbe herablassen würden. Aber selbst die Kirche, die sich rühmt, als letzte nachzugeben oder sich mit der Zeit zu verändern – die römisch-katholische Kirche –, ist genauso imstande, der neuen Religion unserer Ära nachzugeben. Im Juni 2020 schickte der katholische Kaplan des Massachusetts Institute of Technology – Reverend Patrick Moloney – eine belehrende E-Mail an die katholische Gemeinde der Universität und warnte darin, auf dem Höhepunkt der Proteste, dass Georges Floyds Tod möglicherweise nicht mit Rassismus zu tun habe.

Er hinterfragte auch Floyds Charakter, in Anbetracht von dessen früheren Verurteilungen wegen Gewalt. Er sagte, dass Floyd zwar nicht von dem Polizisten hätte getötet werden dürfen, Floyd jedoch »kein tugendhaftes Leben gelebt hätte«. Er schrieb: »Die meisten Menschen im Land haben diese Tat in einen rassistischen Kontext gestellt. Aber ich finde, das können wir nicht wissen.« Moloney warnte davor, in puncto Gewalt Rassismus als das Hauptproblem bei der US-amerikanischen Polizei zu sehen. Wieder schrieb er: »Das können wir nicht wissen.« Die Polizei »hat es die ganze Zeit mit gefährlichen und bösen Menschen zu tun, und das lässt sie oft verhärten«, sagte er.

Die Nachricht drang unweigerlich nach draußen, und der Mob ging auf ihn los. Eine kleine Gruppe von Leuten in der MIT-Gemeinschaft äußerte, dass sie sich verletzt fühlten durch die Inhalte der E-Mail. Eine Vizepräsidentin und Dekanin für das Studentenleben sagte, dass »die Nachricht von Vater Moloney zutiefst verstörend sei«. Sie beschuldigte Moloney des »Abwertens und Verunglimpfens von George Floyds Charakter« und dass er dabei versage, »systematischen Rassismus« einzugestehen. Und die katholische Kirche entschied, dem neuen Evangelium nachzugeben. Die Erzdiözese von Boston distanzierte sich rasch von den Kommentaren, und Moloney veröffentlichte eine Entschuldigung für den von ihm verursachten Schmerz. Zudem forderte ihn die Erzdiözese auf, mit sofortiger Wirkung sein Amt niederzulegen.[256]

KONSEQUENZEN

Vielleicht ist es unvermeidlich, dass Menschen die Kirchen beim Wort nehmen, wenn diese eine solche Sicht von sich selbst und ihrer eigenen Geschichte haben. Was sollte jemand ohne Kenntnisse über die Kirchen von diesen Institutionen halten, die derartige Dinge über sich selbst sagen? Eine zunehmende Zahl von Menschen hat keinerlei Erfahrung mit der Church of England, der Episkopalkirche oder irgendeiner anderen Kirche. Wenn solche Institutionen verkünden, dass sie institutionell rassistisch und von Bigotterie zerfressen seien, dann muss ein Außenstehender ohne Kenntnisse über diese Institution das wohl glauben. Wieso sollte er auch nicht? Wer würde schließlich so etwas über sich selbst sagen, wenn es nicht stimmt? Man muss solche Institutionen schon sehr gut kennen, um zu wissen, dass sie nicht das sind, was ihre Anführer behaupten. Man muss wissen, dass die meisten Kleriker ihr Leben damit verbringen, sich hingebungsvoll um ihre Gemeinde zu kümmern, den Armen zu helfen und Gutes zu tun. Für Menschen, die keine Erfahrung mit diesen Institutionen haben, gibt es keinen Grund, sie nicht durch die dämonische Linse zu betrachten, wie sie es derzeit selbst tun. Und es ist vielleicht unvermeidlich, dass diese Mischung aus Ignoranz und Annahme von Schuld mit der Zeit Konsequenzen haben wird.

Im Juli 2021, als Kanada eine weitere Orgie des Umstürzens von Statuen erlebte, war eine der unmittelbaren Folgen in jenem Monat eine seltsame moralische Panik, von der das ganze Land ergriffen wurde. Die kanadischen Medien hatten kurz zuvor berichtet, dass zahlreiche Gräber in der Nähe von katholischen Internaten für indigene Kinder gefunden wurden. Auf die Aussage eines unbestätigten Berichts, basierend auf nicht eindeutigen Entdeckungen mittels Bodenradar, wurde behauptet, dass Hunderte unmarkierte Gräber existierten. Die Medien in Kanada und dann auf der ganzen Welt meldeten, dass »Massengräber« die Leichen von Kindern enthielten, mit der eindeutigen Schlussfolgerung, dass es indigene Kinder gewesen sein müssen, die von der katholischen Kirche absichtlich getötet wurden. Leichen wurden nicht gefunden, es wurde nicht einmal etwas ausgegraben. Es war nicht klar, ob es sich um Kinder handelte und dass es keine Einzelgräber waren, die früher mit einem Holzkreuz markiert waren. Die Kanadier wussten bereits durch eine Truth and Reconciliation Commission, dass Tausende Schüler an Krankheiten wie Tuberkulose an diesen überfüllten Schulen gestorben waren.

In Kanada begannen die Menschen, Kirchen niederzubrennen. Innerhalb von nur einer Woche wurden fast 30 Kirchen angezündet oder auf andere Weise angegriffen. Die Tatsache, dass viele der niedergebrannten Kirchen von den First Nations – den indigenen Völkern Kanadas – erbaut worden waren, hielt jene nicht auf, die auf den antikanadischen Kirchenzug aufgesprungen waren. Der Leiter der British Colombia Civil Liberties Association forderte auf Twitter: »Brennt alles nieder.«[257] Der Vorsitzende der Newfoundland Canadian Bar Association Branch sagte dasselbe. Ein Radiomoderator verlangte: »Brennt die Kirchen nieder.« Ein kanadischer Jura-Professor beschrieb die Brände als »Widerstand gegen extreme und systematische Ungerechtigkeit«.[258] Und Gerald Butts, der leitende Berater und Freund von Premierminister Justin Trudeau sagte, dass das Niederbrennen von Kirchen zwar nicht ratsam, aber »vielleicht verständlich« sei.[259] Innerhalb kürzester Zeit war eine Geschichte von der Behauptung der Entdeckung einiger Gräber zu einer Geschichte von Massengräbern, zu einer Geschichte, in der Kinder vorsätzlich von der katholischen Kirche ermordet und in Massengräbern verscharrt worden waren, zum Niederbrennen von Kirchen durch Kanadier geworden, weil diese zu der Überzeugung gelangt waren, dass die Kirchen den bewussten und organisierten Massenmord von Kindern durchgeführt hatten. Weil die Kirchen so etwas natürlich taten. Weil die Kirchen genauso rassistisch sind wie alles andere auch.

RATIONALISMUS

Dennoch, auch wenn die Kirchen und die gesamte Philosophie als rassistisch angesehen wird, so kann es immer noch eine andere Hoffnung für den westlichen Geist geben. Ein letzter Zufluchtsort existiert noch und gilt vielleicht als unantastbar: die schlichte Logik und die beweisbare Tatsache. Wir mögen unsere Geschichte vielleicht nicht kennen oder sind uns ihrer nicht sicher oder sind nicht davon überzeugt, dass sie gut war. Möglicherweise sind wir nicht einmal sicher, dass die philosophischen oder theologischen Wurzeln des Westens nicht hoffnungslos verdorben sind durch Rassismus und seine dazugehörigen Sünden. Aber da ist zumindest die Zufluchtsstätte der Wissenschaft, der Mathematik, der beweisbaren, verifizierbaren Fakten. Und auf dieser Grundlage kann vielleicht etwas gerettet werden. Länder und Kirchen mögen zittern, und die Geschichte mag sich verändern, aber auf die Bausteine der Logik, Wissenschaft und Mathematik kann man sich immer noch verlassen. Vielleicht können wir bei sonst nichts sicher sein, aber wir können vielleicht sicher sein, dass die westlichen Traditionen zumindest in diesen Bereichen weiterexistieren. Wieder einmal ist die Hoffnung sinnlos.

Eines nach dem anderen sind die sinnstiftenden Organe der wissenschaftlichen Gemeinschaft und andere Teile der MINT-Fächer (Mathematik, Informatik, Naturwissenschaften, Technik) demselben Ein-Ton-Dogma der Zeit erlegen. Die medizinische Welt gehörte zu den Ersten. In den unmittelbaren Nachwehen von George Floyds Tod waren öffentliche Versammlungen in den meisten Ländern aufgrund von Corona-Beschränkungen verboten. Die Regierungen hatten solche Beschränkungen auf Anraten der medizinischen Fachkräfte verordnet. Aber sobald die BLM-Proteste begannen, unterschrieben mehr als 1.000 medizinische Fachkräfte in den Vereinigten Staaten eine Petition, um diese Demonstrationen zu erlauben, denn »Widerstand gegenüber Rassismus« ist »lebensnotwendig für die öffentliche Gesundheit«.[260] Was die Sorge um die öffentliche Gesundheit betraf, war Rassismus die eine Sache, die sogar das Corona-Virus ausstach.

Während die Corona-Krise weiter anhielt, veröffentlichte die führende Fachzeitschrift für Medizin *The Lancet* einen Artikel mit der Überschrift »Racism is the Public Health Crisis«[261] [Rassismus ist die öffentliche Gesundheitskrise] und bekundete, dass »Rassismus ein öffentlicher Gesundheitsnotfall von globaler Tragweite sei. Antirassismus ist ein Kampf, an dem wir uns alle beteiligen müssen.« *The Lancet* versprach »uns über Rassismus aufzuklären«, »unsere Solidarität mit der Black-Lives-Matter-Bewegung zuzusichern« und »diese Zusicherung in konkrete Handlungen in unserer eigenen Arbeit umzusetzen«.[262] Andere wissenschaftliche Fachzeitschriften unterwarfen sich demselben Standard. Im Mai 2021 sagte *Nature* in ihrem Editorial, dass der erste Jahrestag des Todes von George Floyd für die Zeitschrift eine Erinnerung sei, dass »systematischer Rassismus in den Naturwissenschaften« existierte und die Mitarbeiter von *Nature* »unseren Anteil daran« anerkennen mussten. Und nicht nur ihren eigenen Anteil, sondern den Anteil der Wissenschaft beim sich verewigenden Rassismus insgesamt. Wie *Nature* sagte: »Das Anpacken von systematischem Rassismus erfordert eine Veränderung des wissenschaftlichen Systems.«[263] Einer der wenigen konkreten Vorschläge, mit dem die Zeitschrift aufwartete, bestand darin, dafür zu sorgen, in allen wissenschaftlichen Organisationen »Antirassismus zu verankern« und dass derartige Arbeit »anerkannt und gefördert wurde«. Laut *Nature* »belohnen zu oft konventionelle Maße – Zitate, Veröffentlichungen, Gewinne – jene in Machtpositionen, statt dazu beizutragen, das Gleichgewicht der Kräfte zu fördern.«

Dazu ist viel zu sagen. Zum Beispiel, was ist denn falsch an Zitaten in wissenschaftlichen Forschungen? Ist es besser, Zitate zu haben oder nicht? Der Zweck von Zitaten ist im Allgemeinen, Beweise zu liefern, dass die enthaltenen Thesen verlässlich und wahr sind. Aber wenn eine wissenschaftliche Publikation entscheidet, dass man einen solchen Beleg genauso gut weglassen kann oder es sogar schlimmer ist, ihn anzuführen, dann verschwindet einer der Bausteine der wissenschaftlichen Methode. Davon abgesehen, warum ist es die Aufgabe einer wissenschaftlichen Fachzeitschrift, für ausgewogenere Machtverhältnisse zu sorgen? Warum besteht ihre Aufgabe nicht einfach darin, die besten und wichtigsten Forschungsergebnisse zu veröffentlichen, wer auch immer diese liefert und wer auch immer davon profitiert?

In solchen Zeiten erweist sich eine besonders konservative Kritik, die im Kulturkrieg existiert, als bedauerlich inadäquat. Konservative scherzten gern darüber, dass die wildesten Randzonen des akademischen Denkens Grenzen haben, die sich von selbst bestätigen würden. Diese Kommentatoren behaupteten, dass Ideen wie CRT sich zwar in Windeseile in den Geisteswissenschaften verbreiten mochten, es aber nicht sonderlich viel bedeute, falls dies tatsächlich passiere. Es wird gern gesehen, wenn sich die Leute hoch verschulden, weil sie nutzlose Studienabschlüsse in den Geisteswissenschaften erwerben, die sie in Nicht-Fächern ausbilden. Denn die ganze Zeit werden sich die Realität und Fakten in MINT-Themen selbst Geltung verschaffen. Diese Leute versichern, dass Theorie, mit einem großen T, zwar in Kursen über lesbische Tanztheorie funktionieren mochte, an den Grenzen der harten Naturwissenschaften und Mathematik jedoch haltmachen würde. Es würde an den Türen zur Technik stehen bleiben, denn letztlich müssen Brücken halten.

Dennoch erweist sich diese Behauptung – diese Hoffnung – als äußerst optimistisch. Wie sich herausstellt, gibt es keinen Grund, warum die Welle, die über alles andere hinweggespült ist, an den Grenzen von MINT haltmachen sollte.

Wenn Sie vorhätten, die noch verbliebenen Bausteine, auf denen alles andere ruht, wegzutreten, dann ist das Wegtreten des Bausteins der mathematischen Sicherheit ein guter Weg. Es ist ähnlich dem Wegtreten der Vorstellung, dass Männer und Frauen klar definierte Gruppen seien. Es sät Verwirrung, ohne irgendetwas anderes auch nur annähernd klarer zu machen. Aber wenn Sie andere Menschen einfach nur verwirren oder demoralisieren wollen, dann ist das eine gute Stelle, um zuzutreten. Genau das ist in den vergangenen Jahren geschehen durch die Entwicklung der »equitable math«, auf Deutsch etwa »faire Mathematik«. Dahinter steht die Vorstellung, dass die Mathematik selbst problematisch sei. So wird argumentiert, dass Mathematik elitär, privilegiert und natürlich von Natur aus rassistisch sei. Wie kann ein System, das seine Ursprünge mehreren Zivilisationen verdankt und im letzten Jahrtausend im Westen verfeinert wurde, als systematisch rassistisch angesehen werden?

Eine Möglichkeit ist, sich auf Wissenschaftler zu stützen, die die vergangenen Jahrzehnte versucht haben, eine ganze Reihe ehrgeiziger Ideen als von Natur aus der Vorherrschaft der Weißen gemäß zu definieren und dann zu versuchen, diese aus dem Bildungsbereich zu verbannen. Zum Beispiel wurde das Buch von Kenneth Jones und Tema Okun *Dismantling Racism: A Workbook for Social Change Groups* seit seiner Erstauflage 2001 von vielen Personen im Bildungsbereich verwendet. Dieses Werk identifiziert etliche »Normen und Standards«, die es als »schädigend« einstuft, weil »sie das Gedankengut der weißen Vorherrschaft fördern«. Die Autoren behaupten, dass diese Normen sowohl den People of Color als auch den Weißen schaden würden. Zu den als besonders schädigend identifizierten Eigenschaften gehören »Perfektionismus«, »Anbeten des geschriebenen Wortes«, »Handlungsdruck«, »Individualismus« und »Objektivität«. Laut Jones und Okun entspricht die Vorstellung, dass es nur einen richtigen Weg beim Unterrichten gibt, dem Denken der weißen Vorherrschaft. Stattdessen empfehlen sie, dass die Lehrer, »wenn sie mit Gemeinden aus einer anderen Kultur arbeiten«, sich darüber im Klaren sein sollten, dass »man dann etwas lernen muss über die Art und Weise, wie die Gemeinde Dinge tut«. Sie kritisieren Weiße auch dafür, »›Logik‹ höher zu bewerten als die Emotion.«[264]

All das ist schon als Theorie verheerend. Aber zu versuchen, es in die Praxis umzusetzen, ist katastrophal. Nehmen wir zum Beispiel ein Handbuch für Lehrer, das 20 Jahre nach dem Werk von Jones und Okun veröffentlicht wurde. *Equitable Maths* beschreibt sich selbst als »ein Weg zu fairem Mathematikunterricht«, das Lehrern von »schwarzen, hispanoamerikanischen und multilingualen Schülern« in den USA von der 6. bis zur 8. Klasse als Wegweiser dient. Am Anfang des ersten Abschnitts, der vom »Demontieren des Rassismus im Mathematikunterricht« handelt, werden Jones und Okun zitiert. Deren Definition von der weißen Vorherrschaft wird übernommen und als sich durch die gesamte Mathematik ziehend gesehen. Als Folge und Kendi zitierend (offenkundig), drängt es die Lehrer, festzulegen, was es bedeutet, »ein antirassistischer Mathelehrer« zu sein. Anscheinend ist damit gemeint, Schüler zu unterstützen, »sich ihre mathematischen Vorfahren zurückzuholen«, indem sie danach streben »das mathematische Wissen von Schülern of Color zu ehren und wertzuschätzen, auch wenn es sich auf unkonventionelle Weise zeigt«. Wieder und wieder zeigt diese Lehranleitung Wege auf, »die weiße Vorherrschaft, die im Matheunterricht existiert, niederzureißen«.[265] Wieder und wieder versucht es das, indem es darauf beharrt, dass Lehrer als gegeben voraussetzen, dass schwarze, hispanoamerikanische und multilinguale Schüler bereits über besonderes mathematisches Wissen verfügen, das für Weiße nur schwer oder gar nicht zugänglich oder verständlich ist. Schlimmer noch, es setzt voraus, dass nicht-weiße Schüler die normale Mathematik schwer oder gar nicht zugänglich oder verständlich finden.

Wie immer beschränkte sich auch dieser Wahn nicht auf Amerika. Die gleichen Ideen verbreiteten sich überall. Das Destreamed Mathe-Curriculum der öffentlichen Schulen in Toronto versucht, »eurozentrisches Mathematikwissen« auszumerzen und zu ersetzen durch »eine dekolonialistische, antirassistische Herangehensweise an den Mathematikunterricht«. Das kommt in kleinen Details zum Vorschein, beispielweise durch das Aberkennen des Verdienstes eines griechischen Mathematikers, indem der Begriff »Satz des Pythagoras« durch »Verhältnis der Seitenlänge bei rechtwinkligen Dreiecken« ersetzt wird. Aber es zeigt sich auch bei großen Dingen. Zum Beispiel besteht es darauf, dass, im Gegensatz zur eurozentrischen Herangehensweise, »Lehrer in einer antirassistischen und antidiskriminierenden Umgebung wissen, dass es mehr als einen Lösungsweg gibt, und den Schülern werden verschiedene Wissenswege aufgezeigt und sie werden ermutigt, unterschiedliche Wege zum Finden von Antworten zu erforschen«. Das beinhaltet »indigene pädagogische Vorgehensweisen«, die »ganzheitliches, experimentelles Lernen« betonen, und die Verwendung »gemeinschaftlicher und ansprechende Aktivitäten«, die »Respekt gegenüber diversen und mannigfaltigen Wissensformen widerspiegeln, die für die Schüler relevant sind und ihre gelebten Erfahrungen widerspiegeln«.[266]

Aber was genau sind diese anderen Wissensformen? Wie könnten sie aussehen? Ein Beispiel dafür, wie »antirassistische« Mathematik aussehen könnte, tauchte wie so vieles andere im Sommer 2020 auf. Während dieser Monate versuchten etliche Mathematiker im Lehrberuf eine der Grundlagen der Mathematik zu »dekonstruieren«, die Logik selbst – nämlich, dass 2 + 2 = 4. Laut dieser Lehrer ist die Aussage falsch. Zwei plus zwei kann zwar vier ergeben, es kann sich aber auch zu anderen Zahlen addieren, einschließlich der fünf. Aus irgendeinem Grund, vielleicht weil in einem Kulturkrieg alles überholt wird, übernahmen eine ganze Menge Leute diese Behauptung sehr schnell. Andere behaupteten, dass offensichtlich sei, dass 2 + 2 nicht 4 ergeben könne, und nannten eine Vielzahl von Gründen. Dazu zählen, aber nicht nur, Behauptungen, dass 2 + 2 = 4 Bestandteil eines »Hegemonialnarrativs« sei und dass die Menschen, die solche Narrative aufstellen, nicht entscheiden dürften, was wahr ist, sondern dass 2 + 2 ergibt, was immer die Menschen wollen, und eine endgültige Festlegung anderes Wissen ausschließen würde.

Als die Bewegung stärker wurde, wandte sich ein Doktorand an die sozialen Medien, um zu erklären, dass »die Vorstellung, dass 2 + 2 = 4 kulturell ist und wir wegen des/der westlichen Imperialismus/Kolonialisierung es für die einzige Wissensform halten«. Ein »Lehrer für ethnische Mathematik« an der Washington State University rief die Menschen dazu auf, die »Hasser« anzugreifen, indem sie bewiesen, dass 2 + 2 = 5 sein kann.[267] Schon bald griff ihnen ein Biostatistik-Doktorand in Harvard unter die Arme, indem er sagte, dass Zahlen »quantitative Maße« seien und »Abstraktionen von real zugrundeliegenden Dingen im Universum und es wichtig sei, das im Auge zu behalten, wenn wir Zahlen verwenden, um die reale Welt abzubilden«.[268] Was die Dinge klärte. Dutzende anderer Menschen, vor allem Mathelehrer, wandten sich hilfsbereit an die sozialen Medien. Manche Leute bezeichneten die Idee, dass 2 + 2 = 4 sei, als »Vereinfachung von Realität«. Aber das Hauptziel der Lehreraktivisten war klar: auf die Anhänger der weißen Vorherrschaft einzudreschen, indem sie bewiesen, dass 2 + 2 nicht gleich 4 ist.[269]

Möglicherweise hat keiner dieser Aktivisten George Orwells berühmtestes Buch gelesen. Oder aber sie haben es vielleicht vor vielen Jahren gelesen, vergessen, abgetan als das Werk eines weiteren alten weißen Mannes oder – was am wahrscheinlichsten ist – angenommen, dass dessen Inhalte nicht auf sie zutreffen. Aber die ganze 2 + 2 = 4 Debatte war besonders aufschlussreich, denn in *1984* gibt es eine nachhallende Passage, in der Orwell schreibt: »Zuletzt würde die Partei noch erklären, daß zwei und zwei fünf sei, und man würde es glauben müssen. Früher oder später mussten sie diese Behauptung ganz unvermeidlich aufstellen: die Logik ihrer Position verlangte es. Ihre Philosophie leugnete nicht bloß die Gültigkeit aller Erfahrung, sondern stillschweigend die Existenz einer äußeren Realität überhaupt.«[270]

Zu spät bemerkte der Bioethik-Doktorand in Harvard, der auf den »2 + 2 = 5«-Zug aufgesprungen war, die Verbindung zu Orwell. Als man ihn darüber informierte, bezeichnete er diesen Zusammenhang als »unglücklich«.[271]

Man kann das alles natürlich abtun als eine Reihe von Kulturkriegern, die sich gegenseitig öffentlich bekämpfen ohne großen Widerhall aus der realen Welt. Aber eine solche Interpretation wäre völlig falsch. Der Antrieb, korrekt durchgeführte Mathematik zu einem Symbol der weißen Vorherrschaft zu erklären, bedeutet, dass Standards in diesem Fach, wie in allen anderen Fächern, gesenkt oder vollständig ausgelöscht werden. Welche Möglichkeiten bleiben noch, wenn alles Beweisbare angezweifelt wird, und alles, das getestet werden kann, zum Teil des Problems gemacht wird? Die Folgen davon breiten sich gerade an den Schulen in den gesamten Vereinigten Staaten und dem übrigen Westen aus.

Überall in den USA gibt es nun genau solche Versuche, das Zulassungssystem zu verändern oder abzuschaffen, das System von selektiven Zulassungen zu befreien und überzugehen zu einem System, bei dem die Zulassung nach dem Losverfahren erfolgt. Das basiert auf der Überzeugung, dass die Auswahl bestimmte ethnische Gruppen bevorzugt und dass das System zerschlagen werden muss, um das System fair zu gestalten.[272] Eine der Personen, die in ihrem Bezirk in San Francisco sehr darauf drängte, war die ehemalige Kommissarin der Schulbehörde. 2020 argumentierte sie: »Wenn wir über Verdienste, Leistungsgesellschaft und vor allem eine Leistungsgesellschaft sprechen, die auf standardisierten Tests beruht, dann werde ich das jetzt einfach sagen. In diesen Tagen und Zeiten können wir kein Blatt vor den Mund nehmen. Das sind rassistische Systeme. Wenn Sie sagen wollen, diese Bewertung sei, was denn, fair – sie ist das Gegenteil von fair und das Gegenteil von gerecht.«[273]

Ibram X. Kendi ist ebenfalls gegen standardisierte Tests an Schulen. Sie werden vielleicht nicht überrascht sein, zu erfahren, welchen Vorwurf Kendi gegen standardisierte Tests erhebt. 2019 sagte er: »Ich werde es wieder und wieder sagen: Standardisierte Tests sind zur wirkungsvollsten rassistischen Waffe aller Zeiten geworden, erfunden, um den Verstand von Schwarzen objektiv zu degradieren und ihre Körper auf legale Weise auszuschließen.«[274] Dies ist keine Außenseiteridee. Randi Weingarten, Präsidentin der American Federation of Teachers, sagte: »Standardisierte Tests helfen den Kindern nicht beim Lernen und sie helfen den Lehrern nicht beim Unterrichten. Wir müssen das messen, was wichtig ist.«[275] Und was genau ist wichtig? Das wird uns nie gesagt.

Natürlich sind die Konsequenzen dieses Krieges gegen standardisierte Tests leicht vorherzusehen. Die Thomas Jefferson High School for Science and Technology in Alexandria, Virginia, kämpft nicht nur mit ihrem problematischen Namen. In den letzten Jahren kämpfte sie auch darum, ihre Zulassungspolitik zu ändern, um weniger selektiv zu sein. Tatsächlich hat die Schule bereits eine beträchtliche Veränderung ihrer Zusammensetzung durchlaufen. Vor 20 Jahren waren 70 Prozent der Schüler weiß. 2020 gehörten 79 Prozent ethnischen Minderheiten an, zumeist aus Immigrantenfamilien mit asiatischen Wurzeln. Der Anteil an weißen Schülern lag in jenem Jahr bei 19 Prozent. Dass es nicht gelungen war, in diesem Zeitraum auch beträchtliche Verschiebungen hin zu schwarzen Schülern umzusetzen, wurde auf systematischen Rassismus zurückgeführt. Und so wurde in den Nachwehen von George Floyds Tod ein Lotterie-Aufnahmeverfahren eingeführt, mit dem ein Großteil der Eltern von Schülern dieser Schule nicht einverstanden war. Diejenigen, die diese Politik befürworteten, sagten, dass sie eine Schülerschaft haben wollten, die stärker die Landesbevölkerung widerspiegele. Aber selbst wenn diese Politik umgesetzt werden würde, würde es den Anteil von Schwarzen und Hispano an der Schule nur geringfügig ändern. Es würde jedoch eine Menge anderer Dinge ändern.

Es würde eine unfreiwillige Zunahme der Zahl weißer Schüler nach sich ziehen (ein Plus von etwa 25 Prozent) und einen unfreiwilligen Rückgang der Zahl asiatischer Schüler (um etwa 20 Prozent).[276]

Andere Schulen und Colleges überall im Land kämpfen mit dem gleichen Problem, von New York bis Kalifornien, sie sehen sich weiterhin vor dieselbe schwierige Frage gestellt. Wenn bei allen Rassismus das Problem ist und die Antwort auf alles lautet, das rassistische System zu zerstören, dann scheint es nur zwei verifizierbare Ergebnisse hervorzubringen: ein Senken der Standards im Namen des Antirassismus und einen Anstieg des Bedarfs an rassistischen Politiken, um mit einem Problem umzugehen, von dem es stets heißt, dass es Rassismus sei. Der Krieg gegen standardisierte Tests, wie auch der Krieg gegen Religion, Philosophie und alles andere im Westen, löscht keine rassistisch begründeten Unterschiede aus. Er verkündet sie durch ein Nebelhorn.

Zwischenspiel
Dankbarkeit

Gegen Ende von *Die Brüder Karamasow* schreibt Dostojewski ein Kapitel, in dem es um die nackte Angst geht. An früherer Stelle in dem Roman hat einer der Brüder – Iwan – seine zutiefst widersprüchlichen Ansichten zur Natur der Menschheit, Gottes und des Teufels dargelegt. Mit fortschreitender Handlung verschlechtert sich Iwans Geisteszustand. Die Menschen um ihn herum glauben, dass er dem Säuferwahnsinn verfällt, für gewöhnlich hervorgerufen durch Alkoholentzug. Aber die Ursache für Iwans Angst bleibt unklar und ungeklärt. Sein jüngerer Bruder, Aljoscha, erkennt erst, wie schlimm es um Iwan steht, als er eines Abends mit seinem Bruder bei einer Laterne steht und etwas sagt, dass dafür sorgt, dass Iwan ihn packt und am ganzen Körper zittert. »Du bist bei mir gewesen!«, beschuldigt Iwan seinen Bruder. »Du bist in der Nacht bei mir gewesen, als er kam.« Aljoscha versteht nicht, wovon Iwan redet. Iwan brüllt ihn an. »Du weißt also, daß er immer zu mir kommt? Wie hast du es erfahren?«[277] Als er ihn später fragt, wer seiner Meinung nach seinen Vater ermordet hat, wird Iwan von Angst gepackt, dass die ungenannte Person sich wieder im Zimmer befindet. Hastig schaut er für ihn in allen Winkeln nach.

Schließlich wird es dem Leser gestattet, dabei zu sein, als Iwan vom Teufel besucht wird. Der sitzt, gekleidet wie ein russischer feiner Herr, in seinen Zimmern, verwendet französische Phrasen, die eindeutig der »Gattung jener Gutsbesitzer angehören, wie sie zur Zeit der Leibeigenschaft müßig in den Tag hinein lebten«.[278]

Die beiden reden offenbar nicht zum ersten Mal miteinander, aber ob der Teufel nur in Iwans Fantasie existiert oder tatsächlich vor ihm sitzt, bleibt unklar. Der Teufel sagt, dass er wünscht, in der Gesellschaft als Gentleman angesehen zu sein, jedoch missverstanden werde – ein »verleumdeter« Mann sei. Er philosophiert klagend darüber, dass die Menschen nichts von ihm wissen wollen. Und dann lässt Dostojewski den Teufel eine flüchtige Bemerkung machen, die nur ein Genie wie er so beiläufig einstreuen kann. Der Teufel erklärt: »Meine edelsten Gefühle, wie Dankbarkeit zum Beispiel, sind mir allein durch meine soziale Stellung verboten.«[279]

Warum sollte die »Dankbarkeit« ein Gefühl sein, das dem Teufel verweigert wird? Dostojewski lässt das unbeantwortet. Aber es lohnt sich, darüber nachzudenken.

Handlungen des Dekonstruierens und Zerstörens können mit außergewöhnlicher Leichtigkeit durchgeführt werden. Mit derartiger Leichtigkeit, dass sie genauso gut Gewohnheiten des Teufels sein könnten. Der Bau eines großen Gebäudes wie einer Kirche oder Kathedrale kann Jahrzehnte dauern – sogar Jahrhunderte. Aber sie kann an einem einzigen Nachmittag niedergebrannt oder anderweitig zum Einsturz gebracht werden. Genauso kann die feinste Leinwand oder das feinste Kunstwerk von vielen Jahren Handarbeit in einem Moment zerstört werden. Mit dem menschlichen Körper ist es genauso. Einst las ich einen Bericht über den Genozid in Ruanda im Jahr 1994. Eine Bande von Hutus waren die Täter und unter den Menschen, die sie an jenem Tag mit Macheten töteten, war ein Tutsi-Arzt. Als sein Gehirn auf den Straßenrand spritzte, spottete einer der Mörder darüber, dass dies das Gehirn eines Arztes sei. Wie sah sein Wissen nun aus?

All die Jahre des Lernens und Studierens, all das Wissen und die Erfahrung in diesem Kopf wurden in einem einzigen Augenblick zerstört von Menschen, die nichts von diesen Dingen erreicht hatten. Das ist eine der traurigsten Erkenntnisse, die wir als Spezies haben: nicht nur, dass alles vergänglich ist, sondern dass alles – vor allem alles, das wir lieben und in das Liebe geflossen ist –zerbrechlich ist. Und genauso, wie die Trennung zwischen Zivilisation und Barbarei hauchdünn ist, so ist es auch ein Wunder, dass überhaupt etwas überlebt, in Anbetracht der Zerbrechlichkeit aller Dinge plus dem Bösen und der Achtlosigkeit, derer Menschen fähig sind.

Was treibt dieses Böse an? Zweifellos viele Dinge. Aber eines davon, das durch etliche der großen Philosophen erkannt wurde, ist Missgunst (oder auch Ressentiment). Dieses Gefühl gehört zu den größten Triebkräften bei Menschen, die zerstören wollen: jemand anderen beschuldigen, etwas zu haben, von dem man denkt, es mehr zu verdienen.

Unter denen, die sich mit dem Begriff *Ressentiment* beschäftigten, war Friedrich Nietzsche. Es ist erschreckend, wie konkret er diesen Typus beschreibt. An einer Stelle schreibt er, dass jeder Psychologe, der sich mit dem Thema beschäftigt, erkennen muss: »Diese Pflanze blüht jetzt am schönsten unter Anarchisten und Antisemiten, übrigens so wie sie immer geblüht hat, im Verborgnen, dem Veilchen gleich, wenn schon mit andrem Duft. Und wie aus Gleichem notwendig immer Gleiches hervorgehn muss, so wird es nicht überraschen, gerade wieder aus solchen Kreisen Versuche hervorgehen zu sehn, wie sie schon öfter dagewesen sind [...] die *Rache* unter dem Namen der *Gerechtigkeit* zu heiligen — wie als ob Gerechtigkeit im Grunde nur eine Fortentwicklung vom Gefühle des Verletztseins wäre — und mit der Rache die *reaktiven* Affekte überhaupt und allesamt nachträglich zu Ehren zu bringen.«[280]

Für Nietzsche liegt eine der Gefahren der Menschen mit Ressentiments darin, dass sie ihre letztendliche Form von Rache erreichen, die darin besteht, aus glücklichen Menschen so unglückliche wie sie selbst zu machen – ihr Elend den Glücklichen unter die Nase zu reiben, sodass die Glücklichen zu gegebener Zeit »sich eines Tags ihres Glücks zu schämen begännen und vielleicht untereinander sich sagten ›es ist eine Schande, glücklich zu sein! es gibt zu viel Elend!‹« Das muss vermieden werden, so sagt Nietzsche, damit, »die Kranken nicht die Gesunden krank machen« oder dass sich die Kranken »nicht mit den Gesunden verwechseln«.[281]

Immer wieder kehrt er zu dem Thema zurück, umkreist es, als wolle er zur Wurzel der Sache vordringen, die er zu diagnostizieren versucht.

Schließlich gelangt er zu der zentralen Erkenntnis, dass Ressentiment im Kern ein Sehnen nach Rache ist, motiviert durch ein Verlangen nach »*Betäubung von Schmerz durch Affekt*«. Man braucht einen »möglichst wilden Affekt«, so sagt er, um sich aufzulehnen gegen die entscheidende Behauptung der missgünstigen Person: »Irgendjemand muss schuld daran sein, dass ich mich schlecht befinde.«[282]

Welche Antwort gibt es auf diese vernichtende Situation? Nietzsche sieht nur eine. Die Menschen voller Ressentiment »reißen die ältesten Wunden auf, sie verbluten sich an längst ausgeheilten Narben«.[283] Solche Menschen können ihre Freunde, Familie, Kinder und jeden anderen um sich herum runterziehen, sagt Nietzsche. Und die einzige Antwort lautet, dass jemand dieser Person auf die Finger schaut (in Nietzsches Worten: ein »asketischer Priester«) und das Schwierigste ausspricht. Dass sie nämlich recht haben. Dass es wahr ist. »[...] irgendwer muss daran schuld sein: aber du selbst bist dieser Irgend-Wer, du selbst bist daran allein schuld – *du selbst bist an dir allein schuld*!« Nietzsche erkennt, dass dies schwierig ist, aber wenn es gesagt werden muss, dann kann zumindest eine Sache erreicht werden, nämlich dass »die Richtung des *Ressentiments – verändert*« wird.[284]

Andere äußerten sich zu Nietzsches Erkenntnissen – insbesondere Max Scheler und Helmut Schoeck. Sie ergänzten die Erkenntnisse, indem sie darauf hinwiesen, dass sich Ressentiment stets darauf stützt, A gegen B auszuspielen. Vor allem, wo A einzig und allein deshalb gelobt wird, um B abzuwerten.[285] In allen Fragen, sei es bei Geld, Sex oder allem anderen, hat niemand das Gefühl, dass die Waagschale zu seinen Gunsten ausfällt. Und genauso, wie Menschen des Ressentiments von »Gerechtigkeit« sprechen und »Rache« meinen, so verbirgt sich etwas in ihrem Gerede von Gleichstellung. Denn jeder, der von Gleichstellung spricht, wird ein systemimmanentes Problem finden. Nur eine Person, die »fürchtet, *zu verlieren*«, wird Gleichstellung als »universales Prinzip« verlangen. »Es ist eine Spekulation«, sagt Schoeck, »in einem fallenden Markt.«

»Denn es ist ein Gesetz, dass Menschen nur gleichgestellt sein können im Hinblick auf Eigenschaften mit dem *geringsten Wert*. ›Gleichstellung‹ als rein rationale Idee kann niemals Wünsche, den Willen oder Gefühl wecken. Aber Ressentiment, in dessen Augen die höheren Werte nie Gefallen finden, verbirgt seine Natur hinter der Forderung von ›Gleichstellung‹. In Wahrheit will es nichts weniger als die Zerstörung all jener, die diese höheren Werte verkörpern, die seine Wut hervorrufen.«[286]

Dies ist eine weitere einschlägige Erkenntnis. Denn alles Gerede von »Gleichstellung«, wie das Gerede von »Gerechtigkeit, präsentiert sich in einem Licht – nicht zuletzt einem desinteressierten Licht, als wollten seine Befürworter lediglich eine abstrakte Sache und bemerken kaum, ob diese ihnen jemals selbst nützen wird. Aber sehr oft ist das nicht der Fall. Eine Reihe sehr viel grundlegenderer Probleme gehen daraus hervor. Anders ausgedrückt kann es sich lohnen, zu begreifen, wogegen wir angehen, wenn wir heutzutage die Kritiker des Westens hören. Denn genauso, wie wir nicht gegen Gerechtigkeit, wohl aber gegen Rache sind, sind wir nicht wirklich gegen die Befürworter von Gleichstellung, wohl aber gegen jene, die einen pathologischen Zerstörungswunsch hegen.

Eine lediglich mildere Ausprägung davon existierte seit Jahrzehnten vor unseren Augen. Es ist die Besessenheit, die in der akademischen Welt begann und sich überall dort verbreitete, wo nun die »Dekonstruktion« verehrt wird. Das ist ein Prozess, bei dem alles aus der Vergangenheit ausgelesen, zerpflückt und schließlich zerstört werden kann. Er kann keine Möglichkeit des Aufbaus finden. Er findet nur einen Weg des endlosen Zerreißens. So wird ein Roman von Jane Austen auseinandergenommen, bis von einem fiktionalen Kunstwerk nichts anderes mehr übrigbleibt als ein weiteres schuldiges Überbleibsel einer in Misskredit geratenen Gesellschaft. Was wurde damit erreicht? Nichts als ein Prozess der Zerstörung.

Diejenigen, die daraus eine Karriere gemacht haben, finden zahlreiche Dinge, die dafür sprechen. Eines ist die Tatsache, dass ihre Aufgabe potenziell endlos ist, da die Zahl der möglichen Angriffsziele anscheinend unbegrenzt ist. Es ist eine Lebensaufgabe für die Dekonstruktivisten. Dennoch ist am Ende des Prozesses nichts erschaffen oder auch nur produziert worden. Die einzig mögliche Forderung am Endpunkt der Dekonstruktion ist das Dekonstruieren von noch mehr. Und es scheint möglich zu sein, ohne Ende zu zerstören und Gründe für Ressentiments zu finden. Ganz sicher ist das die Hoffnung der Dekonstruktivisten, die nun die Welt der Kunst absuchen nach Symbolen für Vergewaltigung, männliche Dominanz, Privileg, Rassismus und sehr viel mehr.[287] Und natürlich finden sie Dinge, mit denen sie sich beschäftigen können.

Es ist nämlich nicht schwierig, ein Gemälde zu betrachten und sich zu fragen, welche fehlgeleiteten Gedanken sich wohl dahinter verbergen. Sie könnten genauso fragen, wie viel Arbeit wohl hineingesteckt wurde und ob ein Teil davon wohl erzwungen oder unbezahlt war. Sie können sich die Farben anschauen und überlegen, woher sie wohl stammen, ob sie auf legitime Weise oder nachhaltig gewonnen wurden. Sie könnten fragen, welche Bezahlung die Auszubildenden im Atelier des Künstlers erhielten und ob alle angemessen entlohnt wurden von ihrem Vorgesetzten, um dieses Werk für einen Mann von noch größerer Macht zu erschaffen. Sie können die Themen auseinandernehmen und die Bedeutung im Licht dessen »hinterfragen«, was sich nach der Entstehungszeit dieses Werks ereignet hat. Sie können alles Mögliche darin sehen. Sie können die fehlende Darstellung von was auch immer bemängeln. Sie können einen Schritt zurücktreten und sich die *Felsgrottenmadonna* von Leonardo da Vinci anschauen, *Die Verkündigung* von Sandro Botticelli oder noch so viele andere Werke, die vor Jahrhunderten von großen Meistern erschaffen wurden.

Das Gleiche können Sie bei Gebäuden tun. Sie können sich die großen Kathedralen und Monumente in Europa anschauen und sich fragen, wer all die Steine geschleppt und mit Seilwinden nach oben gezogen hat, ob die Menschen angemessen für ihre Arbeit bezahlt wurden und ob die Arbeitsbedingungen zu jener Zeit auch den Sicherheitsvorschriften von heute entsprachen. Sie können fragen, warum in den Monumenten nur Menschen von einer Hautfarbe dargestellt sind oder warum nur Menschen mit europäischem Hintergrund dort erwähnt werden. Sie können sogar fragen, ob das Errichten eines Bauwerks zu Ehren eines bestimmten Gottes, im Namen einer bestimmten Religion oder Konfession, nicht auf gewisse Weise ausgrenzend, gar ausschließend ist. Sie könnten fragen, woher das Geld für diese großartigen Bauwerke stammt, ob es auf ehrliche Weise erworben oder zum Teil illegitim von den Armen oder Bedürftigen oder gar von anderen Ländern und Völkern genommen wurde, die kein Mitsprachrecht hatten, wofür es verwendet wird. All das können Sie tun und noch viel mehr. Oder Sie treten zurück, bewundern die Saint-Chapelle in Paris, die Cappella Sanservo in Neapel, den Dom in Florenz oder Zehntausende Kathedralen, Kirchen, Kapellen und andere Monumente. Warum sollten wir nicht einfach zurücktreten und unser Glück wertschätzen, dass wir diese Dinge geerbt haben, und uns an dem Glück erfreuen, dass wir zwischen ihnen leben dürfen?

Dies sind Geschenke von Menschen an die gesamte Menschheit.

Der Grund dafür ist, dass das, was wir in den vergangenen Jahrzehnten im Westen gesehen haben, ein großes Projekt des Dekonstruierens und Zerstörens ist, angetrieben von Missgunst und Rache. In diesem Prozess wurde bei der globalen Suche nach einem Schuldigen der Westen als »Bösewicht Nummer eins« festgelegt. Unübersehbar fanden es auch viele Menschen im Westen tröstlich, sich auf diese Haltung einzulassen. Die Menschen des Ressentiments hatten leichtes Spiel, auf die Dinge zu zeigen, die der Westen verbrochen hatte, auf unbezahlte Rechnungen zu zeigen und auf Freveltaten, die vergessen oder für die unzureichend gesühnt worden war. Solche Menschen genießen es, alte Wunden aufzureißen und zu behaupten, sich verletzt zu fühlen wegen Verbrechen, die passierten, lange bevor sie auf dieser Welt waren. Es verschafft ihnen Zufriedenheit, diese alten Wunden aufzureißen und zu fordern, dass die Menschen sie aufs Neue bedauern, als seien sie selbst die Opfer. Denn dadurch stellen sie sich in den Mittelpunkt aller Dinge, verlangen endlose Wiedergutmachung – und müssen nie auf sich selbst schauen, um ein Problem anzugehen –, auch wenn sie eigentlich nur sich selbst angehen können.

Solche Menschen haben nichts über sich selbst zu sagen, oder über irgendetwas außerhalb des Westens, denn das könnte sie dazu bringen, die Richtung zu ändern, in die ihre Missgunst geleitet wird. Es könnte sie am Ende dazu bringen, den Blick auf sich selbst zu richten. Wenn der Westen nicht schuld ist an allem Übel dieser Welt, in seiner Vergangenheit und der Vergangenheit und Gegenwart anderer, dann müssen andere dafür die Verantwortung übernehmen. Und manche Leute müssten auf sich selbst schauen, um ihren Mangel an Ergebnissen, Leistungen und mehr zu erklären. Sie müssten den Ursachen ihrer Unzufriedenheit nachgehen und erkennen, dass zumindest eine davon sie selbst sind. Wie viel einfacher ist es doch, weiterhin zu behaupten, dass eine andere Gruppe – in diesem Fall eine große historische Gruppe – verantwortlich ist für alle Übel dieser Welt und ihr Leben.

In den vergangenen Jahrzehnten haben die Kranken tatsächlich die Gesunden infiziert und heruntergezogen in einen verrückten Diskurs ihrer eigenen Erfindung. Sie haben nahezu alles um sich herum in eine Nullsummen-Diskussion gezogen, die darauf beharrt, dass die Geschichte des Westens eine Geschichte von patriarchaler Unterdrückung, Sexismus, Rassismus, Transphobie, Homophobie, Diebstahl und vieles mehr ist. Diese Menschen interessieren sich nur deshalb für andere Gesellschaften, um sie gegen den Westen auszuspielen. Sie interessieren sich nur deshalb für Eingeborenenstämme, um zu zeigen, wie bankrott der Westen ist. Und sie sind nicht ernsthaft an irgendeiner anderen Gesellschaft interessiert. Sie lernen nicht die Sprachen anderer Völker oder beschäftigen sich eingehend mit deren Kultur – ganz sicher nicht in dem Maße, wie die so verspotteten Orientalisten und andere aus der westlichen Vergangenheit es taten. Aber sie preisen jede Kultur, solange es nur keine westliche ist, und nur, um den Westen zu verunglimpfen und abzuwerten. Folglich gelangen sie zu ihrem letztendlichen Argument, bei dem sie nachfragen, warum jemand eine Zivilisation bewundern oder fortsetzen sollte, die so viel Falsches getan hat und im Laufe ihrer Geschichte so viel Bigotterie und Hass geschaffen hat.

Darauf gäbe es viel zu erwidern. Und es gibt auch ein paar Antworten. Denn wenn mir jemand diese Litanei der westlichen Vergehen vorhält, kann ich mit nur wenigen Worten problemlos darauf antworten.

Paris. Das würde ich ganz zu Anfang aussuchen. Venedig, das könnte ich als Nächstes nennen. Rom ist nicht ohne. Genauso wenig ist Florenz ein Kaff. Und um bei Städten zu bleiben, zählen doch ganz sicher Wien, Prag, Madrid, Lissabon und Budapest etwas. Was ist mit New York und Chicago? Diese Liste kann endlos fortgeführt werden. Sie können stundenlang bei jedem Land verweilen. Aber das verweist auf etwas, das offenkundig fehlt. Denn wenn Sie eine Sache aufwiegen wollen, dann können Sie nicht einfach nur eine Waagschale vollpacken. Sie müssen auch etwas in die andere legen. Wenn Sie die Tatsache, dass der Westen in seiner Geschichte Rassismus aufweist, in eine Schale packen und die andere leer lassen, dann entstehen natürlich unausgewogene Urteile. Und genau das wurde zugelassen. Aber zählen die guten Dinge nicht auch etwas? Was ist mit den großartigen Kathedralen und Universitätsstädten des Westens: Oxford und Cambridge, Heidelberg und Regensburg, Ely und Salisbury, Bologna und Valencia?

Wie kann man die ganze Geschichte und Schuld des Westens diskutieren, ohne auch nur für einen Moment bei diesen Juwelen zu verweilen?

Weil die Menschen des Ressentiments die guten Gefühle verbieten wollen. Was sind das für Gefühle? Das wichtigste ist zweifellos die Dankbarkeit. Der Grund, warum Dostojewskis Teufel keine Dankbarkeit spüren kann, liegt darin, dass nur einer Person, die absolut Böses anstrebt, die entscheidende menschliche Eigenschaft verwehrt wird oder sie sich diese selbst verwehrt. Ohne die Fähigkeit, Dankbarkeit zu verspüren, sind das menschliche Leben und die menschliche Erfahrung ein Marktplatz der Schuld, wo Menschen die Landschaft der Vergangenheit und Gegenwart aufreißen in der Hoffnung, andere Menschen zu finden, denen sie die Schuld geben können und auf die sie ihren Frust übertragen können. Ohne Dankbarkeit sind die vorherrschenden Einstellungen im Leben Schuld und Ressentiment. Denn wenn Sie für nichts dankbar sind, das Ihnen zuteilwurde, dann können Sie nur Verbitterung wegen all dem spüren, das Sie nicht haben. Verbitterung darüber, dass sich alles nicht besser oder mehr in Ihrem Sinne entwickelt hat – wie auch immer dieses »in Ihrem Sinne« aussehen mag. Ohne einen Sinn für Dankbarkeit ist es unmöglich, irgendetwas in die richtige Reihenfolge zu bringen.

Natürlich ist es möglich, darüber zu lamentieren, was Sie nicht bekommen oder was Ihnen nicht widerfahren ist. Dieser Prozess kann endlos sein, und jeder auf diesem Erdboden kann mitspielen. Die wichtigere Aufgabe im Leben ist, zu erkennen, was Sie nicht haben, und dankbar zu sein für das, was Sie tun.

Sie können es als eine schreckliche Sache ansehen, dass nicht alle in der Vergangenheit des Westens die Ansichten teilten, die im Einklang mit den sozialen und moralischen Werten stehen, die wir in den 2020er-Jahren hochhalten. Sie können diese Tatsache verhöhnen oder in den Schmutz ziehen. Aber das ergibt nur einen Sinn, wenn Sie auch zum Beispiel anerkennen, dass heutzutage im Westen zu leben bedeutet, sich an einem Stück historischen Glücks zu erfreuen, wie es das sonst nie in der Geschichte gegeben hat. Sie mögen ein gewisses Bedauern verspüren wegen der Dinge, die im 18. Jahrhundert passierten und auf die die Menschen von heute nicht stolz sind. Aber Sie können das ausgleichen durch ein Gefühl der Dankbarkeit, Teil einer Gesellschaft zu sein, in der alles menschliche Leben als unantastbar gilt, in der Menschen als von göttlicher Würde durchdrungen angesehen werden, in der Frieden der Normalzustand ist und in der heutzutage verübte Verbrechen durch die Anwendung des Gesetzes geahndet werden können. Ich bin in vielen Teilen dieser Welt gewesen, in denen einige oder alle der genannten Punkt nicht gegeben waren: wo das Leben mit außergewöhnlicher Brutalität genommen werden kann und man sich nicht an ein Gericht oder ein anderes Rechtssystem wenden kann. Ich habe viele Länder besucht, in denen Frieden nicht die Norm, sondern die Ausnahme ist, und wo junge Menschen, die in ihrer Gesellschaft etwas bewirken wollen, absolut keine Chance dazu bekommen. Die Welt ist voller Länder, außerhalb des Westens, wo die Dinge, die die Menschen im Westen für selbstverständlich halten, Vorstellungen sind, die weit in der Zukunft zu liegen scheinen, falls sie überhaupt je erreichbar sind. Orte, die, im Gegensatz zum Westen, nicht interessiert sind an einer Offenheit gegenüber der Welt und die auch nicht im Geringsten interessiert sind an Selbstkritik, Fortschritt und irgendeiner anderen Form von Verbesserung.

Menschen, die das Glück haben, im Westen zu leben, sind nicht nur die Erben eines vergleichsweise guten wirtschaftlichen Schicksals. Sie haben eine Form von Regierung, Gerechtigkeit und Gesetz geerbt, für die sie zutiefst dankbar sein sollten. Es mag nicht immer perfekt sein, aber es ist bei Weitem besser als die vorhandenen Alternativen. Und wenn es darum geht, was wir im Westen alles um uns herum geerbt haben, dann muss das als eines der größten Geschenke gelten, wenn nicht als das größte, das jede Gesellschaft der ihr folgenden hinterlässt. Ein Geschenk nicht nur in Form freiheitlicher Ordnung und wunderschöner Städte und Landschaften, sondern in künstlerischen Leistungen, kulturellem Erbe und einer Fülle von Beispielen, wie man leben kann. Beispiele, die nirgendwo auf dieser Welt übertroffen werden.

Und wir verteidigen diese Dinge nicht, weil sie von Weißen geschaffen wurden. Genauso wenig, wie wir Thomas Jefferson oder David Hume nur deshalb verteidigen, weil sie weiße Männer waren. Solche Menschen, Ideen, Gebäude und Städte des Westens verdienen nicht nur Respekt, weil sie Produkte der Weißen sind, sondern weil sie das Erbe der gesamten Menschheit darstellen. Natürlich ist es möglich, sich heutzutage auf die Identität dieser Menschen zu fixieren und zu verlangen, dass wir »all das niederreißen« oder, etwas gemäßigter, einen Teil davon. Aber ein gesünderer, vernünftigerer Ansatz wäre, sich anzuschauen, was wir an Gutem geerbt haben, und darauf aufzubauen.

In seinem letzten Lebensjahr durchlief der englische Philosoph Roger Scruton eine Reihe von Gerichtsverhandlungen und Unglücken, die ihm von anderen zugefügt wurden. Möglicherweise durch all die Gerichtsverhandlungen abgelenkt, bemerkte er zu spät, dass in ihm ein Krebs wucherte und sein Leben in kaum mehr als sechs Monaten beenden würde. Das Letzte, was er schrieb, war eine Betrachtung dieses Lebensjahres – was er durchgemacht hatte und all die schrecklichen Dinge, die ihm passiert waren. Aber er sagte, und das waren die letzten Worte, die er vor seinem Tod veröffentlichte: »Wenn der Tod naht, beginnst du zu verstehen, was Leben bedeutet, und diese Bedeutung ist Dankbarkeit.«[288]

In unseren Leben nehmen wir viele Haltungen ein, manche dominieren an einem Punkt unseres Lebens und treten an einem anderen in den Hintergrund. Aber ein ohne Dankbarkeit gelebtes Leben ist kein richtig gelebtes Leben. Es ist ein aus dem Lot geratenes Leben: eines, in dem Sie, unfähig zu erkennen, was Sie haben, für das Sie dankbar sein sollten, mit nichts als Ihren Ressentiments sitzen bleiben und durch nichts als Rache zufriedengestellt werden können.

Kapitel 4
Kultur

Im eisigen Januar des Jahres 1928 konnte man einen jungen britischen Künstler im Keller der Tate Gallery antreffen, wo er seinen ersten großen Auftrag übermalte. Rex Whistler war erst 21 Jahre, als er ausgewählt wurde, ein Wandgemälde anzufertigen, das sich auf alle vier Wände des langgestreckten Restaurants der Galerie erstrecken sollte. Das fertige Werk trug den Titel *The Expedition in Pursuit of Rare Meats* (deutsch: *Die Expedition auf der Suche nach seltenem Fleisch*). Dargestellt ist eine imaginäre Jagdexpedition des »Herzogs von Epicurania« mit Angehörigen seines Hofes auf der Jagd nach exotischem Fleisch in dem fiktiven Land Epicurania. Bei der Enthüllung des Gemäldes im Dezember 1927 hielt George Bernhard Shaw eine Rede. Der sozialistische Dramatiker schaffte es, die Mutter des Künstlers zu verärgern, indem er erstens Whistlers berühmteren amerikanischen Namensvetter erwähnte (kein Verwandter) und zweitens, andeutete, dass Rex, der aus keiner wohlhabenden Familie stammte, kein Gentleman sei.

Davon abgesehen war die Veranstaltung ein Erfolg. Die fantastischen, idyllischen, teils makabren Szenen, mit denen Whistler die Wände bedeckt hatte, waren vollgepackt mit dem, was sein charakteristischer Malstil werden sollte. Prächtige Trompe-l'œil-Säulen neben den Türen und Fenstern, große Seen und Meere mit Meerjungfrauen und eine ausgedehnte Landschaft mit einsamen arkadischen Tempeln. Überall sieht man seltsame Gestalten schlemmen, jagen, sich putzen, humpeln, stürmen. An einem Ende ist ein Teil einer idyllischen Stadt, an einem anderen ein Einhorn, das unbemerkt bleibt von einer Gruppe seltsamer

Gestalten in einem Wald. Achtzehn lange Monate haben Whistler und seine Assistentin Nan West an dem Wandbild gearbeitet. Whistler erhielt für seine Arbeit einen Wochenlohn von 5 Pfund. Er schlug Einladungen aus und verschob Besuche bei seinen engsten Freunden, um das umfangreiche Werk zu beenden. Das war der Ursprung von Shaws »Witz« – dass Whistler einen Wochenlohn erhielt und deshalb wie ein Klempner war, der mit seiner Werkzeugtasche vorbeikam. Dennoch, die *Times* und andere Zeitungen lobten die Arbeit vom ersten Moment der Enthüllung an. »Der unterhaltsamste Raum in Europa« lautete einer der Namen, die dem Werk von der Presse gegeben wurden.

In jenem Winter gab es heftigen Schneefall, gefolgt von plötzlichem Tauwetter, und im Januar trat die Themse über die Ufer. In der Nacht zum 6. Januar strömte das schmutzige Wasser der Themse in das untere Geschoss der Tate Gallery und durch den gerade erst enthüllten Raum. Nachdem das Wasser wieder abgeflossen war, kam der Künstler in Begleitung eines Freundes vorbei, um sich den Schaden anzusehen. Das Wasser hatte in Höhe von 2,5 Metern einen Schmutzrand hinterlassen. »Der ganze Raum ist völlig zerstört«, schrieb Whistler in einem Brief. Die Leinwand hatte sich an einigen Stellen abgelöst, Böden und Möbel sind ruiniert. »Aber«, so schrieb der Künstler, während er inmitten der Scherben seiner Arbeit stand, »zumindest sind die Meerjungfrauen zu ihrem Recht gekommen«.[289]

Ich fand schon immer, dass sowohl der Charakter als auch die Arbeit von Rex Whistler etwas sehr Berührendes haben. Er war erstaunlich talentiert, besaß mehr technische Fähigkeiten als nahezu jeder andere seiner Generation, und hatte eine Fantasie und Leichtigkeit, die nahezu alles, was er malte, sofort als seine Arbeit erkennen ließ. Zudem liebten ihn alle, die ihn kannten oder ihm auch nur begegnet waren – Männer wie Frauen gleichermaßen. Er arbeitete außergewöhnlich hart an seiner Begabung, hegte eine Reihe unerwiderter Leidenschaften für Frauen aus anderen Gesellschaftsschichten als der seinen und begann gerade erst die Kunst der Ölmalerei zu beherrschen, als der Zweite Weltkrieg ausbrach.

Whistler meldete sich sofort freiwillig zur Armee. Und obwohl er die vergleichsweise bequeme Tätigkeit als Kriegsmaler hätte ausüben können, schien ihm das nicht richtig zu sein. Er ging stattdessen zu den Welsh Guards und ließ sich zum Panzerkommandanten ausbilden. Während seiner jahrelangen Ausbildung malte er weiter, unterhielt das Regiment mit extra angefertigten Wandbildern und Karikaturen, er entwarf neben anderen Arbeiten weiterhin Bühnenbilder und Buchillustrationen, und all das während dieser schrecklichen Jahre. Für die Weihnachtsausgabe 1941 der Zeitschrift *The Listener* entwarf er das Cover. Es zeigte den Heiligen Georg, wie er den Drachen bekämpft, oben auf einem Berg von Schädeln, umgeben von einem Motiv mit Bajonetten, Büchern, Musikinstrumenten und den Theatermasken der Tragödie und Komödie. Im Winter 1943/1944, während seines Abschlusstrainings mit dem Panzerbataillon im Süden Englands, entwarf er das Bühnenbild für das in London aufgeführte Stück *Le Spectre de la Rose* mit Margot Fonteyn. Das kriegsmüde Publikum seufzte erfreut, als der Vorhang zum ersten Mal aufging.

Ein paar Monate später war der Künstler auf dem Weg in die Normandie. Whistlers Panzereinheit traf mit dem Nazifeind in der bis dahin größten Einzelschlacht britischer Panzer aufeinander. Als Whistler versuchte, von einem der Panzer in einen anderen zu fliehen, starb er im Kugelhagel des Feindes. Es war der erste Kampftag. Whistler war 39 Jahre alt.

Fast 80 Jahre später, im Dezember 2020, wurde bekanntgegeben, dass die Tate Gallery das Whistler Restaurant wohl dauerhaft schließen würde. Diese Entscheidung folgte auf eine Reihe von Beschwerden wegen des Wandbildes zwei Jahre zuvor. Moya Greene, ein Vorstandsmitglied, die auch dem Ethikausschuss der Galerie angehörte, prüfte die Beschwerden, und nachdem sie eine gründliche Untersuchung durchgeführt hatte, was auf den Wänden der Galerie zu sehen war, berichtete sie darüber an die übrigen Mitglieder. Die Ausschussmitglieder waren, so sagte sie, »zweifelsfrei zu der Ansicht gelangt, dass die Bildersprache dieser Arbeit anstößig sei«. Schlimmer noch, so berichtete sie, »wird die

Anstößigkeit dadurch erschwert, dass der Raum als Restaurant genutzt wird«.[290] Als der Bericht des Ausschusses veröffentlicht wurde, war das Restaurant bereits wegen COVID geschlossen worden, aber als die Tate Gallery wieder öffnete, blieb das Restaurant zu.

Das Problem, das der Ethikausschuss gefunden hatte, bestand darin, dass Whistlers ein Jahrhundert zuvor enthülltes Wandbild Darstellungen von Nicht-Europäern enthielt. Die Darstellung von Chinesen in einer winzigen Ecke des Wandbildes stellte diese angeblich auf »stereotype« Weise dar. Noch schlimmer war, dass bei einer der seltsamen Jagdgruppen eine Frau in Rüschenkleid ein schwarzes Kind hinter sich herzuziehen schien, offenbar ein Sklave, und zwar gegen seinen Willen. Dies ist eine der verstörenden Szenen in dem Wandbild. Was, wenn überhaupt etwas, wollte Whistler mit diesen winzigen Details sagen (keine der Personen ist größer als ein paar Zentimeter)? Eine vertretbare Interpretation besteht darin, dass es selbst in Arkadien Grausamkeit und Leiden gibt, ebenso wie Epikureismus und Vergnügen. Das ist ein typisches Element. In Whistlers Darstellungen von Arkadien steckt immer ein Wurm. In einem späteren Wandgemälde zeichnete er sich selbst in eine Ecke des Raums, gekleidet wie ein Straßenkehrer. In dem Wandbild in der Tate ertrinkt in einer Ecke ein winziger weißer Junge und oben auf dem Kliff steht eine Urne mit der Inschrift »D.A.W.«, ein Verweis auf seinen älteren Bruder Danny, der als Kind starb. Jahrzehntelang wurde all das als Bestandteil des Werkes akzeptiert. Selbst zu Beginn der 2010er-Jahre, als die Tate Gallery eine dringend erforderliche Reinigung des Wandgemäldes durchführen ließ, beschwerte sich niemand. Es wurde sogar von der BBC und über das komplexe Restaurationsprojekt berichtet, ohne dass es eine Spur von Problem gab. Noch vor einem Jahrzehnt erfreute und unterhielt dieser Raum. Als das Restaurant 2013 wieder eröffnete, gehörte zu denen, die es lobten, die Restaurantkritikerin vom *Guardian*, die das fesselnde »Jahrmarktsgeschäft« und die »Waldschönheit« ebenso wie die Weinkarte des Restaurants hervorhob.[291]

Nur fünf Jahre später erreichten Beschwerden wegen Whistlers Wandgemälde die Tate. Alle schienen von einem Instagram-Account namens

»The White Pube« zu stammen. Als dieser Account zum ersten Mal Whistlers Wandgemälde erwähnte, wurde auch darauf hingewiesen, dass die Website des Restaurants das Lob der Weinkarte durch den *Guardian* hervorhob. »The White Pube« packte beide Punkte zusammen und wetterte los: »Wie können sich diese reichen Menschen immer noch entscheiden, dorthin zu gehen, um aus den ›besten Weinkellern der Stadt‹ zu trinken, mit einer erlesenen Sklaverei im Hintergrund? Tate, du bist geistig gestört.« Die Autoren dieses Posts waren Gabrielle de la Puente und Zarina Muhammad.

Damals hatte das Museum auf den unerträglichen Druck seitens des Instagram-Accounts reagiert, in dem es versuchte, die kleinen Figuren in dem Wandbild in einen Kontext zu stellen. Der Text, den die Tate online postete und neben dem Wandgemälde anbrachte, erklärte, dass dieses Gemälde eines von Whistlers wichtigsten Werken sei, aber in der Tat eine Reihe von Szenen enthielt, die »inakzeptabel« seien. Die Szenen wurden als imperialistisch beschrieben (als wäre ein Herzog von Epicurania je durchs Land geritten), und dann fährt der Text fort: »Diese Darstellungen zeigen Vorstellungen von Rassenidentität, wie sie in Großbritannien in den 1920er-Jahren vorherrschten. Die Schwächung des British Empire etwa um diese Zeit brachte paradoxerweise kulturelle Ausdrücke der Überlegenheit der ›britischen Rasse‹ hervor.«

Mit der Zeit schlossen sich sämtliche Experten und nationalen Medien der Sache an, lamentierten, dass Touristen jahrelang mit Porzellan geklirrt hätten neben »einem riesigen Wandbild, das Kindersklaverei darstellt«.[292] Wenn sich natürlich irgendwelche Teetrinker deswegen sorgten, dann mussten sie nur warten, bis sie auf einige der Themen in den Ausstellungen trafen, die ihnen in den oberen Etagen blühten. Rasch wurde eine Online-Petition aufgesetzt. Für diese wurden sorgfältig die beiden winzigen Bilder ausgewählt, schön groß aufgebläht und zu beiden Seiten eines sorgfältig ausgewählten Fotos von einer Gruppe Weißer eines bestimmten Alters gestellt, die nach dem Beenden ihrer Mahlzeit in dem Restaurant zufrieden wirkten. Die Petition trug den Titel: »Entfernt das rassistische und schändliche Wandgemälde Pursuit of Rare Meats aus dem Rex Whistler Restaurant der Tate Britain.« In ähnlich scharfem Ton ging es weiter. »Dass die Tate Britain dieses unverhohlen rassistische Gemälde weiterhin zur Unterhaltung der Speisenden gestattet, ist inakzeptabel. Entweder muss das Wandbild aus dem Restaurant entfernt oder das Restaurant aus diesem Raum entfernt werden – in diesem modernen und multikulturellen Großbritannien darf es kein Speiseerlebnis geben, bei dem nicht alle ethnischen Gruppen respektiert werden.« Aufgebrachte Unterzeichner behaupteten, dass die Tate zeige, dass sie sich nicht für Rassengerechtigkeit einsetze, solange sie an diesem Wandbild festhalte.[293]

Während die Petition immer mehr Unterschriften bekam, schien die Tate zu denken, sie sei auf der Flucht. Als mehrere Hundert Menschen unterschrieben hatten, gab ein Sprecher des Museums bekannt, dass »Tate offen und transparent bezüglich des zutiefst rassistischen Wandgemäldes von Rex Whistler sei«. Und das Museum behauptete beharrlich, dass der nun neben dem Wandbild angebrachte erläuternde Text Teil der Bemühungen des Museums sei, die »rassistischen und imperialistischen Verhaltensweisen in den 1920er-Jahren und heutzutage anzuerkennen«. Ein Sprecher der Tate gab bekannt, dass ihre Arbeit beim »Anerkennen« derartiger Geschichten Hand in Hand ginge »mit dem Eintreten für eine integrativere britische Kunst und Identität heutzutage«.[294]

Nichtsdestotrotz, als der Tate-Ethikausschuss sich 2020 wieder zu Wort meldete, verhielten sie sich abschätzig gegenüber den Anfangsbemühungen des Museums. Sie verurteilten das Wandgemälde unmissverständlich, beharrten darauf, dass das Museum nicht angemessen mit der Situation verfahren sei, und kamen zu dem Schluss, dass die einzigen Möglichkeiten darin bestanden, das Gemälde zu entfernen oder das Restaurant zu schließen. Während ich dieses Buch schreibe, bereitet sich die Tate auf eine externe Beratung zum Schicksal des Wandgemäldes vor. Bis dahin bleibt der Raum für die Öffentlichkeit geschlossen.

Natürlich, je länger man sich mit der Sache beschäftigt, desto klarer wird, dass der Angriff auf Whistlers Wandgemälde wie ein Fall aus dem Lehrbuch ist, was das Mobbing der Aktivisten von heute betrifft. Der

Instagram-Account »White Pube«, der mit dem Druck auf die Tate begann, wurde von keinem geringeren Experten als der *Vogue* als »selbsternannte Cowboy-Kritiker, die das Kunst-Establishment aufrütteln« bezeichnet. Der Account wird von Leuten betrieben, die behaupten, dass der Kunstbetrieb in Großbritannien von Weißen der Mittelschicht dominiert wird. Was gut möglich ist in einem Land, in dem die Mehrheit der Bevölkerung immer noch weiß ist. Aber die The-White-Pube-Cowboys sind hinter mehr her, als nur den Zugang oder die Repräsentation in den Künsten zu steigern. In einem ihrer Posts aus dem Juni 2020 heißt es: »Fuck the Police, Fuck the State, Fuck the Tate: Riots and Reform (deutsch in etwa: Zum Teufel mit der Polizei, dem Staat und der Tate: Randale und Reformen).«[295] Das ist, mit Ausnahme eines Punktes, stinknormale revolutionäre Kost, aber es ist sicher nicht alltäglich, dass »Fuck the Police« gefolgt wird von »Fuck the Tate« oder »fuck« irgendeine andere Kunstsammlung. Aber das ist die Kost, mit der »The White Pube« arbeitet, angestachelt von ihrer kleinen Anhängerschar. Wie einer ihrer Unterstützer schrieb, nachdem »White Pube« das Whistler-Gemälde ins Visier genommen hatte: »Wusste bisher nichts von einem Restaurant im Keller, ganz zu schweigen von einem Restaurant der weißen Vorherrschaft.«

Vielleicht überrascht es nicht, dass einige Politiker sich ebenfalls dranhängten, als diese Anti-Whistler-Kampagne an Dynamik gewann. Dazu gehörte auch Diane Abbott, Labour MP, die nur vier Monate zuvor Schatten-Innenministerin gewesen war. Auf dem Höhepunkt der Kampagne twitterte sie: »Ich habe im Rex Whistler Restaurant der Tate Britain gegessen. Hatte keine Ahnung, dass das berühmte Wandgemälde die abstoßende Darstellung schwarzer Sklaven enthielt. Museumsmanagement muss das Wandgemälde entfernen. Niemand sollte umgeben von Abbildungen schwarzer Sklaven essen.« Der Post war begleitet von zwei belastenden Bildern, eines übrigens von einem anderen Gemälde. Abbott beendete ihre Nachricht mit dem Hashtag »#BlackLivesMatter«.[296]

Noch interessanter als die Böswilligkeit der Hetzer ist, wie weit sie zu gehen bereit sind. Denn am aufschlussreichsten über die Angelegenheit des Whistler-Wandgemäldes ist nicht, dass schrille und überlaute Stimmen sich Gehör verschaffen. Auch nicht, dass ein Kunstwerk einen derartig stratosphärischen Kontextkollaps erleidet. Es ist vielmehr, dass die Verwalter der Tate – deren Job es ist, die historische Nationalsammlung zu bewahren –ein Kunstwerk in ihrem Fundus (für das sie zuständig sind) verurteilen und es derartig fälschlich darstellen. Denn wegen ihnen wurde »der unterhaltsamste Raum Europas« innerhalb weniger Monate in ein Restaurant der »weißen Vorherrschaft« verwandelt, das die Sklaverei feierte.

Was hätte man stattdessen tun können? Sie hätten sagen können, dass die Figuren, über die man sich beschwerte, zu den winzigsten Details in einer Arbeit gehörten, die zweifellos vor Details nur so platzte. Sie hätten herausstellen können, dass Museen wie die Tate vollgestopft waren mit künstlerischen Details, die als verstörend erachtet werden könnten. Die Renaissance-Galerien sind voller Kreuzigungen und Martyrien. Die meisten Ausstellungen zeigen eine beträchtliche Anzahl nackter oder halbnackter Körper – für gewöhnlich auch ein paar Vergewaltigungen. Und die modernen Abteilungen (nicht zuletzt die Ausstellungen der Finalisten für den Turner-Preis, die die Tate jedes Jahr ausrichtet) zeigen Dinge, die Whistler sich selbst in seinen schlimmsten Albträumen nicht vorgestellt hätte.

Die Museumskuratoren hätte sich die Mühe machen können, sich dem Herstellen eines Zusammenhangs zwischen George Floyd und einem erlesenen, augenzwinkernden Kunstwerk, das ein Jahrhundert zuvor entstand, als ahistorisch und antikünstlerisch zu widersetzen. Und sie hätten darauf hinweisen können, dass ein Kunstwerk und ein politisches Manifest verschiedene Dinge sind. Dass die Erwähnung von Sklaverei in einem Roman nicht bedeutet, dass der Autor die Sklaverei feiert, genauso wenig wie ein Kunstwerk, das etwas Böses darstellt, bedeutet, dass der Künstler darauf drängt, dass es passiert. Aber die Kuratoren der Tate taten nichts derlei. Stattdessen akzeptierten sie, dass die Dampfwalze der modernen politischen Manier jedes Recht hat, ein ihrer Sorgfaltspflicht unterstelltes Werk einfach zu zerquetschen. Sie gaben wirkungsvoll der haarsträubenden Anschuldigung nach, dass Rex Whistler für die Sklaverei, für das Empire, rassistisch und für die weiße Vorherrschaft gewesen sei. Und da Whistler nicht gerade oft Schlagzeilen machte und getötet wurde, bevor er direkte Nachkommen zeugen konnte, die ihn verteidigen würden, kann sich eine derartig maßlose und haarsträubende Anschuldigung festsetzen. Und so kommt es, dass 80 Jahre, nachdem er sein Leben im Kampf gegen die Nazis verlor, Whistler nun von eben jenem Museum in Verruf gebracht wird, für das er sich monatelang abgerackert hat.

Mitanzusehen, wie Rex Whistler durch den rachedurstigen Schleudergang gejagt wird, ist irgendwie schlimmer als bei manchen anderen Fällen. Seine Kunst war nie politisch. Und sie war nie gedacht, sich in einem vorsätzlich feindseligen Licht von heute bewähren zu müssen.

RASSISTISCHE LITERATUR

Bedauerlicherweise ist Whistler nicht der Einzige, der diesem Prozess anheimgefallen ist. In den vergangenen paar Jahren wurde nahezu jede bekannte Gestalt der westlichen Geschichte diesem unterzogen. Stets durch Personen, die irgendwo zwischen halb-informiert bis »keine Ahnung« anzusiedeln sind. Stets derselben rüden Angriffsform ausgesetzt. Und nahezu immer springen Personen darauf an, die zuständig sind für einige unserer großen Kulturinstitutionen – vermeintliche Hüter des Erbes –, die sofort die weiße Fahne hochreißen, wenn der erste Schuss abgefeuert wird von Leuten, die eindeutig schlechte Akteure sind.

Nahezu alles in der Literaturgeschichte wird mittlerweile derselben verdummenden, erbarmungslosen, kendiischen Misshandlung unterzogen. Universitäten, die verkündet haben, dass ihre Curricula »dekolonialisiert« oder »diversifiziert« werden, geraten stets in die gleiche unbarmherzige Kerbe. In seinem 1977 erschienenen *Marxism and Literature* erklärte Raymond Williams ruchlos, dass in der bevorstehenden weitreichenden Kulturrevolution alles verschwinden müsse – alle Errungenschaften der Zivilisation, einschließlich der Literatur selbst. Sogar Williams hingebungsvollste Anhänger taten sich mit diesem Vorschlag schwer, nicht zuletzt, weil nahezu alle von ihnen Universitätslehrstühle im Bereich der Literaturwissenschaft innehatten. Aber mit seiner Hoffnung auf eine Zukunft, in der alle Literatur aus dem Weg geschafft worden ist, die nur eine Erinnerung an die Gegenwart lässt, scheint er seiner Zeit voraus gewesen zu sein.

Im Januar 2021 erhielten die Wissenschaftler des Fachbereichs Englisch an der University of Leicester zwei gute Nachrichten. Die erste war, dass mit einer Reihe Entlassungen zu rechnen war. Die zweite besagte, dass der Fachbereich von nun an ein »dekolonialisiertes« Curriculum anbieten würde, das sich der »Diversität« verschrieb. Der Fakultät wurde mitgeteilt, dass dies bedeute, künftig keine Mittelalterliteratur mehr zu unterrichten und das Unterrichten von Literatur der frühen Neuzeit eingeschränkt werden würde. Also hinfort mit *Beowulf* und den Werken von Geoffrey Chaucer, und hinein kommt stattdessen – was? Die Universität bestand darauf, dass Shakespeare nicht gefährdet sei, aber der Präsident und Vizekanzler Professor Nishan Canagarajah sagte, dass es notwendig sei, den Kurs zu wechseln, um »nachhaltig« zu sein und »auf globaler Ebene konkurrieren zu können«. Im Prinzip war damit gemeint, dass die Studenten eine chronologische Spannbreite englischer Literatur »von Shakespeare bis Bernadine Evaristo« bearbeiten sollten. Diese Lehrpläne erlaubten ein chronologisches Studium der Literatur mit Modulen zu »Rasse, Ethnizität, Sexualität und Diversität, ein dekolonialisiertes Curriculum«, und so weiter.[297] Vielleicht sollten die Menschen dankbar sein, dass Shakespeare immer noch eine Chance bekommt. Aber schon kurze Zeit später sah es so aus, als sei der Barde von Avon[298] reif für die Schlachtbank oder zumindest für eine ordentliche Zurechtstutzung – an einem der Orte, die eigentlich gedacht waren, um sein Erbe zu erhalten und zu feiern.

Im Mai 2021 verkündete Shakespeares Globe Theatre in London, dass nun auch sie »antirassistisch« werden wollen und vorhatten, Shakespeare zu »dekolonialisieren«. Das Theater auf der Südseite der Themse befindet sich nahe dem ursprünglichen Theater von Shakespeare und wurde mit enormen Kosten in den 1990er-Jahren rekonstruiert. Das Publikum sollte in den Genuss kommen, Shakespeares Werke in der Umgebung sehen, für die Shakespeare ursprünglich geschrieben hatte. Viele Jahre lang erfreuten sich Touristen und Londoner gleichermaßen an dieser Möglichkeit. Aber vor den Geboten der CRT ist nichts sicher. Und die »antirassistischen« Seminare, mit denen versucht werden sollte, Shakespeare zu »dekolonialisieren«, entfalteten sich anscheinend auf die übliche Weise.

Experten behaupteten, Shakespeares Stücke seien »problematisch«. Was gut möglich ist. Aber diese Experten verstanden diesen Begriff nur in demselben geistlosen und reduktiven Sinn wie alles andere in den Werken dieser Epoche. Zu dem Spitzenteam von Shakespeare-Gelehrten, die das Globe Theatre von der Leine ließ, gehörte einer, der als Erstes darauf hinwies, dass in *Ein Sommernachtstraum* die Figur des Lysander an einer Stelle fragt: »Wer wird keinen Raben gegen eine Taube austauschen?« und dann den Rückschluss zieht, dass Shakespeare Weiß mit Schönheit und Schwarz mit Hässlichkeit verbindet. Andere behaupteten, dass Shakespeare Begriffe wie »hell« benutze, um jemanden als gut zu bezeichnen. Und in der Zwischenzeit behauptete eine Dr. Vanessa Corredera von der Andrew University in Michigan, dass alle Theaterstücke von Shakespeare »rassistische Theaterstücke« seien und »rassifizierte Dynamiken« enthielten. Gemäß Dr. Corredera stand fest, dass Shakespeare ein äußerst schlampiger Autor gewesen war. Bezüglich *Ein Sommernachtstraum* sagte sie: »Nimmt man weitere Stücke und sogar die Sonette hinzu, so ist Shakespeare Sprache nicht korrekt, diese Begriffe von dunkel und hell [...] das sind rassifizierende Elemente.«[299]

Von einer Professorin für englische Literatur ist es wahrlich eine interessante Behauptung, dass Shakespeares »Sprache nicht korrekt« sei. Vor dem erst kürzlich ausgebrochenen rassifizierten Aufbegehren hatten Gelehrte der englischen Philologie Shakespeare für gewöhnlich bewundert wegen seines Umgangs mit Worten. Aber ein Kurs für »Dekolonialisierung« und eine »antirassistische« Agenda genügen, um sogar das umzudrehen und dass ein Ort, der eigentlich das Erbe Shakespeares schützen sollte, sich in den Dienst von Gelehrten stellt und diesen respektvoll zuhört, deren Worte und Wissenschaft ihm so abenteuerlich feindselig und unqualifiziert sind. Unweigerlich leugnete das Globe Theatre, dass man Shakespeare angreife, und versicherte, dass sein Ruf nicht in Gefahr sei. Aber es gab bereits Anzeichen, die sie eigentlich hätten erkennen müssen, dass dem nicht so war.

Nur wenige Monate zuvor hatte das *School Library Journal* eine Diskussion darüber gebracht, ob Shakespeares Werke weiterhin in US-amerikanischen Klassenzimmern unterrichtet werden sollten. Laut einer Expertin sind Shakespeares Texte »voll von problematischen, veralteten Vorstellungen, jeder Menge Frauenfeindlichkeit, Rassismus, Homophobie, Klassismus, Antisemitismus und Feindlichkeit gegenüber schwarzen Frauen«. Ihr Fazit lautete, dass Unterrichtende in den USA »zu dem Schluss kommen, dass es an der Zeit ist, Shakespeare beiseitezulegen und ihm weniger Bedeutung beizumessen, um Raum zu schaffen für moderne, vielfältige und inkludierende Stimmen«. Eine ehemalige Lehrerin einer öffentlichen Schule in Washington sagte derweil, dass sie Shakespeare bereits aus dem Klassenzimmer verbannt habe, um »davon abzulassen, die Literatur weißer, cisgender, heterosexueller Männer in dem Mittelpunkt zu stellen. Shakespeare zu entfernen, war ein einfacher Schritt, den ich tun konnte, um darauf hinzuarbeiten.«

Ein weiterer Lehrer, Leiter des Englischbereichs an einer Highschool in Michigan, sagte, dass Lehrer die Behauptung, dass Shakespeares Arbeiten »universell« seien, wegen ihres »Weißseins anfechten«.

Als Reaktion auf diese und weitere befremdliche Behauptungen sagte Ayanna Thompson, Englischprofessorin an der Arizona State University und Präsidentin der Shakespeare Association of America, dass die Lehrer weiterhin Shakespeare unterrichten sollten, dazu aber auch mehr schriftstellerische Diversität. So wie Toni Morrison. Das wurde vorgeschlagen wie ein Deal in einem Strafverfahren, und so, als hätte bislang niemand im Unterricht über schwarze Autoren gesprochen und die Liebhaber von Shakespeare eine Art strafmildernde Entschuldigung vorbringen müssten, wenn ihr Idol weiterhin erlaubt sein soll.[300]

Je länger das anhält, desto schwieriger wird es, irgendeinen Autor zu finden, von dem angenommen werden kann, dass er welche Prüfung auch immer bestehen könnte. Eine Schule in Massachusetts gehörte zu denen, die Homer verbannten, weil sie die *Odyssee* lediglich als Teil eines Textkanons toter, weißer Männer ansahen, die problematisch waren.[301] In solchen Urteilen können Sie sehen, dass der gesamte Kanon der englischen Literatur nicht nur neu interpretiert, sondern schlichtweg als unstatthaft erachtet wird. Den Studenten wird erzählt, dass sämtliche Literatur vor dem heutigen Tage verabscheuungswürdig sei. Dann wird ihnen befohlen, stattdessen zusätzliche Portionen von Toni Morrison zu konsumieren.

Aber zumindest wurde Shakespeare durch einen unkundigen Angriff seiner Arbeiten bestürmt. Andere Autoren hatten weniger Glück. Zur selben Zeit wurden andere Schriftsteller nicht wegen etwas, das sie geschrieben hatten, auf die schwarze Liste gesetzt, sondern wegen irgendwelcher Vorfahren, denen sie nie begegnet waren.

In dem antirassistischen Ansturm von 2020 verkündete die British Library, dass sie »gegenüber ihren Mitarbeitern und Nutzern die Verpflichtung eingegangen sei, zu einer aktiv antirassistischen Organisation zu werden, und alle notwendigen Schritte einzuleiten, um dieses Versprechen wahr werden zu lassen«. Als eine der großen Verpflichtungen verkündete die Bibliothek, dass sie an einer Liste von Autoren arbeite, bei denen man feststelle, dass sie irgendeine Verbindung zum Sklavenhandel oder dem Kolonialismus hatten. Während die schwarze Liste von Autoren erstellt wurde, veröffentlichte die Bibliothek einige der darauf befindlichen Namen im Netz. Die ursprüngliche Liste enthielt 300 Namen schuldiger Parteien, einschließlich Oscar Wilde, Lord Byron und George Orwell. Die Bibliothek erklärte, dass »einige in der British Library befindlichen Gegenstände, die zuvor auf diesen Seiten genannten Personen gehört hatten, in Verbindung ständen mit Reichtümern, die durch das Versklaven von Menschen oder durch koloniale Gewalt erworben wurden. Kuratoren im Team der Printed Heritage Collections haben nachgeforscht, um diese zu identifizieren, als Teil einer laufenden Arbeit, die Herkunft und Geschichte der Printmedien in unserer Obhut zu interpretieren und zu dokumentieren.«[302] Diese »Kuratoren« machten zu Beginn ihrer Recherche jede Menge Entdeckungen. Eine war, dass der Autor Rudyard Kipling schuldig war, das British Empire zu »einem zentralen Thema« in seinem literarischen Werk zu machen.

Zweifellos sind nur die besten Forscher in der British Library angestellt. Eine von ihnen, die leitende Bibliothekarin Liz Jolly, nutzte diesen Moment, um öffentlich zu verkünden, dass »Rassismus die Schöpfung weißer Menschen ist«.[303]

An anderer Stelle vermeldete die Bibliothek, dass der Dichter Samuel Taylor Coleridge zwar sklavereifeindliche Ansichten vertrete und diese auch in seinen Gedichten wiedergegeben habe, er jedoch dennoch auf der schwarzen Liste stände, weil er Berichten zufolge einen Neffen hatte, der in Barbados lebte und eng mit Anwesen zusammenarbeitete, auf denen es Sklaven gab. Die Sünden des Vaters sind ein bekanntes Problem, aber die Sünden von Menschen, die der Neffe kannte, stellen eine neue Form von assoziativer Schuld dar.

Aber die schwarze Liste wurde noch kurioser, denn eine der Personen darauf – zur Überraschung vieler – war der bereits verstorbene Poet Laureate Ted Hughes. Hugh wurde 1930 geboren, ein paar Jahre, nachdem der Sklavenhandel abgeschafft wurde, und er war auch noch zu jung, um signifikanten Einfluss auf die letzten Tage des Empires nehmen zu können. Er starb 1998. Dennoch will ihn die British Library ihrem Dossier von Übeltätern hinzufügen.

Der Grund dafür war, dass die auf Kosten der Steuerzahler beschäftigten Bluthunde behaupteten, sie hätten herausgefunden, dass einer von Hughes Vorfahren, Nicholas Ferrar, »tief verstrickt« war in die London Virginia Company, die dabei mithalf, Kolonien in Nordamerika zu errichten. Natürlich wurde nicht behauptet, dass Hughes in Kontakt mit Ferrar gestanden hatte, da dieser 1592 zur Welt kam, und nicht einmal das Forschungsteam der British Library hatte es geschafft, Hughes durch eine direkte Verbindung zu verleumden. Dennoch beharrten sie darauf, dass er einer von denen sei, die die Kriterien der schwarzen Liste erfüllten, nämlich eine Person mit »Kontakten zur Sklaverei« oder jemand, der »vom Sklavenhandel oder dem Kolonialismus profitiert« hatte. Die Forscher der Bibliothek hatten eindeutig nicht überprüft, in welchem Umfang Hughes von seinem Ahnen profitiert haben könnte. Hughes wuchs in einem armen Teil von Yorkshire auf. Sein Vater führte einen Tabakwarenladen und Hughes schaffte es mit einem Stipendium an die Universität Cambridge und erarbeitete sich alles, was er besaß, aus eigener Kraft.

Bei dieser Gelegenheit gab es einen kurzen und heftigen Einwand von einem der wenigen verbliebenen Erwachsenen in dem Raum. Ursprünglich hatten nicht bei der Bibliothek angestellte, echte Forscher die grundlegende erste Recherche durchgeführt. Sie wiesen darauf hin, dass abgesehen von der Absurdität, Hughes verurteilen zu wollen, indem man eine Verbindung herstellte zu einem Mann, der zu Shakespeares Zeiten gelebt hatte, es noch andere eindeutige Probleme mit der Behauptung der Bibliothek gäbe. Es stellte sich nämlich heraus, dass Nicholas Ferrar kinderlos starb, also selbst wenn Ted Hughes mit ihm verwandt wäre, konnte er kein direkter Nachkomme sein. Sie wiesen zudem darauf hin, dass Nicholas Ferrar der Autor eines Pamphlets war, dass die Sklaverei angriff, noch bevor der britische Sklavenhandel überhaupt begonnen hatte.

Die Bibliothek verleumdete einen der größten Dichter des 20. Jahrhunderts, indem sie ihn in Verbindung brachte mit einem Nicht-Verwandten, der bereits Jahrhunderte zuvor verstarb und zudem ein Sklavereigegner gewesen war.

Das war kein optimaler Start für das Projekt der British Library, und die Nachlassverwalter von Ted Hugh verlangten eine uneingeschränkte Entschuldigung, die in Kürze folgte. Die Bibliothek teilte mit, dass sie sich bei Mrs. Carl Hughes und ihren Familienangehörigen und Freunden entschuldigen wolle, »wegen des Verweises in einem Arbeitsblatt auf einen entfernten Verwandten [...] den wir uneingeschränkt widerrufen.« Die Bibliothek versprach, den Vorwurf nicht zu wiederholen, und entschuldigte sich für die bereiteten Unannehmlichkeiten. Hughes Witwe akzeptierte die Entschuldigung, beklagte sich jedoch über die »höchst irreführenden Kommentare« der Bibliothek.[304]

Einiges an diesem Vorfall kommt bekannt vor. Zum einen, dass Personen, die behaupten, zu wissen, wovon sie reden, das aber nicht tun. Sie sind größtenteils ignorant, schludrig und weniger als halb-wissend. Zum anderen, dass der leichteste, aber energische Widerstand sofort zu einer Rücknahme führen kann. Warum passiert das also nicht öfter? Wie kann es sein, dass dieselbe Sprache, dieselben Vorstellungen, Annahmen und Dogmen alles durchziehen können? Denn genau das haben sie getan. Es spielt keine Rolle, wie feinfühlig oder tiefschürfend das Thema ist, wie belanglos oder tiefsinnig. Alles wird in demselben gnadenlosen Licht betrachtet. Und alles sieht darin gleichermaßen und ewig schuldig aus.

RASSISTISCHER GARTENBAU

Manchmal betrifft es großartige Literatur und ein anderes Mal kann es etwas so Leichtes und offenkundig Sorgenfreies sein wie das Gärtnern. Im März 2021 geriet Kew Gardens ins Scheinwerferlicht. Damals gab der Leiter des größten botanischen Gartens in Großbritannien dem *Guardian* ein Interview, um sich gegen Vorwürfe zu wehren, dass die mit öffentlichen Mitteln finanzierten Anlagen, die er managte, »woke würden«. Ursache der Beschwerden war die kürzliche Veröffentlichung eines Zehnjahres-Manifests, in dem es hieß, dass die fünf entscheidenden Prioritäten für Kew im folgenden Jahrzehnt Gespräche über die Verbindungen zum Imperialismus und Kolonialismus beinhalteten. Offensichtlich und vorhersehbar sagte Kew Gardens, dass man vorhabe, zu »dekolonialisieren« und »das ausbeuterische und rassistische Erbe« der Anlage anzuerkennen. Richard Deverell, vormals BBC, wehrte sich gegen die Kritik an dieser Agenda, und das mit schneidendem Ton. Er verkündete im *Guardian*, dass es nicht länger möglich sei, zu schweigen.

»Wir stehen an einer Weggabelung«, sagte Deverell höchst überzeugend. Die Welle der Gefühle überall auf der Welt nach dem Tod von George Floyd bedeute, dass man sich nun schon lange andauernden Ungerechtigkeiten stellen müsse. Kew Gardens könne und wolle bei dieser großartigen Abrechnung nicht tatenlos danebenstehen. »Wie so viele andere Organisationen zehren Teile von Kews Geschichte schändlich von einem Erbe, das tief im Kolonialismus und Rassismus verwurzelt ist«, sagte Deverell. »Ein Großteil von Kews Arbeit im 19. Jahrhundert konzentrierte sich auf den Transport wertvoller Pflanzen überall im British Empire zwecks Handel und Anbau, was natürlich bedeutet, dass einige Schlüsselfiguren in unserer Vergangenheit und bis heute in unseren Sammlungen befindliche Gegenstände eine Verbindung zum Kolonialismus aufweisen.« Die Kew-Botanikern Sophie Richards, die karibischer Abstammung ist, stimmte ihm zu. »Wir dürfen nicht vergessen«, sagte sie, »dass Pflanzen entscheidend waren für den Betrieb des British Empire.«

Aber was heißt es nun, praktisch gesehen, einen Garten zu »dekolonialisieren«? Deverell hat eine teilweise Antwort. »Seit über 260 Jahren erforschen Wissenschaftler von Kew jeden Winkel der Welt und dokumentieren die reiche Artenvielfalt an Pflanzen und Pilzen. Wir waren Leuchttürme beim Entdecken und Erforschen, aber auch Leuchttürme der Privilegien und Ausbeutung«, sagte er. Dann fügte er hinzu, dass »es bei diesem Thema keine akzeptable neutrale Position gibt; wer schweigt, ist mitschuldig. Jeder von uns muss sich erheben, um Ungerechtigkeiten in unserer Gesellschaft zu bekämpfen.« Aber was genau hat der Leiter des botanischen Gartens jetzt vor?

Die einzige konkrete Idee, die Deverell an dieser »Weggabelung« zu haben scheint, ist, die Informationstafeln und Beschreibungen auszutauschen. Zum Beispiel sollten die Namen von Zuckerpflanzen und Gummibäumen geändert werden, »um ihre Verbindungen zu Sklaverei und Kolonialismus widerzuspiegeln«. An anderer Stelle behauptete er, dass die Gärten in der Vergangenheit mit ihrer beschreibenden Sprache unmoralisch verfahren seien. Sie hätten bei verschiedenen Pflanzen geschrieben, sie seien zu bestimmten Zeiten »entdeckt« worden. Deverell mit seinen Argusaugen wies jedoch eiligst darauf hin, dass viele dieser Pflanzen den indigenen Völkern bereits seit Jahren bekannt waren, bevor die westlichen Botaniker und Forscher darauf stießen. Das kann in der Tat so sein. Dennoch wurden diese Pflanzen von den Menschen »entdeckt«, die sie fanden und einem breiteren Publikum vorstellten, das sie seither schätzte. Besetzungschefs »entdecken« Filmstars und Ihre Freunde »entdecken« ein tolles Restaurant in der Stadt. An einer solchen Ausdrucksweise ist nichts Nachteiliges. Die Spitzfindigkeit besteht in dem Versuch, eine großspurige Behauptung mit einem Stück Pedanterie zu beweisen. Aber das schien Deverells einzige Munition zu sein. Sein anderer Hauptvorschlag bestand darin, zu gewährleisten, dass »Menschen sich nicht von den viktorianischen schmiedeeisernen Toren von Kew eingeschüchtert fühlen sollen«. Als gäbe es freundliche schmiedeeiserene Tor und unfreundliche, und als sei es entscheidend, auf der richtigen Seite von dieser Grenze zu landen, wie alle anderen.

Kew war aber nicht der einzige Übeltäter dieser Art. Tatsächlich erwies sich die Welt des Gartenbaus als genauso missgünstig und Beleidigungen begehrend wie jeder andere Bereich der Gesellschaft. Kew veröffentlichte kürzlich einen Garten-Podcast mit dem Titel: »Schmutz an unseren Händen: Das verborgene Erbe der Ungleichheit überwinden.« Darin begibt sich der BBC-Fernsehmoderator James Wong daran, die Ungerechtigkeiten und den Rassismus hinter »der scheinbar demokratischen und gesunden Welt der Pflanzen« zu erforschen. Wenig überraschend erwies sich diese als genauso von Rassismus wimmelnd wie alles andere.

Laut Wong (der zur Hälfte malaysisch ist) machte ihm bei der Chelsea Flower Show einmal jemand ein Kompliment für sein »wunderbares Englisch«. Bei einer anderen Gelegenheit nahmen Besucher der Gartenschau an, er würde sich nur für tropische Pflanzen interessieren. Die Gartenhistorikerin und Fernsehmoderatorin Advolly Richmond behauptete, dass sie oft »überrascht angesehen wird«, weil sie »manchmal das einzige schwarze Gesicht in vielen Situationen im Bereich Gärten und Gartenbau« ist.[305] Wong äußerte sich im *Guardian*, dass die große Freude der Natur darin bestehe, dass sie »über Gender, Klasse, Rasse, Sexualität und politische Überzeugungen hinausgehe«. Und dennoch, so betonte er in einem Artikel mit der Überschrift »Weeding Out Horticulture's Race Problem« (deutsch etwa: Das Rassenproblem der Gartenkunst ausmerzen), überrasche es viele Menschen, »wie viel systematischer Rassismus sich in der anscheinend freundlichen, sanftmütigen Welt« der Gartenkultur verberge.[306] Obwohl natürlich die Leser des *Guardian* sehr wahrscheinlich kein bisschen überrascht waren über das trügerisch freundliche Gesicht der Gartenkultur. Die hinter der sanftmütigen Fassade lauernde Bigotterie war höchstwahrschein genau das, was linke Leser sowieso hinter jeder Ecke vermuteten.

Denn im November nach George Floyds Tod hatte sich Wong bereits in eben dieser Zeitung dafür ausgesprochen, die Gartenkunst zu politisieren. Unter der Überschrift »Other Arts Are Political, Why Not Gardening?« (deutsch etwa: Andere Künste sind politisch, warum nicht die Gartenkunst?) greift Wong Personen an, deren Gespräch er fünf Jahre zuvor bei der Hampton-Court-Gartenschau mitangehört hatte und die sich darüber beschwerten, dass eine Gartenkunstinstallation, die inspiriert war von »den Problemen, mit denen heimatvertriebene Menschen auf der ganzen Welt konfrontiert waren«, die Politik in die Gartenkunst brachte. Dieser Vorwurf war falsch, sagte er. Da alles politisiert werden sollte, warum nicht auch die Gartenkunst? Zu den Beispielen für subtile Bigotterie in der Welt der Gartenkunst gehörte, dass Wörter wie »einheimisch« und »überliefert« als Synonyme für »besser« benutzt wurden.[307] Später reagierte Wong in den sozialen Medien auf einen Professor of cities and landscape (in etwa ein Lehrstuhl für Städte- und Landschaftsplanung), der behauptete, dass »Gärten ihre politische Wirkung verweigert werde, weil sie zu oft unbequeme Politiken aufdecken«.[308] Wong versicherte, noch kühner, dass der britischen Gartenkunst »der Rassismus in die DNA eingebacken ist«. Bei dieser Gelegenheit bestand sein

Beweis darin, dass er einst ein Pflanzkonzept vor einem Publikum, bei dem »100 Prozent der Anwesenden weiß waren«, präsentierte, und jemand sagte, sie sollten »einheimische Wildblumen verwenden«. Die Vorstellung von »einheimischen« Wildblumen sei, so sagte er, »nicht nur historisch dumm«, sondern »bezeichnete oft unbewusste Vorstellungen, was und wer nicht in das Vereinigte Königreich ›gehörte‹.« »Das ist die Art von erschöpfendem Mist, durch den man sich jeden Tag durchwühlen muss, wenn man im Bereich der UK-Gartenkunst arbeitet.«[309]

All das entsprach der Sichtweise des *Guardian*. In einem Editorial, das den Leiter von Kew Gardens unterstützte, kam die Zeitung zu dem Schluss, dass der Betrachter in Kew sich nicht von den Reihen von Rhododendren und blühenden Magnolien in Kew täuschen lassen sollte. Die botanischen Gärten seien »nicht einfach nur grüne Flächen für Bewegung und Zerstreuung«. Es waren Orte, die für »botanische Forschungen« und einen »Appell an die Wissenschaft« genutzt wurden, aber »alles andere als unpolitisch« seien. Solche Gärten entstammten einer elitären westlichen Jagd nach dem »Exotischen«, häufig »mit wirtschaftlichem Nutzen im Hinterkopf«. Die »weißen Männer«, die das taten, hatten eine Absicht. Wie die Schlagzeile der Zeitung lauthals verkündet: »The Guardian View on Botanical Gardens: Inextricably Linked to the Empire«[310] (deutsch etwa: Wie der Guardian botanische Gärten sieht: Untrennbar verbunden mit dem Empire). Wie eben alles, könnten Sie jetzt sagen.

Während Großbritannien Krieg gegen Rhododendren führte, lag in Kanada der Schwerpunkt auf den arglosen Rasenflächen. Im September 2020 erlangte John Douglas (Geschichtsprofessor an der Thompson Rivers University in Kamloops) nationale Aufmerksamkeit, als er sich für das dringende Dekolonialisieren von Kanadas Rasenflächen aussprach. Laut Professor Douglas ist der Rasen »ein Statement der Kontrolle über die Natur«. Das ist natürlich richtig, aber in der heutigen Zeit genügt es nicht, das festzustellen. Die Berieseler antiwestlicher Feindseligkeit müssen ebenfalls eingeschaltet werden. Also hörte man Professor Douglas argumentieren, dass alle Versuche, Wasser einzudämmen, Rasen anzulegen, Landschaften einzuebnen und »eine nicht einheimische Pflanzenspezies zu finden«, um sie darauf zu pflanzen, lediglich ein weiteres Beispiel für ein nun schon vertrautes Muster sei.

»Ein Garten hinter dem Haus mit einem großen Rasen ist wie ein Klassenzimmer für Kolonialismus«, erklärte er.

Andere stiegen in das Spiel mit ein. Laut Dan Kraus, einem leitenden Naturschutzbiologen bei der Nature Conservancy of Canada, sollte ein Rasen – wie eine Nation – divers sein. »Es ist eine kulturelle Angelegenheit«, sagte er. »Da gibt es diesen interessanten Vergleich, um Diversität versus Gleichartigkeit zu bewerten.« Er glaubt, dass zukünftige Generationen erstaunt zurückschauen könnten auf nicht kulturell diverse Rasenflächen und sagen: »Warum habt ihr das getan?«[311] Das kann schon sein. Oder aber zukünftige Generation schauen zurück auf Kraus und sind aus einem ganz anderen Grund erstaunt.

RASSISTISCHE MUSIK

Die Aufgeschlossenheit gegenüber Ideen und Einflüssen hat den Westen zu dem gemacht, was er ist. Die Geschichte des Westens ist eine Geschichte des Sammelns von Wissen, wo immer es zu finden ist. Eine Geschichte des Sammelns von Pflanzen, Ideen, Sprachen, Stilen. Nicht, um sie zu unterwerfen oder zu rauben, sondern um von ihnen zu lernen.

Dennoch gibt es heutzutage keinen Bereich des Lebens und der Kultur, der so heikel oder unantastbar ist, dass die in dieser Ära allgegenwärtige, omnirelevante Ideologie – die genau das Gegenteil dieser Tradition der Aufgeschlossenheit verficht – nicht durch ihn hindurchfegen kann. Immer mit demselben gnadenlosen Dogmatismus, mit dem es durch alles andere fegt. In dem Sommer 2020 nach George Floyds Tod wurde die klassische Musik zu einem der überraschenden Ziele. Das hatte sich allerdings schon eine Weile zusammengebraut. 2015 hielt die Reihe des *Oxford Handbook* es für angemessen, seinem Katalog einen neuen Titel hinzuzufügen: *The Oxford Handbook of Social Justice in Music Educa-*

tion. Einer der Vorschläge in diesem Buch zielte darauf ab, dass keine Musik-Wettbewerbe mehr durchgeführt werden, sondern stattdessen die Aufmerksamkeit auf die wirtschaftliche Unausgewogenheit gerichtet werden sollte, und dass es bei Musik um Politik gehen sollte. Denn der Musikunterricht in Nordamerika sei ein »Teil einer offensichtlichen Propaganda kulturellen Weißseins, und die Haltung, die die Interpreten auf der Bühne einnehmen, ist rassistisch«. Es wird argumentiert, dass kulturelle Veränderungen bedeuten, dass wir aufhören müssen, Notenschrift ernst zu nehmen, dass politischer Aktivismus die höchste Form des Unterrichts ist und dass wir, um vorhandene Machtstrukturen zu bekämpfen, nicht nur danach streben sollten, Hip-Hop zu unterrichten, sondern Hip-Hop zu »sein«.[312] Was auch immer damit gemeint ist. Jedenfalls, wie hip-hop kann ein weißer Mann zu sein hoffen – ohne in Schwierigkeiten zu geraten?

Aber wie dem auch sei, die Ansichten der Aktivisten gärten schon einige Jahre in Vorbereitung auf die Bewegung gegen amerikanische Orchester, die sich im Sommer 2020 ereignete. Ein Problem, das schon seit Jahren kursierte – das der demografischen Zusammensetzung von Publikum und Interpreten –, wurde erneut als kultureller Rammbock hervorgeholt.

Jahrzehntelang hatten Orchester und andere klassische Musikensembles daran gearbeitet, die Zahl der weiblichen Interpreten und die ethnischer Minderheiten in ihren Reihen zu erhöhen. Als Folge einer langen Debatte war eines der Werkzeuge, mit dem viele Orchester aufwarteten, »Blind Auditions«[313] einzuführen. Dahinter steckte natürlich das Bestreben, dass ein Entscheidungsgremium stets ausschließlich nach musikalischer Befähigung die Auswahl traf und nicht beeinflusst wurde durch visuelle Aspekte, sei es, dass die Person weiblich ist oder einer ethnischen Minderheit angehört. Jahrelang hielt man dieses Vorgehen für fortschrittlich und viele Leute schrieben ihm den Anstieg der Repräsentation von Minderheiten zu. 2016 setzte sich Weston Sprott, einer der Posaunisten des Orchesters an der Metropolitan Opera (der auch an der Julliard School unterrichtet), stark für Blind Auditions ein.

»In meiner Erfahrung«, sagte er, »habe ich zahlreiche Vorspielen gewonnen, bei denen sich von Anfang bis Ende ein Sichtschutz zwischen dem Publikum und mir befand. Aber ich habe nie ein Vorspielen gewonnen, bei dem der Sichtschutz entfernt wurde. Wenn es Ihnen ernst ist mit Diversität im Ensemble, besteht der erste vieler Schritte darin, einen Sichtschutz zu errichten und Ihre Ohren (statt Ihrer Augen) die Entscheidung fällen zu lassen. Diversität folgt dann von allein.«[314]

Aber 2020 konnte man beinahe hören, wie das Getriebe knirschte, als diese Vorgehensweise plötzlich beendet wurde. Aus heiterem Himmel waren Blind Auditions ein Problem. Wie die *New York Times* lautstark im Juli 2020 in einer Schlagzeile verkündete: »Schluss mit Blind Auditions, damit Orchester diverser werden.« Denn in diesem Monat herrschte die allgemeine Meinung, wenn Orchester diverser werden sollten, dann sollte man die ethnische Abstammung nicht ignorieren, sondern »ethnische Abstammung, Gender und andere Faktoren« berücksichtigen. Die Zeitung räumte zwar ein, dass Blind Auditions »umgestaltend« für die steigende Anzahl weiblicher Künstler im Orchester gewesen seien, behauptete jedoch, dass es nicht genügend Veränderung bei der ethnischen Zusammensetzung der Orchester gäbe. »Der Status quo funktioniert nicht«, hieß es in der Zeitung. »Blind Auditions sind nicht länger tragbar«, und obwohl die Strategie »in bester Absicht« umgesetzt wurde, habe sie »Diversität wohl eher behindert«.

Es kann eine Reihe von Gründen für Unterrepräsentation in Orchestern geben. Zum Beispiel ist es möglich, dass es schlichtweg nicht genügend schwarze Amerikaner gibt, die als klassische Musiker ausgebildet sind. Wie auch immer die Gründe dafür sein mögen, eine Lösung wäre, die Unterstützung für das Unterrichten von klassischer Musik in den amerikanischen Schulen zu erhöhen, vor allem in Schulen mit einer Mehrheit an schwarzen Schülern. Aber wie es so oft der Fall ist, wäre dieses Problem zu groß, um es anzugehen. Aber auf die Vorstände von Orchestern einzuprügeln, weil sie nicht genügend entsprechende Künstler in ihren Orchestern haben, ist eine nahezu kostenlose Aktion. Der Ruf nach schrittweiser Veränderung, der seit Jahren einer der Streitpunkte in den Kreisen der klassischen Musik war, wurde plötzlich als Teil des Problems angesehen.

Laut dem Chef-Kritiker für klassische Musik bei der *New York Times* »ist langsame und stete Veränderung nicht mehr schnell genug«.[315]

Dennoch legte das nahe, dass das Problem leicht zu lösen sei. Entweder wurde der Sichtschutz entfernt oder er blieb. Aber selbst dabei kam es zu keiner Einigung. Anthony McGill, der Erste Klarinettist der New Yorker Philharmoniker, der übrigens schwarz ist, sagt: »Ich weiß nicht, welches die richtigen Antworten sind.« Bemerkenswert ist, dass die *New York Times* für einen Folgeartikel mit der Überschrift »Schwarze Künstler sagen, wie man klassische Musik verändern kann« nicht einen einzigen schwarzen Künstler finden konnte, der das Beenden von Blind Auditions unterstützte.[316] Die National Alliance for Audition Support (eine Initiative, geschaffen zur Steigerung der Repräsentation in US-amerikanischen Orchestern) behauptet, dass »Aspekte unserer Audition/Anstellungs-Abläufe weiterhin zum Erbe des systematischen Rassismus beitragen, der in unserem Land schon existierte, noch bevor das erste Orchester gegründet wurde«. Es heißt weiter, dass »Schulung in Antirassismus, impliziter Voreingenommenheit« und Gruppenkommunikationsfähigkeiten auf allen Ebenen von Orchestermanagement und -unterstützung unumgänglich sind. Aber die Richtlinie der Initiative von 2021 verlangt auch, dass ein Sichtschutz während des gesamten Vorspielens beibehalten wird und nicht durch Lebensläufe selektiert werden darf.[317] Ob für oder gegen Sichtschutz, alles weist eine Gemeinsamkeit auf. Es wird unter einer strittigen Voraussetzung dargelegt, dass klassische Musik ein »von Weißen dominierter Bereich« ist, wie die *New York Times* sagte, und deshalb verändert werden muss.

Immer wieder wurde dieses Thema nun aufgegriffen. Im Juli war die Oper an der Reihe. »Oper kann Rassenproblem nicht länger ignorieren«, schrieb die *New York Times*. Am selben Tag entschied die *Washington Post*, mitzuziehen: »Dieser Klang, den Sie hören, ist die längst überfällige Abrechnung der klassischen Musik mit Rassismus.« Der Artikel machte geltend, dass »systematischer Rassismus [...] die Strukturen der Welt der klassischen Musik wie Fäulnis durchzieht.« Die Zeitung behauptete, dass Institutionen »die Unausgewogenheit, die die klassische Bühne ständig in eine Richtung kippen und weiß färben, korrigiert« werden müssen. Als Beispiel nannte die *Washington Post* das Kennedy Center, das kürzlich einen Zoom-Call mit Leitern kommunaler Kunsteinrichtungen organisierte, in dem der Vizepräsident des Centers, Marc Bamuthi Joseph, den Wunsch des Centers betonte, »antirassistische Kunstwerke« in Auftrag zu geben. Denn, wie er es ausdrückte, ist es das Ziel des Centers, »Antirassismus systematisch zu machen«.[318] Was ist mit dem Ziel eines solchen Zentrums passiert, einfach nur die bestmögliche Musik auf die Bühne zu bringen? Schließlich ist nichts falsch daran, dass weiße Menschen im Publikum sitzen, genauso wenig wie daran, dass Weiße einer Kirchengemeinde angehören. Wenn es in einer bestimmten Versammlung nicht genügend schwarze Menschen gibt, wird dadurch nicht die Versammlung zu etwas Falschem. Es gefällt vielleicht nicht jedem und es sollte möglich sein, seinen Frieden damit zu machen oder es zu beeinflussen, ohne darauf zu beharren, dass »Rassismus« die Ursache dafür ist.

Aber dieselbe destruktive Kraft durchzieht alles. Das Baltimore Symphony Orchestra versichert in seiner Satzung von 2021, dass »Diversität, Rassengleichheit und Inklusion strategische Imperative seien für den Erfolg im zweiten Jahrzehnt des BSOs«. Es geht weiter: »Wir sind überzeugt, dass es der BSO-Mission innewohnt, die Künste zu feiern und systematischen Rassismus in all seinen Formen abzulehnen. Wir erkennen an, dass das Erbe der weißen Vorherrschaft in unserer gesamten Organisation fortbesteht, und verpflichten uns, diese Institution in Partnerschaft mit unseren Musikern, den Verwaltungsmitarbeitern, Mäzenen und der Gemeinschaft zu verändern.«[319]

In den vergangenen beiden Jahren schwappte derselbe Trend durch alle Teile der Musikwelt. In der Hektik, nicht auf der falschen Seite des Ansturms zu verbleiben, entstand ein permanenter Drang, mehr schwarze Komponisten in der Vergangenheit und der Gegenwart zu finden. Mindestens ein großes Barockensemble in den USA fand sich in dieser Falle wieder. Denn natürlich stammen die Stücke, die sie spielen, alle von toten weißen Komponisten. Dennoch verlangt der Vorstand, dass dieses Barockensemble neue Musik spielt, damit es Musik schwarzer Komponisten spielen kann. Falls die Leute dachten, es sei schwierig, eine ausreichende Zahl zeitgenössischer schwarzer Komponisten zu finden, dann sollten sie erst einmal versuchen, schwarze Komponisten zu finden, die bereit sind, Barockmusik zu komponieren. In anderen Fällen haben sich Orchester bereits von ihren Direktoren und anderen getrennt, die nicht bereit waren, vorhandene Musiker zu feuern und durch schwarze Musiker zu ersetzen. In mindestens einem Fall in den Vereinigten Staaten war das Opfer einer daraus resultierenden »Säuberung« asiatischen Ursprungs. Will heißen, dass die Institution im Namen der Steigerung der Repräsentation ethnischer Minderheiten einen Musiker einer ethnischen Minderheit vor die Tür gesetzt hat. Denn obwohl nur wenige schwarze Musiker Hilfe dabei brauchen, an die Spitze der Popcharts zu gelangen, wurde entschieden, dass sie an die Spitze der Szene der Barockmusik geschoben werden müssen.

Vielleicht ist es unvermeidlich in einer Welt, in der alles rassistisch ist, dass sogar die Grundlagen der Musik im selben Licht abgestempelt werden. In der letzten Generation gab es zunehmenden Druck auf die Top-Universitäten in der westlichen Welt, die Notenschrift fallenzulassen, wegen ihrer vermeintlich elitären, weißen und westlichen Konnotationen. An Universitäten einschließlich Stanford, Harvard und Yale herrscht eine anhaltende Debatte darüber, welche Anforderungen sie an das Musikstudium stellen sollten. Sollte von Studenten erwartet werden, dass sie den Kanon westlicher Musik lernen? Sollte von ihnen gar erwartet werden, das westliche System des Notenschreibens zu lernen, wenn man bedenkt, dass es lediglich eine Form von Musiknoten darstellt und zudem eine westliche? Sollte das Studium der Musik überhaupt irgendwelche musische Bildung voraussetzen?

Das Problem ist in vielerlei Hinsicht ein neues. Frühere Generationen von Ethnomusikologen neigten zu der Annahme, dass westliche Musiknoten ein nützliches Werkzeug für das Verstehen nicht-westlicher

Musiktraditionen sind. Diese Annahme wurde erst in den letzten Jahren infrage gestellt. Und hier stellt sich natürlich eine interessante Frage. Was sollen Menschen tun und wie sollen sie irgendein musikalisches System verstehen, wenn es keine Noten gibt? Nur sehr wenige Kultursysteme auf dieser Welt haben ein kompliziertes Notensystem entwickelt, das exakt die beiden notwendigen Elemente von Tonhöhe und Dauer einfängt. Das westliche System entwickelte schon im 9. Jahrhundert eine Fähigkeit, die Tonhöhe als Note abzubilden. Die Bezeichnungen für Rhythmus waren seit etwa dem 12. Jahrhundert möglich. Und bis zum 14. Jahrhundert hatte Europa ein System der Notenschrift entwickelt, das sich nicht gravierend von unserem heutigen unterscheidet.

Die Chinesen haben auch ein System, und ein weiteres wurde in Indien entwickelt. Aber keines der beiden kann das leisten, wozu das westliche System der Musiknoten in der Lage ist. Und das kann mit einem relativ einfachen Mittel demonstriert werden: Die westlichen Ethnomusikologen können erstaunlich genau die Musik von Indien, China und nahezu jeder anderen Musiktradition einfangen. Indien und China haben zwar ihr eigenes Notensystem, aber es würde nicht funktionieren, wenn man eine Symphonie von Mahler einem indischen oder chinesischen Musikwissenschaftler vorspielt, der dann die Noten in seinem eigenen System aufschreibt und die Symphonie anschließend anhand dieser Aufzeichnung spielt. Das Ergebnis würde nicht einmal entfernt so klingen wie das Original. Es hätte nicht einmal Ähnlichkeit mit dem, was man sich als Erstes angehört hat.

Der französisch-israelische Musikethnologe Simha Arom hat sein Leben dem Studium der komplexen Musik Afrikas gewidmet. In seinen Arbeiten wie *Polyphonies et polyrythmies instrumentales d'Afrique Centrale* (1985) analysiert Arom die komplizierte mehrstimmige und polyrhythmische Musik Afrikas und hält sie in Notenschrift fest. Seine Arbeit beinhaltet die Notenschrift der hochkomplizierten Technik der zentralafrikanischen Musik – einer Tradition, die der Komponist György Ligeti, der von Aroms Arbeit lernte, beschreibt als das Öffnen der Tür zu »einer neuen Denkweise über Polyphonie, die genauso reich oder [...] sogar noch reicher ist als die europäische Tradition«.[320] Aber wie viel Ligeti und andere Komponisten auch aus diesem Wissen dazugewannen, der Übergang blieb eine Einbahnstraße. Obwohl Arom in der Lage war, die komplexe Musik Zentralafrikas mit dem westlichen Notensystem einzufangen, existiert kein afrikanisches System, das ein Klavierkonzert von Beethoven in Notenschrift schreiben und auch nur annähernd reproduzieren könnte. Das ist nicht wertend gemeint. Es ist schlichtweg eine Tatsache und nur ein Grund, warum das westliche System der Musiknoten als sehr viel nützlicher gilt als jedes andere existierende System der Notenschreibung und sich deshalb – wenn schon aus keinem anderen Grund – das Erlernen lohnt.

Jede vernünftige Analyse der Fakten würde die Wahrheit der oben besprochenen Situation erkennen. Und doch ist das zu erwähnen nicht einfach nur kontrovers, sondern umstritten, insbesondere im Westen. Nicht, weil es unwahr ist, sondern weil es ungelegen kommt für einen umfassenderen ideologischen Geltungsbereich. Die Tatsache, dass dieses von Akademikern und anderen angegriffene System zufällig das effektivste System ist, erscheint pervers, sobald man erkennt, dass der Grund für den Angriff nicht darin besteht, dass es das effektivste System ist.

Der Grund besteht schlichtweg darin, dass es westlich ist.

Dieser Angriff erfolgt auch keineswegs in finsteren Gegenden. Tatsächlich ereignet sich der Landraub unter anderem an der Universität Oxford. Im März 2021 wurden Professoren der Fakultät für Musik eine Reihe neuer Vorschläge gezeigt, die besagten, dass »entstehend aus internationalen Black-Lives-Matter-Demonstrationen die Fakultätsleitung vorschlägt, Änderungen vorzunehmen, um die Diversität des Curriculums für das Bachelorstudium zu erhöhen.« Warum sollte sich die Fakultät für Musik an der Universität Oxford genötigt sehen, wegen der BLM-Bewegung Änderungen vorzunehmen?

Unter den Höhepunkten der Überlegungen der Musikfakultät war das Stigmatisieren der Musik durch einen Professor als »kolonialistisches Repräsentationssystem«. Anderenorts wurde Professoren mitgeteilt, dass der aktuelle Grundstufenkurs »Komplizenschaft mit der weißen Vorherrschaft« repräsentiere und sich zu sehr auf »weiße europäische Musik aus der Zeit der Sklaverei« fokussiere, womit die Professoren die Ära von Mozart und Beethoven meinten. Ein Fakultätsmitglied, das entschied, welche Kurse die Abschlussgrundlage bilden sollten, beklagte sich, dass die »weiße Vormachtstellung« von Kursen angegangen werden müsse. Es wurde auch behauptet, dass das Unterrichten musikalischer Bildung in einem Notensystem, das »seine Verbindung zur kolonialistischen Vergangenheit nicht abgeschüttelt hat«, für bestimmte Studenten »ein Schlag ins Gesicht« sei.

Fähigkeiten wie das Spielen eines Tasteninstruments oder das Erlernen des Dirigierens eines Orchesters sollten offenbar nicht länger Teil der Kurse sein, weil das relevante Repertoire »weiße europäische Musik in den Mittelpunkt stellt«, was »Students of Color großes Leid verursacht.«

Natürlich wurde auch beklagt, dass die Mehrheit der Lehrer in diesen relevanten Fachgebieten »weiße Männer« sind. Und schließlich hieß es noch, dass die »Struktur unseres Curriculums weiße Vorherrschaft unterstützt«, nicht nur wegen der »beinahe durchgängig weißen Fakultät«, sondern weil es »weiße Musik privilegiere«. Ein Vorschlag für alternative Kurse sah vor, dass die Universität Oxford neue Kurse in Popmusik und Popkultur anbieten solle. Ein Beispiel für einen möglichen Themenbereich sei »Künstler fordern Trump auf, ihre Lieder nicht weiter zu verwenden«.[321]

Als wolle man zeigen, dass es in diesem Inferno immer noch eine weitere Runde geben kann, verkündete die Royal Academy of Music innerhalb von wenigen Wochen, was sie als Reaktion auf den Tod von George Floyd plante. Laut der Akademie war es nun notwendig, alles in neuem Licht zu betrachten, einschließlich ihrer weltberühmten Sammlung von 22.000 seltenen Instrumenten. Laut einem Sprecher der 1822 gegründeten Institution gäbe es eine laufende Verpflichtung »unser Curriculum diverser zu gestalten«. Aber es sei auch notwendig, »die im Laufe von zwei Jahrhunderten zusammengetragene Sammlung durch die Linse der Dekolonialisierung zu begutachten«.

Wer oder was könnten die Opfer dieser Aussonderung sein? Bekannt war wohl nur, dass die Akademie Verbindungen zu Georg Friedrich Händel hatte, einst bekannt als Komponist des *Messias*, aber nun besser dafür bekannt, dass er in eine Firma investierte, die Sklaven hielt. Zudem schien es, als müssten mehrere Elfenbein-Tasteninstrumente »dekolonialisiert« werden.[322] Niemand weiß, was George Floyd in den schrecklichen letzten Minuten seines Lebens durch den Kopf ging. Aber es würde ihn vielleicht überraschen, zu erfahren, dass sein Tod zur Beseitigung von historischen Cembalos in einem von Londons führenden Musikkonservatorien führen konnte.

Und das Problem für so vieles in dieser Ära ist, dass die politischen Behauptungen praktische Konsequenzen haben. Es ist nicht nur so, dass es während der Besprechungen innerhalb der Musikfakultät zu theoretischen Diskussionen kommt. Die gleiche abstoßende, vergeltende Weltsicht agiert überall. Am Ende wird alles in demselben negativen, feindseligen Licht betrachtet, sogar in der Kunst, wo Arbeiten, die entstanden sind in einem Geist der Großzügigkeit, Aufrichtigkeit und der Anerkennung, nun als Werke der »Inbesitznahme« oder des »Kolonialismus« etikettiert werden.

KULTURELLE INBESITZNAHME

In ihrem *New-York-Times*-Bestseller *So You Want to Talk about Race* (auf Deutsch erschienen unter dem Titel: *Schwarz sein in einer rassistischen Welt*) versucht Ijeoma Oluo zu definieren, was kulturelle Aneignung tatsächlich ist. Sie nahm mehrere Anläufe.

> Im Kern geht es bei kultureller Aneignung um den Besitz der eigenen Kultur, und da Kultur sowohl kollektiv als auch individuell definiert wird, verändert sich die Definition und die Geisteshaltung bezüglich kultureller Aneignung mit der eigenen Identifikation und der Geisteshaltung zu Aspekten der eigenen Kultur.

Möglicherweise ist ihr bewusst, dass diese Aussage nicht unbedingt für Klarheit sorgt, also besitzt Oluo den Anstand, zu sagen, dass es eine Erläuterung dazu gibt. Der Satz mag »ziemlich kompliziert« klingen, aber »das liegt daran, dass es das auch ist«. Und das, so ihre Vermutung, könnte unter anderem daran liegen, dass »kulturelle Aneignung für viele ein schwieriges Konzept ist«. Wieder versucht sie, das zu vereinfachen, und in einem weiteren Anlauf – dieses Mal fett gedruckt – informiert sie uns: »Wir können das Konzept der kulturellen Aneignung allgemein definieren als die Aneignung oder Ausbeutung einer anderen Kultur durch eine dominantere Kultur.«[323] Zu den von Oluo genannten Beispielen gehören das Tragen von indianischem Kopfschmuck »als Freizeitmode«, bestimmte Halloween-Kostüme und Rapmusik von Weißen. Als es darum geht, ob Weiße rappen dürfen, sagt Oluo, dass es ihnen rechtlich erlaubt sein müsse und nicht per Gesetz verboten werden dürfe. Aber, so fährt sie fort, »ob man etwas ›kann‹ oder tun ›sollte‹, sind verschiedene Dinge«.[324]

Laut den Kritikern wie Oluo ist das »Übernehmen« der Weißen von Kultur, die nicht ihre ist, aus zwei wesentlichen Gründen falsch. Der erste besteht darin, dass sie die Wurzeln der angeeigneten Kultur nicht kennen oder teilen, und dass es die Menschen verletzt, die in diese Kultur hineingeboren wurden, wenn andere versuchen, sie zu übernehmen, ohne ihren Schmerz zu spüren. Der zweite Grund ist, dass Weiße, die sich andere Kulturen aneignen, das offenbar tun, um Geld daran zu verdienen, oft auf unfaire Weise. Wenn also zum Beispiel ein weißer Rapper mit einem Plattenvertrag Geld verdient, dann ist dieses Geld im Grunde von einer nicht-weißen Person gestohlen, die dieselbe Aufgabe genauso gut, wenn nicht besser hätte umsetzen können.

Derartige Behauptungen lassen eine Menge Probleme aufkommen. Nicht zuletzt jenes, dass derartige Behauptungen voraussetzen, dass kultureller Schmerz konstant, unendlich und unteilbar ist. Nüchterner ausgedrückt liefern sie eine Bandbreite praktischer Probleme. Ist es zum Beispiel zulässig, sich in der Kultur einer anderen Gruppe zu engagieren, solange man sich darin nicht hervortut? Und wenn Sie schlecht darin sind, diese Kultur auszuüben, wie schlecht darf es sein, bevor es zu einer Beleidung wird? Und wie gut darf es sein, bevor es zu einer Bedrohung wird? Was sollen Menschen tun, die teilweise, aber eben nicht vollständig dieser Kultur angehören? Wenn nur ein Eltern- oder Großelternteil der Tradition angehört, der sie gern nacheifern würden?

Ein Nachweis, dass jene, die derartige Behauptungen aufstellen, die Konsequenzen ihrer Behauptung nicht wirklich durchdacht haben, findet sich darin, dass ihre Beispiele durchgängig oberflächlich sind. Wieder behauptet Oluo, dass kulturelle Aneignung »das Produkt einer Gesellschaft ist, die es bevorzugt, dass ihre Kultur in Weiß gehüllt ist«.[325] Sie führt hierzu als Beispiel Leute an, die beim Coachella-Musikfestival Federkopfschmuck tragen sowie »weiße College-Kids mit Dreadlocks«. Oluo ringt ein wenig mit sich, ob es Menschen erlaubt sein sollte, sich aus anderen Kulturen etwas zu borgen, kommt jedoch zu dem Schluss, dass »an den Rand gedrängte Kulturen« gehört werden müssen. Und wenn das bedeutet, dass Ihr Gewissen es nicht zulässt, dass Sie sich zu Halloween als Geisha verkleiden, müssen Sie wissen, dass Sie nicht einmal dann – im großen Plan der Dinge – das Opfer sind.[326]

Aber der große Plan der Dinge scheint das Letzte zu sein, was jene im Kopf haben, die von Aneignung sprechen. Nur sehr wenige Menschen würden unter allen Umständen auf das Recht pochen, auf dem Coachella-Festival indianischen Kopfschmuck zu tragen oder sich an Halloween als Geisha zu verkleiden. Tatsächlich zeigt die Besessenheit von Halloween-Kostümen in den amerikanischen Diskussionen über kulturelle Aneignung nicht nur Unreife, sondern vorsätzlichen Unwillen, den ernsten, echten und tiefgehenden Veränderungen ins Auge zu sehen, die tatsächlich nicht nur die Geschichte der westlichen Kunst und Kultur, sondern der Weltkultur kennzeichnen. Indem sie sich auf Kostüme oder Flechtfrisuren konzentrieren, machen es sich die Gegner der kulturellen Aneignung zu einfach. Und sie ignorieren – sei es nun vorsätzlich oder aus Unwissenheit – die wesentlich größeren Fragen, die dahinter drohend sichtbar werden.

KULTURELLE BEWUNDERUNG

Die Geschichte der westlichen Kultur ist keine Geschichte der kulturellen Aneignung. Es ist wesentlich korrekter, sie als eine Geschichte kultureller *Bewunderung* zu beschreiben. Über Jahrhunderte schauten sich europäische Künstler und Komponisten in der Welt um, und zwar nicht voller Abscheu, sondern bewundernd, sogar ehrfürchtig. Sie wollten sich alles ansehen, was die Welt außerhalb zu bieten hatte. Und wenn sie sich Aspekte einer anderen Kultur als ihrer eigenen, in die sie zufällig geboren worden waren, »aneigneten«, dann taten sie das nicht, um sich finanziell zu bereichern oder anderen Menschen Schmerz zuzufügen, sondern als Weg, um conditio humana zu verstehen und in ihrer ganzen Fülle zu reflektieren.

Nehmen wir eines der großen Oratorien des 20. Jahrhunderts. Selbst als Michael Tippett es in den 1930er- und 1940er-Jahren schrieb, war sein *A Child of Our Time* in einer Ausdrucksweise gehalten, die aus der Mode gekommen war. Die großen Oratorien des 19. Jahrhunderts waren mächtige Brocken, fern von dem, was Tippett als die drängende politische Katastrophe seiner Zeit ansah. Dazu angespornt, eines seiner großartigsten Werke zu verfassen, wurde er durch einen Vorfall, der sich kurz zuvor ereignet hatte.

Im November 1938 verübte in Paris ein junger jüdischer Mann namens Herschel Grynszpan ein Attentat auf einen deutschen Diplomaten. Die Nazis nutzten das sofort als Vorwand für jene Ereignisse, die als Reichskristallnacht bekannt wurden, in der die Wohnungen und Geschäfte von Juden systematisch und vom Staat koordiniert zerstört wurden. Als die Nachrichten darüber vom Kontinent herüberdrangen, überlegte sich der junge, zum radikalen linken Flügel gehörende und pazifistische Komponist in England eine musikalische Reaktion auf die wachsende Gewalt und Rassendiskriminierung, die den Kontinent überflutete. Und als er über eine musikalische Antwort auf eine Welt nachdachte, die sich auf ihre dunkle Seite zu drehen begann, wurde er mit einer großartigen Idee beschenkt.

Irgendwann zu Beginn des Jahres 1939 hörte Tippett in England im Radio eine Sendung, in der auch African-American Spirituals gesungen wurden, damals bekannt als Negro Spiritual. Solche Spirituals waren zu jener Zeit ziemlich populär und wurden bereits relativ häufig gespielt. Aber diese spezielle Darbietung bewegte Tippett tief. Er kannte eine Reihe von Spirituals seit seiner Schulzeit während des Ersten Weltkriegs und hat sehr wahrscheinlich ein Spirituals-Konzert gehört, als er 1925 am Royal College of Music studierte. Aber diese Aufführung traf bei ihm einen Nerv, und er machte sich auf der Stelle auf die Suche nach dem zweibändigen Werk mit Spirituals des schwarzen Autors James Weldon Johnson. Von dort aus kam Tippett auf die Idee, diese Spirituals an entscheidenden Momenten in seinem Oratorium einzufügen, ähnlich wie Bach evangelisch-lutherische Chorale in seine Passionen integrierte. Also fügte Tippett an Höhepunkten dieses modernen Oratoriums »Steal Away«, »Nobody Knows the Trouble I See, Lord«, »Go down, Moses«, »Oh, By and By« und schließlich am Ende des Werkes das berührendste Stück »Deep River« ein. Der Chor und Solisten singen »I shall know my shadow and my light« und dann, nach den schwierigen, verschnörkelten harmonischen Passagen, die sie begleiten, stimmt der komplette Chor am Ende ein in dieses trostspendende großartige Spiritual. »Deep river, my home is over Jordan. Deep River, Lord, I want to cross over into campground. That land where all is peace.«[327] (Deutsch: Tiefer Fluss, meine Heimat ist auf der anderen Seite des Jordans. Tiefer Fluss, o Herr, ich möchte hinübersetzen zum Lagerplatz. Das Land, wo überall Friede herrscht.)

Die Spirituals aus *A Child of Our Time* waren ein solcher Erfolg, dass der Komponist schließlich ein Arrangement nur der Spirituals schuf, das mindestens genauso oft, wenn nicht öfter als das Oratorium selbst vorgetragen wurde. Dessen Popularität trug dazu bei, Tippetts pazifistisches Oratorium zu seinem meist aufgeführten Werk zu machen, das über Generationen hinweg Publikum auf der ganzen Welt bewegte. Tippett selbst besuchte Aufführungen auf der ganzen Welt, einschließlich der eines Chors aus Angehörigen verschiedener ethnischer Gruppen in der Kathedrale von Lusake, Sambia, der auch der Präsident des Landes beiwohnte. Viele der großen Sopranistinnen der Ära, einschließlich Faye Robinson und Jessye Norman, verhalfen dem Werk durch ihre Darbietungen zu Ruhm. 1966 führte Tippett sein Werk in einer Schule in Baltimore auf und war, wie sein Biograf schrieb, »begeistert, als er feststellte, dass der Chor aus schwarzen und weißen Sängern bestand«. Es waren Aufführungen wie diese in einem Land, das ihm die Spirituals beschert hatte, die besonders rührten. Ein Freund von ihm berichtete von mindestens einem dieser Anlässe, als sein Stück in den USA aufgeführt wurde: »Natürlich sang das Publikum die Spirituals mit und brachte ihn damit zum Weinen. Als er mir das erzählte, musste ich ebenfalls fast weinen.«[328] So wie Bachs Zuhörer die Choräle jeder Passion kannten, war Amerika der Ort, wo die Lieder herstammten, und zur Freude des Komponisten stimmte das Publikum mit ein. Nichts, was Tippett in den folgenden Jahrzehnten verfasste, nicht einmal seine *Third Symphony*, deren Text Zitate von Martin Luther King Jr. enthielt, erreichte die emotionale und populäre Wirkung seines großartigen Werkes zum Zweiten Weltkrieg.

Und doch wurde auch dieses Werk, wie alles andere, in den vergangenen Jahren in einem anderen Licht dargestellt. Bereits im Jahr 2000 beklagten sich einige Menschen darüber, dass Tippett kein Recht habe, Spirituals einer Tradition zu verwenden, der er nicht angehörte. Als das Stück von den Los Angeles Philharmonic in Los Angeles aufgeführt wurde, beklagten etliche Musikwissenschaftler, dass das Einbeziehen von Spirituals »besorgniserregend« sei. Trotz wohlmeinender Absichten kann es, so behauptete ein Kritiker, aussehen wie »kulturelle Aneignung«. Die Welt von heute, lamentierten sie, würde den Beitrag der afro-amerikanischen Musik zum westlichen Kanon nicht anständig würdigen. Und der Dirigent Roger Norrington pflichtete bei, dass die Gefahr bestehe, Tippett könne »Spirituals zu einem Nachmittagstee-Ereignis machen«. Das ist für sich schon eine verallgemeinernde Behauptung.[329] In Amerika wurden bereits geplante Aufführungen des Werkes wieder abgesagt, als sich Studierende über kulturelle Aneignung beschwerten und sogar über die schlichte Tatsache, dass die Spirituals zu ihrer Zeit als »Negro-Spirituals« bekannt waren. Auch wenn diese Bezeichnung heutzutage inakzeptabel sein mag, war das damals nun mal die Bezeichnung. Aber jeglichen Kontexts oder auch nur dem Versuch, es zu verstehen, beraubt, scheint es so, dass dieses großartige Werk nun ein weiteres Opfer von Aktivisten und anderen ist, die bewusst versuchen, den Kontext oder die Intention der Arbeit nicht zu verstehen.

Zu der Zeit, als Tippett komponierte, wäre die Aufführung der Spirituals im Nazideutschland als *Negermusik* verboten worden. Aber zur selben Zeit, als das in Deutschland passiert wäre, erweckte ein englischer Komponist genau diese Kunst und gab ihr eine Bühne, sodass die ganze Welt sie bewundern und daran teilhaben konnte. Für gewöhnlich heißt es, wenn jemand die Musik einer anderen Kultur verwendet, dann sollte er zumindest die Menschen dieser Kultur ermutigen, ihre eigene Musik vorzutragen. Aber wie viele Vermutungen sind damit verbunden? Wenn kein Afrikaner oder Afroamerikaner verfügbar ist, um das Spiritual zu singen, sollte es dann ungesungen bleiben? Und wenn Sie eine bestimmte kulturelle Ausdrucksform fördern oder beschützen wollen, würden Sie dann ausgerechnet die Leute angreifen, die versuchen, diese Kultur einem breiteren Publikum nahezubringen? Warum sollten Sie ausgerechnet diese Menschen angreifen?

Eine Ära, die so angestrengt versucht, die Hoffnungen und Träume früherer Zeiten nicht zu bewundern, zu würdigen oder auch nur zu verstehen, hat nicht nur etwas Trauriges, sondern etwas Beschämendes an sich. Als müsse jedem, der vor unserer Gegenwart etwas geschaffen oder erträumt hat, ein Ausrutscher nachgewiesen werden, damit er dann für immer ausgemustert werden kann

KULTURELLE ANEIGNUNG

Aber das ist nur eines der Probleme des nun als »kulturelle Aneignung« bekannten gefräßigen Ausdrucks für Schande. Denn die Idee, niederträchtig von der US-amerikanischen akademischen Welt losgetreten, behauptet nicht einfach nur, Künstler und andere müssten »in ihrer Spur bleiben«, sie hinterfragt die weite Savanne vergangener Kreativität und sieht sie in einem ausschließlich negativen Licht. Sie schaut auf die westliche Kunst und versucht, sie als eine Geschichte von unrechtmäßiger Aneignung und Diebstahl zu sehen. Was sie sich eisern zu tun weigert, ist, den Geist nicht nur der Großzügigkeit, sondern der tiefen Ehrung anzuerkennen, die die Geschichte des Westens stets zum Ausdruck brachte, wenn sie auf nicht-westliche Traditionen traf.

Es ist unglaublich leicht, zu behaupten, dass westliche Künstler – wie westliche Entdecker, Soldaten und Botaniker – die Welt außerhalb von Europa lediglich als Ort für Raub und Plünderung von dessen Kunst ansehen. Dabei wird schlichtweg ignoriert, dass nahezu keines der Werke, die nun in diesem Licht betrachtet werden, in derart niederträchtiger Absicht geschaffen wurde. Über viele Jahrhunderte nahm die Malerei in Europa nur deshalb weniger Techniken von außerhalb auf, weil die Künstler, wie alle anderen, nichts von den Kulturen außerhalb ihrer eigenen Welt wussten. Aber als Maler, Komponisten und andere Künstler ihren Weg aus Europa hinausfanden, geschah das mit einem Staunen und Respekt, die auch nicht die geringste Ähnlichkeit haben mit dem Geist, in dem ihr Handeln nun gemeinhin interpretiert wird.

Seit Ende des 18. und Anfang des 19. Jahrhunderts waren Maler wie Jean-Auguste-Dominique Ingres und Eugène Delacroix fasziniert von der Welt Nordafrikas. »Exotismus« war nichts, das sie geringschätzten. Es war etwas, für das sie sich leidenschaftlich interessierten und wovon sie sich inspirieren ließen. Gemälde wie Ingres *Odaliske* oder Delacroix‹ *Frauen von Algier* (beide hängen im Louvre) sind nicht Nordafrika geraubt. Sie sind Erweiterungen einer langen Geschichte in der westlichen Kunst, alles herauszufinden, einschließlich dem, was bislang unbekannt war. Zu Zeiten Leonardo da Vincis war die menschliche Anatomie ein unbekanntes Land. In späteren Jahrhunderten rückten den Menschen Teile der Welt und Kulturen stärker ins Bewusstsein, die die europäischen Menschen und Künstler gerade erst entdeckten. Und sie wollten nicht nur immer weiter entdecken und herausfinden, sondern wann immer sie es taten, waren die Größten von ihnen höchst aufnahmebereit gegenüber dem, was sie fanden. Tatsächlich könnte man sagen, dass es in der Welt der westlichen Kunst immer die Künstler waren, die danach strebten, alles herauszufinden und in die bekannte Welt zu integrieren – und so die Welt der Kunst veränderten.

Diejenigen, die sich vorsätzlich von allem da draußen abschotteten, gerieten in eine Art schöpferische Sackgasse.

Aber diejenigen, die hinausschauten, entwickelten sich immer weiter, lernten und würdigten. Als Henri de Toulouse-Lautrec die Kunst der japanischen Lithografie entdeckte, veränderte das nicht nur seinen eigenen Stil, sondern sie sickerte durch seine Kunst wiederum in all die künstlerischen Bewegungen ein, die er beeinflusste. Viele Kulturen weltweit versuchen das, was sie haben, zu schützen und zu verbarrikadieren, halten Einfluss von außen für etwas Negatives. Dennoch hat die westliche Kunst beständig danach gestrebt, in eine andere Richtung zu gehen, sich der Welt zu öffnen und zu lernen.

Das Gleiche gilt für die Architektur, wo Reisende aus Europa loszogen und Ideen von den Orten mitbrachten, die sie gesehen hatten. Die Architektur vieler Städte insbesondere des Mittelmeerraums verdankt dem Orient viel. Im gesamten Westen gibt es Gebäude, die den unstillbaren Appetit angehender Architekten widerspiegeln – wie es ein kürzlich erschienenes Buch beschreibt –, in einem ständigen »Dialog« mit der Architektur aus dem Nahem und Fernen Osten zu stehen.[330]

Aber nirgendwo ist das so ausgeprägt wie in der Welt der Musik. Natürlich war das Reisen selbst für die Wohlhabenden jahrhundertelang nur eingeschränkt möglich. Aber die großen Komponisten der europäischen Geschichte hielten immer die Ohren offen für neue musikalische Stile, Einflüsse und Formen. Einer der großen Komponisten der späten Renaissance, Orlando di Lasso (geboren circa 1532), war für seine Zeit weitgereist. Und er komponierte nicht nur einige der größten Messvertonungen der Renaissance-Ära, sondern konnte außerdem andere Stile schnell aufnehmen. Exotische Lieder und Couplets wurden von ihm aufgegriffen, sehr wahrscheinlich auf seinen Reisen durch Italien, wo er

Teile der maurischen Traditionen aufgriff, die es bis dorthin geschafft hatten. Es wird argumentiert, dass die Troubadour-Tradition der Liebeslieder an eine maurische Tradition anknüpft, die sehr wahrscheinlich durch Spanien nach Europa kam, bevor sie dann ihren Weg nach Frankreich fand, wo sie entwickelt wurde. Andere Formen, wie die Passacaglia, scheinen auf ähnliche Weise entstanden zu sein. Möglicherweise stammen sie sogar aus Südafrika, von wo aus portugiesische Reisende sie mit zurückbrachten. Erst einmal entdeckt, wurden sie bewundert und Teil der Mode und Kultur, die auf sie gestoßen war.

Jahrhundertelang setzte sich dieses Muster fort. Die großen Komponisten der Klassik, einschließlich Mozart und Haydn, entdeckten türkische Einflüsse, die durch das Habsburgerreich bis zu ihnen gelangten. Kanonische Meisterwerke wie *Die Zauberflöte* weisen türkische Einflüsse auf. Das war weder Beleidigung noch Diebstahl durch Mozart, lediglich ein Ausdruck desselben unbändigen Appetits auf neue Klänge und Ideen, die alle großen Komponisten verspürten. Dieser Appetit entwickelte sich und expandierte, als die Fähigkeit der westlichen Komponisten zu lernen und zu reisen wuchs.

Im 19. und 20. Jahrhundert begannen die großen Komponisten Europas so weit in der Ferne zu forschen wie nur möglich. Claude Debussy vertiefte sich in die Kunst und Klangwelt Japans. Ohne diese Interaktion hätte Debussy unmöglich viele seiner späten Klavierstücke schreiben können. Mit Fortschreiten des 20. Jahrhunderts wuchs die Faszination von der Welt jenseits Europas. Und dank Edward Saids Einfluss auf nahezu jeden Bereich wird das heute als bedrohlich angesehen, obwohl es rein gar nichts Bedrohliches an sich hat. Es war wie eine Demonstration europäischer Weltoffenheit, dass große Komponisten den anhaltenden Wunsch verspürten, über ihre eigenen Traditionen hinauszuschauen und diese zu erweitern.

Im Sommer 1908 hörte ein Freund Gustav Mahlers, als er bei ihm in Toblach zu Besuch war, wie der große Komponist und Dirigent sein Interesse an China und dessen Musik zum Ausdruck brachte. Als der Freund nach Wien zurückkehrte, ging er in ein Geschäft und kaufte einen Phonographenzylinder mit chinesischer Musik, die in China aufgenommen worden war. Dieser Sommer war einer der traurigsten und härtesten im Leben des Komponisten. Mahler betrauerte den Tod seiner jüngsten Tochter Maria, und um sich zu retten, stürzte er sich in die Arbeit. Er arbeitete nicht nur an seiner 9. Symphonie, sondern auch an einem Manuskript, aus dem *Das Lied von der Erde* wurde. Für diesen Text schöpfte er aus einem Band namens *Die chinesische Flöte*, eine Sammlung von Gedichten aus der Tang-Dynastie, die der Dichter Hans Bethge übersetzt hatte. Diese Worte regten Mahler zu einem seiner größten Meisterwerke an, einer Symphonie aus Liedern, in der der Komponist von der flüchtigen Natur der Freude spricht, der Unbeständigkeit des Lebens und dem tiefen Trost der Ewigkeit.[331]

Aber Mahler war damit nicht allein. Das Wien seiner Tage war voll von Komponisten und Künstlern, die danach hungerten, neue Inspirationsquellen außerhalb Europas zu finden. Zu der Zeit, als Mahler schrieb, hatte er einen anderen Komponisten und Dirigenten zum Rivalen – nicht nur im Konzertsaal, sondern auch hinsichtlich der Zuneigung zu Alma Mahler. Wie sein berühmterer Zeitgenosse, schaute sich auch Alexander von Zemlinsky überall nach Inspiration um. Seine großartigste Arbeit, die *Lyrische Symphonie* von 1923, ähnelt in vielerlei Weise der Form der Lieder-Symphonie von Mahler. Aber für seinen Text blickte Zelinsky nach Indien und stieß auf die unter dem Namen *Der Gärtner* bekannte Gedichtsammlung des großen bengalischen Dichters Rabindranath Tagore, der fast zeitgleich mit Zelinsky lebte. Die Kombination aus Tagores atemberaubend schönen Worten und Zelinskys Musik (nicht zuletzt die Liebesbotschaft »Du bist mein Eigen«) beeindruckten damals so stark, dass sie ihren Weg in das Werk eines anderen Komponisten dieser Ära fanden, Alban Berg, der in seiner *Lyrischen Suite* daraus zitierte.

Natürlich war Wien zu Beginn des 20. Jahrhunderts ein ungewöhnlich produktiver Ort, intellektuell und kulturell. Aber auch, wenn die international geprägte Suche dort angesiedelter Künstler außergewöhnlich entwickelt sein mochte, so war sie nicht einzigartig. Als das 20. Jahrhundert fortschritt, gelang es immer mehr Künstlern und Komponisten, sich mit anderen Traditionen vertraut zu machen und diese zu verehren.

Der englische Komponist Gustav Holst ist vielleicht am meisten bekannt für seine Orchestersuite *Die Planeten*. Aber seine Arbeit ist durchwoben von seiner Faszination von der Kultur Indiens. In den späten 1890er-Jahren ging Holst in den Leseraum des British Museum und las die Werke des Poeten Kālidāsa, bekannt als *Rigveda*, aus dem 5. Jahrhundert, vor allem das als *Meghadāta (The Cloud Messenger)* bekannte Werk sowie die großartigen Hindu-Heldenlieder *Rāmāyana* und *Mahābhārata*. Der Komponist, damals in seinen Zwanzigern und sich als Posaunist notdürftig über Wasser haltend, fand die Übersetzungen seltsam. Trotz seines übervollen Arbeitstages entschied er deshalb, Sanskrit zu lernen. Dadurch gelang es ihm, seine eigenen Übersetzungen aus dem Sanskrit anzufertigen und so großartige Werke wie *Choral Hymns from the Rig Veda*, *The Cloud Messenger* und seine Oper *Savitri* zu schaffen.

Diesen Entdeckungshunger verspürte im 19. und 20 Jahrhundert nicht nur eine Nation oder Menschengruppe, es waren nicht nur die britischen oder deutschen Komponisten, die in alles vordringen wollten, was die Welt zu bieten hat. Es war eine westliche Gewohnheit. Es war etwas, das Komponisten und Künstler in jedem Land für sich selbst taten, als sie sich umschauten, wohin sich ihre Kunst entwickelte und wie sie deutlicher in der von ihnen ausgesuchten Sprache kommunizieren konnten. Der größte französische Komponist des späten 20. Jahrhunderts, Olivier Messiaen, war einer der innovativsten Komponisten aller Zeiten. Das lag zum Teil daran, dass er stets die Ohren aufhielt für Töne, wo immer er sie hören konnte, sei es in der Natur oder in der Welt der von Menschen geschaffenen Musik. Seit Jahrzehnten ist anerkannt, dass die Forschung und Arbeit, die Messiaen für die indische Musik leistete, vor allem ihre hochkomplexen rhythmischen Strukturen, zentral war für die Technik seiner musikalischen Sprache.

Messiaen beschäftigte sich während seiner Zeit in Paris in den 1930er-Jahren mit der indischen Musik. Die Ergebnisse sieht man bereits an seinem visionären Quartett für das Ende der Zeit, das er komponierte und zum ersten Mal aufführte, als er 1941 in Deutschland in Kriegsgefangenschaft war. Ein Leben lang begleiteten ihn die Rhythmen Indiens. Er sah die musikalischen Entdeckungen Indiens nicht als etwas, das in Indien bleiben sollte, sondern als etwas, das von ihm und anderen Künstlern mit jedem in der Welt geteilt werden sollte, der bereit war, zuzuhören.

Noch ein abschließendes Beispiel: Zu Beginn des 20. Jahrhunderts gab es ein wachsendes Interesse an der Musik des Fernen Ostens. Musiker einschließlich Percy Grainger transkribierten balinesische Musik von einer Schallplatte und versuchten, die Klangfülle mit einem Percussion-Ensemble einzufangen. Es war jedoch der in Kanada geborene Komponist und Ethnomusikologe Colin McPhee, der weiter forschte. McPhee lebte in den 1930er-Jahren auf Bali, hatte die Gamelan-Musik studiert und versucht, ihre komplexen rhythmischen Strukturen zu übertragen.[332] Zu seinen Übertragungen gehörte ein Werk für zwei Klaviere namens *Balinese Ceremonial Music.* Und während er von einer Synthese aus westlicher und balinesischer Musik träumte, war es ein anderer Komponist, der das bewerkstelligte. Als McPhee nach Amerika zurückkehrte, lernte er einen Komponistengefährten kennen, Benjamin Britten. Bei einem Konzert 1941 auf Long Island führten die beiden gemeinsam das Stück *Balinese Ceremonial Music auf.* Diese Musik hatte einen gravierenden Einfluss auf den jungen Komponisten.

Mehr als ein Jahrzehnt später, Mitte der 1950er-Jahre, überlegte Britten, welche Richtung er nach dem Beenden seines Meisterwerks *Die Drehung der Schraube* einschlagen sollte. Während einer Welt-Tournee, bei er selbst spielte und dirigierte, konnte er einen Zwischenstopp auf Bali einlegen. Das wurde für den Komponisten zu einem entscheidenden und tiefgreifenden Einschnitt. Während er sich auf der Insel aufhielt, hatte er Gelegenheit, zum ersten Mal live Gamelan-Musik zu hören. Aus Ubud, Bali, schrieb er im Januar 1956 an die Tochter von Gustav Holst, Imogen Holst: »Die Musik ist fantastisch reichhaltig. Melodisch, rhythmisch, strukturiert (was für eine Orchestrierung!!) und vor allem formal. Das ist eine bemerkenswerte Kultur. Wir haben das Glück, überall herumgeführt zu werden von einem holländischen Musikologen, der mit einer Balinesin verheiratet ist und alle Musiker kennt – wir gehen also zu Proben, Feuerbestattungen, Trancetänzen, Schattenspielen – ein verwirrender Reichtum. Endlich beginne ich die Technik zu verstehen, aber es ist genauso kompliziert wie Schönberg.«[333]

Britten erzählte anderen Freunden, dass er sich wünschte, ihnen ein Foto eines Gamelan schicken zu können: »Sie sind fantastisch, höchst komplex und wunderschön und sie sind überall [...] die Luft ist stets erfüllt von Gongs, Trommeln und Metallofonen!«[334] [335] Während er sich auf der Insel aufhielt, skizzierte er bei Aufführungen so viel des Gehörten wie möglich mit. Es gelang ihm sogar, ein paar Bandaufnahmen der Gamelan-Musik anzufertigen. Seine Erinnerungen, Notizen und die Aufnahmen fügten sich dann zusammen zu einem Schub neuer Ideen und einer ganz neuen Klangwelt, die Britten in einige seiner wichtigsten Partituren einbrachte. Er begann damit direkt nach seinem Aufenthalt auf Bali und behielt es bis an sein Lebensende bei. Seine erste große Arbeit, die diese neue Leidenschaft widerspiegelte, war seine Partitur für das Ballett *Der Prinz der Pagoden*, die einzige komplette Ballettpartitur, die er je schrieb und die bis heute herausragend ist wegen ihrer Großzügigkeit, wie es der verstorbene Dirigent und Komponist Oliver Knussen (der die komplette Partitur aufnahm) einst formulierte. Diese Partitur ist ohne zu verfälschen opulent, ohne diese stählernen Anflüge, die sich durch Werke des Komponisten ziehen.

In diesem Werk schuf er alle möglichen Neuerungen für das Orchester. Er verwendete westliche Tomtoms, gepaart mit Cello Pizzikato[336], um die Klangtiefe der Kendangs (Doppelmembrantrommeln) nachzuempfinden und bei einer Passage direkt aus der Aufnahme in Peliatan von *Kapi Radja* zu zitieren. Es war eine ganz neue Klangwelt, und sobald er sie betreten hatte, verließ Britten sie nie wieder völlig. Sie wurde Teil seiner eigenen Musikfantasie. Seine Kirchenparabeln aus den 1960er-Jahren *Curlew River* und *The Burning Fiery Furnace* sind angefüllt mit den Klängen und Ideen, die Britten bei seinem Eintauchen in die Klangwelt von Bali mitnahm. Und die letzte Oper, die er schrieb, *Tod in Ve-*

nedig (1973), ist erfüllt von den Klängen, die er zwei Jahrzehnte zuvor gehört hatte. Wieder versucht er in dem Orchester Klänge zu finden, die die Klänge des Ostens einfangen. Er verwendet westliche Piccoloflöten, manchmal ergänzt durch Obertöne der Streichinstrumente, in dem Versuch, den Klang der traditionellen Bambusflöte einzufangen. Er lässt in der Partitur westliche und östliche Techniken verschmelzen. Es gibt rhythmische Passagen, die eindeutig aus der Welt der Gamelan-Musik stammen. Aber am berührendsten an Brittens letzter großer Arbeit ist, dass er die prägnante, strenge Musik, die Gustav von Aschenbach bei seinen deutschen Monologen begleitet, der hinreißenden Klangwelt gegenüberstellt, die sich ihm ebenfalls eröffnet. Die beiden Stile werden in einem Stück zusammengebracht, aber es besteht kein Zweifel, wo die großzügigen, kreativen Quellen der Kunst liegen.

Ich könnte endlos fortfahren. Aber selbst wenn wir es bei den genannten Beispielen belassen, könnte man ernsthaft die Kunst des Westens als engstirnig oder einschränkend kritisieren? Die Frage hat nun eine »Wie du's auch machst, es ist verkehrt«-Qualität. Denn wenn eine Kultur dazu verurteilt ist, abgeschottet, engstirnig und auf sich selbst bezogen zu sein, und wiederum kritisiert wird wegen kultureller Aneignung, wenn sie nach außen schaut, was genau soll eine Kultur denn dann tun? In so einer Situation sieht es aus, als sei eine unfaire, ja geradezu feindselige Falle gestellt worden. Eine, in der die westliche Kultur gleichzeitig angegriffen werden kann für ihren Inselcharakter und dafür, nicht inselartig genug zu sein.

Dem Begriff »kulturelle Aneignung« wurde freier Lauf gelassen. Vielleicht ist es an der Zeit, ihn nun ein wenig zurückzudrängen. Denn die Geschichte der westlichen Kunst und Kultur kann nicht am besten verstanden werden, indem man sie als eine Art großen Diebstahl betrachtet. Sehr viel korrekter ist es, die Geschichte der westlichen Kultur – vor allem mit Fortschreiten der Jahrhunderte – als eine Geschichte der Bewunderung, des Interesses an anderen Kulturen und ihres Lobens zu verstehen.

Und das führt zu einem zentralen Punkt des Missverständnisses beim führenden antiwestlichen Ethos unserer Zeit. Entweder Sie sehen unser kulturelles Erbe nur als etwas für sich selbst und diejenigen an, die innerhalb dieser Grenzen oder Kultur geboren sind. Oder Sie sehen es also etwas an, das Sie teilen möchten. Diese Straße führt in beide Richtungen – oder kann es tun. Denn genauso wie die Geschichte der westlichen Kunst voller Respekt für andere Kulturen ist, so wurde diese Gewohnheit bei einer Gelegenheit erwidert. In Teilen von Asien gibt es eine blühende Szene für klassische Musik. Nicht nur in Orchestern und Ensembles, die klassische Musik spielen, sondern auch bei Komponisten und anderen Musikern, die die westliche Tradition bewundern und daran arbeiten, ihr ihre eigene spezielle Drehung verleihen und sie währenddessen zu ergänzen. Komponisten wie Toru Takemitsu aus Japan und Tan Dun aus China haben komponiert oder tun es immer noch auf eine Weise, die als klassische europäische Kultur erkennbar ist. Und obwohl sie Kritiker haben, hat keine ernsthafte kritische Bewegung im Westen diese Komponisten angegriffen oder gar beleidigt und diffamiert, weil sie in dieser Tradition arbeiten. Keine westliche Denkschule versucht, japanische oder chinesische Komponisten davon abzuhalten, Werke für Symphonieorchester zu schreiben. Es gibt keine Bewegung auf den Campus oder in den Studios des Westens, die darauf beharren, dass europäische Musik nur für Europäer sein sollte und dass die Verwendung von Idiomen, Stilen oder Instrumenten westlicher Musik eine Art Diebstahl oder Aneignung sei. Im Großen und Ganzen sind alle Ergänzungen zum Kanon westlicher Kunst willkommen, und wenn dort irgendwelche Klüfte existieren, dann versuchen Praktizierende aktiv, diese zu füllen.

In Abu Dhabi gibt es nun einen wunderschönes neuen Louvre, der Kunstwerke aus dem Pariser Museum neben Neuerwerbungen und neu gestalteten Kunstwerken aus aller Welt zeigt. Ein Besuch dort erinnert an die Tatsache, dass es zwar unübersehbar verschiedene Kulturen und Bewegungen gibt, aber kein Grund besteht, warum Kultur als von unüberwindbaren Grenzen umgeben angesehen werden sollte. Im Gegenteil, die gesamte Kulturgeschichte ist eine Kultur des Teilens, Ausleihens, Nachahmens und Bewunderns. Wer sollte das anders haben wollen? Nur, so scheint es, eine Bewegung, die nahezu vollständig im Westen zentriert ist und die glaubt – oder behauptet zu glauben –, dass nur der Westen nicht bewundert werden sollte und umgekehrt nicht bewundern darf. Diese Überzeugung ist nicht nur sachlich falsch. Sie ist moralisch falsch: ein Irrtum, der nicht nur den Westen seiner eigenen Kultur beraubt, sondern auch den Rest der Welt, daran teilzuhaben.

Fazit

Im Jahr 2021 durchlief Amerika eine plötzliche und steile Lernkurve in Bezug auf die CRT. Dank einer kleinen Gruppe von Aktivisten und einer Reihe von Nachrichtensendern schien plötzlich jeder im Land über die CRT Bescheid zu wissen oder zumindest darüber zu sprechen. Überall in den Vereinigten Staaten begannen Eltern und Lehrer darüber zu reden, was in amerikanischen Schulen gelehrt wurde. Angestellte deckten auf, was in amerikanischen Unternehmen geschah. Und mit der Zeit stellte sich heraus, dass sogar die Regierungsbehörden, einschließlich des amerikanischen Militärs, mit von der Partie waren.

Im Juni dieses Jahres sagte General Milley, der Vorsitzende der Vereinigten Stabschefs, vor dem Kongress aus und wurde von einem Abgeordneten zu Berichten befragt, wonach an der US-Militärakademie in West Point ein Kurs über CRT stattgefunden haben soll. Es wurde sogar berichtet, dass ein Gastdozent einen Vortrag in West Point gehalten habe, der einen Abschnitt über »weiße Wut« enthielt. Dies war der Neuzugang des Monats zum Phrasenbuch der Begriffe, die die Existenz der Weißen »problematisieren« oder vielmehr pathologisieren sollten. General Milley hielt der Befragung stand. Er verteidigte das Studium der CRT in West Point und sagte unter anderem: »Ich möchte die weiße Wut verstehen. Und ich bin weiß.«[337] Die CRT schien sich durch alle Schichten des öffentlichen Lebens in Amerika zu ziehen.

Großen Teilen der USA, nicht zuletzt den amerikanischen Eltern, gefielen solche Aussagen nicht. Sie mochten es nicht, als sie entdeckten, dass über ihre Kinder, und mit ihnen, in stark rassistisch geprägten Begriffen gesprochen wurde. Auf Sitzungen der Schulämter im ganzen Land begannen Eltern, sich gegen einen Lehrplan zu wehren, der ihren

Kindern beibrachte, dass Pünktlichkeit, korrekte Antworten in Mathematik und so weiter »versteckter Rassismus« seien. Und das waren nicht nur weiße Eltern. Eine große Zahl schwarzer Eltern und Eltern anderer ethnischer Minderheiten hatten den Mut und die Wut, sich zu erheben und sich gegen diese Art der Spaltung zu wehren. Während die CRT lediglich ein paar Jahrzehnte zuvor noch eine akademische Randerscheinung war, wurde plötzlich nicht nur in Talkshows, sondern auch auf Schulausschusssitzungen im ganzen Land über die Theorie gesprochen.

Dies war ein wichtiger Moment. Was an der Grace Church School in Manhattan geschehen war, wo ein Lehrer erkannt hatte, dass die »Problematisierung des Weißseins« auch die Problematisierung weißer Kinder bedeutete, begann sich im ganzen Land zu wiederholen. Immer öfter entdeckten Eltern, dass, was auch immer die »Problematisierung des Weißseins« in der Theorie bedeutete, in der Praxis höchst problematisch war. Kimberlé Crenshaw und andere Befürworter der CRT schienen auf diese Tatsache nicht vorbereitet zu sein. Die CRT erlebte seine erste Begegnung mit der breiten Öffentlichkeit, und diese Begegnung erwies sich nicht als erfolgreich.

Daher griffen die Befürworter der Theorie in dieser Phase auf eine Reihe von Ablenkungsmanövern zurück. Das erste war die Behauptung, dass das, was geschah, eine frei erfundene Hysterie darstellte und dass die Menschen, die jetzt über die CRT sprachen, einfach einen neuen Feind geschaffen hatten, gegen den sie wettern konnten und der in Wirklichkeit nur ein Hirngespinst ihrer Fantasie war – vor allem der Fantasie der amerikanischen Rechten. Das *Time Magazine* gehörte zu denjenigen, die behaupteten, dass »die Kritische Rassentheorie einfach das neueste Feindbild ist«,[338] während *Inside Higher Ed* sie als »bizarre Hysterie« bezeichnete, die von »wohlhabenden rechtsextremen und libertären Spendern« geschaffen wurde.[339] In der *New York Times* behauptete Michelle Goldberg, dass der CRT-Begriff »sich von jeder festen Bedeutung gelöst hat«. Sie argumentierte zudem, dass sie »höchst skeptisch« gegenüber der Idee sei, dass die CRT in amerikanischen Schulen gelehrt werde, und argumentierte weiter, dass »antirassistische Bildung« in jedem Fall nicht »radikal linkslastig«, sondern einfach »elementar« sei.[340] Der *Guardian* fasste es zusammen, indem er behauptete, dass es sich um eine »Panik vor der Kritischen Rassentheorie« handele.[341] Diese Autoren behaupteten im Grunde, dass Kritiker der CRT lediglich den Unterricht über Sklaverei, Jim-Crow-Gesetze und alles andere Negative in der amerikanischen Vergangenheit beenden wollten.

Dies überschnitt sich mit einem zweiten Schachzug. Das war die Heuchelei – unter anderem eingesetzt von Joy Reid von MSNBC in ihrer Abendshow –, dass die CRT nicht nur nicht in amerikanischen Schulen gelehrt werde, sondern dass die CRT sowieso nicht das sei, was Kritiker behaupteten. Gleichzeitig, so argumentierten Leute wie Reid, sei die CRT sowohl zu komplex für normale Menschen, um sie zu verstehen, als auch eine außergewöhnlich offensichtliche Forderung nach sozialer Gerechtigkeit. Um diesen Behauptungen Nachdruck zu verleihen und die Angelegenheit ein für alle Mal zu klären, lud Reid Kimberlé Crenshaw in ihre Sendung ein. Reid rechnete ihr an, den Begriff »Kritische Rassentheorie« erfunden zu haben, und auf dieser Grundlage ermöglichte sie Crenshaw, mehrere Behauptungen aufzustellen. Eine davon war, dass die Gegenreaktion gegen die CRT ein Versuch war, »die rassistische Abrechnung rückgängig zu machen, wie wir es zu unseren Lebzeiten noch nicht gesehen haben«.[342] Gleichzeitig existierte die CRT also nicht, wurde nicht gelehrt (und das war gut so) und war auch zu komplex für die meisten Sterblichen, um sie zu verstehen (obwohl wir diejenigen loben sollten, die eine so klare und notwendige Theorie erfunden haben).

Diese widersprüchlichen Behauptungen zogen ein gewisses Maß an Kritik nach sich. Einer derjenigen, die diese Kritik anführten, war Christopher Rufo vom Manhattan Institute, der sich kürzlich als eine der führenden Stimmen gegen die Verbreitung der CRT in Bildungseinrichtungen und anderen Institutionen in den gesamten Vereinigten Staaten hervorgetan hatte. Rufo prangerte Reid für ihre wirren Behauptungen an, insbesondere für ihr »Softball«-Interview mit Crenshaw. Schließlich biss Reid an. Sie lud Rufo in ihre Sendung ein, weigerte sich dann aber, ihn sprechen zu lassen. Stattdessen behauptete sie unter anderem, dass es so etwas wie eine »kritische Rassentheorie« nicht gebe (oder dass, wenn es sie gäbe, er sie nicht verstünde), dass es aber sehr wohl eine »kritische Rufo-Theorie« gebe. Nachdem sie ihn daran gehindert hatte, auch nur einen einzigen Satz ohne Unterbrechung zu sagen, beglückwünschte sie ihn dazu, dass er ein Hirngespinst erfunden habe, von dem sie nun behauptete, es existiere nicht, und schickte ihn weg.

Rufo wurde bald zum Punchingball für andere, die das gleiche Spiel spielen wollten. Aber solche Momente einer möglichen Wende sind wichtig. Und der interessanteste Austausch in dieser Ecke der Debatte fand statt, als Rufo im Black News Channel von Marc Lamont Hill interviewt wurde. Zufälligerweise hatte ich Lamont Hill selbst vor einigen Jahren auf einem Podium in Katar, in Doha, getroffen. Bei dieser Gelegenheit hatte ich versucht, die anderen Podiumsteilnehmer davon zu überzeugen, dass wir uns bei allen Meinungsverschiedenheiten über den Westen, die wir an diesem Abend auf der Bühne austragen würden, darauf einigen sollten, zumindest etwas Kritisches über das De-facto-Kastensystem oder andere Menschenrechtsverletzungen zu sagen, die in dem Land, in dem wir zu Gast waren, existierten.

Unnötig zu erwähnen, dass Lamont Hill sich mir nicht anschloss, um irgendetwas auch nur im Entferntesten Kritisches über unsere katarischen Gastgeber zu sagen, obwohl er für sie fröhlich über den amerikanischen Rassismus wetterte.

Ich kannte also die Methode und sah mit Interesse zu. Aber Lamont Hill ist nicht dumm, und als er Rufo interviewte, hatte er eine vernichtende Frage in petto. Die Frage lautete wie folgt: »Wenn ich Sie jetzt fragen würde, Christopher: ›Was gefällt Ihnen daran, weiß zu sein?‹, was würden Sie sagen?« Rufo ist auch nicht dumm, und er wusste, dass er gerade auf eine unglaublich gefährliche, möglicherweise karrierebeendende Landmine getreten war. Zuerst lachte er nervös und rang um eine Antwort: »Das ist ein so unbestimmter Begriff, das ist wie bei einer Volkszählung«, sagte er. Aber Lamont Hill drängte ihn und bat Rufo, ihm gegenüber einen Moment lang »Nachsicht zu zeigen«. Denn, so Lamont Hill: »Wenn Sie mich nach Dingen fragen würden, die mir am Schwarzsein gefallen, könnte ich über kulturelle Normen, über Traditionen und über die Gemeinsamkeiten sprechen, die ich in der Diaspora empfinde, aber wenn ich Sie fragen würde – vor allem, wenn Sie sagen, dass Weißsein etwas ist, das als negativ konstruiert wird und nicht sein sollte –, nennen Sie mir etwas Positives, das Ihnen am Weißsein gefällt.«

Rufo versuchte noch einmal auszuweichen, indem er sagte, dass viele öffentliche Schulen behaupten, dass Dinge wie Pünktlichkeit, Rationalität, Objektivität und Aufklärung einer weißen Identität zugeschrieben werden und dass dies falsch ist und allen Menschen zugeschrieben werden sollte. Lamont Hill sagte, dies sei ein Strohmann-Argument und wiederholte, dass dies alles negative Dinge seien, die dem Weißsein zugeschrieben würden, während er nach etwas Positivem am Weißsein frage. Rufo lachte und sagte: »Ich glaube auch nicht, dass die Welt in diese metaphysischen Kategorien von Weißsein und Schwarzsein eingeteilt werden kann. Ich denke, das ist falsch. Ich denke, wir sollten die Menschen als Individuen betrachten. Ich denke, wir sollten die unterschiedlichen Leistungen verschiedener Menschen feiern. Ich lehne diese Kategorisierung ab. Ich betrachte mich selbst als individuelles menschliches Wesen mit eigenen Fähigkeiten, und ich hoffe, dass wir uns gegenseitig als Individuen beurteilen und auf dieser Grundlage zu gemeinsamen Werten kommen können.«[343]

Lamont Hill kam unweigerlich zu dem Schluss, dass die Fähigkeit, sich selbst auf diese Weise zu sehen, ein weiteres Beispiel für das Privileg der Weißen sei.

Der Austausch war deshalb so interessant, weil Lamont Hill genau wusste, was er tat. Er wusste, dass er Rufo auf ein höchst gefährliches Terrain führte – sowohl für ihn persönlich als auch für weiße Menschen insgesamt. Wenn es Dinge gibt, die schlecht sind, wenn man weiß ist, dann muss es auch Dinge geben, die gut sind, wenn man weiß ist. Was sind diese? Es gibt in der Tat eine Reihe von Möglichkeiten, diese Frage zu beantworten – so hässlich es auch ist, sie überhaupt zu stellen.

Aber ein Ausweichen vor dieser Frage kann wahrscheinlich nicht ewig weitergehen.

Die erste Möglichkeit, sie zu beantworten, besteht darin, den Weg einzuschlagen, den Rufo zu gehen versucht hat. Das heißt, dass ich grundsätzlich keine Farben betrachten möchte. Ich möchte die Menschen nicht in erster Linie durch das Prisma ihrer Hautpigmentierung sehen. Ich denke, dass die Hautfarbe im Grunde genommen uninteressant und unwichtig ist, und wir sollten es dabei belassen. Das ist eine durchaus respektable Antwort, und es ist so ziemlich die einzige Antwort, die man geben kann, wenn man heute in einem öffentlichen Forum eine solche Frage gestellt bekommt.

Die zweite Möglichkeit der Beantwortung wäre, noch ein wenig weiter in dieser Richtung zu gehen, nämlich zu sagen, dass das, was als »weiße Kultur« bezeichnet wird, in Wirklichkeit nur ein Teil einer universellen Kultur ist. Während einige Schwarze und Menschen anderer Rassen beschließen könnten, sich davon loszusagen, anderen Menschen zu erlauben, ihrer Gesellschaft beizutreten, sollten weiße Menschen einen anderen Weg einschlagen. Das, was »Weißsein« genannt wird, ist etwas, das allen Menschen offen stehen kann. Während die Traditionen und die kulturellen Normen schwarzer Amerikaner vielleicht nur zum Vergnügen anderer schwarzer Menschen zurückgehalten werden, sollte sich die weiße Kultur nicht dadurch auszeichnen und geradezu ein Synonym für etwas sein, das für alle offen ist. In einer Zeit, in der Menschen entlang von Stammesgrenzen identifiziert werden sollen, wird das »Weißsein« zu einem Sammelbecken für Menschen jeglicher Herkunft oder Hautfarbe, die sich in einer fortwährenden Tradition engagieren wollen, die in Kurzform als westliche Tradition bezeichnet wird.

Beides sind die harmlosen Optionen und äußerst respektabel. Aber es gibt noch eine dritte Option, von der Lamont Hill gewusst haben muss, dass sie herausgekitzelt werden kann, und von der er mit ziemlicher Sicherheit wusste, dass sein Gesprächspartner sie nicht sagen würde. Denn dies ist die derzeit inakzeptable Antwort – die nukleare

Antwort. Diese Antwort auf die Frage, was daran gut ist, weiß zu sein, könnte in etwa so lauten:

»Ich betrachte mich selbst nicht als weiß und möchte auch nicht in die Enge getrieben werden, so zu denken. Aber wenn Sie mich bedrängen wollen, dann lassen Sie mich Ihnen eine Antwort geben, so gut ich kann.

Zu den guten Seiten des Weißseins gehört es, in eine Tradition hineingeboren worden zu sein, die der Welt eine unverhältnismäßig große Anzahl, wenn nicht sogar die meisten der Dinge beschert hat, von denen die Welt heute profitiert. Die Liste der Dinge, die Weiße getan haben, mag viele schlechte Dinge enthalten, wie bei allen Völkern. Aber die guten Dinge sind nicht wenig. Dazu gehört fast jeder medizinische Fortschritt, den die Welt heute genießt. Dazu gehören auch fast alle wissenschaftlichen Fortschritte, von denen die Welt heute profitiert. Kein bedeutender Durchbruch in einem dieser Bereiche kam seit vielen Jahrhunderten von irgendwo in Afrika oder von einem indianischen Stamm. Keine Weisheit der Ureinwohner hat jemals einen Impfstoff oder ein Heilmittel für Krebs hervorgebracht.

Die Weißen haben die meisten der ältesten und traditionsreichsten Bildungseinrichtungen der Welt gegründet. Sie waren weltweit führend bei der Erfindung und Verbreitung des geschriebenen Wortes. Fast als einzige unter allen Völkern waren es die Weißen, die sich – im Guten wie im Schlechten – für andere Kulturen jenseits ihrer eigenen interessierten und nicht nur von diesen Kulturen lernten, sondern einige von ihnen wiederbelebten. Sie haben sich sogar so sehr für andere Völker interessiert, dass sie verlorene und tote Zivilisationen ebenso wie lebende Zivilisationen aufgesucht haben, um zu verstehen, was diese verlorenen Völker taten, in dem Versuch zu lernen, was sie wussten. Dies ist bei den meisten anderen Völkern nicht der Fall. Kein Stamm der Aborigines hat dazu beigetragen, die verlorenen Sprachen des indischen Subkontinents, Babylons oder des alten Ägyptens besser zu verstehen. Die Neugierde scheint fast ausschließlich in eine Richtung gegangen zu sein. Historisch gesehen scheint sie ebenso ungewöhnlich zu sein wie die

Selbstreflexion, die Selbstkritik und die Suche nach Selbstverbesserung, die die westliche Kultur auszeichnen.

Weiße westliche Völker haben zufälligerweise auch die erfolgreichsten Handelsmittel der Welt entwickelt, einschließlich des freien Kapitalflusses. Dieses System der freien Marktwirtschaft hat allein im 21. Jahrhundert bisher mehr als eine Milliarde Menschen aus extremer Armut geholt. Es hat seinen Ursprung nicht in Afrika oder China, auch wenn die Menschen dort davon profitiert haben. Es hat seinen Ursprung im Westen. So wie zahlreiche andere Dinge, die das Leben der Menschen auf der ganzen Welt unermesslich verbessert haben.

Es sind die Menschen des Westens, die das Prinzip der repräsentativen Demokratie entwickelt haben: vom Volk, durch das Volk, für das Volk. Es ist die westliche Welt, die die Grundsätze und die Praxis der politischen Freiheit, der Gedanken- und Gewissensfreiheit, der Rede- und Meinungsfreiheit entwickelt hat. Sie hat die Grundsätze dessen entwickelt, was wir heute als »Bürgerrechte« bezeichnen, Rechte, die es in einem Großteil der Welt nicht gibt, unabhängig davon, ob sich die Menschen dort danach sehnen oder nicht. Sie wurden im Westen entwickelt und werden im Westen aufrechterhalten, der, auch wenn er in seinen Bestrebungen oft scheitert, dennoch zu ihnen tendiert.

All dies lässt die kulturellen Errungenschaften noch unberücksichtigt, die der Westen der Welt geschenkt hat. Die Skulpturen von Mathura, die in Jamalpur Tila ausgegraben wurden, sind Werke von außergewöhnlicher Raffinesse, aber kein Bildhauer hat jemals Bernini oder Michelangelo übertroffen. Bagdad brachte im 8. Jahrhundert bedeutende Gelehrte hervor, aber niemand brachte jemals einen weiteren Leonardo da Vinci hervor. Auf der ganzen Welt gab es künstlerische Blütezeiten, aber keine war so intensiv und produktiv wie die, die ab dem 14. Jahrhundert im Umkreis weniger Quadratkilometer von Florenz entstand. Natürlich haben viele Zivilisationen großartige Musik und Kultur hervorgebracht, aber es ist die Musik des Westens sowie seine Philosophie, Kunst, Literatur, Poesie und Theater, die solche Höhen erreicht haben, dass die Welt daran teilhaben möchte. Außerhalb Chinas ist die chinesische Kultur eine Angelegenheit von Gelehrten und Liebhabern der chinesischen Kultur. Die von den Weißen im Westen geschaffene Kultur hingegen gehört der ganzen Welt, und ein unverhältnismäßig großer Teil der Welt möchte daran teilhaben.

Wenn Sie fragen, was der Westen hervorgebracht hat, erinnere ich mich an die Gruppen von Professoren, die beauftragt wurden, sich zu einigen, was in einer Raumkapsel in die Umlaufbahn im Weltraum geschickt werden soll, um von einer anderen Spezies entdeckt zu werden, wenn es denn eine gibt. Als es darum ging, sich zu einigen, welches Musikstück geschickt werden soll, um die menschlichen Leistungen zu repräsentieren, sagte einer der Professoren: › Natürlich die h-Moll-Messe von Bach.‹ ›Nein‹, widersprach ein anderer. ›Dann würden wir angeben.‹ Wenn man über die Geschichte westlicher Errungenschaften spricht, läuft man Gefahr, anzugeben. Bleiben wir einfach bei Gebäuden oder Städten oder Gesetzen oder berühmten Männern und Frauen? Wie beschränken wir die Liste, die wir als einleitendes Angebot aufsetzen?

Natürlich können Sie einige dieser Details bestreiten oder auch ganze Bereiche davon, Sie können denken, dass der Ton nicht stimmt, nicht genügend Demut oder Selbstzerfleischung zeigt. Sie könnten sogar sagen, dass dieser dezente Sermon ›triumphierend‹ klingt oder geschmacklos. Aber nicht bestritten werden kann der vernichtendste Beweis von allen: die einfache Frage des Schritts – ein Schritt, der nur in eine Richtung geht. Selbst heute gibt es keine ernstzunehmende Bewegung von Menschen in dieser Welt, die sich abmühen ins moderne China zu gelangen. Trotz all seiner finanziellen Tüchtigkeit, die Welt möchte sich nicht auf dieses Land zubewegen. Sie möchte nach Amerika und wird sich übermäßig anstrengen – sogar ihr Leben riskieren –, um dieses Ziel zu erreichen. Genauso gibt es keine ernsthaften weltweiten Bemühungen, in irgendeines der Länder Afrikas einzubrechen. Tatsächlich sagten ein Drittel der Befragten aus Afrika südlich der Sahara im letzten Jahrzehnt, dass sie weggehen wollen. Wohin sie wollen, ist klar.

Die Migrantenschiffe übers Mittelmeer bewegen sich nur in eine Richtung – nach Norden. Die Boote der Menschenschmuggler treffen keine weißen Europäer, die verzweifelt aus Frankreich, Spanien oder Italien fliehen wollen, um die Freiheiten und Möglichkeiten in Afrika zu genießen. Keine signifikante Zahl von Menschen wünscht am Leben von Stämmen in Afrika oder dem Nahen Osten teilzunehmen. Es gibt keine Massenbewegung von Menschen, die mit den sozialen Normen der Aborigines leben oder sich dem Lebensstil der Inuit anpassen wollen, ob diese Gruppen es ihnen erlauben würden oder nicht. Trotz allem, was dagegen vorgebracht wird, sind die USA immer noch das Ziel Nummer eins für Migranten aus aller Welt. Und an zweiter Stelle kommen Kanada, Deutschland, Frankreich, Australien und das Vereinigte Königreich.[344] Der Westen muss irgendetwas richtig gemacht haben, wenn das so ist.

Wenn Sie mich also fragen, was gut daran ist, weiß zu sein, was weiße Menschen dieser Welt gegeben haben oder worauf weiße Menschen stolz sein könnten, dann könnte das der Anfang einer Liste von Errungenschaften sein. Und wo wir einmal dabei sind, noch eine Sache. Die Kultur, die schlechtzumachen gerade so beliebt ist und die zu missbilligen die Menschen überall im Westen ermutigt und angespornt werden, bleibt die einzige Kultur in der Welt, die nicht nur einen Dialog gegen sich toleriert, sondern sogar dazu ermutigt. Sie ist die einzige Kultur, die ihre Kritiker sogar belohnt. Und eine Merkwürdigkeit sollte hier noch erwähnt werden. Denn die Länder und Kulturen, über die nun die schlimmsten Dinge gesagt werden, sind auch die einzigen Länder, die nachweislich in der Lage sind, den Aufstieg in die herrschende Klasse zuzulassen.

Für einen Nicht-Inder ist es heutzutage nicht möglich, an die Spitze der indischen Politik zu steigen. Wenn ein Weißer nach Bangladesch zieht, kann er nicht Minister des Kabinetts werden. Wenn ein Weißer aus dem Westen nach China zieht, kann weder er noch die nächste Generation oder deren Familie oder die danach zu gegebener Zeit ein hohes Amt in der Politik erhalten. In den Vereinigten Staaten wurde zweimal ein schwarzer Präsident gewählt – der Sohn eines Mannes aus Kenia. Es sind die USA, deren derzeitige Vizepräsidentin die Tochter von Immigranten aus Indien und Jamaika ist. Es ist das Kabinett des Vereinigten Königreichs, das auch die Kinder von Immigranten aus Kenia, Tansania, Pakistan, Uganda und Ghana und einen in Indien geborenen Immigranten einschließt. Die Kabinette von Ländern in ganz Afrika und Asien erwidern diese Diversität nicht, aber das spielt keine Rolle. Der Westen akzeptiert den dadurch entstehenden Nutzen, auch wenn andere das nicht tun.«

Das wäre eine Möglichkeit für Rufo gewesen, die Frage zu beantworten. Aber es ist nachvollziehbar, dass er es nicht tat. Denn momentan befindet sich eine wahre Antwort am Rande der zulässigen Sagbarkeit. Und in der Stille, die bleibt durch die Unmöglichkeit, das zu sagen, was wahr ist, kann alles und nichts umherstreifen. Wenn Weiße sich der Kultur schämen müssen, die sie hervorgebracht hat, kann fast alles passieren. Und das ist die Situation, in die wir abgerutscht sind.

Ich hatte einen sehr klugen Freund, der während der COVID-Pandemie verstarb, einen hervorragenden in Indien geborenen Wirtschaftswissenschaftler namens Deepak Lal. In seinen letzten Jahren pflegte er unaufhörlich zu glucksen, wenn er über die neuesten Idiotien sprach, die die Universität in Amerika und andere Institutionen im Westen plagten, denen er den Großteil seines Arbeitslebens gewidmet hatte. »Jeder behauptet, dass wir nach dem Zeitalter des Christentums in eine Ära des Atheismus eintreten«, sagte er einmal zu mir. »Dabei ist doch völlig klar, dass wir in ein Zeitalter des Polytheismus eintreten. Jeder hat heute seine eigenen Götter.« Das stimmt. Nachdem die zentralen religiösen und kulturellen Geschichten des Westens aus der Kultur herausgenommen wurden und die Menschen ermutigt wurden, sich gegen ihre eigene Vergangenheit zu wenden, war die Kultur völlig ausgehöhlt. Es ist erstaunlich, wie fadenscheinig und leer die Ideen sind, die hereinströmen, um diesen Platz einzunehmen. Anstelle von Geschichte oder Traditionen bekommen wir das Gerede von »Werten«, als kämen diese Werte aus dem Nirgendwo oder können neu erfunden werden. Im Namen der großen Offenheit werden wir engstirnig, und im Namen des Fortschritts nehmen wir Ideen auf, die sich als höchst regressiv entpuppen. Das Ergebnis ist ein totales Wirrwarr. Eine große Suche nach Bedeutung von Menschen, die von außerhalb geblendet wurden durch Menschen, die ihnen eigentlich Sehvermögen hätten geben sollen. Sogar Deepak wäre vielleicht überrascht, wie der Westen sich selbst lahmlegt: wie sehr er nun bereit ist, vor jeder Tradition in die Knie zu gehen, solange es nicht seine eigene ist.

Um nur noch ein weiteres Beispiel zu geben. 2021 genehmigte die State Board School of Education in Kalifornien ein Modell-Curriculum in Ethnischen Studien, das auch Gebete an aztekische Götter beinhaltete. Die »Bekräftigungen, Gesänge und Energiespender« waren gedacht, um »die Klasse zusammenzubringen« und »Geschlossenheit um ethnische Studienprinzipien und Werte aufzubauen und die Klasse wiedererstarken zu lassen«. Zu den Gebeten gehörte das »In Lak Ech Affirmation«, ein aztekisches Gebet, zu Tezkatlipoka, Quetzalkoatl, Huitzilopochtli, Xipe Totek und Hunab Ku. 20-mal werden die Namen dieser Azteken-Götter beschworen, während sie um solche Dinge wie »Stärke, die uns ermöglicht, uns zu verändern und zu erneuern« gebeten werden. Da das Modell-Curriculum fast 11.000 Schulen in Kalifornien zur Verfügung gestellt wurde, sollte das als reichliche Zahl von Beschwörungen pro Tag für jede Gottheit gelten. Und wenn die relevanten Azteken-Götter tatsächlich existierten, dann wären sie vielleicht überrascht, in den 2020er-Jahren von Schülern in Kalifornien aus ihrem Schlaf geholt zu werden.

Und die Schüler wiederum wären vielleicht überrascht, was sie da heraufbeschworen hätten. Das Klatschen und Singen für Tezkatlipoka war gedacht, damit der Gott die Schüler zu »Kriegern« für »soziale Gerechtigkeit« macht. Damals gingen die Azteken noch einen Schritt weiter. Tezkatlipoka wurde traditionell mit Menschenopfern und großen kannibalischen Festen geehrt. Die kalifornischen Schüler wären vielleicht auch überrascht, dass ihre Gebete an Huitzilopochtli den Gott zwar um »heilende Erkenntnis« baten und einen »revolutionären Geist«, die Azteken diesen Gott aber damals als Gott des Krieges feierten, zu dessen Ehren sie Hunderttausende Menschenopfer darbrachten.[345]

Man möchte gern annehmen, dass das California State Board of Education keine Ahnung hat, was es da tut. Schlimmer wäre, auch nur für einen Moment zu denken, dass es das doch weiß.

In Abwesenheit von allem anderen ist die einzige öffentliche Ethik im Westen, um die herum sich zu vereinen Menschen ermutigt werden, die Opposition gegen sich selbst. Und die nimmt zunehmend hässliche und polarisierende Formen an. Im Sommer 2021 wurde die im Vorjahr durchgeführte US-Volkszählung veröffentlicht. Unter anderem zeigte sie einen Rückgang der weißen Bevölkerung. »Die Zahl der Weißen fällt zum ersten Mal« verkündete die *Washington Post* diese Tatsache.[346] Das war, als Jimmy Fallons Studio über den Schwund an Weißen jubelte und der Komiker mit ihnen darüber lachte. Man muss einen Moment innehalten, um sich darüber zu wundern. Drehen Sie es in irgendeine andere Richtung und sehen Sie, wie hässlich das ist. »Zum ersten Mal in der Geschichte der Vereinigten Staaten sank die Zahl der schwarzen Menschen.« Applaus und Jubel setzen ein. Oder stellen Sie sich vor, dass die Mehrheitsbevölkerungen in China, Japan, Indien oder einem anderen Land außerhalb des Westens ihren demografischen Rückgang bejubeln. Wenn Sie das tun, bekommen Sie eine Vorstellung davon, wie verrückt und sich selbst hassend der Westen in der aktuellen Ära geworden ist.

Bei großen und kleinen Dingen, komisch und tragisch – diese Selbstverachtung ist allgegenwärtig. Es gibt mittlerweile fast nichts, durch das sie sich nicht zieht. Der Angriff auf unbelebte Objekte hat vielleicht seinen Höhepunkt im Sommer 2021 erreicht, als die Universität von Wisconsin einen 42 Tonnen schweren Felsen entfernte, der von ein paar Studenten des Rassismus beschuldigt worden war. Mit Menschen kann genauso verfahren werden. Als in Wyoming eine weiße Frau verschwand und bevor ihre Leiche gefunden wurde, gab es nationales Interesse an dem Fall. Joy Reid von MSNBC tat das ab als »Vermisste-weiße-Frau-Syndrom«.[347] Das war lediglich die neueste pseudomedizinische Pathologisierung eines jeden, der weiß war, eine Pathologisierung, die schon die Erfindung von »White Fragility«, »weiße Tränen«, »weiße Wut« und mehr erlebt hatte. Im selben Monat gab es zum ersten Mal eine »Black

National Anthem« [Schwarze Nationalhymne] bei einem NFL-Spiel. Vor dem Anstoß des Spiels zwischen den Dallas Cowboys und den Tampa Bay Buccaneers wurde die Ballade »Lift Every Voice and Sing« gespielt. Den Amerikanern wurde gesagt, dass dieses Lied – geschrieben 1900 von James Welson Johnson – schwarze Amerikaner besser repräsentierte als »The Star-Spangled Banner«. Die Rede von einer Nation, durch die sich ethnische Grenzen zogen, begann nach wesentlich mehr zu klingen als nur nach Gerede.

Während dieses gesamten Zeitraumes gab es täglich Beispiele für verrücktes Verhalten und erlaubte Bigotterie. Aber es gab auch gelegentlich Momente des Lichts von tapferen Individuen, die vortraten und sagten, sie wollten nicht, dass sich ihre Gesellschaft gegen sich selbst wendet und Gruppen innerhalb dieser wieder gegeneinander kämpften. Menschen wie Jodie Shaw, eine selbsternannte »lebenslange Liberale«, die ihren Job am Smith College, in Massachusetts, kündigte wegen Diversität- und Inklusionsinitiativen, die, wie sie sagte, »eine rassistisch feindselige Umgebung« erzeugten. In Mitarbeiter-Kampfsitzungen wurden weiße Mitarbeiter ständig beschimpft und in ihrer Kündigung schrieb Shaw: »Ich möchte, dass das Smith College aufhört, meine Persönlichkeit auf eine Rassenkategorie zu reduzieren. Hört auf, mir zu sagen, was ich über mich selbst denke und fühle. Hört auf, euch zu erdreisten, ihr wüsstet basierend auf meiner Hautfarbe, wer ich bin oder was meine Kultur ist. Hört auf, von mir zu wollen, dass ich Stereotype und Annahmen auf andere projiziere, basierend auf deren Hautfarbe.« Das College bot ihr eine »großzügige Abfindung an«, die sie zum »Schweigen verpflichtet« hätte, aber Shaw lehnte sie ab und sagte, dass es ihr »wichtiger sei, die Wahrheit zu sagen«.[348]

Leider erhalten Fälle wie der von Shaw deshalb Aufmerksamkeit, weil sie so selten sind. Während nur wenige Menschen aufgestanden sind und gesagt haben, sie würden die anhaltenden Angriffe auf Mehrheitsbevölkerungen im Westen nicht gutheißen, machen zu viele einfach mit, halten sich an die neuen Regeln und die Sprache der Menschen, die darauf bestehen, dass es über den Westen und die Menschen des Westens nichts Gutes zu sagen gibt. Diejenigen, die sich selbst zu Schiedsrichtern ernannt haben, wurden unverhältnismäßig gefeiert. 2021 erhielt Ibram X. Kendi den MacArthur-»Genie-Preis«. Andere, die auf den Zug aufgesprungen waren, wurden ähnlich, wenn auch selten noch generöser belohnt. Aber während sich alle im privaten Sektor, im öffentlichen Sektor und insbesondere in der Unterhaltungsbranche überschlugen, um ihre antirassistischen Qualifikationen zu beweisen, konnte nichts Beweis genug sein für Robin DiAngelo, der Miss Whiplash des Antirassismus, und ihre Gefolgsleute. 2021 brachte sie ein neues Buch mit dem Titel *Nice Racism* heraus, in dem sie die weiße Bevölkerung erneut beschimpfte. Laut DiAngelo neigten junge Menschen, »die rassenübergreifende Freundschaften pflegen, dazu, Freundschaften zu haben, die vorbehaltlich sind. Ihre Freunde of Color müssen sich ständig rassistische Hänseleien gefallen lassen oder sie werden als wütend, ›nicht lustig‹ abgestempelt und dann abserviert.« Wie genau DiAngelo zu derartig allwissenden Kenntnissen kam, wurde nie enthüllt. Aber es brachte sie zu der Schlussfolgerung: »Also, nein, ich denke nicht, dass die jüngere Generation weniger rassistisch ist als die älteren.«[349]

Jeder andere könnte jetzt zu dem Schluss kommen, dass dieses Spiel, zu dem DiAngelo, Kendi und andere Menschen einladen, nicht gewonnen werden kann. Es ist unmöglich, für diese Leute antirassistisch genug zu sein, und es scheint fair, daraus zu schließen, dass sie unfair spielen. Sogar beweisbare, quantifizierbare, beobachtbare Verbesserungen werden abgelehnt, als würden sie rein gar nichts bedeuten. Millennials sind genauso schlimm wie Jim Crow. Generation Z ist genauso schlimm wie die Sklavenhalter. Selbst wenn es das Bestreben gibt, dass in unseren Gesellschaften alle gleich gut gestellt sind, scheint es keine ernsthaften Reflexionen darüber zu geben, wie uns diese Theorien praktisch dabei helfen können, diesen Zustand zu erreichen.

Ein Hoffnungsschimmer könnte sein, dass wann immer Menschen daran schnuppern können, was diese antirassistischen Politiken in der Realität bedeuten, diese Erfahrung sie abschreckt. Im September 2021 sagte die English Touring Opera, dass sie die Hälfte ihrer Orchestermusiker entlassen habe. Grund war, dass man die »gesteigerte Diversität im Orchester« priorisieren musste, im Abgleich mit der »strengen Leistung des Arts Council«.[350] Auf dem Papier sehen Diversitätsquoten vielleicht toll aus. In der Praxis bedeutete das, dass Musiker, die Jahre für dich gearbeitet und sich durch die Lockdowns wegen COVID gekämpft haben, dann wegen ihrer Hautfarbe gefeuert werden. Wenn die antiwestlichen »Diversitäts«-Mantras in der Theorie schon hässlich waren, dann sind sie es in der Praxis erst recht. Und sie wurden in nahezu jedem Forum in der Kultur verfügt, mehr oder weniger öffentlich, an jedem einzelnen Tag.

Dennoch ist die Frage, die hinter dieser Schlussfolgerung wartet, noch relevanter. Wenn Sie eingeladen werden zu einem Spiel, bei dem Sie nicht gewinnen können, wird unweigerlich ein Gedanke in Ihrem Kopf auftauchen: Selbst wenn man das Spiel gewinnen könnte, ist es das wert?

In den vergangenen Jahren haben Amerikaner und andere Menschen im Westen sich überschlagen, um zu beweisen, dass sie nicht das sind, was ihre Kritiker über sie sagen. Sie versuchen zu beweisen, dass sie nicht rassistisch, homophob, frauenfeindlich und mehr sind, und hoffen, dass verstanden wird, dass ihre Geschichte zwar Rassismus aufweisen mag, Rassismus aber nicht der alleinige Punkt in ihrer Geschichte war. Regierungen, Individuen, Sportmannschaften, Preisverleihungen und alle kulturellen Institutionen haben sich überschlagen, um ihre Diversität zu demonstrieren. Sie haben sich selbst übertroffen, um Menschen einzustellen, die nicht weiß sind. Sie haben versucht zu gewährleisten, dass nicht nur Minderheiten in jedem Lebensbereich repräsentiert sind, sondern dass sie überrepräsentiert sind – sodass es im Auge der Öffentlichkeit mehr Sichtbarkeit gibt als in der Öffentlichkeit insgesamt. Das Ziel geht von der Annahme aus, dass, wenn exakte Repräsentation oder Überrepräsentation erreicht wird, etwas Wunderbares passiert. Und obwohl es stimmt, dass eine Gesellschaft, die es ihren talentiertesten Menschen erlaubt, so nahtlos wie möglich aufzusteigen, begünstigt sein kann, gibt es keinen Beweis, dass eine Gesellschaft gedeiht durch das Entwickeln der rassistischen und kulturellen Obsessionen, die der Westen nun entwickelt.

Es mag zwar viele Bereiche geben, die davon profitieren, auszusehen wie die Öffentlichkeit (die Regierung, die Polizei und vielleicht der Kundendienst gehören zu den offensichtlichsten Beispielen), aber soll das Gleiche für alle Lebensbereiche gelten? Muss ein Architekturbüro so divers wie möglich sein? Eine Feuerwehr? Ein Musical-Ensemble? Oder ein Basketballteam? Würden irgendwelche dieser Bereiche dadurch verbessert, wenn absolut korrekte Repräsentation das Ziel wäre? Wenn Überrepräsentation nicht das Problem ist, gibt es einen Punkt, an dem es eines wird? Am Ende von all dem, während der Westen in dieser immer größer werdenden, selbst verursachten Verkalkung versinkt, schlägt der Westen da China? Hat er überhaupt eine Chance? Ist das Spiel, dem sich unsere ganze Kultur verschrieben hat, überhaupt das Spielen wert?

Diese Frage schwebt über uns allen. Gelegentlich erhaschen wir einen Blick auf den Preis, der dafür gezahlt werden muss, falls die Antwort nein lautet. Das ist nicht theoretisch. Heutzutage ist der Westen mit Herausforderungen von außen und Bedrohungen von innen konfrontiert. Aber es existieren keine größeren Bedrohungen als die von den Menschen innerhalb des Westens, die vorhaben, die Struktur unserer Gesellschaft zu zerreißen, Stück für Stück. Durch das Angreifen der Mehrheitsbevölkerungen in diesen Ländern. Durch das Artikulieren, dass unsere Geschichte moralisch verwerflich ist und es nichts Gutes darüber zu sagen gibt. Durch das Behaupten, dass alles in unserer Vergangenheit, das zu unserer Gegenwart führte, hoffnungslos mit Sünden gespickt ist, obwohl genau diese Sünden jede Gesellschaft in der Geschichte heimgesucht haben. Der Schuldner soll nur an eine Tür klopfen. Und vor allem bei jenen, die vorgeben, dass eine Zivilisation, die der Welt mehr an Wissen, Verständnis und Kultur gegeben hat als irgendeine andere in der Geschichte, nichts hat, das für sie spricht. Was soll jemand sagen oder tun im Angesicht von derartig kurzsichtigem, allgegenwärtigem Hass?

Wir haben, so scheint es mir, nur ein paar Optionen. Es gibt Möglichkeiten, die so geblieben sind, wie sie schon immer waren. Eine besteht darin, zu kämpfen und unsere eigene Geschichte entlang klarer, aber ausschließender Grenzen zu verteidigen. Der sich für diese Gegenreaktion sammelnde Dampf beginnt sich bereits abzuzeichnen. Es würde eine brutale, aber logische Justierung bedeuten. Wenn die Menschen entscheiden, dass sie unsere Vorfahren verachten, dann verachten wir ihre Vorfahren. Schließlich gibt es keinen Grund, warum alle im Westen zustimmen sollten, bis in alle Ewigkeit ohne Safeword in dieser masochistischen Position steckenzubleiben. Wahrscheinlicher ist, dass eine wachsende Zahl Menschen das ganze Spiel ablehnen wird. Vielleicht antworten sie mit der folgenden Justierung: »Wenn du meine Vergangenheit nicht respektierst, warum sollte ich dann deine respektieren? Wenn du meine Kultur nicht respektiert, warum sollte ich dann deine respektieren? Und wenn dir nicht gefällt, was meine Gesellschaft hervorbringt, warum sollte ich dann zustimmen, dass du einen Platz in ihr hast?« Auf diesem Weg liegt viel Schmerz. Und er mündet zwangsläufig in einen Konflikt, der nur durch Gewalt lösbar ist. Diese Option sollte unbedingt vermieden werden.

Leider gibt es eine Menge Menschen aller Hautfarben und politischen Einstellungen, die daran interessiert scheinen, uns auf diesen Weg zu schieben. Der britische Akademiker und Rassen-Hetzer Kehinde Andrews behauptete kürzlich, dass das gesamte System im Westen auf den Kopf gestellt werden muss. Was meint er damit? In seinen eigenen Worten: »Ich meine ganz einfach Revolution. Ich werde nicht lügen. Das ist eine revolutionäre Auseinandersetzung. Wir müssen etwas verändern. Wir müssen es umstürzen. Du kannst dich nicht auf diese Institutionen stützen, denn sie sind das Problem. Du kannst Rassismus nicht von Kapitalismus trennen, also müssen wir etwas anderes tun. Es gibt keine andere Lösung als Revolution.«[351]

Glücklicherweise gibt es auch klügere Stimmen. Eine von ihnen ist der US-amerikanische Schriftsteller Thomas Chatterton Williams. In seinen kürzlich erschienen Memoiren *Self-Portrait in Black and White* schreibt er: »Auf die ein oder andere Weise werden wir herausfinden müssen, wie wir es schaffen, dass unsere multiethnischen Realitäten funktionieren, und eines der größten intellektuellen Projekte, mit denen wir konfrontiert sind – in Amerika und auch auf anderen Kontinenten –, wird sein, eine Vision von uns selbst zu entwickeln, die stark und flexibel genug ist, um die nachklingende Bedeutung ererbter Gruppenidentitäten anzuerkennen, während wir gleichzeitig das Ausmaß, wie sehr diese Identitäten uns definieren können, abschwächen statt es zu verstärken.«[352]

Wo Kendi, Coates und andere auf die Welt hinausschauen und versichern, dass niemals jemand einen Vertrauensvorschuss bekommt, ist Williams zu Recht überrascht über diese »Inflexibilität und den Mangel an Großzügigkeit«.[353] Und wo diese Leute sich als Antirassisten ausgeben, erkennt Williams an, was so viele Menschen sehen können, aber zu wenige gesagt haben. Nämlich:

> »der schockierendste Aspekt des heutigen Mainstream-Antirassismus-Diskurses ist das Ausmaß, in dem er die Vorstellungen von Rasse spiegelt – vor allem die Besonderheit von Weißsein –, die Anhänger der weißen Vorherrschaft schätzen. ›Woke‹-Antirassismus geht von der Prämisse aus, dass Rasse *real* ist – wenn nicht biologisch, dann sozial konstruiert und von daher ebenso gut, wenn nicht sogar noch signifikanter –, um sie mit toxischen Annahmen der weißen Vorherrschaft zu synchronisieren, die auch gern auf die Wesentlichkeit von Rassenunterschieden beharren möchte. Auf entgegengesetzte Schlüsse zuarbeitend, wollen Rassisten und viele Antirassisten gleichermaßen die Menschen auf abstrakte Color-Kategorien reduzieren, während sie sich die ganze Zeit vom jeweils anderen ernähren und sich gegenseitig legitimieren, während irgendeiner von uns auf der Suche nach Grauzonen und Gemeinsamkeiten zweimal verschlungen wird.«[354]

Es mag heutzutage so aussehen, dass mehr Menschen auf der Seite von Kendi und DiAngelo stehen als auf der von Williams. Aber die Geschichte ist auf Williams Seite. Nicht nur bei der überheblichen, zu oft gehörten Behauptung, dass die Zukunft ihm Recht geben wird. Sondern in dem Sinne, dass die jüngste und entfernte Vergangenheit das bereits tut. Glenn Loury, Adrian Piper, Henry Louis Gates Jr. und viele andere haben ein ähnliches Argument angebracht, und wie eine wachsende Zahl anderer zieht Williams sie auf seine Seite. Denn sie haben alle verstanden, dass das Beste des menschlichen Wissens und seiner Kultur über ethnische und soziale Grenzen hinweg übertragbar und verständlich sein muss. Andernfalls entscheiden wir uns, dass manche Dinge abgesperrt, angeboten und geschätzt werden von lediglich bestimmten ethnischen Gruppen. Auf diesem Weg liegt eine Wiederholung der schlimmsten Dinge der Vergangenheit. Wiederholt in Gestalt der Opposition zu genau so einer Wiederholung.

Menschen, die heutzutage im Westen aufwachsen, gehören zu den glücklichsten der gesamten Menschheitsgeschichte. Aber Glück ist keine ausschließlich abstrakte Sache, und auch keine Lotterie. Gesellschaften haben nicht einfach nur Glück. Wie Branch Rickey bekanntermaßen sagte: »Glück hat nur, wer gut vorbereitet ist.« Wir im Westen sind glücklich, weil die Männer und Frauen vor uns hart dafür gearbeitet haben und außergewöhnliche ebenso wie alltägliche Kunststücke vollbrachten, damit wir dieses Glück bekamen. Ein Glück, an dem teilzuhaben ein Großteil der Welt sich immer noch wünscht. Natürlich gibt es Klüfte. Aber wie Henry Louis Gates Jr. sagte, besteht der einzige Weg, die Klüfte zu überschreiten, darin, eine »bürgerliche Kultur« zu schmieden, »die sowohl Unterschiede als auch Gemeinsamkeiten respektiert«. Und der einzige Weg, um das zu erreichen, »ist durch die Bildung, die danach strebt, die Verschiedenartigkeit menschlicher Kultur zu verstehen«. Und anzuerkennen, dass »jedes menschliche Wesen, das hinreichend neugierig und motiviert ist, sich einer anderen Kultur vollständig bemächtigen kann, wie ›fremdartig‹ sie auch scheinen mag«.[355]

Ein Großteil der Welt erkennt das. Im Westen können das heutzutage offensichtlich zu wenig Menschen. Aber sie können lernen, es zu sehen, und sie können dazu ermutigt werden. Und sie können gleichzeitig ermutigt werden, zu erkennen, dass die Kultur, die Geschichte und die Menschen, die zu verachten und zu verurteilen ihnen beigebracht wurde, ihnen Reichtümer gaben, die für ein ganzes Leben reichen. Die Menschen haben immer gefragt, was der Sinn von allem ist. Heutzutage tun sie das genauso oft, wenn nicht sogar noch öfter. Und wenn die Menschen heutzutage fragen, wo ein Sinn gefunden werden kann, dann sollten sie ermutigt werden, zu schauen, was um sie herum ist und direkt unter ihren Füßen. Wenn sie richtig hinsehen, und mit ein bisschen in Vergessenheit geratener Demut, erkennen sie vielleicht, dass das, was sie haben, mehr als Glück ist. Es ist alles, was sie je brauchen werden.

Danksagung

Ich möchte allen bei HarperCollins danken, die dieses Buch ermöglicht haben. Insbesondere meinem Lektor, Eric Nelson. Ebenfalls danken möchte ich meinem Agenten, Matthew Hamilton, von der Hamilton Agency. Darüber hinaus möchte ich – ohne einzelne Namen zu nennen – all den Freunden, Kollegen und Feinden danken, mit denen ich viele Jahre diese Themen ausdiskutiert habe.

Anmerkungen

1 Ibram X. Kendi, *One World*, New York, 2019, S. 85.
2 Lyell Asher, »How Ed Schools Became a Menace to Higher Education«, *Quillette*, 6. März 2019.
3 Exec. Order No. 13985, »Advancing Racial Equity and Support for Underserved Communities through the Federal Government«, Das Weiße Haus, 20. Januar 2021.
4 Folge 1.500 der *Tonight Show*, NBC, 12. August 2021.
5 Derrick Bell, *And We Are Not Saved: The Elusive Quest for Racial Justice*, New York: Basic Books, 1987, S. 159.
6 Richard Delgado und Jean Stefancic, *Critical Race Theory: An Introduction*, New York: New York University Press, 2001, S. 2–3.
7 Siehe Eduardo Bonilla-Silva, *Racism without Racists: Color-blind Racism and the Persistence of Racial Inequality in the United States*, Lanham, MD: Rowman & Littlefield, 2003.
8 Siehe insbesondere Michel Foucault, *Discipline and Punish: The Birth of the Prison*, New York: Pantheon, 1977.
9 Michael Moore, *Stupid White Men*, New York: ReganBooks, 2001, S. 58–59.
10 Dr. Thomas Sowell, »Random Thoughts«, Creators, 24. Juli 2012, www .creators.com/read/thomas-sowell/07/12/random-thoughts-12-07-24.
11 Robin DiAngelo, *White Fragility: Why It's So Hard for White People to Talk about Racism*, Boston: Beacon Press, 2018, S. xi.
12 DiAngelo, S. ix
13 DiAngelo, S. xii.
14 DiAngelo, S. xiii.
15 DiAngelo, S. 91.
16 DiAngelo, S. 11.
17 DiAngelo, S. 149–50.
18 Robin DiAngelo in *Amanpour & Company* 2018. Erneut ausgestrahlt auf PBS am 13. Juni 2020.
19 Sheryl Gay Stolberg und Marjorie Connelly, »Obama Is Nudging Views on Race, a Survey Finds«, *New York Times*, 27. April 2009.
20 Associated Press, »Polls Show Sour Views of Race Relations in Trump's America«, 16. Juli 2019.
21 Siehe zum Beispiel Sharon M. Chubbuck, »Whiteness Enacted, Whiteness Disrupted: The Complexity of Personal Congruence«, *American Educational Research Journal* 41, Nr. 2 (Sommer 2004), S. 301–333.
22 Cristina Beltran, »To Understand Trump's Support, We Must Think in Terms of Multiracial Whiteness,« *Washington Post*, 15. Januar 2021.

23 Siehe Skeptic Research Center, »How Informed Are Americans about Race and Policing?« Research Report CUPES-007, 20. Februar 2021.

24 Siehe die Datenbank der *Washington Post* zu tödlichen Schießereien von Polizisten im Dienst: www.washingtonpost.com/graphics/investigations/police-shootings -database

25 Susan Goldbergs Brief im Juni 2021 an die Leser des *National Geographic*.

26 »Is the West Fundamentally Racist? With Kehinde Andrews and Jeremy Black«, Intelligence Squared, 8. April 2021, www.intelligencesquared.com /events/is-the-west-fundamentally-racist-with-kehinde-andrews-and-jeremy -black

27 Griffin Leeds, »Everyone Mistook a Priest for a KKK Member«, *The Tab*, 5. April 2016.

28 J. K. Trotter, »That KKK Robe Sighting at Oberlin Was Probably Just a Student Wearing a Blanket«, *The Atlantic*, 5. März 2013.

29 »University of Missouri Students Report Threats; Police Quell KKK Rumors«, CNN, 12. November 2015.

30 DBK Admin, »UMD Police Are Investigating Plastic Wrap Resembling Noose Found Near Campus«, Diamondback, 27. Juni 2017, https://dbknews.com /0999/12/31/arc-gcbl54bhjfcp3kmxqfyqjuwgsu/; siehe auch Malik (@mwalterrs), Twitter, 27. Juni 2017.

31 »MSU Student Finds Noose Hanging outside Dorm Room,« WLNS-TV (Michigan), 4. Oktober 2017.

32 »Student Reports Being Accosted; Racial Slurs Used,« Vincennes University, 26. März 2018, www.vinu.edu/en/web/external-relations/b/student-reports-being-accosted-racial-slurs-used; »Alleged Hate Crime Now Being Called False Reporting«, *Vincennes Sun-Commercial*, 29. März 2018.

33 Sarah Silverman (@SarahKSilverman), Twitter, 12. Februar 2017.

34 »A Former NFL Player Is Accused of Destroying His Business to Make It Look like a Hate Crime Burglary«, CNN, 15. September 2019, www.cnn.com/2019 /09/14/us/former-nfl-athlete-hate-crime-business-trnd/index.html.

35 »Kamala Harris: Violent Attack on Empire Star Is ›Attempted Modern Day Lynching'«, *The Hill*, 29. Januar 2019.

36 *The Late Show* mit Stephen Colbert, 1. Februar 2019.

37 Adam Rutherford, *How to Argue with a Racist*, The Voltaire Lecture, Humanists UK, 24. Mai 2019, YouTube-Video, www.youtube.com/watch?v=cYf -xNsIb2I.

38 Ibram X. Kendi, *Antiracist Baby*, New York, Penguin, 2020.

39 Siehe Christopher F. Rufo (@realchrisrufo) at https://mobile.twitter.com/real chrisrufo/status/1366820252252733446.

40 Kendi, *How to Be an Antiracist*, S. 68.

41 Kendi, *How to Be an Antiracist*, S. 73.

42 Kendi, *How to Be an Antiracist*, S. 23.

43 Kendi, *How to Be an Antiracist*, S. 23.

44 Kendi, *How to Be an Antiracist*, S. 32.

45 Kendi, *How to Be an Antiracist*, S. 221.

46 Kendi, *How to Be an Antiracist*, S. 222.

47 Martin Sekkat, *How to Be an Antiracist Family: 25 Inspiring Tales about Racism to Read Together with the Kids*, Martin Sekkat, 2020.

48 Otegha Uwagba, *Whites: On Race and Other Falsehoods*, London: 4th Estate, 2020, S. 37.

49 Uwagba, S. 38–39.

50 Anm. d. Üs: Bei LANDBACK handelt es sich um eine Kampagne, die indigenen Völkern in Kanada und den Vereinigten Staaten politische und wirtschaftliche Kontrolle über das Land geben möchte, das ihnen vor der Kolonialisierung gehört hatte.

51 Siehe das Statement (gepostet von abigail_heringer) auf www.instagram.com/p/CL LAuiw pzB_/?igshid=6yyor2fhsrcd.

52 »In an Emotional Finale, Bachelor Matt James Breaks up with the Winner over Racially Insensitive Social Media Posts«, *Washington Post*, 15. März 2021.

53 »Chris Harrison Exits ›Bachelor‹ Franchise; Rose Withers on 19-Year Run as Host after Racism Controversy«, *Deadline*, 8. Juni 2021.

54 Anita Rani: »My ›Brown Face' Could Have Stopped Me Reaching Strictly Come Dancing Final«, *The Telegraph*, 27. Juli 2021.

55 »I'll Take ›White Supremacist Hand Gestures‹ for $1,000«, *New York Times*, 16. Mai 2021.

56 Christopher F. Rufo, »Failure Factory«, *City Journal*, 23. Februar 2021.

57 Christopher F. Rufo, »Woke Elementary«, *City Journal*, 13. Januar 2021; Christopher F. Rufo, »Revenge of the Gods«, *City Journal*, 10. März 2021.

58 Christopher F. Rufo, »Teaching Hate«, *City Journal*, 18. Dezember 2020.

59 Selim Algar und Kate Sheehy, »NYC Public School Asks Parents to ›Reflect‹ on Their ›Whiteness‹«, *New York Post*, 16. Februar 2021.

60 Susan Edelman, »Bronx Educator Claims She Was Fired after Sharing Holocaust Story, Refusing ›Wakanda‹ Salute«, *New York Post*, 20. Februar 2021.

61 Paul Rossi, »I Refuse to Stand by While My Students Are Indoctrinated«, Bari Weiss Substack, 13. April 2021, https://bariweiss.substack.com/p/i-refuse-to -stand-by-while-my-students.

62 »›Woke‹ Principal of Elite NYC School Caught Ripping ›Demonizing‹ Curriculum«, *New York Post*, 20. April 2021.

63 »Anti-Racism at Harvard-Westlake School,« 24. Juli 2020, https://www.hw .com/pdf/Anti-RacismatHarvard-Westlake.pdf.

64 Bari Weiss, »The Miseducation of America's Elites«, *City Journal*, 9. März 2021.

65 Vernellia Randall, »The Whitest Law School Rankings«, Race, Racism and the Law, 8. März 2021, https://racism.org/2021-law-schoolrankings?showal.

66 Christopher F. Rufo, »Obscene Federal ›Diversity Training‹ Scam Prospers— Even under Trump«, New York Post, 16. Juli 2020.

67 https://mobile.twitter.com/realchrisrufo/status/1299379197253541888?lang= en.

68 https://mobile.twitter.com/realchrisrufo/status/1290410612867047424?lang= en.

69 See https://mobile.twitter.com/realchrisrufo/status/1293605747394150401.

70 Chrissy Clark, »Revealed: Whistleblower Docs Show ›Big 4‹ Firm's Massive ›Anti-Racist‹ Indoctrination«, *Daily Wire*, 4. März 2021.

71 Joseph Simonson, »Cigna's Critical Race Theory Training: Don't Say ›Brown Bag Lunch‹ and Be Mindful of ›Religious Privilege‹«, *Washington Examiner*, 19. März 2021.

72 Paul Bond, »After Coca-Cola Backlash, LinkedIn Removes Diversity Lesson Telling Employees to ›Be Less White‹«, *Newsweek*, 23. Februar 2021.

73 »Fury as KPMG Boss Becomes ›Latest Victim of Cancel Culture‹ after Being Forced to Quit over Video Telling Well-Paid ›Woke‹ Staff They Are ›Lucky‹ and Should Not ›Moan‹ during Pandemic«, *Mail Online*, 12. Februar 2021.

74 Christopher F. Rufo, »The Wokest Place on Earth«, *City Journal*, 7. Mai 2021.

75 https://nypost.com/2021/05/13/disney-scrubs-anti-racism-training-afterbacklash-report/.

76 Afua Hirsch, »If Coronavirus Doesn't Discriminate, How Come Black People Are Bearing the Brunt?«, *The Guardian*, 8. April 2020; Ibram X. Kendi, »What the Racial Data Show«, *The Atlantic*, 6. April 2020.

77 Der CDC Bericht, der zu dieser Kontroverse führte, findet sich hier: www.cdc.gov/vaccines/acip/meetings/downloads/slides-2020-11/COVID-04-Dooling.pdf.

78 Abby Goodnough und Jan Hoffman, »The Elderly vs. Essential Workers: Who Should Get the Coronavirus Vaccine First?«, *New York Times*, 6. Dezember 2020.

79 Siehe Harald Schmidt, PhD, Lawrence O. Gostin, JD, Michelle A. Williams, ScD, »Is It Lawful and Ethical to Prioritize Racial Minorities for COVID-19 Vaccines?«, *Journal of the American Medical Association*, 14. Oktober 2020.

80 Abby Goodnough und Jan Hoffman, »Frontline Workers and People over 74 Should Get Shots Next, C.D.C. Panel Says«, *New York Times*, 14. Januar 2021, www.nytimes.com/2020/12/20/health/covid-vaccine-first-elderly-workers .html.

81 Natalie Colarossi, »Vermont Under Fire for Distributing COVID Vaccine Based on Race«, *Newsweek*, 2. April 2021.

82 Bram Wispelwey und Michelle Morse, »An Antiracist Agenda for Medicine«, *Boston Review*, 17. März 2021.

83 American Medical Association, »Organizational Strategic Plan to Embed Racial Justice and Advance Health Equity, 2021–2023«, www.ama-assn.org/about/leadership/ama-s-strategic-plan-embed-racial-justice-and-advance -health-equity.

84 Maria Godoy, »Is It Time for a Race Reckoning in Kidney Medicine?«, NPR, 28. Dezember 2020.

85 Akinyemi Oni-Orisan, PharmD, PhD, Yusuph Mavura, MS, Yambazi Banda, PhD, Timothy A. Thornton, PhD, und Ronnie Sebro, MD, PhD, »Embracing Genetic Diversity to Improve Black Health«, *New England Journal of Medicine*, 25. März 2021.

86 Jake Miller, »Anti-Racist Epidemiology«, Harvard Medical School, 10. Februar 2021, https://hms.harvard.edu/news/anti-racist-epidemiology.

87 Roni Caryn Rabin, »Huge Racial Disparities Found in Deaths Linked to Pregnancy«, *New York Times*, 7. Mai 2019.

88 Tina Hesman Saey, »DNA Databases Are Too White, so Genetics Doesn't Help Everyone. How Do We Fix That?« *Science News*, 4. März 2021.

89 Damon Young, »Whiteness Is a Pandemic«, *The Root*, 17. März 2021.

90 »Editor of JAMA Leaves after Outcry over Colleague's Remarks«, *New York Times*, 2. Juni 2021.

91 Siehe Cheryl I. Harris, »Whiteness as Property,« Harvard Law Review 106, no. 8 (1. Juni 1993), https://harvardlawreview.org/1993/06/whiteness-as-property/

92 Uwagba, *Whites*, S. 84–86.

93 Aruna Khilanani, MD, MA, »The Psychopathic Problem of the White Mind«. Ein Vortrag am Yale's Child Study Center, 6. April 2021. Nach einiger Kritik wurde der Vortrag von

Yale's Plattform entfernt, aber eine Kopie der Aufnahme kann immer noch hier gehört werden: https://bariweiss.substack.com/p/the-psychopathic -problem-of-the-white.

94 Donald Moss, »On Having Whiteness«, *Journal of the American Psychoanalytic Association*, 27. Mai 2021.

95 »Our Man in China«, Damon Albarn Interview mit Bryan Appleyard, *The Sunday Times*, 24. August 2008.

96 National Center for Health Statistics, »Provisional Drug Overdose Death Counts«, Vital Statistics Rapid Release, aktualisiert 15. Dezember 2021, https:// www.cdc.gov/nchs/nvss/vsrr/drug-overdose-data.htm.

97 Siehe Francis Pike, »Did Chinese Fentanyl Kill Michael K. Williams?« *The Spectator*, 8. September 2021.

98 IMF Direction of Trade Statistics, *The Economist*: https://twitter.com/mcpli/status/1416739704804888584.

99 Stephen Rand, »Danny Alexander´s Surprising Second Act—in Beijing«, *The Article*, 1. Juli 2020.

100 Anm. d. Üs.: Ein »Prinzling« ist Kind eines hohen chinesischen Parteikaders.

101 Clive Hamilton und Mareike Ohlberg, *Hidden Hand: Exposing How the Chinese Communist Party Is Reshaping the World*, New York: One World, 2020, S. 106.

102 Hamilton und Ohlberg, S. 35–36.

103 Clarissa Tan, »Britain Has Many Problems—Racism Isn't One of Them«, *The Spectator*, 15. Februar 2014.

104 Bemerkungen von Ambassador Linda Thomas-Greenfield auf einem UN General Assembly Commemorative Meeting for International Day for the Elimination of Racial Discrimination, New York, 19. März 2021.

105 Bemerkungen von Ambassador Linda Thomas-Greenfield auf dem 30th Annual Summit of the National Action Network, 14. April 2021.

106 »China Urges Relevant Western Countries to Tackle Racial Discrimination«, XinhuaNet, 13. Juli 2021, http://www.xinhuanet.com/english/2021-07/13 /c_1310059138.htm.

107 Ben Westcott und Steven Jiang, »Foreign Countries That ›Bully‹ China Will Meet a ›Great Wall of Steel‹, Says Xi during Communist Party Centenary«, CNN, 1. Juli 2021.

108 Dennis Sewell, »The Second Time as Farce: The Crimes of Communism, Retro-Bolshevism and the Centenary of the 1917 Russian Revolution«, New Culture Forum, Juni 2016.

109 »Nearly Two-Thirds of US Young Adults Unaware 6m Jews Killed in the Holocaust«, *The Guardian*, 16. September 2020.

110 https://bariweiss.substack.com/p/the-psychopathic-problem-of-the-white.

111 Anm. d. Red.: 1066 Schlacht von Hastings

112 Eine collegebezogene Prüfung, zu der es in Deutschland kein Äquivalent gibt.

113 Anm. d. Üs.: »Reconstruction« bezeichnet die Wiedereingliederung der ausgetretenen Südstaaten in die Union.

114 Jennifer Chambers, »1619 Project Reframing History of Slavery Draws Crowd to Ann Arbor«, *Detroit News*, 28. Januar 2020.

115 »The #1619 Project: A Conversation Nikole Hannah-Jones & Jake Silverstein from the NY Times Magazine«, Chicago Public Schools, 8. Oktober 2019, YouTube video, www.youtube.com/watch?v=Y8Y9qJUeSQ4&t= 2540s

116 Robby Soave, »Yes, the 1619 Project Actually Suggests That Year Was America's True Founding, and Nikole Hannah-Jones Admits It«, *Reason*, 23. September 2020.

117 Jake Silverstein, »On Recent Criticism of the 1619 Project«, *New York Times*, 16. Oktober 2020.

118 Siehe Josh Blackman »Which Is It? 1619 or 1776?«, *Reason*, 10. Oktober 2020.

119 Matthew Desmond, »In Order to Understand the Brutality of American Capitalism, You Have to Start on the Plantation«, *New York Times*, 14. August 2019.

120 Caitlin Rosenthal, *Accounting for Slavery: Masters and Management* (Cambridge, MA: Harvard University Press, 2018), S. xii

121 Siehe auch Phillip W. Magness, »The Case for Retracting Matthew Desmond's 1619 Project Essay«, American Institute for Economic Research, 11. Februar 2020.

122 Nikole Hannah-Jones, »America Wasn't a Democracy until Black Americans Made It One«, *New York Times*, 14. August 2019.

123 »We Respond to the Historians Who Critiqued the 1619 Project«, *New York Times Magazine*, 20. Dezember 2019, www.nytimes.com/2019/12/20/magazine /we-respond-to-the-historians-who-critiqued-the-1619-project.html.

124 Tom Mackaman, »An Interview with Historian James Oakes on the New York Times' 1619 Project«, World Socialist Web Site, 18. November 2019, www.wsws.org/en/articles/2019/11/18/oake-n18.html.

125 Nikole Hannah-Jones (@nhannahjones) Exchange with Wesley Yang (@ wesyang), Twitter, 21.–22. November 2019; Elliot Kaufman, »The ›1619 Project‹ Gets Schooled«, *Wall Street Journal*, 16. Dezember 2019.

126 Adam Serwer, »The Fight over the 1619 Project Is Not about the Facts«, *The Atlantic*, 23. Dezember 2019.

127 Charles Kesler, »Call Them the 1619 Riots«, *New York Post*, 19. Juni 2020.

128 Nikole Hannah-Jones (@nhannahjones), Twitter, 20. Juni 2020.

129 Eric Kaufmann, »The Great Awokening and the Second American Revolution«, *Quillette*, 22. Juni 2020.

130 Ja'Loni Owens, »Moving the Jefferson Statue Is Not Enough«, *Hofstra Chronicle*, 29. Juni 2020.

131 Frantz Fanon, *Die Verdammten dieser Erde*, Frankfurt, Berlin: Surkamp Verlag, 2008, S. 7.

132 Frantz Fanon, S. 10.

133 Frantz Fanon, S. 10.

134 Frantz Fanon, S. 12.

135 Frantz Fanon, *The Wretched of the Earth*, New York: Grove, 1963, S. 27.

136 Frantz Fanon, *The Wretched of the Earth*, New York: Grove, 1963, S. 43.

137 Frantz Fanon, *The Wretched of the Earth*, ins Englische übersetzt von Constance Farrington (New York: Grove, 1963), S. 102-103.

138 Frantz Fanon, *The Wretched of the Earth*, ins Englische übersetzt von Constance Farrington (New York: Grove, 1963), S. 163.

139 Frantz Fanon, *The Wretched of the Earth*, ins Englische übersetzt von Constance Farrington (New York: Grove, 1963), S. 195-196.

140 Frantz Fanon, *The Wretched of the Earth*, ins Englische übersetzt von Constance Farrington (New York: Grove, 1963), S. 313.

141 Edward Said, *Orientalism*, New York: Vintage, 1979, S. 204.

142 Said, S. 6.

143 Jane Austen, *Mansfield Park*, London: Oxford World Classics, 1990, S. 155.

144 Edward Said, *Culture and Imperialism*, New York: Vintage, 1994, S. 112.

145 *Will and Codicils of the Rt. Hon. Cecil John Rhodes*, Oxford: Oxford University Press, 1929, S. 12.

146 Siehe www.rhodeshouse.ox.ac.uk/about/the-mandela-rhodes-foundation/.

147 »Oxford University's Racist and Violent Attitudes Are Unacceptable: Qwabe«, YouTube Video, 11. Januar 2016, https://www.youtube.com/watch?v=hur EgLq1dsk.

148 »RMF to Protest at Oriel following Rhodes Statue Petition«, Cherwell, 7. November 2015.

149 Paul Maylam, *The Cult of Rhodes: Remembering an Imperialist in Africa*, Johannesburg: David Philip, 2005.

150 Felix Gross, *Rhodes of Africa*, Westport, CT: Praeger, 1957, Introduction, S. vi.

151 Olive Schreiner, *Trooper Peter Halket of Mashonaland*, London: T. Fisher Unwin, 1897, S. 37.

152 Gordon Le Sueur, *Cecil Rhodes: The Man and His Work*, London: John Murray, 1913, S. 159.

153 Ich bin besonders Madeline Briggs dankbar vom *The Poor Print* für ihren Artikel »Misinformation in the Rhodes Campaign«, 22. Januar 2016.

154 Der Artikel kann nach wie vor auf Gilleys privater Website sowie online auf der Website der National Association of Scholars gelesen werden.

155 Siehe den vollständigen Text auf https://theconversation.com/ethics-and-empire-an-open-letter -from-oxford-scholars-89333.

156 »Oxford University Accused of Backing Apologists of British Colonialism«, *The Guardian*, 22. Dezember 2017.

157 Nigel Biggar, »Vile Abuse Is Now Tolerated in Our Universities«, *The Times*, 10. April 2018.

158 Zitiert von Nigel Biggar in »Don't Feel Guilty about Our Colonial History«, *The Times*, 30. November 2017.

159 Michael Nazir-Ali, »The C of E Has Fallen for Anti-Christian Theories of Race«, *The Spectator*, 1. Mai 2021.

160 *Hansard*, 8. Juli 1920.

161 *Hansard*, 8. Juli 1920.

162 Deneesha Pillay, »›UCT Protests Have Nothing to Do with ›FeesMustFall‹, Says Student Attacked by Stick-Wielding Activist«, *Times Live* (Südafrika), 22. September 2016.

163 Elizabeth Redden, »Students Burn Artwork, Vehicles in Escalation of U Cape Town Protests«, *Inside Higher Ed*, 18. Februar 2016.

164 Kendi, *How to Be an Antiracist*, München: btb Verlag, 2020, S. 61–62.

165 Selim Algar und Kate Sheehy, »NYC Public School Asks Parents to ›Reflect‹ on Their ›Whiteness‹«, *New York Post*, 16. Februar 2021.

166 Susan Edelman, »Bronx Educator Claims She Was Fired after Sharing Holocaust Story, Refusing ›Wakanda‹ Salute«, *New York Post*, 20. Februar 2021.

167 Paul Rossi, »I Refuse to Stand by While My Students Are Indoctrinated«, Bari Weiss Substack, 13. April 2021, https://bariweiss.substack.com/p/i-refuse-to-stand-by-while-my-students.

168 »›Woke‹ Principal of Elite NYC School Caught Ripping ›Demonizing‹ Curriculum«, *New York Post*, 20. April 2021.

169 »Anti-Racism at Harvard-Westlake School«, 24. Juli 2020, https://www.hw .com/pdf/Anti-RacismatHarvard-Westlake.pdf.

170 Bari Weiss, »The Miseducation of America's Elites«, *City Journal*, 9. März 2021.

171 Vernellia Randall, »The Whitest Law School Rankings«, Race, Racism and the Law, 8. März 2021, https://racism.org/2021-law-schoolrankings?showall=1.

172 Christopher F. Rufo, »Obscene Federal ›Diversity Training‹ Scam Prospers— Even under Trump«, *New York Post*, 16. Juli 2020.

173 https://mobile.twitter.com/realchrisrufo/status/1299379197253541888?lang= en.

174 https://mobile.twitter.com/realchrisrufo/status/1290410612867047424?lang= en.

175 Siehe https://mobile.twitter.com/realchrisrufo/status/1293605747394150401.

176 Chrissy Clark, »Revealed: Whistleblower Docs Show ›Big 4‹ Firm's Massive ›Anti-Racist‹ Indoctrination«, *Daily Wire*, 4. März 2021.

177 Joseph Simonson, »Cigna's Critical Race Theory Training: Don't Say ›Brown Bag Lunch‹ and Be Mindful of ›Religious Privilege‹«, *Washington Examiner*, 19. März 2021.

178 Siehe Andrew Roberts, *Churchill: Walking with Destiny*, London: Allen Lane, 2018, S. 785–789. Siehe auch Andrew Roberts und Zewditu Gebreyohanes, »›The Racial Consequences of Mr. Churchill‹: A Review«, Policy Exchange, 2021.

179 https://nabbosa.medium.com/black-history-month-part-1-uk-history-f822f 953591c.

180 https://eminetra.co.uk/historian-backs-canterbury-cathedral-for-keeping -statues-with-slavery-links/280997/.

181 https://order-order.com/2021/02/11/watch-khans-statue-advisor-yells-at-queen -and-threatens-to-punch-security/.

182 Anm. d. Üs.: Benannt nach dem Schiff, mit dem die ersten Einwanderer unter anderem aus Jamaika in Großbritannien ankamen.

183 »Robert Milligan: Slave Trader Statue Removed from Outside London Museum«, BBC, 9. Juni 2020.

184 Anm. d. Üs.: *Die Chroniken von Narnia* ist eine mehrbändige Fantasyreihe.

185 Reuters, »Cambridge College Removes Suspected Slave Plantation Bell from View«, 8. Mai 2019.

186 Gareth Harris, »Debate Flares as British Museum Moves Bust of SlaveOwning Founder Hans Sloane«, *Art Newspaper*, 25. August 2020.

187 Siehe Nigel Biggar, »Whites and Wrongs«, *The Critic*, 18. März 2021.

188 www.un.org/WCAR/durban.pdf.

189 Mark Steyn, »The Slyer Virus: The West's Antiwesternism«, in *The Survival of Culture: Permanent Values in a Virtual Age*, hg. von Hilton Kramer und Roger Kimball (Chicago: Ivan R. Dee, 2002), S. 123.

190 Tom O'Connor, »North Korea Calls U.S. Country of ›Extreme Racists‹ after George Floyd Protests«, *Newsweek*, 4. Juni 2020.

191 Siehe Brian Reynolds Myers, *The Cleanest Race: How North Koreans See Themselves and Why It Matters,* New York: Melville House, 2010.

192 Ta-Nehisi Coates, »The Case for Reparations«, *The Atlantic,* Juni 2014.

193 Entnommen aus der deutschen Übersetzung. Ta-Nehisi Coates, *Zwischen mir und der Welt,* Frankfurt: Fischer Taschenbuch, 2017, S. 213.

194 Anm. D. Red.: Diese, nach der Abschaffung der Sklaverei in den Südstaaten erlassenen Gesetze, forderten die Rassentrennung und schränkten die Rechte der schwarzen Bevölkerung ein.

195 »Ta-Nehisi Coates Revisits the Case for Reparations«, *New Yorker,* 10. Juni 2019.

196 »Remaking of the British State: For the Many, Not the Few«, a report produced on behalf of the Labour Party by Sean Patrick Griffin, 2021.

197 »Biden Backs Studying Reparations as Congress Considers Bill,« *AP News,* 17. Februar 2021.

198 Anm. d. Üs.: Nach dieser Regel galten zur Zeit der Sklaverei alle Menschen mit auch nur »einem Tropfen schwarzen Blutes« als schwarz.

199 Christine Tamir, »The Growing Diversity of Black America«, *Pew Research,* 25. März 2021.

200 Chaim D. Kaufmann und Robert A. Pape, »Explaining Costly International Moral Action: Britain's Sixty-Year Campaign against the Atlantic Slave Trade«, *International Organization* 53, Nr. 4 (Herbst 1999), S. 631–668.

201 ReNews event, »Journalism and History: Is the Narrative Being Co-opted by an Ideological Agenda?«, 8. April 2021.

202 Jeff Flynn-Paul, »The Myth of the ›Stolen Country‹«, *The Spectator,* 26. September 2020.

203 June Sarpong, *The Power of Privilege: How White People Can Challenge Racism,* New York: Harper Collins, 2020, S. 84–85.

204 Rachel Weiner, »Arlington Prosecutor Promises Data-Driven Reduction in Racial Disparities«, *Washington Post,* 24. April 2021.

205 Evan Nicole Brown, »Will It Take a Clever Acronym to Stop Racially Motivated 911 Calls?«, *New York Times,* 24. Juli 2020.

206 »US Commander in Afghanistan Investigates ›Burning‹ of Qur'ans at Base«, *The Guardian,* 21. Februar 2012.

207 Matthew Rosenberg und Julian E. Barnes, »A Bible Burning, a Russian News Agency and a Story Too Good to Check Out«, *New York Times,* 12. August 2020.

208 Anm. d. Üs: In die höchste Stufe der Verteidigungsbereitschaft schalten.

209 John McWhorter, »The Virtue Signalers Won't Change the World«, *The Atlantic,* 23. Dezember 2018, www.theatlantic.com/ideas/archive/2018/12 /why-third-wave-anti-racism-dead-end/578764/.

210 Peter Martyr d'Anghera, *De Orbe Novo, the Eight Decades of Peter Martyr d'Anghera,* Buch 2 (1516), trans. Francis Augustus MacNutt (1912 hg.).

211 Michel de Montaigne, *Die Essais,* München: Anaconda Verlag, 2005, S. 117–118.

212 Montaigne, S. 121.

213 Jean -Jacques Rousseau, *Abhandlung über den Ursprung und die Grundlagen der Ungleichheit unter den Menschen,* Leipzig: Reclam, 1998, S. 23.

214 Claude Lévi-Strauss, *Tristes Tropiques,* London: Hutchinson, 1961, S. 389.

215 Allan Hanson, »The Making of the Maori: Culture Invention and Its Logic«, *American Anthropologist* 91, Nr. 4 (Dezember 1989), S. 890–902.

216 Rogerer Sandall, *The Culture Cult: Designer Tribalism and Other* Essays, Boulder, CO: Westview, 2001, S. vii–ix.

217 Naomi Klein, Gegen Trump: *Wie es dazu kam und was wir jetzt tun müssen*, Frankfurt: S. Fischer, 2017, S. 358.

218 Klein, S. 357.

219 Klein, S. 300.

220 Klein, S. 301.

221 Klein, S. 301.

222 Klein, S. 301-302.

223 Klein, S. 303.

224 Craig Simpson, »Immanuel Kant's ›Racism‹ Will Be Taught Alongside His Philosophy after Demand from Students«, *Daily Telegraph*, 19. Dezember 2020.

225 Matthew A. Sears, »Aristotle, Father of Scientific Racism«, *Washington Post*, 6. April 2018.

226 Eric Hobsbawm, »Barbarism: A User's Guide«, *New Left Review* 206 (Juli– August 1994), S. 44–54.

227 Nabila Ramdani, »Voltaire Spread Darkness, Not Enlightenment. France Should Stop Worshipping Him«, *Foreign Policy*, 31. August 2020.

228 Kendi.

229 Andrew Valls, »›A Lousy Empirical Scientist‹: Reconsidering Hume's Racism«, in *Race and Racism in Modern Philosophy*, hg. Andrew Valls (Ithaca, NY: Cornell University Press, 2005), S. 128–29. Siehe auch Kendi, *How to Be an Antiracist*, S. 249.

230 Jane O'Grady, »›Who Are You to Say That?‹: On Free Speech and Wokeness«, *The Article*, 19. Juli 2020.

231 »Edinburgh University Renames David Hume Tower over ›Racist‹ Views«, *BBC News*, 13. September 2020.

232 Caitlin Hutchison, »David Hume: University of Edinburgh Launches Review of Buildings Linked to Slave Trade«, *The Herald*, 6. Februar 2021.

233 Siehe vor allem Georgios Varouxakis, »John Stuart Mill on Race«, *Utilitas* 10 (1998): S. 17–32. Siehe auch Georgios Varouxakis, »Empire, Race, Euro-centrism: John Stuart Mill and His Critics«, in *Utilitarianism and Empire*, hg. Bart Schultz und Georgios Varouxakis (Lanham, MD: Lexington Books, 2005), S. 137–53.

234 Siehe zum Beispiel Brent E. Kinser, *The American Civil War in the Shaping of British Democracy*, New York: Routledge, 2011.

235 Siehe vor allem Georgios Varouxakis, »›Negrophilist‹ Crusader: John Stuart Mill on the American Civil War and Reconstruction«, *History of European Ideas* 39, Nr. 5 (2013), S. 729–54.

236 John Stuart Mill, »Contest in America«, in *The Collected Works of John Stuart Mill*, vol. 21, hg. John M. Robson, Toronto: University of Toronto Press, 1984, S. 141–42.

237 »Is the West Fundamentally Racist?«, www.youtube.com/watch?v=XNOlY DjbUqo.

238 Kendi, *How to Be an Antiracist*, S. 31–32.

239 Thomas Jefferson an den Marquis de Chastellux, 7. Juni 1785, https://founders .archives. gov/documents/Jefferson/01-08-02-0145.

240 *Marx-Engels-Gesamtausgabe* (MEGA). Vierte Abteilung. Band 3. Berlin: Akademie Verlag, 1998, S. 21.

241 *Marx-Engels-Werke (MEW)*, Band 30, Berlin: Dietz Verlag, 1974, S. 258-259

242 *Marx-Engels-Werke (MEW)*, Band 31, Berlin: Dietz Verlag, 1974, S. 248.

243 *Marx-Engels-Werke (MEW)*, Band 30, Berlin: Dietz Verlag, 1974, S. 165.

244 Karl Marx, »The Russian Menace to Europe«, *New York Tribune*, 7. April 1853.

245 Karl Marx, »The Russian Loan«, *New York Tribune*, 4. Januar 1856.

246 Karl Marx, »On the Jewish Question« (1843), in *Karl Marx: Selected Writings*, 2nd ed., hg. David McLellan, Oxford: Oxford University Press, 2000, S. 66–69.

247 Karl Marx, »The Future Results of British Rule in India«, *New York Daily Tribune*, 8. August 1853.

248 Karl Marx, *Das Elend der Philosophie: Antwort auf Proudhons »Philosophie des Elends«*, Berlin: Zenodot Verlagsgesellschaft, 2014, S. 79.

249 James Miller, »Karl Marx: Prophet of the Present«, *New York Times*, 6. August 2019.

250 Matthew Campbell, »French Philosopher Michel Foucault ›Abused Boys in Tunisia‹«, *Sunday Times*, 28. März 2021.

251 »Church of England Is ›Deeply Institutionally Racist'—Welby«, *BBC News*, 12. Februar 2020.

252 Siehe Verweise auf ein durchgesickertes Dokument in Douglas Murray, »The New Religion of the Church of England«, *The Spectator*, 20. März 2021.

253 Michael Nazir-Ali, »The C of E Has Fallen for Anti-Christian Theories of Race«, *The Spectator*, 1. Mai 2021.

254 www.episcopalnyreads1book.com/bishop-dietsche.

255 Siehe www.episcopalchurch.org/wp-content/uploads/sites/2/2021/04/RR-Racial -Justice-Audit-Report_ENG.pdf.

256 Deirdre Fernandes, »MIT Catholic Chaplain Forced Out after Message on Floyd Killing and Protest«, *Boston Globe*, 16. Juni 2020.

257 »Head of B.C. Civil Liberties Group Under Fire over ›Burn It All Down‹ Tweet«, *Global News*, 5. Juli 2021, https://globalnews.ca/video/8003774 /head-of-b-c-civil-liberties-group-under-fire-over-burn-it-all-down -tweet.

258 Heidi Matthews (@Heidi_Matthews), Twitter, 3. Juli 2021.

259 Gerald Butts (@gmbutts), Twitter, 6. Juli 2021.

260 Mallory Simon »Over 1,000 Health Professionals Sign a Letter Saying, Don't Shut down Protests Using Coronavirus Concerns as an Excuse«, *CNN*, 5. Juni 2020.

261 Kehinde Andrews, »Racism Is the Public Health Crisis«, *The Lancet*, 10. April 2021.

262 Siehe www.thelancet.com/racial-equality.

263 »Tackling Systemic Racism Requires the System of Science to Change«, *Nature*, 19. Mai 2021.

264 »Dismantling Racism: A Workbook for Social Change Groups«, Kenneth Jones und Tema Okun, ChangeWork, https://www.dismantlingracism.org/, 2001.

265 https://equitablemath.org/.

266 Sihe Jason To (@Jason_To), Twitter, 9. Juni 2021.

267 Mel LiFlora (@melliflora), Twitter, 1. August 2020.

268 Kareem Carr (@Kareem Carr), Twitter, 1. August 2020.

269 Siehe James Lindsay, »2+2 Never Equals 5«, *New Discourses*, 3. August 2020.

270 George Orwell, *1984*, Zürich: Diana Verlag, 1950, S. 123–124.

271 Kareem Carr, Twitter, 5. August 2020.

272 Siehe zum Beispiel Sophie Bearmans (@stbearman) Post: https://twitter.com / stbearman/status/1356649178026233857?s=20.

273 Alison Collins (@AliMCollins), Twitter, 13. Oktober 2020.

274 Ibram X. Kendi (@DrIbram), Twitter, 19. September 2019.

275 Randi Weingarten (@rweingarten), Twitter, 6. Juli 2021.

276 Siehe Asra Q. Nomani und Glenn Miller, »Rallying to Protect Admissions Standards at America's Best Public High School«, *Quillette*, 23. September 2020.

277 Fjodor M. Dostojewski, *Die Brüder Karamasow*, Göttingen: LIWI › 2021, S. 619.

278 Fjodor M. Dostojewskij, *Die Brüder Karamasow* › Band 2, Berlin: Aufbau-Verlag, 1962, S. 471.

279 Dostojewski, S. 481.

280 Friedrich Nietzsche, *Zur Genealogie der Moral*, CreateSpace Independent Publishing Platform, 2013, S. 45.

281 Nietzsche, S. 85.

282 Nietzsche, S. 87–88.

283 Nietzsche, S. 88.

284 Nietzsche, S. 88.

285 Siehe Max Scheler, *Ressentiment*, New York: Schocken, 1972, S. 68.

286 Helmut Schoeck, *Envy: A Theory of Social Behaviour*, Indianapolis: Liberty Fund, 1987, S. 282.

287 Siehe Roger Kimball, *The Rape of the Masters: How Political Correctness Sabotages Art*, New York: Encounter, 2003.

288 Roger Scruton, »My 2019«, *The Spectator*, 21. Dezember 2019.

289 Siehe Laurence Whistler, *Laughter and the Urn: The Life of Rex Whistler*, London: Weidenfeld & Nicholson, 1985, S. 113. Siehe auch Hugh Cecil und Mirabel Cecil, In Search of Rex Whistler: *His Life and His Work*, London: Frances Lincoln, 2012, S. 40–51.

290 »Rex Whistler's Tate Britain Restaurant Mural Is ›Offensive‹, Ethics Committee Says, Threatening Closure«, *Art Newspaper*, 7. Dezember 2020.

291 Marina O'Loughlin, »Restaurant: Rex Whistler Restaurant, London SW1«, *The Guardian*, 21. Dezember 2013.

292 Kate Brown, »Tate Britain Has Responded to Backlash over a Mural of Enslaved Children at Its Restaurant with a Statement Acknowledging Its History«, *Artnet News*, 4. August 2020.

293 Siehe »Remove the Racist and Harmful ›Pursuit of Rare Meats‹ Mural at Tate Britain's Rex Whistler«, Change.org, www.change.org/p/tate-britain-remove-the-racist-and-harmful-pursuit-of-rare-meats-mural-at-tate-britain-s-rex-whistler?redirect=false.

294 Brown, »Tate Britain Has Responded to Backlash over a Mural of Enslaved Children«.

295 The White Pube, »Fuck the Police, Fuck the State, Fuck the Tate: Riots and Reform«, 14. Juni 2020, www.thewhitepube.co.uk/riots.

296 Diane Abbott (@HackneyAbbott), Twitter, 5. August 2020, https://twitter.com/HackneyAbbott/status/1290920584994594818.

297 Craig Simpson, »Chaucer Courses to Be Replaced by Modules on Race and Sexuality under University of Leicester Plans«, *The Telegraph*, 20. Januar 2021.

298 Anm. d. Üs.: Spitzname von Shakespeare

299 Craig Simpson, »Fair Is Foul for Shakespeare as His Texts Are Deemed ›Racially Problematic‹«, *The Telegraph*, 21. Mai 2021.

300 Amanda MacGregor, »To Teach or Not to Teach? Is Shakespeare Still Relevant to Today's Students?«, *School Library Journal*, 4. Januar 2021.

301 Meghan Cox Gurdon, »Even Homer Gets Mobbed,« *Wall Street Journal*, 27. Dezember 2020.

302 British Library, »Provenance Research for Books in the British Library«, www.bl.uk/help/guide-to-provenance-research-with-printed-books#.

303 Craig Simpson, »Exclusive: British Library's Chief Librarian Claims ›Racism Is the Creation of White People‹«, *Daily Telegraph*, 29. August 2020.

304 Jack Malvern and Lianne Kolirin, »British Library Sorry for Linking Poet Ted Hughes to Slave Trade«, *The Times*, 25. November 2020.

305 Nazia Parveen, »Kew Gardens Director Hits Back at Claims It Is ›Growing Woke‹«, *The Guardian*, 18. März 2021.

306 James Wong, »Weeding Out Horticulture's Race Problem«, *The Guardian*, 14. Juni 2020.

307 James Wong, »Other Arts Are Political, Why Not Gardening?«, *The Guardian*, 29. November 2020.

308 Ed Wall (@eddwall), Twitter, 12. Dezember 2020.

309 James Wong (@Botanygeek), Twitter, 12. Dezember 2020.

310 »The Guardian View on Botanical Gardens: Inextricably Linked to Empire«, *The Guardian*, 2. April 2021.

311 Sierra Bein, »Is It Time to Decolonize Your Lawn?«, *Globe and Mail*, 5. September 2020.

312 Cathy Benedict, Patrick Schmidt, Gary Spruce und Paul Woodford, hg., *The Oxford Handbook of Social Justice in Music Education*, New York: Oxford University Press, 2015, S. 69, 70, 194, 199, 305, 282, 416.

313 Anm. d. Üs.: Der sich zum Beispiel um die Aufnahme ins Orchester Bewerbende ist für das Auswahlkomitee nicht zu sehen.

314 »Weston Sprott Lays His Cards on the Table«, *International Musician*, 6. Juli 2016.

315 Anthony Tommasini, »To Make Orchestras More Diverse, End Blind Auditions«, *New York Times*, 16. Juli 2020.

316 »Black Artists on How to Change Classical Music«, *New York Times*, 16. Juli 2020.

317 NAAS Recommended Audition and Tenure Guidelines, 15. Januar 2021, https://static1.squarespace.com/static/602d7bac7cb8834f84ebcef0/t/60f1e593a5d32b6e4ddb2409/1626465683788/NAAS+Recommended+Audition+and+Tenure+Guidelines+v.+01.15.21+%28Watermarked%29.pdf.

318 Michael Andor Brodeur, »That Sound You're Hearing Is Classical Music's Long Overdue Reckoning with Racism,« *Washington Post*, 16. Juli 2020.

319 The Baltimore Symphony Orchestra, Charter of the DEI Committee of the Board of Directors, 26. März 2021.

320 Siehe György Ligeti, Vorwort zu *African Polyphony and Polyrhythm: Musical Structure and Methodology*, by Simha Arom, Cambridge: Cambridge University Press, 1991.

321 »Musical Notation Branded Colonialist by Oxford Professor Hoping to ›Decolonise‹ the Curriculum«, *The Telegraph*, 27. März 2021.

322 Jonathan Ames, »Royal Academy of Music Set to Decolonise Collection«, *The Times*, 24. Mai 2021.

323 Ijeoma Oluo, *So You Want to Talk about Race*, New York: Seal Press, 2018, S. 139–40.

324 Oluo, S. 143.

325 Oluo, S. 144.

326 Oluo, S. 146.

327 Siehe Oliver Soden, *Michael Tippett: The Biography*, London: Weidenfeld & Nicholson, 2019, S. 216.

328 Soden, S. 499.

329 Mark Swed, »Daring to Ask the Big Questions,« *Los Angeles Times*, 24. Januar 2000.

330 Siehe zum Beispiel Neil Jackson, *Japan and the West: An Architectural Dialogue*, London: Lund Humphries, 2019.

331 Siehe Henry-Louis de La Grange, *Gustav Mahler: A New Life Cut Short (1907–1911)*, New York: Oxford University Press, 2008, S. 211, 700.

332 Anm. d. Üs.: Traditionelle Instrumentalmusik auf Java und Bali.

333 *Benjamin Britten, Letters from a Life: Selected Letters and Diaries of Benjamin Britten*, vol. 2, 1939–1945, hg. Donald Mitchell und Philip Reed, Berkeley: University of California Press, 1991, S. 921–27.

334 *Benjamin Britten, Letters from a Life: The Selected Letters of Benjamin Britten*, vol. 4, 1952–1957, hg. Philip Reed, Mervyn Cooke und Donald Mitchell, Woodbridge: Boydell & Brewer, 2008, S. 385.

335 Britten, vol. 4, S. 388.

336 Anm. d. Üs.: Spielweise auf Streichinstrumenten der Violinfamilie, bei der die Saiten nicht mit dem Bogen gestrichen, sondern mit den Fingern gezupft werden.

337 Alex Horton, »Top U.S. Military Leader: ›I Want to Understand White Rage. And I'm White‹«, *Washington Post*, 23. Juni 2021.

338 Olivia B. Waxman, »›Critical Race Theory Is Simply the Latest Bogeyman.‹ Inside the Fight Over What Kids Learn about America's History«, *Time*, 24. Juni 2021.

339 Isaac Kamola, »Where Does the Bizarre Hysteria about ›Critical Race Theory‹ Come From? Follow the Money!«, *Inside Higher Ed*, 3. Juni 2021.

340 Michelle Goldberg, »The Maddening Critical Race Theory Debate«, *New York Times*, 28. Juni, 2021.

341 Julia Carrie Wong, »From Viral Videos to Fox News: How Rightwing Media Fueled the Critical Race Theory Panic«, *The Guardian*, 30. Juni 2021.

342 The ReidOut, MSNBC, 21. Juni 2021.

343 »Marc Lamont Hill Interviews Key Opponent of Critical Race Theory—BNC News«, Bright News, 25. Mai, 2021, www.brightnews.com/marc-lamont-hill -interviews-key-opponent-of-critical-race-theory-bnc-news/.

344 »Marc Lamont Hill Interviews Key Opponent of Critical Race Theory—BNC News«, *Bright News*, 25. Mai 2021, www.brightnews.com/marc-lamont-hill -interviews-key-opponent-of-critical-race-theory-bnc-news/.

345 Ethnic Studies Model Curriculum, Chapter 5: Lesson Resources, approved by the State Board of Education am 18. März 2021, www.cde.ca.gov/ci/cr/cf /documents/apr2021esmcch5.docx.

346 Tara Bahrampour, »Census Data Shows Widening Diversity: Number of White People Falls for First Time«, *Washington Post*, 12. August 2021.

347 Joy Reid, The ReidOut, MSBNC, 20. September 2021.

348 Bari Weiss, »Whistleblower at Smith College Resigns Over Racism«, Bari Weiss Substack, 19. Februar 2021, https://bariweiss.substack.com/p/whistle blower-at-smith-college-resigns.

349 Robin DiAngelo, *Nice Racism: How Progressive White People Perpetuate Racial Harm*, Boston: Beacon Press, 2021, S. 11.

350 Rosie Pentreath, »English Touring Opera Drops Half Its Orchestra in Controversial Move, Citing ›Increased Diversity‹«, Classic FM, 13. September 2021.

351 »Is the West Fundamentally Racist?,« www.youtube.com/watch?v=XNOlY DjbUqo.

352 Thomas Chatterton Williams, *Self-Portrait in Black and White: Family, Fatherhood, and Rethinking Race*, New York: W. W. Norton, 2020, S. 76.

353 Williams, S. 122–24.

354 Williams, S. 128–29.

355 Williams, S. 137–38.